Michael Reimer

Baureihe 58

Michael Reimer

Baureihe 58

Einbandgestaltung: Nicole Lechner

Titelbild: Dirk Endisch
Die Ulmer Eisenbahnfreunde unterhalten die 58 1111-2 (bis 1970: 58 311). Im Mai 1998 war die Lok zu Gast im Erzgebirge, wo die ehemalige badische G 12 vor ihrem Verkauf in die Bundesrepunblik lange Zeit im Einsatz war.

Rücktitel: Otte, Slg. Grundmann
Im April 1972 hatte die 58 1344 Schleppdienst im Rangierbahnhof Dresden-Friedrichstadt. Am Haken der G 12 hängt eine E-Lok der Baureihe 242 mit ihrem Güterzug.

Frontispiz: Wollny
Durch den Bahnhof Hartenstein donnerte am 8. Mai 1976 die 58 1207 mit ihrem Güterzug. Die Strecke Zwickau–Aue–Johanngeorgenstadt im Erzgebirge war die letzte Hochburg der G 12.

Eine Haftung des Autors oder des Verlages und einer seiner Beauftragten für Personen-, Sach- und Vermögensschäden ist ausgeschlossen.

ISBN: 3-613-71171-0

© 2002 by transpress Verlag, Postfach 10 37 43, 70032 Stuttgart.
Ein Unternehmen der Paul Pietsch Verlage GmbH & Co.

1. Auflage 2002

Der Nachdruck, auch einzelner Teile, ist verboten. Das Urheberrecht und sämtliche weiteren Rechte sind dem Verlag vorbehalten. Übersetzung, Speicherung, Vervielfältigung und Verbreitung einschließlich Übernahme auf elektronische Datenträger wie CD-ROM, Bildplatte usw. sowie Einspeicherung in elektronische Medien wie Bildschirmtext, Internet usw. sind ohne vorherige schriftliche Genehmigung des Verlages unzulässig und strafbar.

Lektorat: Dirk Endisch
Innengestaltung: Viktor Stern
Scans: digi bild reinhardt, 73037 Göppingen
Druck: Maisch&Queck, 70839 Gerlingen
Bindung: Karl Dieringer, 70839 Gerlingen
Printed in Germany

Vorwort

Die Eisenbahnfreunde kennen die Baureihe 58 als erste Einheitslokomotive oder zu spät gelieferte Kriegslokomotive für den Ersten Weltkrieg. Doch diese Darstellungen stimmen nur zum Teil. Richtig ist, dass mehrere deutsche Länderbahnen die seinerzeit als G 12 gebaute Güterzuglok bestellten. Vorausgegangen war die Gattung G 12^1, die wir wegen der Verknüpfung kurz mit darstellen.
Dann begannen für die G 12 wechselvolle Einsatzjahre. Viele verblieben bei der späteren Deutschen Reichsbahn-Gesellschaft. Andere kamen ins Ausland, in das Elsass. Auch als Folge des verlorenen Ersten Weltkrieges und der Ergebnisse des Versailler Vertrages.
Über die Entwicklung und den Einsatz der G 12 im Deutschen Reich, in der Bundesrepublik und in der DDR sowie im Ausland wird berichtet. Natürlich gehören auch technische Beschreibungen, wie u.a. die Kohlenstaubfeuerungen oder die abgebrochene Rekonstruktion dazu.
Neue Ideen waren notwendig, um die Entwicklung in Deutschland und in weiteren Ländern zu gliedern. Einige Lokomotiven erhielten nie die DR-Bezeichnung »Baureihe 58«. Sie waren im Ausland zuhause. Doch auch sie galt es mitzuerfassen. Allein dadurch gab es mehrere Abgabe-Wellen. Demzufolge waren die statistischen Angaben auch derart zu unterteilen. Für den Freund der Statistik ist es am übersichtlichsten, auch wenn dieser Weg neu ist. Die G 12 ist nun einmal keine Baureihe, wie zum Bespiel die BR 01, die nahezu nummernmäßig hintereinander ausgeliefert wurde. Deshalb musste der nächste Schnitt gemacht werden: Eine einzelne Liste nach den Fabriknummern und eine zweite nach den Ordnungsnummern. Anhand nur einer Nummer würde der interessierte Leser nie die von ihm gesuchte Lokomotive finden. Aber es war auch in zwei Epochen, vor 1945 und danach, unterschieden worden, da zahlreiche Bahnbetriebswerke nach der Aufteilung Deutschlands einer neuen Direktion, gar einem anderen Land zugeordnet wurden.
Als dieses Buch entstand, erreichten uns viele weitere Hinweise und Gedanken. Ein Tenor war, nicht so viel über die Technik, über jede Schraube und Mutter zu schreiben. Vielmehr sollten wir mehr den Betriebseinsatz darstellen. Da lag zweifelsfrei der Schwerpunkt bei den Maschinen der DR in der SBZ bzw. DDR. Kein Wunder, denn die Reichsbahn-58er waren noch relativ lange im Einsatz. Um die Statistik darzulegen, galt es, einen weiteren Kompromiss zu machen: Nur einige Dienststellen können aus Platzgründen mit ihrem Gesamtbestand der G 12 gezeigt werden. Das besondere Augenmerk lag auf den Auslauf- und bekannten Bahnbetriebswerken der Rbd Dresden. Keine Angst, die anderen Bw und Bahnverwaltungen werden auch erwähnt. Doch bei der tiefgründigen Recherche stellte sich heraus, dass einige G 12 oft nur tageweise in weniger bekannten Bw ihren Dienst taten oder dort nur abgestellt waren. Jeden Beheimatungsabschnitt dokumentieren? Nein, auch hier zwang der Platzmangel dazu, den einen oder anderen Ort schlichtweg zu »überspringen«. Wir bitten dafür um Verständnis.
Zahlreiche Schriften, Unterlagen, Betriebsbücher waren auszuwerten. Vieles verschwand leider in den vergangenen Jahren aus den Archiven. Wer wie wir bereits in den 80er-Jahren die Archive der DR besuchte und Notizen anfertigte, und nun einige Angaben noch einmal recherchieren wollte, sah sich jetzt vor leeren Regalen. Eine andere, frühere Unsitte war das »Ausdünnen« der Betriebsbücher. Die Bücher waren aufgrund ihres Beginns in den 20er-Jahren, einschließlich der Angaben aus den Länderbahnzeiten, einfach zu dick geworden. Bei der DB verschwanden fast alle Betriebsbücher der BR 58. Dennoch lagen uns zahlreiche Unterlagen vor, die ein Gesamtbild ermöglichen. Aber nur aus vorliegenden Schriften abzuschreiben, schied ebenso aus. Jedem Lebenslauf wurde nachgegangen, Listen der Lokverwendung mit Betriebsbüchern abgeglichen – der einzige Weg für ein richtiges Ergebnis.
An dieser Stelle sei besonders herzlich dem Freund der Statistik Volkmar Kubitzki Dank gesagt, der wiederum viel Material sichtete und für das Manuskript bereitstellte. Andreas Stange, ebenfalls ein Freund der Statistik, konnte mit vielen Listen helfen und schloss so manche Lücke oder entdeckte mit mir zusammen Fehler in anderen Büchern. Dank gebührt ebenso dem Dirk Endisch für sein Kapitel über die ersten Kohlenstaublokomotiven und Monsieur Bernard Mayer für seine Zuarbeit über die SNCF. Ferner ein Dank Dirk Winkler und Helmut Wallner sowie vielen weiteren Dampflokfreunden und Bildeinsendern.
Bei Fahrplänen der Eisenbahnen heißt in der Fußnote, dass *»bei der Fülle des zu verarbeitenden Materials sind trotz sorgfältiger Bearbeitung vereinzelte Druckfehler (...) nicht immer vermeidbar«* sind. Wir wollen uns dahinter nicht verstecken, bitten aber um Nachsicht, falls trotz Tausender Betriebsnummern ein Fehler sich eingeschlichen hat oder auch wir der Wahrheit zuliebe eine Spalte, einen Verbleib offen ließen. In den vergangenen Jahrzehnten änderte sich die Rechtschreibung, daher ist u. u. in den Zitaten eine andere Schreibweise zu lesen. Aufgrund der Einheitlichkeit werden z. B. die Orte/Bezeichnungen einheitlich geschrieben: Kassel, Köln usw.

Michael Reimer   Berlin im Oktober 2001

Inhalt

1.	**Starke 1'E-Lokomotiven gesucht**	**8**	
1.1	Die G 12 für die Türkei	10	
2.	**Der Weg zur G 12**	**11**	
2.1	Bauartbeschreibung der G 12	13	
3.	**Die Auslieferung**	**23**	
3.1	Die preußische G 12	23	
3.2	Die badische G 12	33	
3.3	Die sächsische XIII H	34	
3.4	Die württembergische G 12	36	
4.	**Der Betriebsdienst bei der Deutschen Reichsbahn**	**38**	
4.1	Erprobung und Bauartänderungen	38	
4.2	Probleme am Kessel?	42	
4.3	Schlechte G 12?	45	
4.4	Einsatz in Deutschland	46	
4.4.1	RBD Berlin	47	
4.4.2	RBD Breslau	47	
4.4.3	RBD Dresden	48	
4.4.4	RBD Erfurt	50	
4.4.5	RBD Frankfurt (Main)	53	
4.4.6	RBD Halle (Saale)	54	
4.4.7	RBD Hannover	56	
4.4.8	RBD Karlsruhe	56	
4.4.9	RBD Kassel	57	
4.4.10	RBD Köln	60	
4.4.11	RBD Mainz	60	
4.4.12	RBD München	60	
4.4.13	RBD Münster	61	
4.4.14	RBD Nürnberg	61	
4.4.15	RBD Oppeln	73	
4.4.16	RBD Osten	73	
4.4.17	RBD Regensburg	73	
4.4.18	RBD Saarbrücken	74	
4.4.19	RBD Stuttgart	74	
4.4.20	RBD Wien	76	
4.4.21	RBD Wuppertal	76	
4.4.22	Andere Reichsbahndirektionen	78	
4.5	Einsatz an der Front	78	
5.	**Die Kohlenstaubfeuerung**	**82**	
5.1	Die Systeme AEG und STUG	82	
5.1.1	Das System STUG	82	
5.1.2	Die Technik der STUG-Feuerung	85	
5.1.3	Erste Versuche und Bauartänderungen	85	
5.1.4	Die Konkurrenz von AEG	85	
5.1.5	AEG contra STUG	86	
5.1.6	Der Betriebsdienst	87	
5.2	Das Kohlenstaubprogramm der DR	87	
5.2.1	Warten auf Tender	90	
5.2.2	Bauartbeschreibung Systeme Wendler und LOWA	95	
5.2.3	Einsatz der Stauber	95	
5.2.4	Vergleich zwischen Rost- und Kohlenstaubloks	97	
6.	**Betriebsdienst: Die Situation nach 1945**	**104**	
6.1	Der Verbleib	104	
6.2	Westzonen und Deutsche Bundesbahn	104	
6.3	Sowjetische Besatzungszone und Deutsche Reichsbahn	136	
6.3.1	Neubeginn und Bestand der DR in der Sowjetischen Besatzungszone	136	
6.3.2	Die Rückgabe	146	
6.3.3	Umzeichnungen bei der DR	146	

6.4	Im Dienste der Sowjetunion	146	8.7	Tschechoslowakei	209
6.4.1	Der Kolonnenzugdienst	146	8.8	Sowjetunion	210
6.4.2	Statt Fahrleitung nun mit Dampf	149	8.9	Andere Länder	210
6.4.3	Abgabe von Dampflokomotiven	149			

7. Die BR 58 bei der Deutschen Reichsbahn in der DDR — 152

7.1	Generalreparatur	152
7.2	Die Rekonstruktion der BR 58	154
7.3	Beschreibung der BR 58^{30}	158
7.4	Weitere Änderungen bei der DR	160
7.4.1	Der Tendertausch	160
7.4.2	Dampfspender	162
7.5	Der Betriebsdienst bei der DR	163
7.5.1	Einsatz in der Rbd Berlin	163
7.5.2	Einsatz in der Rbd Cottbus	164
7.5.3	Einsatz in der Rbd Dresden	166
7.5.4	Einsatz in der Rbd Erfurt	182
7.5.5	Einsatz in der Rbd Halle	190
7.5.6	Einsatz in der Rbd Magdeburg	193
7.5.7	Einsatz in der Rbd Schwerin	193

8. Einsätze im Ausland — 196

8.1	Polen	196
8.2	Bulgarien	197
8.3	Elsass-Lothringen und Frankreich	202
8.4	Jugoslawien	202
8.5	Luxemburg	208
8.6	Österreich	208

9. Museumslokomotiven — 211

9.1	Die 58 261	211
9.2	Die 58 311 (58 1111-2)	212
9.3	Die 58 1226 (36-013)	212
9.4	Die 58 1297 (Ty 1-76)	212
9.5	Die 58 1376 (13.20)	213
9.6	Die 58 1616 (Dsp 107)	213
9.7	Die 58 2029	213
9.8	Die 58 3047	213
9.9	Die 58 3049	213

10. Die 58er anderer Länder — 214

10.1	In Polen beschlagnahmt	214
10.2	Ins Reich aus Österreich	214
10.3	Tschechoslowakische Minderzahl	215
10.4	Bestellt für die Türkei	215

11. Nachbetrachtung und Nachfolger — 217

12. Anhang — 221

Verzeichnis der Abkürzungen 221
Literaturverzeichnis 222

1. Starke 1'E-Lokomotiven gesucht

Die preußisch-hessischen Staatseisenbahnen und die Reichseisenbahnen in Elsass-Lothringen hatten seit 1913 in ihrem Bestand die gelungene Konstruktion der schweren vierfachgekuppelten Heißdampflokomotive der preußischen Gattung G 8^1. Bereits seit 1910 zählte ebenso die fünffach gekuppelte G 10 dazu. Nach den guten Betriebserfahrungen mit der Gattung T 16 (E h2) war nun eine Schlepptenderlokomotive mit dieser Achsfolge gefordert. Henschel baute die ersten Exemplare der G 10. Regierungsbaumeister Gustav Hammer schrieb in den Glasers Annalen von 1916: *»Diese Lokomotivgattung ist etwas zugkräftiger als die G 81-Lokomotive, aber nur sofern das Reibungsgewicht und die gerade Strecke in Frage kommen. Bei größerer Geschwindigkeit, wenn die Kesselleistung maßgebend ist, oder auf krümmungsreichen Strecken übertrifft dagegen sogar die Nutzleistung der neuen schweren D-Lokomotive die der E-Lokomotive. (...) Beide Lokomotiven genügen aber nicht überall den hohen Anforderungen, die der Betrieb stellt. Die außerordentliche Entwicklung, die der Güterverkehr in Deutschland und im besonderen in Preußen genommen hat, zwang zur Einstellung von Wagen erhöhter Tragfähigkeit. So wurde seit dem Jahre 1900 die Zahl der Güterwagen um 72,2 vH vermehrt, das Gesamtladegewicht aber mehr als verdoppelt. (...) Die richtige Ausnutzung kann der so vermehrte und hinsichtlich Tragfähigkeit so stark vergrößerte Güterwagenpark nur finden, wenn die erforderlichen Zugkräfte vorhanden sind.«* Genügte im Flachland noch die G 8, waren schwere Güter-

Die G 8^1, die spätere Baureihe 55$^{25-56}$, wurde ab 1913 in Dienst gestellt. Die Aufnahme der 1915 von Humboldt gebauten 55 3634 entstand 1933 in Köln-Nippes. *Foto: Bellingrodt, Slg. Kleine, Archiv transpress*

züge bereits bei geringsten Steigungen nur mit Mühe oder Verringerung der Last zu ziehen. Entscheidend war u.a. neben der Zugkraft einer Lokomotive deren Reibungsgewicht. Hammer weiter: *»Ueber die Einführung von Güterzuglokomotiven mit etwa 85 t Reibungsgewicht für die preußisch-hessischen Staatseisenbahnen und die Reichseisenbahnen wurde auf Anregung des Ober- und Geheimen Baurats Wagner-Breslau bereits im Jahre 1913 gelegentlich einer Beratung über die Verteilung neu zu beschaffender Lokomotiven auf die einzelnen Direktionsbezirke verhandelt. Maßgebend war die schon damals vorauszusehende Entwicklung des Betriebes und der Wunsch, der endgültigen Einführung der neuen Lokomotivform ausgedehnte Versuche vorausgehen zu lassen. Die Vertreter sämtlicher Eisenbahndirektionen erkannten schon damals die Notwendigkeit der Einstellung einer 1 E-Lokomotive mit etwa 85 t Reibungsgewicht einstimmig zu.*

Was die allgemeine Bauform der 1 E-Lokomotive anbelangt, so war von vornherein als feststehend anzusehen, daß bei nur zwei Zylindern eine Triebwerksbeanspruchung auftreten werde, die zu häufigen Schäden an Zapfen und Lagern führen müsse. Es blieb die Wahl, vier oder drei Zylinder vorzusehen. Für vier Zylinder sprach die geringe Triebwerksbeanspruchung, größere Ge-

Mit der G 8 beschafften die preußisch-hessischen Staatseisenbahnen ihre erste Heißdampf-Güterzugmaschine. Zwischen 1902 und 1911 wurden von dieser Gattung über 1.000 Lokomotiven gebaut. Die DRG reihte noch 656 Maschinen als Baureihe 55$^{16-22}$ in ihren Bestand ein. Die 55 1603 war eine der ältesten G 8.
Foto: Hubert, Slg. Töpelmann, Archiv transpress

Die technischen Daten der »1 E-dreizylindrige Heißdampfgüterzuglokomotive mit 21,5 cbm Tender - Gattung G 12«

Zylinderdurchmesser	3 x 560 mm
Kolbenhub	660 mm
Treibraddurchmesser	1.400 mm
Laufraddurchmesser	1.000 mm
Fester Radstand	4.500 mm
Gesamtradstand	9.000 mm
Kesseldruck	14 kg/cm²
Rostfläche	3,28 m²
Heizfläche der Feuerbüchse	18,71 m²
Heizfläche der Rohre	195,23 m²
Kesselheizfläche	213,94 m²
Überhitzerheizfläche	78,48 m²
Vorwämerheizfläche	13,60 m²
Leergewicht	89.630 kg
Dienstgewicht	98.800 kg
Reibungsgewicht	84.900 kg

Bereits 1910 gingen die preußisch-hessischen Staatseisenbahnen mit der G 10 zur fünffachgekuppelten Güterzuglok über. Die DRG reihte die Maschinen 1925 als Baureihe 57¹⁰ in ihren Bestand ein. Die 57 1992 verblieb nach dem Zweiten Weltkrieg in der DDR. *Foto: Slg. Kleine, Archiv transpress*

schwindigkeit bei ruhigem Lauf, geringe Abnutzung und lange Betriebstüchtigkeit. Dagegen wurde geltend gemacht das bessere Anzugsvermögen der Dreizylinderlokomotive, die einfache gut durchschmiedbare Kropfachse, die einfache Steuerung und das leichtere Triebwerksgewicht zu Gunsten eines größeren Kessels. Weniger maßgebend war der billigere Preis.

Die Laufachse wurde vorgesehen, um einen möglichst großen Kessel unterbringen zu können, sodaß dessen Anstrengung gegen Lokomotiven mit nur fünf Kuppelachsen verringert und in wirtschaftlicher Vorteil dadurch sicher gestellt wurde. Außerdem sollte dadurch ein zu schnelles Scharflaufen der vordersten Achse verhindert werden. Jede Kuppelachse sollte mit 17 t belastet werden, damit die Zugkraft den höheren Anforderungen genüge, die für die Zugvorrichtungen noch als statthaft zu erachten sind.

Mit der Aufstellung des Entwurfs wurde die Lokomotivfabrik Henschel & Sohn in Cassel beauftragt. Die ersten Lokomotiven wurden im August 1915 in Dienst gestellt, weil die endgültige Aufstellung des Entwurfes und die Ablieferung sich durch den Krieg verzögert hatte. (…) Da die neue Lokomotivgattung zunächst nur in beschränktem Umfange versuchsweise beschafft werden soll, auch die Betriebserfahrungen ausgiebig bei weiterem Bau berücksichtigt werden müssen, so waren die genauen Messversuche auch nicht so notwendig, wie bei einer neuen Gattung, die alsbald in vielen hundert Stücken zur Beschaffung gelangen soll.«

Die Lokomotiven der Gattung G 12.1 (Henschel, Baujahr 1915)

Fabrik-Nummer	Bezeichnung	Abgaben	DRG-Nummer	Ausmusterung
13286	Erfurt 5551	-	58 001	+ 08.02.1934
13287	Erfurt 5552	1918 an B 9252	-	+ 1927
13288	Erfurt 5553	-	58 002	+ 25.01.1951[1]
13289	Erfurt 5554	-	58 003	+ 31.12.1934
13332	Kassel 5551	-	58 004	+ 02.06.1932
13333	Kassel 5552	-	58 005	+ 1963[2]
13334	Kassel 5553	-	58 006	+ 08.12.1933
13335	Kassel 5554	-	58 007	+ 01.02.1934
13336	Kassel 5555	-	58 008	+ 22.10.1932

[1] zum 01.09.1944 an die Brandenburgische Städtebahn verliehen; dann DR; letztes Bw Brandenburg-Altstadt; im April 1945 abgestellt
[2] zum 23.11.1957 als Heizlok verkauft an die SDAG Wismut in Ronneburg; bereits 1952/53 dorthin vermietet; letztes Bw Gera

Die Lokomotiven der Gattung G 12.1 (Henschel, Baujahr 1916)

Fabrik-Nr.	1. Bezeichnung	2. Bezeichnung	Abgaben	DRG-Nummer	Ausmusterung	Bemerkung
13680	Saarbrücken 5551	1920 Trier 5551	-	58 009	+ 30.07.1934	
13681	Saarbrücken 5552	-	1919 EST 5101	-	+ 28.10.1954	1925 AL 5546ᴵᴵ, 1938 SNCF 1-150-B-5, letztes Bw Sarreg
13682	Saarbrücken 5553	1920 Trier 5553	-	58 010	+ 08.02.1934	
13683	Saarbrücken 5554	1920 Trier 5554	-	58 011	+ 21.12.1934	
13684	Saarbrücken 5555	1920 Trier 5555	-	58 012	+ 16.08.1932	
13685	Saarbrücken 5556	1920 Trier 5556	-	58 013	+ 08.12.1933	
13733	Saarbrücken 5557	-	1919 EST 5102	-	+ 24.03.1955	1925 AL 5547ᴵᴵ, 1938 SNCF 1-150-B-547, letztes Bw Forbach
13734	Saarbrücken 5558	1920 Trier 5558	-	58 014	+ 08.10.1941	
13735	Saarbrücken 5559	-	1919 EST 5103	-	+ 28.10.1954[1]	1925 AL 5548, 1938 SNCF 1-150-B-548, letztes Bw Forbach
13736	Saarbrücken 5560	-	1919 EST 5104	-	+ 28.10.1954	1925 AL 5549, 1938 SNCF 1-150-B-549, letztes Bw Sarreg

[1] 1941 als Leihlok an DRB, 1945 DRw (Essen), 1946 an SNCF

Die Lokomotiven der Gattung G 12.1 (Henschel, Baujahr 1917)

Fabrik-Nr.	1. Bezeichnung	2. Bezeichnung	Abgaben	DRG-Nummer	Ausmusterung	Bemerkung
14402	Saarbrücken 5561	1920 Trier 5561	-	58 015	+ 31.08.1932	
14403	Saarbrücken 5562	-	1919 EST 5105	-	+ 28.10.1954	1925 AL 5550, 1938 SNCF 1-150-B-550, letztes Bw Sarreg

1.1 Die G 12 für die Türkei

Die Firma Henschel & Sohn in Cassel baute im Jahre 1917 sechs 1´E-Heißdampflokomotiven, die von der C.F.O.A., der Ottomanischen Militäreisenbahn, bestellt waren. Diese Maschinen, vorgesehen als 105–110, besaßen ein Dreizylindertriebwerk. Lediglich die Nummer 106 kam in die Türkei. Mit Zustimmung der C.F.O.A. kamen sie zu den deutschen Heeresbahn und wurden dem Militär-General-Direktionsbezirk (MGD) Brüssel zugeteilt.

Nach dem Ende des Ersten Weltkrieges stand die Brüssel 5553 im Bahnhof Aachen und wurde wieder hergerichtet. Zunächst (1920) erhielt sie die Bezeichnung Cassel 5276, dann die DRG-Bezeichnung 58 1001. Im Bw Soest fand dieses Exemplar bis 1931 eine Heimat. Nach anderen Quellen soll sie ert im Zweiten Weltkrieg verschollen sein (Bw Terespol 1944?). Zwei Maschinen kamen im Zweiten Weltkrieg in das deutsche Nummernschema. Die Brüssel 5554 diente bis 1945 den SNCF.

Ursprünglich für die Ottomanische Militäreisenbahn bestimmt, verblieb die als Nr. 106 gelieferte Maschine nach dem Ersten Weltkrieg in Deutschland. Die DRG bezeichnete die Lok ab 1925 als 58 1001. Sie war bis 1931 im Bw Soest stationiert.
Foto: Bellingrodt, Slg. Grundmann

Unter der Fabrik-Nummer 13286 lieferte Henschel 1915 die Erfurt 5551 aus. Die DRG übernahm die Lok 1925 als 58 001. Insgesamt wurden von der so genannten G 12¹ 21 Maschinen gebaut. Ihre Beschaffung wurde aber 1917 zugunsten der G 12 eingestellt.
Foto: Archiv transpress

Lok	Verbleib 1945	Umzeichnung	Verbleib	letztes Bw	Ausmusterung	Bemerkung
58 601ᴵᴵ	DRw	-	29.11.1954	-		08.1946 an CFL 5301[1]
58 602ᴵᴵ	DRw	-	13.10.1948	-		vorgesehen als CFL 5302[2]
58 1001	DRG	-		Soest	+ 04.07.1931	

Brüssel 5551–5553 (58 601ᴵᴵ, 602ᴵᴵ, 1001), Brüssel 5554 (SNCF 1-150-A-15) sowie 5555 (B 9255, PH 0 507, DRB 58 603, 1944 CFL 5303) 1917 an MGB Brüssel geliefert, vorgesehen für C.F.O.A. (Türkei)

[1] 1918 in B 9251, 1931 in PH 0 505, 1943 in DRB 58 601ᴵᴵ, 1946 in CFL 5301
[2] 1918 in B 9253, 1931 in PH 0 506, 1943 in DRB 58 602ᴵᴵ, vor Umzeichnung in CFL 5302 +

2. Der Weg zur G 12

Wie bereits zuvor, wollen wir den Geheimen Baurat Gustav Hammer, Ministerialrat im Reichsverkehrsministerium aus Glasers Annalen von 1920 zitieren, da er am deutlichsten die Entwicklung der G 12 beschreibt: »*Während nach Errichtung des Staatsbahnwagenverbandes am 1. April 1908 die Güterwagen der deutschen Staatsbahnen schon seit jener Zeit nach einheitlichen Zeichnungen und Lieferungsbedingungen gebaut werden, ist eine solche Vereinheitlichung in der Ausbildung der Lokomotiven, Personen- und Gepäckwagen bisher nicht durchgeführt worden. Sie war vor dem Kriege auch nicht unbedingt notwendig. Die Lokomotiven im besonderen waren den Streckenleistungen angepasst und nach den verlangten Leistungen nach und nach durchgebildet. Eine Lokomotivaushilfe auf größere Entfernungen und für andere Verwaltungen kam kaum vor. (...) Im Kriege und noch mehr nach seinem unglücklichen Ausgange haben sich diese Verhältnisse von Grund auf geändert.*

Zur Zugförderung wurden in den während des Krieges besetzten feindlichen Gebieten Lokomotiven aller deutschen Eisenbahnverwaltungen gestellt und zwar solche von den verschiedensten Bauformen und Stärkeverhältnissen. Die einzelnen Teile der Lokomotiven waren nicht nach einheitlichen Bauformen und nach bestimmten Lehren hergestellt, auch waren die zur Bedienung notwendigen Einrichtungen nicht einheitlich auf dem Führerstande angeordnet. Diese Verschiedenheiten machten sich im Kriege nicht nur bei der Bedienung – besonders bei Nacht –, sondern auch bei der Unterhaltung nachteilig bemerkbar. Die Beschaffung der verschiedenen Ersatzteile, für die es selbst an einheitlichen deutschen Bezeichnungen fehlte, stieß daher auf außerordentliche Schwierigkeiten. Wenn auch in steigendem Maße die Lokomotiven der verschiedenen Staatsbahnverwaltungen immer wieder in bestimmte Bezirke zusammengezogen wurden, so machte sich der Mangel an Lokomotiven und dadurch bedingt deren häufige Verschiebung in andere Bezirke dieses Fehlen einheitlicher Bauformen und Bezeichnungen doch immer wieder fühlbar. Es fehlte aber nicht nur an einer ausreichenden Zahl von Lokomotiven, sondern auch besonders an solchen hoher Leistungsfähigkeit. Einer Anregung des preußischen Ministers der öffentlichen Arbeit folgend, hatten sich daher Anfang 1916 die einzelnen deutschen Eisenbahnverwaltungen damit einverstanden erklärt, eine einheitliche Güterzuglokomotive zu beschaffen, die nicht nur den heimatlichen Anforderungen gewachsen sein, sondern auch den Ansprüchen des Feldeisenbahnhofs Rechnung tragen sollte. Man hatte zunächst an die einfache preußische G 7-Lokomotive D-G-L gedacht. Demgegenüber war aber seitens der Heerverwaltung die Notwendigkeit einer 1D-Heißdampflokomotive betont worden.

Es konnte nicht in Frage kommen für Kriegszwecke besondere Lokomotiven zu beschaffen, wie es vereinzelt vorgeschlagen war.« Hammer beschrieb weiter auch die Wahrung der Wirtschaftlichkeit für den Friedensbetrieb. Aufgrund des hohen Kohlenverbrauchs schied eine Nassdampflokomotive aus. »*Die Ausrüstung mit Dampfüberhitzer und Abdampfvorwärmer war demnach gegeben*«, so Hammer weiter.

Aufgrund der Tragfähigkeit des Oberbaus und der Brücken musste der Achsdruck auf 16 t beschränkt werden. Für Preußen stellte dies ein Rückschritt dar, da man bereits Lokomotiven mit einer höheren Achsfahrmasse beschafft hatte. Weitere Anforderungen waren bei ruhigem Lauf die Zugleistung von 700 bis 750 t Wagengewicht in einer Steigung von 1:100 mit 20 km/h Geschwindigkeit und in der Ebene mit 60 km/h. Die preußische G 10 kam in etwa an diese Werte heran. Hammer erklärte dazu: »*Es ist das allerdings Aeußerste, was in dieser Richtung den G10-Lokomotiven zugemutet werden kann.*

*Wenn man sich weiterhin für eine zugkräftige Lokomotivgattung entschloß, so waren dafür verschiedene andere Erwägungen maßgebend. Zunächst war auf einen größeren Kessel und auf eine Schonung der **flusseisernen** Feuerbuchse zu achten, die nach den damals vorliegenden Betriebserfahrungen bei langen, schmalen Formen insbesondere bei scharfer Beanspruchung zu Störungen Anlaß zu geben schienen. Die Vermehrung des Gewichtes der einzelnen Waggongattungen (...) ließen zwecks Vermeidung von Vorspann und zur Wahrung der Wirtschaftlichkeit eine schwerere Bauform als die bisherige E-Heißdampflokomotive notwendig erscheinen. Es*

Die Brüssel 5553 war eine der für die Ottomanische Militäreisenbahn gebauten Maschinen. Sie wurde 1920 wieder aufgearbeitet und als Kassel 5276 der Betriebswerkstatt Soest zugeteilt.
Foto: Slg. Töpelmann, Archiv transpress

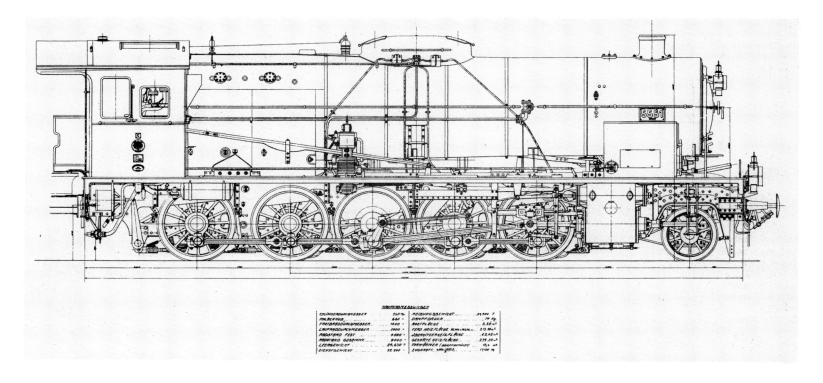

Seitenansicht der preußischen G 12¹.
Abbildung: Slg. Reimer

Im Anlieferungszustand zeigt sich auf diesem Bild die G 12¹ Erfurt 5551, die spätere 58 001. Die G 12¹ besaß im Gegensatz zur G 12 keinen Belpaire-Stehkessel.
Foto: Slg. Töpelmann, Archiv transpress

wurde daher beschlossen – die bei den preußisch-hessischen Staatsbahnen schon vorhandene 1 E-Heißdampfgüterzuglokomotive (jetzige Gattung G 12.1) konnte wegen ihres hohen Achsdruckes (17 t) und der langen, schmalen, für Eisen ungeeigneten Feuerbuchse nicht in Betracht kommen –, für die zu beschaffende erste deutsche Einheitslokomotivgattung besondere Entwürfe aufzustellen, für die die in der **Technischen Einheit im Eisenbahnwesen** enthaltene Umgrenzungslinie maßgebend sein sollte.

Der Grenzbetrag der zulässigen Achsbelastung von 16 t einerseits und die Notwendigkeit, der Lokomotive ein Reibungsgewicht von mindestens 70 t zu geben, zwangen dazu, fünf gekuppelte Achsen zu verwenden; für diese erschien mit Rücksicht auf die wünschenswerte hohe Kesselleistung eine Belastung von je etwa 16 t zweckmäßig.«

Dem Lokomotivausschuss lagen dann zwei Entwürfe vor:
– eine E-Heißdampflok mit zwei Zylindern (Durchmesser 650 mm) und einer Rostfläche von 3,7 m² sowie Überhitzerfläche von 70 m² sowie
– eine 1´E-Heißdampflok mit drei Zylindern (550 mm) und einer Rostfläche von 3,9 sowie Überhitzerfläche von 79 m².

»Für die E-Lokomotive sprach die einfache Bauart. Gegen die Einzelheiten wurden jedoch schwerwiegende Bedenken geltend gemacht. Sämtliche Eisenbahndirektionen mit Ausnahme von zwei hatten sich daher gegen diese Lokomotive ausgesprochen. Diese Eisenbahndirektionen hatten anscheinend die Schwierigkeiten nicht hinreichend berücksichtigt, die hinsichtlich einer guten Erhaltung der Triebzapfen bei einer Zwillingslokomotive mit so großem Zylinderdurchmesser bei dem damals schon einsetzenden Zinnmangel entstehen würden und die einer so schweren Lokomotive ohne vordere Laufachse, besonders bei hohen Geschwindigkeit, eigen sind.

Da die Lokomotive für Steigungsstrecken bestimmt war, bei denen häufige Krümmungen die

Bei der mit der Fabrik-Nummer 16000 gelieferten G 12 von Henschel lagen der Dampfdom und die Sandkästen noch unter einer gemeinsamen Verkleidung.
Foto: Slg. Gottwaldt

Auf der Eisenbahntechnischen Ausstellung in Seddin präsentierte 1925 die Deutsche Reichsbahn die G 12 Kassel 5632. Die 1919 von Henschel gebaute Maschine war zu diesem Zeitpunkt im Bw Nordhausen beheimatet.
Foto: Slg. Töpelmann, Archiv transpress

Regel zu bilden pflegen, so war mit starker Abnutzung der führenden Kuppelachse um so mehr zu rechnen, als die Belastung der Achse mit 16 t die der G 10-Lokomotive noch um 2 t übertraf. Versuche, die unter Leitung des Oberregierungsbaurat Fuchs bei den früheren Reichseisenbahnen in Elsaß-Lothringen zum Vergleich der Radreifenabnutzung bei E- und 1 E-Lokomotiven angestellt worden waren, hatten zu dem Ergebnis geführt, daß der 1E-Lokomotive unbedingt auch trotz der höheren Beschaffungskosten der Vorzug gebühre. (...) Durch Umfrage bei den einzelnen Eisenbahndirektionen war überdies festgestellt worden, daß 1 E-Lokomotiven in größerer Zahl würden wirtschaftlich verwendet werden können und daß die Betriebs- und Werkstätteneinrichtungen ohne wesentliche Schwierigkeiten für die Verwendung dieser Lokomotiven eingerichtet werden könnten, sofern sie auf Drehscheiben von 16 m Durchmesser gedreht werden könnten.

Die Lokomotivfabrik von Henschel & Sohn in Cassel, welche s.Z. auch die preußische 1E-Lokomotive entworfen hatte, wurde mit der Anfertigung des Neuentwurfs beauftragt.«

2.1 Bauartbeschreibung der G 12

Die »*Beschreibung der dreizylindrigen 1 E=Einheits=Güterzuglokomotive, Gattung G 12, mit dreiachsigem Tender von 20 cbm Wasserraum*« des Königlichen Eisenbahn-Zentralamts Berlin aus dem Jahr 1917, hier als Faksimile abgebildet, dokumentiert am besten die Beschreibung der G 12.

Auch wenn diese Beschreibung offenbar für alle Varianten der G 12 galt, gab es doch einige Unterschiede, von denen in der Tabelle weiter unten eine kleine Auswahl aufgeführt wird:
Weitere äußere Merkmale waren u.a. die Anordnung der Dome (Dampfdom und Sandbehälter), teilweise verkleidet, sowie die äußere Gestaltung des Führerhauses. Die erwähnten Tender entsprachen der jeweiligen Länderbauform. Auf weitere Unterscheidungen kann hier aus Platzgründen leider nicht näher eingegangen werden.

		pr. G 12	wü. G 12	bad. G 12	sä. XIII H
Lange über Puffer	mm	18.495	18.475	18.475	18.567
Tender	-	3 T 20	3 T 20	3 T 20	3 T 21
Höhe SO–Schornstein	mm	4.280	4.550	4.450	4.550
Abstand Puffer–Schornstein	mm	2.600	2.730	2.600	1.950

Berlin, im August 1917.

Beschreibung

der dreizylindrigen 1 E-Einheits-Güterzug-Lokomotive (1 E-H. G. L.) Gattung G 12 mit 3achsigem Tender von 20 cbm Wasserraum (3 T 20).

A. Lokomotive.

Die 1 E-Heißdampf-Einheits-Güterzug-Lokomotive, Gattung G 12, ist von der **1. Allgemeines.** Lokomotivbauanstalt Henschel & Sohn in Cassel entworfen und erstmalig im Jahre 1917 gebaut worden.

Die Bauart der Lokomotive ergibt sich aus der in der Anlage beigefügten Übersichtszeichnung, Blatt 1 der Lokomotive und des Tenders. Die Hauptabmessungen sind folgende:

1. Höchstgeschwindigkeit . . . . 65 km/st.
2. Zylinderdurchmesser (die Lokomotive hat drei Zylinder) . . . . 570 mm
3. Kolbenhub . . . . 660 mm
4. Art der Steuerung nach Heusinger, außenliegend, mit Übertragungswellen nach dem Schieber des Innenzylinders.
5. Dampfüberdruck . . . . 14 atm.
6. Rostfläche . . . . 3,9 qm
7. Heizfläche der Feuerbüchse, feuerberührt . . . . 14,19 qm
8. Heizfläche der Heiz- und Rauchrohre, feuerberührt . . . . . 180,77 qm
9. Verdampfungs-Heizfläche des Kessels, insgesamt, feuerberührt . 194,96 qm
10. Heizfläche des Überhitzers (mit verkürzten Umkehrungen) . . . 68,42 qm
11. Wasserinhalt des Kessels bei 150 mm Wasserstand über Feuerbüchsdecke . . . . 8,00 cbm
12. Dampfraum des Kessels bei 150 mm Wasserstand über Feuerbüchsdecke . . . . 3,19 cbm
13. Verdampfungsoberfläche im Kessel . . . . 10,9 qm
14. Heizfläche des Vorwärmers (dampfberührt) . . . . 13,6 qm
15. Triebraddurchmesser, im Laufkreis gemessen . . . . 1 400 mm
16. Laufraddurchmesser, im Laufkreis gemessen . . . . 1 000 mm
17. Leergewicht der Lokomotive . . . . 85 000 kg
18. Dienstgewicht der Lokomotive . . . . 93 000 kg
19. Reibungsgewicht der Lokomotive . . . . 80 000 kg
20. Größter Raddruck . . . . 8 000 kg
21. Gesamtradstand der Lokomotive . . . . 8 500 mm
22. Gesamtlänge der Lokomotive zwischen den vorderen Puffern und den Stoßpufferpfannen . . . . 11 685 mm
23. Gesamtradstand der Lokomotive mit Tender . . . . 15 375 mm
24. Gesamtlänge der Lokomotive mit Tender, über die Puffer gemessen 18 475 mm

Solange der Kessel mit dem Rahmenbau verbunden ist, können die abgefederten Teile mit Abstützung unter jedem Rahmenende, also unter Verwendung von zwei Stützpunkten, angehoben werden; nach Abnehmen des Kessels ist der Rahmenbau in mindestens drei Punkten zu stützen.

Die Lokomotive besitzt 5 gekuppelte Radsätze und einen vorderen, in einem Deichselgestell gelagerten Laufradsatz. Der mittlere, geneigt liegende Zylinder und die beiden wagerecht liegenden Außenzylinder arbeiten auf die Kropfachse und die Triebzapfen des dritten gekuppelten Radsatzes. Die Triebkurbeln des Außentriebwerkes sind zu einander um 120° versetzt. Die Kurbel des inneren Triebwerkes steht zur rechten Kurbel des äußeren Triebwerkes unter einem Winkel von 132° 21', zur linken unter einem Winkel von 107° 39'. Der feste Radstand der Lokomotive zwischen erster und vierter Kuppelachse beträgt 4500 mm. Die zweite und fünfte Kuppelachse haben je 25 mm Seitenverschiebung in den Achslagern aus der Mittellage nach jeder Seite; außerdem sind die Spurkränze der Triebachse um 15 mm gegen die Stärke der Regelbauart verschwächt, um ein zwangloses Durchfahren der Krümmungen zu ermöglichen. Der begrenzte Ausschlag der Laufachse aus der Mittellage nach jeder Seite beträgt 80 mm. Der erste und vierte sowie der zweite und fünfte Kuppelradsatz sind einander gleich und können gegeneinander vertauscht werden.

Das Führerhaus ist mit zwei in der Decke befindlichen Entlüftungsöffnungen mit Klappenverschluß versehen; weiterhin wird eine ausgiebige Lüftung ermöglicht durch zwei Lüftungsklappen sowie zwei Drehfenster üblicher Bauart in der Führerhausvorderwand. In jeder Seitenwand ist ein festes Fenster und ein Schiebefenster eingebaut und auf der Außenfläche jeder Seitenwand ist ein drehbares Schutzglas angebracht. Die hinteren Fensteröffnungen in den Seitenwänden sind mit hölzernen Armleisten versehen. Das Schutzdach ist über dem Armaturstutzen mit einem leicht abnehmbaren Deckel versehen, so daß bei Instandsetzungsarbeiten die Armaturen von oben her zugänglich gemacht werden können. Über dem Trittblech des Führerstandes befindet sich ein hölzerner Fußboden. Die Einsteigeöffnungen am Führerstand werden durch Drehtüren der Regelbauart verschlossen.

2. Kessel. Der Langkessel besteht aus einem vorderen und einem hinteren Schuß von 19½ bzw. 19 mm Stärke und 1800 bzw. 1762 mm Durchmesser im Lichten. Die Rauchkammer ist mittels eines Zwischenringes an den vorderen Schuß des Langkessels angeschlossen. Der Dom sitzt auf dem vorderen Ende des hinteren Schusses und enthält den entlasteten Ventilregler, Bauart Schmidt & Wagner. Der Stehkessel der Bauart Belpaire besteht aus dem Mantelblech von 18 mm Stärke, der Hinterwand von 16 mm Stärke und der Stiefelknechtplatte von 17 mm Stärke. Die Versteifung des Stehkessels in seinem oberen Teil erfolgt durch Deckenanker sowie Quer- und Längsanker und zwei an der Hinterwand übereinander liegende Blechverstrebungen, die durch Längsanker mit dem Langkessel verbunden sind.

Die eiserne Feuerbüchse kann von unten in den Stehkessel eingebracht werden. Der Feuerbuchsmantel und die Hinterwand der Feuerbüchse haben eine Blechstärke von 11 mm, die Rohrwand eine solche von 15 mm. Die Stärke der Rauchkammerrohrwand beträgt 26 mm.

Zwischen den Rohrwänden sind 34 Rauchröhren von 125/133 mm Durchmesser in vier übereinanderliegenden Reihen, sowie 189 Heizröhren von 41/46 mm Durchmesser und 4800 mm Länge angeordnet.

Der Rost ist nach vorne schwach geneigt und besteht aus drei hintereinanderliegenden, gußeisernen Roststabreihen. Zur Erleichterung des Ausschlackens ist die hintere Roststabreihe in der Mitte auf eine Breite von 360 mm aufklappbar eingerichtet. Unter dem Rost hängt ein geräumiger Aschkasten mit verstellbaren Luftklappen in der Vorder- und Hinterwand. Vor den Klappenöffnungen sind Funkengitter angeordnet, um das Herausfallen glühender Aschenteile zu verhindern. Im Boden des Aschkastens befindet sich eine verschließbare Einsteigöffnung.

Der Kessel ist durch den Rauchkammermantel und den Rauchkammersattel des Innenzylinders mit dem Rahmen fest verbunden. Die bewegliche Verbindung erfolgt durch zwei unter dem Langkessel befindliche Pendelbleche, die als Gleitlager ausgebildeten Feuerkastenträger unter der Vorderwand des Stehkessels und ein unter der Hinterwand des Stehkessels befindliches Pendelblech. Zwischen den beiden äußeren Feuerkastenträgern befindet sich ein Schlingerstück üblicher Bauart. Zwei Klammern an den Feuerkastenträgern verhindern ein Abheben des hinteren Kesselteiles vom Rahmenbau. Die Gleitplatten der Feuerkastenträger und des Schlingerstückes werden mittels besonderer Ölgefäße geschmiert.

Zur Reinigung des Kessels sind auf jeder Seite der oberen Wölbungen der Stehkesselseitenwände vier Reinigungsluken vorgesehen, die ein gründliches Auswaschen der zwischen den senkrechten Stehbolzenreihen befindlichen Zwischenräume ermöglichen. Ferner befindet sich je eine große Reinigungsluke auf dem Scheitel und am unteren Teil des hinteren Kesselschusses. An kleinen Auswaschluken mit eingeschraubtem Rotgußfutter sind ferner vorhanden:

4 in den Ecken des Stehkessels dicht über dem Bodenring,
2 nahe den Längsmitten der Stehkesselseiten dicht über dem Bodenring,
5 in der Stehkesselhinterwand, davon zwei in Höhe der Feuertür, zwei in Höhe der Feuerbüchsdecke und eine über dem Feuertürring,
2 in der Stiefelknechtplatte, im oberen Teil der seitlichen Umbuge,
2 nahe der Mitte der Stehkesselseitenwände und
1 im unteren Teil der Rauchkammerrohrwand.

Im Bodenring des Stehkessels befinden sich außerdem noch 6 Auswaschpfropfen.

Der Überhitzer besteht aus einem gußeisernen Dampfsammelkasten und 34 Überhitzerelementen zu je einem Rohrbündel aus 4 Rohrsträngen von 32/40 mm Durchmesser mit angeschweißten vorderen und hinteren Umkehrkappen. Die Überhitzerelemente der beiden oberen Reihen münden von unten, die der unteren Reihen von vorne in die Naßdampf= bzw. Heißdampfkammer des Dampfsammelkastens. Die sonst üblichen Fächerklappen zur Regelung der Überhitzung kommen in Fortfall. Sollte das Fehlen der Klappen eine unzulässig hohe Überhitzung ergeben, so kann durch späteren Einbau eines Hahnes oder durch Bohrungen in der Scheidewand des Dampfsammelkastens Frischdampf in die Heißdampfkammer geleitet und die Überhitzung verringert werden. Zwischen dem Blasrohr und dem Schornstein ist ein nach beiden Seiten aufklappbarer Funkenfänger aus Drahtgeflecht eingebaut. Das Blasrohr hat einen lichten Durchmesser von 135 mm und ist mit einem Steg von 13 mm Breite versehen. Die Mündung des Blasrohres liegt 220 mm unter Kesselmitte. Der Schornstein hat einen kleinsten lichten Durchmesser von 400 mm und einen lichten Durchmesser von 440 mm an der Mündung.

Das Gewicht des leeren Kessels einschl. des Domes, der Heiz= und Rauchröhren beträgt rund 20 000 kg. Das Gewicht des Kessels mit grober und feiner Armatur, Regler, Überhitzer, Rost, Speise= und Luftpumpe ist rund 29 000 kg.

3. Rahmenbau.

Die beiden Barrenrahmen der Lokomotive liegen zwischen den Rädern und sind je 100 mm stark. Zur Sicherung ihrer gegenseitigen Lage sind sie durch den Pufferträger, die Drehzapfenführung aus Flußeisenformguß, den Mittelzylinder und die darunter liegende Zylinderstrebe aus Flußeisenformguß, den inneren und äußeren Leitstabhalter, die Verstrebung an der Steuerwelle, den Feuerkastenträger und den hinteren Kuppelkasten miteinander verbunden. Die Achslagerkasten der Trieb= und Kuppelachsen sind an ihren Gleitflächen gehärtet und gleiten zwischen den an die Barrenrahmen geschraubten gehärteten Gleitstücken und den gehärteten Stellkeilen.

Die Tragfedern der Trieb= und Kuppelachsen, soweit sie als Blattfedern gebaut sind, haben einen Blattquerschnitt von 120 × 13 qmm, die Tragfedern der Laufachse einen solchen von 90 × 13 qmm; sie liegen an der Laufachse und den vorderen drei gekuppelten Achsen über den Achslagerkasten. Die beiden hinteren Kuppelachsen haben auf jeder Seite eine zwischen beiden Achsen liegende gemeinsame Tragfeder; ferner sind an jedem Ende der über den Achslagerkasten dieser beiden hinteren Kuppelachsen befindlichen Ausgleichbügel zwei in Pfannen sitzende Spiralfedern eingebaut. An den Tragfedern der Laufachse sind die Federspannschrauben zwecks Sicherung einer ausreichenden Radbelastung mit Spiralfedern von je 7000 kg Tragkraft unterlegt. Die Tragfedern der Laufachse und der drei vorderen gekuppelten Achsen einerseits und die Tragfedern der beiden hinteren Kuppelachsen auf jeder Seite der Lokomotive andererseits sind durch Ausgleichhebel miteinander verbunden. Zwischen der vorderen Laufachse und den drei vorderen gekuppelten Achsen sind die Ausgleichhebel derart angeordnet, daß mittels eines vor der vorderen Kuppelachse liegenden Querhebels auch ein Ausgleich der Radbelastungen zwischen den links= und rechtsseitigen Rädern dieser Achsen erzielt wird. Der Rahmenbau der Lokomotive stützt sich somit auf drei Punkte.

Die Kupplungen am vorderen Ende der Lokomotive und zwischen Lokomotive und Tender sind für eine Zugkraft von 40 000 kg berechnet. Die Grenzbelastung jeder Pufferfeder beträgt 12 000 kg.

Die Stoßpufferpfannen sind so breit gehalten, daß ein Abspringen der Stoßpufferköpfe auch in den stärksten Krümmungen nicht zu befürchten ist.

Die Drehbolzen sämtlicher Ausgleichhebel, die Hauptkuppelbolzen sowie die Reibflächen der Stoßpuffer und Stoßpufferpfannen werden durch besondere Ölgefäße geschmiert.

Die vordere Laufachse ist in einem durch Drehzapfen und Wiege belasteten, mit vorderen Zugankern versehenen Bisselgestell gelagert. Der seitliche Ausschlag der Laufachse aus der Mittellage ist in den Kurven mit 80 mm nach jeder Seite begrenzt. Die Abfederung erfolgt durch zwei über den Achslagerkasten befindliche Tragfedern und vier an den Federspannschrauben befindliche Spiralfedern. Sämtliche Reibflächen an dem Drehzapfen und an den Führungen werden durch außen am Rahmen leicht zugänglich angeordnete Ölgefäße geschmiert.

4. Triebwerk.

Alle drei Zylinder arbeiten mit einfacher Dampfdehnung.

Die beiden wagerecht liegenden Außenzylinder und der nach hinten geneigte Innenzylinder liegen in der gleichen Querebene und sind im unteren Teil mit dem Barrenrahmen und der Zylinderstrebe, im oberen Teil Flansch an Flansch miteinander verschraubt. Sie arbeiten auf die gekröpfte Achswelle und die äußeren Triebzapfen der dritten gekuppelten

Achse. Die Zylindermitte des Innenzylinders kreuzt die Achsmitte der Kropfachse in 100 mm Abstand. Der schädliche Raum in den Zylindern beträgt sowohl für die Deckel= als auch für die Kurbelseite etwa 11 % des Hubvolumens. Der Abstand der Kolben in der Endlage beträgt bei allen drei Zylindern am vorderen Deckel 19 mm, am hinteren Deckel 21 mm. Der Durchmesser der Kolbenkörper ist 5 mm kleiner als die Zylinderbohrung. Die Kolbenkörper mit Stangen werden allein von den Kreuzköpfen und den an den vorderen Zylinderdeckeln befindlichen Führungsbüchsen getragen. Die Kolbenstangenstopfbüchsen entsprechen der Regelbauart.

Die Dampfkolben und Kolbenschieber werden durch drei im Führerhause auf der Heizerseite angebrachte Schmierpumpen mit sichtbaren Ölvorräten und insgesamt $3 \times 3 = 9$ Abgängen geschmiert. Die Pumpen werden durch ein im Hub regelbares Gestänge von der hintersten Kuppelachse angetrieben.

Jeder Dampfzylinder hat einen durch Preßluft gesteuerten Ventildruckausgleicher und ein auf dem Schiebergehäuse angebrachtes, ebenfalls durch Preßluft gesteuertes Luftsaugeventil. Der Hahn zur Betätigung dieser Ventile befindet sich auf der Führerseite des Führerstandes über dem Steuerungsbock. Die Kreuzköpfe sind in der üblichen eingleisigen Bauart ausgeführt.

Sämtliche Trieb= und Kuppelstangen des Außentriebwerkes haben geschlossene Köpfe mit nachstellbaren Lagerschalen aus Rotguß mit Weißmetallspiegeln. Der hintere Kopf der inneren Triebstange besteht aus zwei Teilen, dem Bügel und dem am hinteren Ende des Stangenschaftes sitzenden vorderen Teil, an dem der Bügel mittels seiner schraubenförmigen Enden durch Muttern und Gegenmuttern befestigt wird. Im Betriebe ist streng darauf zu halten, daß der Bügel mittels seiner schraubenförmigen Ansätze stets fest gegen seine Unterlage am Stangenende gezogen werden muß, da andernfalls keine Gewähr für ein dauernd gutes Verhalten des Stangenkopfes gegeben ist. Die Beilagen zwischen Bügel und Stangenende sind dementsprechend stark auszuführen und im Bedarfsfalle, insbesondere beim Lösen eines warm laufenden Lagers durch Paßbleche zu ergänzen.

Die Schmiergefäße der Trieb= und Kuppelstangen sind auf der anliegenden Zeichnung, Blatt 2, dargestellt. Sind mehrere Schmiertüllen in einem Schmiergefäß untergebracht, so soll die unter der Füllöffnung gelegene für den kleinsten Ölbedarf allein benutzt werden und soweit erforderlich eine zusätzliche Ölzuführung durch die übrigen Tüllen erfolgen. Die Regelung des Abganges durch diese zusätzlichen Tüllen ist an dem hinteren Kopf der mittleren Triebstange in feinsten Abstufungen möglich durch Verstellen des mit Flachstelle versehenen abgefederten Einsatzes jeder Schmiertülle. Die Trennung dieses Einsatzes von der darüber liegenden Stellschraube verhütet ein Ecken bei ungenauer Lage des Schmiergefäßdeckels.

5. Steuerung.

Die Steuerung ist für Füllungen von 10—80 % für die Vorwärts= und 20—70 % für die Rückwärtsfahrt gebaut. Die Dampfverteilung erfolgt durch Kolbenschieber mit einfacher Einströmung der Regelbauart von 220 mm Durchmesser, mit Einströmdeckungen von 38 mm und Ausströmdeckungen von 2 mm.

Die hohlen Schieberstangen sind am hinteren Ende voll gelassen und dort mit einseitiger, prismatischer Führung versehen, um jederzeit den richtigen Einbau der Schieber mit Schieberringfuge nach unten zu sichern. Durch eine Stellschraube an dieser Prismenführung kann der Schieber des Mittelzylinders beim Lahmlegen des Mittelzylinders in seiner Mittelstellung festgelegt werden. Jeder Lokomotive ist ein Stichmaß für die Einstellung der Schieber beigegeben, das den Abstand von der Mitte des Zapfens im Schieberkreuzkopf bis zu einer in die Schieberstange eingeschlagenen Körnermarke festlegt.

Die Schieber der Außenzylinder werden durch die normale Heusinger=Steuerung bewegt. Die Schieberbewegung für den Innenzylinder setzt sich zusammen aus den von den Schieberkreuzköpfen der Außensteuerungen entnommenen Einzelbewegungen, die mittels einer im Rahmenbau fest gelagerten Welle und einer auf dieser gelagerten schwingenden Welle passend vereinigt werden.

Die Totpunktlagen des Kolbens im Mittelzylinder werden festgelegt durch Einstellen der Triebstange und der Kurbel in der gleichen Ebene. Für die vordere Totpunktlage beträgt bei dieser Stellung von Kurbel und Triebstange der Abstand zwischen der oberen Fläche des Stangenkopfes und den oberen Seitenflächen der Kurbelarme 65 mm. Der Abstand zwischen der Unterfläche beider Kurbelarme und der Unterfläche des Stangenkopfes, gemessen auf dem Riß des Stangenkopfes, ist bei dieser vorderen Totpunktlage 85 mm. Steht der Kolben in dem hinteren Totpunkte, so ist der Abstand von der oberen bzw. unteren Seitenfläche der Kurbeln bis zur Ober= bzw. Unterfläche des Stangenschaftes gleich 52½ mm. In der nachstehenden Skizze sind diese Maße dargestellt.

Die beiden Schieber der Außensteuerung werden auf lineares Voreilen von 5 mm für alle Füllungsgrade eingestellt. Das lineare Voreilen des Innenschiebers ist zufolge der Unregelmäßigkeiten in den von den Außensteuerungen entnommenen Teilbewegungen mit den Füllungsgraden veränderlich; in der Mittellage der Steuerung also bei deren Einstellung auf 0 % Füllung beträgt bei vollem Dampfdruck im Kessel das lineare Voreilen des Innenschiebers vorn 5 mm, hinten 3 mm.

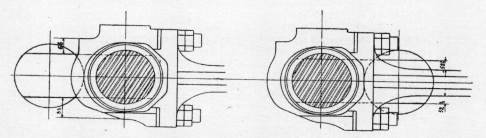

6. **Bremse.**

Sämtliche Trieb- und Kuppelräder werden einseitig gebremst. Der Gesamtdruck der 10 Bremsklötze beträgt bei 3,5 Atm. Druck in den Bremszylindern 70 % des Reibungsgewichtes der betriebsfähigen Lokomotive und kann mittels Zusatzbremse bei 5 Atm. Druck in den Bremszylindern auf etwa 100 % gesteigert werden. Die Bremsklötze haben die Abmessungen der Regelbauart. Das Bremsgestänge ist für einen Ausgleich sämtlicher einzelnen Bremsklotzdrücke eingerichtet. Das Nachstellen der Bremse erfolgt in einfacher Weise mittels dreier in die Zugstangen vor der Bremswelle eingeschalteter Spannschlösser. Das gesamte Übersetzungsverhältnis der Bremse beträgt 1 : 8,1. Die Bremse ist eine selbsttätig wirkende Einkammerluftdruckbremse der Regelbauart mit Zusatzbremse und zweistufiger Luftpumpe, die an der rechten Seite des Langkessels gelagert ist. Der Gang der Pumpe wird durch ein auf der rechten Seite des Armaturstutzens befindliches Niederschraubventil geregelt. Die beiden Hauptluftbehälter haben zusammen 800 l Inhalt.

7. **Vorwärmeranlage und Speisevorrichtungen.**

Die Lokomotive ist mit einer Einrichtung zum Vorwärmen des Speisewassers durch Abdampf versehen. Der Heizdampf für den Vorwärmer wird im wesentlichen dem Abdampf der Zylinder entnommen und durch eine Rohrleitung von dem Auspuffraum des Innenzylinders nach dem Vorwärmer geleitet. Außerdem wird noch der Abdampf der Luft- und Wasserpumpe dem Vorwärmer zugeführt. Das im Vorwärmer niedergeschlagene Wasser fließt auf die Strecke durch einen Kondenstopf, aus dem der mit dem Wasser zugeführte Dampf durch ein Rohr in den Aschkasten geleitet wird. Der Vorwärmer besteht aus einem runden Hohlkörper aus Flußeisenblech, der ein Bündel U-förmig gebogener Messingröhren von 13/16 mm Durchmesser in sich aufnimmt. Das vorzuwärmende Speisewasser fließt durch diese außen vom Abdampf umspülten Röhren, deren Enden in eine als Boden einer Wasserkammer ausgebildete Rohrwand eingewalzt sind, mit mehrfachem Richtungswechsel. Der Vorwärmer ist auf dem linksseitigen Umlaufblech so gelagert, daß die Rohrwand mit dem Rohrbündel leicht aus- und eingebaut werden kann.

Zur Förderung des Speisewassers dient eine mit Dampf betriebene Kolbenpumpe, Bauart Knorrbremse, die das Speisewasser aus dem Tender ansaugt und durch das Rohrbündel des Vorwärmers in den Kessel drückt. Ferner ist die Pumpe gemäß der angehefteten Zeichnung, Blatt 3 mit einer Umschaltvorrichtung versehen zum Füllen des Tenders aus seitlich des Bahnkörpers gelegenen Entnahmestellen. Dampfzylinder und Steuerung der an der linken Seite des Langkessels sitzenden Wasserpumpe sind in genauer Übereinstimmung mit den gleichen Teilen der Luftpumpe ausgeführt.

Der Gang der Speisepumpe läßt sich durch ein am Armaturstutzen angebrachtes Niederschraubventil auf eine Hubzahl von 40—1 in der Minute einstellen, so daß die Pumpe zum dauernden Speisen des Kessels während der Fahrt verwendet werden kann. Der Gang der Pumpe läßt sich nach dem Zeigerausschlag eines Manometers beurteilen, das im Führerhause vor dem Heizerstand angebracht ist.

Auf jeder Seite des Stehkessels befindet sich außerdem noch eine Dampfstrahlpumpe der Regelbauart von 250 l Leistung in der Minute.

Im vorderen Teil des Langkessels ist ein Wasserreiniger eingebaut. Das von den Pumpen kommende Speisewasser wird in den Dampfraum des Kessels geleitet und am Eingang in den Kessel durch Streudüsen verteilt, so daß eine ausgiebige Erwärmung, die als Vorbedingung für das Abscheiden des Kesselsteines anzusehen ist, gesichert wird. Der Kesselstein setzt sich an den über den Rauchröhren und seitlich vom Rohrbündel befindlichen Rieselblechen ab, während der im Wasser abgeschiedene Schlamm nach dem am Kesselbauch sitzenden Schlammsack mit Ablaßhahn abgeführt wird.

8. Besondere Einrichtungen.

Die Lokomotive hat die nachstehend aufgeführten besonderen Einrichtungen:
a) Preßluftsandstreuer mit Fallröhren, die vor die erste, zweite, dritte und vierte gekuppelte Achse bei Vorwärtsfahrt streuen;
b) Rauchverminderungseinrichtung der Bauart Marcotty;
c) Thermoelektrisches Pyrometer zum Messen der Dampfwärme im Schieberkasten des rechten Außenzylinders;
d) Einrichtung zur Spurkranznässung an den Rädern der Laufachse;
e) Dampfheizungseinrichtung;
f) Gasbeleuchtungseinrichtung.

B. Tender.

Die Lokomotive ist mit einem dreiachsigen Tender gekuppelt, der 20 cbm Wasser und 6000 kg Kohlen faßt. Die Bauart des Rahmens und des Wasserkastens ist anschließend an die Ausführung des 16,5 cbm-Tenders der preußischen Staatsbahn durchgeführt. Die Stärke der Rahmenbleche beträgt 20 mm. An Stelle einer hinteren Einlauföffnung zum Füllen des Wasserkastens sind zwei an den hinteren Längsseiten der Wasserkastendecke angebrachte Einlauföffnungen vorgesehen. Die Abmessungen der Einlauföffnungen sind so gewählt, daß an den Wasserkränen mit Gelenkausleger eine Gleisstrecke von annähernd der doppelten Auslegerlänge ohne Unterbrechung für das Füllen des Tenders verwendbar ist.

Die Bremse wirkt als Luftdruck- oder als Wurfhebelbremse beiderseits auf alle Räder des Tenders. Die Luftdruckbremse ist ausgeführt in der Bauart Kunze-Knorr G. Der gesamte Bremsklotzdruck beträgt 90 % vom Leergewicht des Tenders und 65 % vom Gewicht des Tenders mit gefüllten Vorratsbehältern.

Die Hauptabmessungen des Tenders sind:

Radstand	3 900 mm
(Abstand zwischen den beiden Vorderachsen	2 400 mm)
Raddurchmesser im Laufkreis	1 000 mm
Wasservorrat	20 cbm
Kohlenvorrat	6 000 kg
Leergewicht	21 000 kg
Dienstgewicht	47 500 kg.

Die Verbindung zwischen Lokomotive und Tender erfolgt nach der Regelbauart durch Haupt- und Notkupplungseisen und abgefederte Stoßpuffer mit keilförmig gestalteten Stoßpufferköpfen und Stoßpufferpfannen.

Königliches Eisenbahn-Zentralamt.

Seitenansicht und Grundriss der G 12.
Abbildung: Slg. Kubitzki

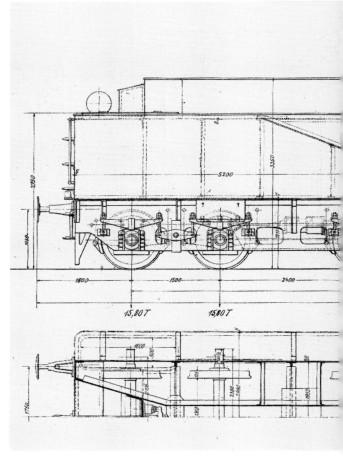
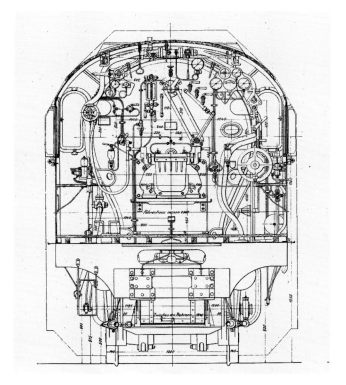
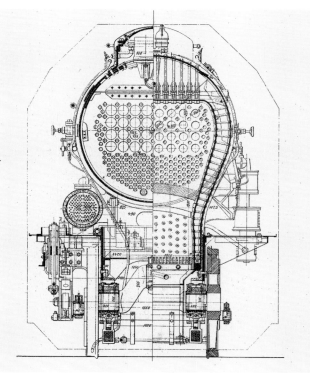

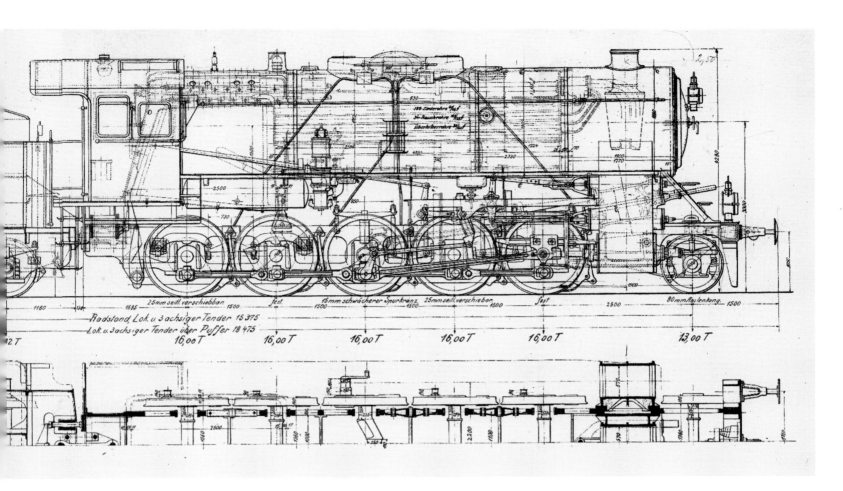
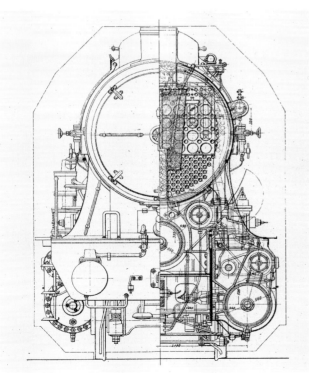

Schnitte der G 12.
Abbildung: Slg. Kubitzki

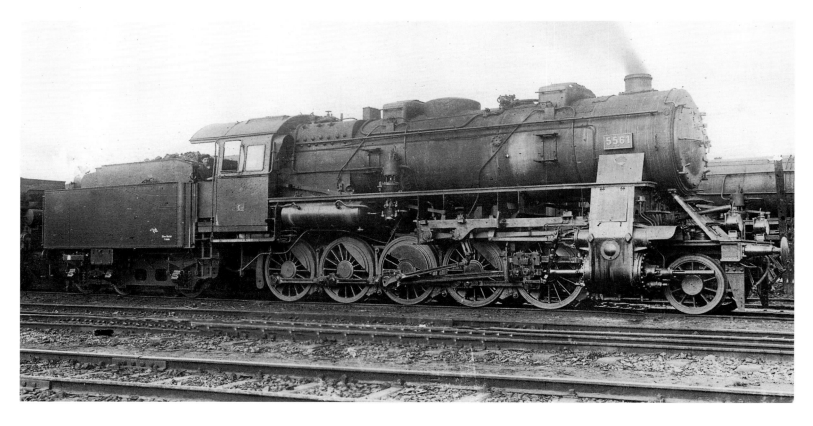

Die G 12 Elberfeld 5561 (ab 1925: 58 1296) besaß bereits zwei getrennte Sandkästen. Die Linke-Hoffmann-Werke lieferten die Lok 1919 mit der Fabrik-Nummer 1865 aus.
Foto: Slg. Töpelmann, Archiv transpress

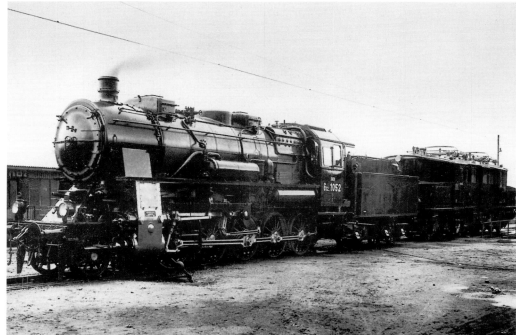

Die von den einzelnen Länderbahnen beschafften G 12 unterschieden sich in Details voneinander. So waren z.B. die badischen Maschinen mit einer Schornsteinhöhe über SO von 4.450 mm etwas höher als die preußischen G 12 mit 4.280 mm. Die badische G 12 Nr. 1052 entstand in den Werkhallen von BBC in Mannheim. *Foto: Slg. Gottwaldt*

3. Die Auslieferung

3.1 Die preußische G 12

Am Bau der preußischen G 12 waren insgesamt neun Lokomotivfabriken beteiligt. Dazu zählten die auf preußischem Gebiet befindlichen Werke von AEG in Hennigsdorf (b Berlin), Borsig in Berlin, Hanomag in Hannover, Henschel & Sohn in Kassel, Krupp in Essen, Linke-Hofmann in Breslau, Rheinmetall in Düsseldorf sowie die Firma Schichau im ostpreußischen Elbing. Die letzten preußischen Exemplare nach dem Musterblatt XIV-3d fertigte allerdings die württembergische Maschinenfabrik in Esslingen. Insgesamt wurden 1.181 preußische G 12 an die KPEV ausgeliefert.

Von diesen 1.181 preußischen Lokomotiven gab die Königlich Preußische Eisenbahn-Verwaltung (KPEV) unmittelbar nach Auslieferung 18 Exemplare ab, davon acht nach Württemberg und zehn an die Badischen Staatsbahnen. Ferner gelangten als Folge des Ersten Weltkrieges bzw. der Reparationsleistungen nach dem Versailler Vertrag neun Lokomotiven nach Belgien, zehn Ma-

Deckblatt des Betriebsbuches der 58 1349.
Abbildung: Slg. Kubitzki

Die »Urkunde über die Genehmigung« für die Münster 5582, der späteren 58 1349.
Abbildung: Slg. Kubitzki

Verteilung der Lieferungen der preußischen G 12

	1917	1918	1919	1920	1921	1922	Summe
AEG	-	-	-	-	10	-	10
Borsig	-	102	-	11	14	-	226
Esslingen	-	-	-	-	-	8	8
Hanomag	-	-	38	69	55	-	164
Henschel	10	60	237	63	-	-	370
Krupp	-	-	-	38	20	-	58
Linke-Hofmann	-	45	25	160	-	-	230
Rheinmetall	-	-	-	-	30	-	30
Schichau	-	-	-	15	70	-	85
Gesamt	10	207	300	457	199	8	1181

schinen an die französischen Ostbahnen »EST« und eine G 12 nach Polen. Somit waren im vorläufigen Umzeichnungsplan der Deutschen Reichsbahn von 1923 sowie im endgültigen von 1925 noch insgesamt 1.143 preußische G 12 enthalten, die dann zur DRG-Baureihe 58^{10-21} umgezeichnet wurden.

Die Lieferlose der preußischen G 12

AEG (Baujahr 1921)

Fabrik-Nr.	Bezeichnung	Umzeichnung
2110	Magdeburg 5561	58 1657
2111	Magdeburg 5562	58 1658
2112	Magdeburg 5563	58 1659
2113	Magdeburg 5564	58 1660
2114	Magdeburg 5565	58 1661
2115	Magdeburg 5566	58 1662
2116	Magdeburg 5567	58 1663
2117	Magdeburg 5568	58 1664
2118	Magdeburg 5569	58 1665
2119	Magdeburg 5570	58 1666

Borsig (Baujahr 1918)

Fabrik-Nr.	Bezeichnung	Umzeichnung
10000	Münster 5566	58 1099
10174	Münster 5551	58 1007
10175	Münster 5552	58 1008
10176	Münster 5553	58 1009
10177	Münster 5554	58 1010
10178	Münster 5555	58 1011
10179	Münster 5556	58 1012
10180	Münster 5557	58 1013
10181	Münster 5558	58 1014
10182	Saabrücken 5571[1]	58 1015
10183	Saabrücken 5572[1]	58 1016
10184	Saabrücken 5573[2]	1-150-C-688
10185	Saabrücken 5574[1]	58 1017
10186	Saabrücken 5575[1]	58 1018
10187	Saabrücken 5576[1]	58 1019
10188	Saabrücken 5577[1]	58 1020
10189	Saabrücken 5578[1]	58 1021
10190	Saabrücken 5579[1]	58 1022
10191	Saabrücken 5580[3]	1-150-C-689
10192	Köln 5551	58 1023
10193	Köln 5552	58 1024
10194	Köln 5553	58 1025
10195	Köln 5554	58 1026
10196	Köln 5555	58 1027
10197	Köln 5556	58 1028
10198	Köln 5557	58 1029
10199	Köln 5558	58 1030
10200	Köln 5559	58 1031
10201	Köln 5560	58 1032
10202	Köln 5561	58 1033
10203	Köln 5562	58 1034
10204	Köln 5563	58 1035
10205	Essen 5551	58 1036
10206	Essen 5552	58 1037
10207	Essen 5553	58 1038
10208	Essen 5554	58 1039
10209	Essen 5555	58 1040
10210	Essen 5556	58 1041
10211	Essen 5557	58 1042
10212	Essen 5558	58 1043
10213	Essen 5559	58 1044
10214	Essen 5560	58 1045
10215	Essen 5561	58 1046
10216	Essen 5562	58 1047
10217	Essen 5563	58 1048
10218	Essen 5564	58 1049
10219	Essen 5565	58 1050
10220	Frankfurt 5551	58 1051
10221	Frankfurt 5552	58 1052
10222	Frankfurt 5553	58 1053
10223	Frankfurt 5554	58 1054
10224	Frankfurt 5555	58 1055
10225	Frankfurt 5556	58 1056
10226	Frankfurt 5557	58 1057
10227	Frankfurt 5558	58 1058
10228	Hannover 5551	58 1059
10229	Hannover 5552	58 1060
10230	Hannover 5553	58 1061
10246	Münster 5559	58 1092
10247	Münster 5560	58 1093
10248	Münster 5561	58 1094
10249	Münster 5562	58 1095
10250	Münster 5563	58 1096
10251	Münster 5564	58 1097
10252	Münster 5565	58 1098
10254	Münster 5567	58 1100
10255	Münster 5568	58 1101
10256	Köln 5564	58 2145[4]
10257	Köln 5565	58 1102
10258	Köln 5566[5]	58 1103
10259	Köln 5567	B 9267
10260	Köln 5568[6]	58 1104
10261	Köln 5569	B 9269
10262	Köln 5570	CFL 5402[7]
10263	Köln 5571	58 2147[8]
10264	Köln 5572	58 1105
10265	Köln 5573	58 2148[9]
10266	Essen 5566	58 1106
10267	Essen 5567	58 1107
10268	Essen 5568	58 1108
10269	Essen 5569	58 1109
10270	Essen 5570	58 1110
10271	Essen 5571	58 1111
10272	Essen 5572	58 1112
10273	Essen 5573	58 1113
10274	Essen 5574	58 1114
10275	Essen 5575	58 1115
10276	Essen 5576	58 1116
10277	Essen 5577	58 1117
10278	Essen 5578	58 1118
10279	Essen 5579	58 1119
10280	Essen 5580	58 1120
10281	Essen 5581	58 1121
10282	Essen 5582	58 1122
10283	Essen 5583	58 1123
10284	Essen 5584	58 1124
10285	Essen 5585	58 1125
10286	Essen 5586	58 1126
10287	Essen 5587	58 1127
10288	Essen 5588	58 1128
10289	Essen 5589	58 1129
10290	Essen 5590	58 1130

1 Saarbrücken 5571, 5572, 5574–5579 Umzeichnung 1920 in Trier 5571, 5572, 5574–5579
2 Saarbrücken 5573 Umzeichnung 1918 in EST 5168, ab 1919 AL 5688, ab 1938 SNCF 1-150-C-688
3 Saabrücken 5580 Umzeichnung 1918 in EST 5169, ab 1919 AL 5689, ab 1938 SNCF 1-150-C-689
4 Köln 5564 Umzeichnung 1919 in B 9264, 1932 in PH 0 501, 1943 in DRB 58 2145
5 Köln 5566 Umzeichnung 1918 in Saarbrücken 5681, 1920 in Trier 5681
6 Köln 5568 Umzeichnung 1981 in Saarbrücken 5682, 1920 in Tier 5682
7 Köln 5570 Umzeichnung 1918 in B 9270, 1931 in PH 0 502, 1943 in DRB 58 2146
8 Köln 5571 Umzeichnung 1918 in B 9271, 1931 in PH 0 503, 1943 in DRB 58 2147
9 Köln 5573 Umzeichnung 1918 in B 9273, 1931 in PH 0 504, 1943 in DRB 58 2148

Borsig (Baujahr 1920)

Fabrik-Nr.	Bezeichnung	Umzeichnung
10601	Münster 5569	58 1336
10602	Münster 5570	58 1337
10603	Münster 5571	58 1338
10604	Münster 5572	58 1339
10605	Münster 5573	58 1340
10606	Münster 5574	58 1341
10607	Münster 5575	58 1342
10608	Münster 5576	58 1343
10609	Münster 5577	58 1344

Fabrik-Nr.	Bezeichnung	Umzeichnung
10610	Münster 5578	58 1345
10611	Münster 5579	58 1346
10612	Münster 5580	58 1347
10613	Münster 5581	58 1348
10614	Münster 5582	58 1349
10615	Münster 5583	58 1350
10615	Münster 5584	58 1351
10616	Münster 5585	58 1352
10618	Münster 5586	58 1353
10619	Münster 5587	58 1354
10620	Münster 5588	58 1355
10621	Frankfurt 5606	58 1356
10622	Frankfurt 5607	58 1357
10623	Frankfurt 5608	58 1358
10624	Frankfurt 5609	58 1359
10625	Frankfurt 5610	58 1360
10626	Frankfurt 5611	58 1361
10627	Frankfurt 5612	58 1362
10628	Frankfurt 5613	58 1363
10629	Frankfurt 5614	58 1364
10630	Frankfurt 5615	58 1365
10631	Frankfurt 5616	58 1366
10632	Frankfurt 5617	58 1367
10633	Frankfurt 5618	58 1368
10634	Frankfurt 5619	58 1369
10635	Frankfurt 5620	58 1370
10636	Frankfurt 5621	58 1371
10637	Frankfurt 5622	58 1372
10638	Frankfurt 5623	58 1373
10639	Magdeburg 5551	58 1374
10640	Magdeburg 5552	58 1375
10641	Magdeburg 5553	58 1376
10642	Magdeburg 5554	58 1377
10643	Magdeburg 5555	58 1378
10644	Magdeburg 5556	58 1379
10645	Magdeburg 5557	58 1380
10646	Magdeburg 5558	58 1381
10647	Magdeburg 5559	58 1382
10648	Magdeburg 5560	58 1383
10649	Erfurt 5591	58 1384
10650	Erfurt 5592	58 1385
10651	Erfurt 5593	58 1386
10652	Erfurt 5594	58 1387
10653	Erfurt 5595	58 1388
10654	Erfurt 5596	58 1389
10655	Erfurt 5597	58 1390
10656	Erfurt 5598	58 1391
10663	Essen 5616	58 1667
10664	Essen 5617	58 1668
10665	Essen 5618	58 1669
10666	Essen 5619	58 1670
10667	Essen 5620	58 1671
10668	Essen 5621	58 1672
10669	Essen 5622	58 1673
10670	Essen 5623	58 1674
10671	Essen 5624	58 1675
10672	Essen 5625	58 1676
10673	Essen 5626	58 1677
10674	Essen 5627	58 1678
10675	Essen 5628	58 1679
10676	Essen 5629	58 1680
10677	Essen 5630	58 1681
10678	Essen 5631	58 1682
10679	Essen 5632	58 1683
10680	Essen 5633	58 1684
10681	Essen 5634	58 1685
10682	Essen 5635	58 1686
10683	Essen 5636	58 1687
10684	Essen 5637	58 1688
10685	Essen 5638	58 1689
10686	Essen 5639	58 1690
10687	Essen 5640	58 1691
10688	Elberfeld 5602	58 1692
10689	Elberfeld 5603	58 1693
10690	Elberfeld 5604	58 1694
10691	Elberfeld 5605	58 1695
10692	Elberfeld 5606	58 1696
10693	Elberfeld 5607	58 1697
10694	Elberfeld 5608	58 1698
10695	Elberfeld 5609	58 1699
10696	Elberfeld 5610	58 1700
10697	Elberfeld 5611	58 1701
10698	Elberfeld 5612	58 1702
10699	Elberfeld 5613	58 1703
10700	Elberfeld 5614	58 1704
10701	Elberfeld 5615	58 1705
10702	Elberfeld 5616	58 1706
10703	Elberfeld 5617	58 1707
10704	Elberfeld 5618	58 1708
10705	Elberfeld 5619	58 1709
10706	Elberfeld 5620	58 1710
10707	Elberfeld 5621	58 1711
10708	Elberfeld 5622	58 1712
10709	Elberfeld 5623	58 1713
10710	Elberfeld 5624	58 1714
10711	Elberfeld 5625	58 1715
10712	Elberfeld 5626	58 1716
10713	Köln 5609	58 1717
10714	Köln 5610	58 1718
10715	Köln 5611	58 1719
10716	Köln 5612	58 1720

Borsig (Baujahr 1921)

Fabrik-Nr.	Bezeichnung	Umzeichnung
10802	Breslau 5636	58 2080
10803	Breslau 5637	58 2081
10804	Breslau 5638	58 2082
10805	Breslau 5639	58 2083
10806	Breslau 5640	58 2084
10807	Breslau 5641	58 2085
10808	Breslau 5642	58 2086
10809	Breslau 5643	58 2087
10810	Breslau 5644	58 2088
10811	Breslau 5645	58 2089
10812	Essen 6319	58 2090
10813	Essen 6320	58 2091
10814	Essen 6321	58 2092
10815	Essen 6322	58 2093

Esslingen (Baujahr 1922)

Fabrik-Nr.	Bezeichnung	Umzeichnung
4037	Kassel 5761[1]	58 536
4038	Kassel 5762[1]	58 537
4039	Kassel 5763[1]	58 538
4040	Kassel 5764[1]	58 539
4041	Kassel 5765[1]	58 540
4042	Kassel 5766[1]	58 541
4043	Kassel 5767[1]	58 542
4044	Kassel 5768[1]	58 543

[1] direkt geliefert an die RBD Stuttgart (ehemalige Königliche Württembergische Staatsbahn); laut Valtin dort eingereiht als 1936–1943, jedoch zeigt der Umzeichnungsplan der DRG nur die KPEV-Nummern auf

Hanomag (Baujahr 1919)

Fabrik-Nr.	Bezeichnung	Umzeichnung
8875	Hannover 5554	58 1203
8876	Hannover 5555	58 1204
8877	Hannover 5556	58 1205
8878	Hannover 5557	58 1206
8879	Hannover 5558	58 1207
8880	Hannover 5559	58 1208
8999	Elberfeld 5577	58 1392
9000	Elberfeld 5578	58 1393
9001	Elberfeld 5579	58 1394
9002	Elberfeld 5580	58 1395
9003	Elberfeld 5581	58 1396
9004	Elberfeld 5582	58 1397
9005	Elberfeld 5583	58 1398
9006	Elberfeld 5584	58 1399
9007	Elberfeld 5585	58 1400
9008	Elberfeld 5586	58 1401
9009	Elberfeld 5587	58 1402
9010	Elberfeld 5588	58 1403
9011	Elberfeld 5589	58 1404
9012	Elberfeld 5590	58 1405
9013	Elberfeld 5591	58 1406
9014	Elberfeld 5592	58 1407
9015	Elberfeld 5593	58 1408
9016	Elberfeld 5594	58 1409
9017	Elberfeld 5595	58 1410
9018	Elberfeld 5596	58 1411
9019	Elberfeld 5597	58 1412
9020	Elberfeld 5598	58 1413
9021	Elberfeld 5599	58 1414
9022	Elberfeld 5600	58 1415
9023	Elberfeld 5601	58 1416
9024	Essen 5591	58 1417
9025	Essen 5592	58 1418
9026	Essen 5593	58 1419
9027	Essen 5594	58 1420
9028	Essen 5595	58 1421
9029	Essen 5596	58 1422
9030	Essen 5597	58 1423

Hanomag (Baujahr 1920)

Fabrik-Nr.	Bezeichnung	Umzeichnung
8898	Köln 5613	58 1721
8899	Köln 5614	58 1722
8900	Köln 5615	58 1723
8901	Köln 5616	58 1724
9031	Essen 5598	58 1424
9032	Essen 5599	58 1425
9033	Essen 5600	58 1426
9034	Essen 5601	58 1427
9035	Essen 5602	58 1428
9036	Essen 5603	58 1429
9037	Essen 5604	58 1430
9038	Essen 5605	58 1431
9039	Essen 5606	58 1432

Fabrik-Nr.	Bezeichnung	Umzeichnung
9040	Essen 5607	58 1433
9041	Essen 5608	58 1434
9042	Essen 5609	58 1435
9043	Essen 5610	58 1436
9044	Essen 5611	58 1437
9045	Essen 5612	58 1438
9046	Essen 5613	58 1439
9047	Essen 5614	58 1440
9048	Essen 5615	58 1441
9172	Köln 5617	58 1725
9173	Köln 5618	58 1726
9174	Köln 5619	58 1727
9175	Köln 5620	58 1728
9176	Köln 5621	58 1729
9177	Köln 5622	58 1730
9178	Köln 5623	58 1731
9179	Köln 5624	58 1732
9180	Köln 5625	58 1733
9181	Köln 5626	58 1734
9182	Köln 5627	58 1735
9183	Köln 5628	58 1736
9199	Saarbrücken 5654[1]	58 1752
9200	Saarbrücken 5655[1]	58 1753
9201	Saarbrücken 5656[1]	58 1754
9202	Saarbrücken 5657[1]	58 1755
9203	Saarbrücken 5658[1]	58 1756
9204	Saarbrücken 5659[1]	58 1757
9205	Saarbrücken 5660[1]	58 1758
9206	Saarbrücken 5661[1]	58 1759
9207	Saarbrücken 5662[1]	58 1760
9208	Saarbrücken 5663[1]	58 1761
9209	Saarbrücken 5664[1]	58 1762
9210	Saarbrücken 5665[1]	58 1763
9211	Saarbrücken 5666[1]	58 1764
9212	Saarbrücken 5667[1]	58 1765
9213	Saarbrücken 5668[1]	58 1766
9214	Saarbrücken 5669[1]	58 1767
9215	Saarbrücken 5670[1]	58 1768
9216	Saarbrücken 5671[1]	58 1769
9217	Saarbrücken 5672[1]	58 1770
9218	Saarbrücken 5673[1]	58 1771
9219	Saarbrücken 5674[1]	58 1772
9220	Saarbrücken 5675[1]	58 1773
9221	Saarbrücken 5676[1]	58 1774
9222	Saarbrücken 5677[1]	58 1775
9223	Saarbrücken 5678[1]	58 1776
9224	Saarbrücken 5679[1]	58 1777
9225	Saarbrücken 5680[1]	58 1778
9457	Kassel 5727	58 2094
9458	Kassel 5728	58 2095
9459	Kassel 5729	58 2096
9460	Kassel 5730	58 2097
9461	Kassel 5731	58 2098
9462	Kassel 5732	58 2099
9463	Kassel 5733	58 2100
9464	Kassel 5734	58 2101

[1] Saarbrücken 5654–5679 Umzeichnung 1920 in Trier 5654–5680

Hanomag (Baujahr 1921)

Fabrik-Nr.	Bezeichnung	Umzeichnung
9184	Frankfurt 5641	58 1737
9185	Frankfurt 5642	58 1738
9186	Frankfurt 5643	58 1739
9187	Frankfurt 5644	58 1740
9188	Frankfurt 5645	58 1741
9189	Frankfurt 5646	58 1742
9190	Frankfurt 5647	58 1743
9191	Frankfurt 5648	58 1744
9192	Frankfurt 5649	58 1745
9193	Frankfurt 5650	58 1746
9194	Frankfurt 5651	58 1747
9195	Frankfurt 5652	58 1748
9196	Frankfurt 5653	58 1749
9197	Frankfurt 5654	58 1750
9198	Frankfurt 5655	58 1751
9465	Kassel 5735	58 2102
9466	Kassel 5736	58 2103
9467	Osten 5551	58 2104
9468	Osten 5552	58 2105
9469	Osten 5553	58 2106
9470	Osten 5554	58 2107
9471	Osten 5555	58 2108
9472	Osten 5556	58 2109
9473	Osten 5557	58 2110
9474	Osten 5558	58 2111
9475	Osten 5559	58 2112
9476	Osten 5560	58 2113
9477	Essen 6323	58 2114
9478	Essen 6324	58 2115
9479	Essen 6325	58 2116
9480	Essen 6326	58 2117
9481	Essen 6327	58 2118
9482	Essen 6328	58 2119
9483	Kassel 5737	58 2120
9484	Kassel 5738	58 2121
9485	Kassel 5739	58 2122
9486	Kassel 5740	58 2123
9487	Kassel 5741	58 2124
9488	Kassel 5742	58 2125
9489	Kassel 5743	58 2126
9490	Kassel 5744	58 2127
9491	Kassel 5745	58 2128
9492	Kassel 5746	58 2129
9493	Kassel 5747	58 2130
9494	Kassel 5748	58 2131
9495	Kassel 5749	58 2132
9496	Kassel 5750	58 2133
9497	Kassel 5751	58 2134
9498	Kassel 5752	58 2135
9499	Kassel 5753	58 2136
9500	Kassel 5754	58 2137
9501	Kassel 5755	58 2138
9502	Kassel 5756	58 2139
9503	Kassel 5757	58 2140
9504	Kassel 5758	58 2141
9505	Kassel 5759	58 2142
9506	Kassel 5760	58 2143

Henschel (Baujahr 1917)

Fabrik-Nr.	Bezeichnung	Umzeichnungen
14519	Brüssel 5551[1]	1918 in B 9251, 1931 in PH 0 505, 1943 in DRB 58 601[II]
14521	Brüssel 5552[1]	1918 in B 9253, 1931 in PH 0 506; 1943 in DRB 58 602[II]
14522	Brüssel 5553[1]	1919 in Kassel 5726, 1925 in DRB 58 1001
14523	Brüssel 5554[1]	1918 in EST 5015, 1938 in SNCF 1-150-A-15[2]
14524	Brüssel 5555[1]	1918 in B 9255, 1931 in PH 0 507, 1943 in DRB 58 603, 1944 in CFL 5303
15000	Kassel 5556	58 1002
15092	Kassel 5557	58 1003
15093	Kassel 5558	58 1004
15094	Kassel 5559	58 1005
15095	Kassel 5560	58 1006

[1] an MGD Brüssel geliefert; vorgesehen als C.F.O.A. 105, 107–110
[2] SNCF, Longwy, + 22.03.1945

Henschel (Baujahr 1918)

Fabrik-Nr.	Bezeichnung	Umzeichnung
15666	Kassel 5561	58 1062
15667	Kassel 5562	58 1063
15668	Kassel 5563	58 1064
15669	Kassel 5564	58 1065
15670	Kassel 5565	58 1066
15671	Kassel 5566	58 1067
15672	Kassel 5567	58 1068
15673	Kassel 5568	58 1069
15674	Kassel 5569	58 1070
15675	Kassel 5570	58 1071

Henschel (Baujahr 1918)

Fabrik-Nr.	Bezeichnung	Umzeichnungen
15741	Saarbrücken 5581[1]	58 1131
15742	Saarbrücken 5582	1918 EST 5151, 1919 AL 5681, 1938 SNCF 1-150-C-681
15743	Saarbrücken 5583[1]	58 1132
15744	Saarbrücken 5584[1]	58 1133
15745	Saarbrücken 5585[1]	58 1134
15746	Saarbrücken 5586	1918 EST 5152, 1919 AL 5682, 1938 SNCF 1-150-C-682
15747	Saarbrücken 5587[1]	58 1135
15748	Saarbrücken 5588	1918 EST 5153, 1919 AL 5683, 1938 SNCF 1-150-C-683
15749	Saarbrücken 5589[1]	58 1136
15750	Saarbrücken 5590[1]	58 1137
15751	Saarbrücken 5591[1]	58 1138
15752	Saarbrücken 5592[1]	58 1139
15753	Saarbrücken 5593	1918 EST 5154, 1919 AL 5684, 1938 SNCF 1-150-C-684[2]
15754	Saarbrücken 5594[1]	58 1140
15755	Saarbrücken 5595[1]	58 1141
15756	Saarbrücken 5596	1918 PKP Ty 1-1,

Fabrik-Nr.	Bezeichnung	Umzeichnung
15757	Saarbrücken 5597	1941 DRB 58 2144 1918 EST 5155, 1919 AL 5685, 1938 SNCF 1-150-C-685
15758	Saarbrücken 5598	1918 EST 5156, 1919 AL 5686, 1938 SNCF 1-150-C-686[2]
15759	Saarbrücken 5599[1]	58 1142
15760	Saarbrücken 5600	1918 EST 5157, 1919 AL 5687, 1938 SNCF 1-150-C-687
15761	Frankfurt 5559	58 1143
15762	Frankfurt 5560	58 1144
15763	Frankfurt 5561	58 1145
15764	Frankfurt 5562	58 1146
15765	Frankfurt 5563	58 1147
15766	Frankfurt 5564	58 1148
15767	Frankfurt 5565	58 1149
15768	Frankfurt 5566	58 1150
15769	Frankfurt 5567	58 1151
15770	Kassel 5571	58 1152
15771	Kassel 5572	58 1153
15772	Kassel 5573	58 1154
15773	Kassel 5574	58 1155
15774	Kassel 5575	58 1156
15775	Kassel 5576	58 1157
15776	Kassel 5577	58 1158
15777	Kassel 5578	58 1159
15778	Kassel 5579	58 1160
15779	Kassel 5580	58 1161
15780	Kassel 5581	58 1162
15781	Kassel 5582	58 1163
15782	Kassel 5583	58 1164
15783	Kassel 5584	58 1165
15784	Kassel 5585	58 1166
15785	Kassel 5586	58 1167
15786	Kassel 5587	58 1168
15787	Kassel 5588	58 1169
15788	Kassel 5589	58 1170
15789	Kassel 5590	58 1171[3]
15790	Kassel 5591	58 1172

1 Saarbrücken 5581, 5583–5585, 5587, 5589–5592, 5594, 5595, 5599 Umzeichnung 1920 in Trier 5581, 5583–5585, 5587, 5589–5592, 5594, 5595, 5599
2 194x als »Leihlok« an die DRB
3 58 1171 1944 an CFL 5441

Henschel (Baujahr 1919)

Fabrik-Nr.	Bezeichnung	Umzeichnung 1920	Umzeichnung 1925
16000	Warschau 5556[1]	Breslau 5633	58 1173
16186	Warschau 5557[1]	Breslau 5634	58 1174
16187	Warschau 5558[1]	Breslau 5635	58 1175
16188	Warschau 5559[1]	Kassel 5719	58 1176
16189	Warschau 5560[1]	Kassel 5720	58 1177
16190	Warschau 5561[1]	Hannover 5594	58 1178
16191	Warschau 5562[1]	Hannover 5595	58 1179
16192	Warschau 5563[1]	Kassel 5721	58 1180
16193	Warschau 5564[1]	Kassel 5722	58 1181
16194	Warschau 5565[1]	Hannover 5596	58 1182
16195	Warschau 5566[1]	Hannover 5597	58 1183
16196	Warschau 5567[1]	Hannover 5598	58 1184
16197	Warschau 5568[1]	Kassel 5723	58 1185
16198	Warschau 5569[1]	Kassel 5724	58 1186
16199	Warschau 5570[1]	Kassel 5725	58 1187
16567	Kassel 5602	-	58 1209
16568	Kassel 5603	-	58 1210
16569	Kassel 5604	-	58 1211
16570	Kassel 5605	-	58 1212
16571	Kassel 5606	-	58 1213
16572	Kassel 5607	-	58 1214
16573	Kassel 5608	-	58 1215
16574	Kassel 5609	-	58 1216
16575	Kassel 5610	-	58 1217
16576	Kassel 5611	-	58 1218
16577	Kassel 5612	-	58 1219
16578	Kassel 5613	-	58 1220
16579	Elberfeld 5571	-	58 1221
16580	Elberfeld 5572	-	58 1222
16581	Elberfeld 5573	-	58 1223
16582	Elberfeld 5574	-	58 1224
16583	Elberfeld 5575	-	58 1225
16584	Elberfeld 5576	-	58 1226
16585	Erfurt 5568[II]	-	58 1227
16586	Erfurt 5569[II]	-	58 1228
16587	Erfurt 5570[II]	-	58 1229
16588	Erfurt 5571[II]	-	58 1230
16589	Erfurt 5572[II]	-	58 1231
16590	Erfurt 5584	-	58 1232
16591	Erfurt 5585	-	58 1233
16592	Erfurt 5586	-	58 1234
16593	Erfurt 5587	-	58 1235
16594	Erfurt 5588	-	58 1236
16595	Erfurt 5589	-	58 1237
16596	Erfurt 5590	-	58 1238
16597	Frankfurt 5594	-	58 1239
16598	Frankfurt 5595	-	58 1240
16599	Frankfurt 5596	-	58 1241
16600	Frankfurt 5597	-	58 1242
16601	Frankfurt 5598	-	58 1243
16602	Frankfurt 5599	-	58 1244
16603	Frankfurt 5600	-	58 1245
16604	Frankfurt 5601	-	58 1246
16605	Frankfurt 5602	-	58 1247
16606	Frankfurt 5603	-	58 1248
16607	Frankfurt 5604	-	58 1249
16608	Frankfurt 5605	-	58 1250
16609	Saarbrücken 5601[2]	-	58 1251
16610	Saarbrücken 5602[2]	-	58 1252
16611	Saarbrücken 5603[2]	-	58 1253
16612	Saarbrücken 5604[2]	-	58 1254
16613	Saarbrücken 5605[2]	-	58 1255
16614	Saarbrücken 5606[2]	-	58 1256
16615	Saarbrücken 5607[2]	-	58 1257
16616	Saarbrücken 5608[2]	-	58 1258
16617	Saarbrücken 5609[2]	-	58 1259
16618	Saarbrücken 5610[2]	-	58 1260
16619	Saarbrücken 5611[2]	-	58 1261
16620	Saarbrücken 5612[2]	-	58 1262
16621	Saarbrücken 5613[2]	-	58 1263
16622	Saarbrücken 5614[2]	-	58 1264
16623	Saarbrücken 5615[2]	-	58 1265
16624	Saarbrücken 5616[2]	-	58 1266
16625	Saarbrücken 5617[2]	-	58 1267
16626	Saarbrücken 5618[2]	-	58 1268
16627	Saarbrücken 5619[2]	-	58 1269
16628	Saarbrücken 5620[2]	-	58 1270
16629	Kassel 5592	-	58 1271
16630	Kassel 5593	-	58 1272
16631	Kassel 5594	-	58 1273
16632	Kassel 5595	-	58 1274
16633	Kassel 5596	-	58 1275
16634	Kassel 5597	-	58 1276
16635	Kassel 5598	-	58 1277
16636	Kassel 5599	-	58 1278
16637	Kassel 5600	-	58 1279
16638	Kassel 5601	-	58 1280
16639	Frankfurt 5569	-	58 1281
16640	Frankfurt 5570	-	58 1282
16641	Frankfurt 5571	-	58 1283

16642	Frankfurt 5572	-	58 1284	16783	Köln 5578	-	58 1505
16643	Frankfurt 5573	-	58 1285	16784	Köln 5579	-	58 1506
16720	Frankfurt 5624	-	58 1442	16785	Köln 5580	-	58 1507
16721	Frankfurt 5625	-	58 1443	16786	Köln 5581	-	58 1508
16722	Frankfurt 5626	-	58 1444	16787	Köln 5582	-	58 1509
16723	Frankfurt 5627	-	58 1445	16788	Köln 5583	-	58 1510
16724	Frankfurt 5628	-	58 1446	16789	Köln 5584	-	58 1511
16725	Frankfurt 5629	-	58 1447	16790	Köln 5585	-	58 1512
16726	Frankfurt 5630	-	58 1448	16791	Köln 5586	-	58 1513
16727	Frankfurt 5631	-	58 1449	16792	Köln 5587	-	58 1514
16728	Frankfurt 5632	-	58 1450	16793	Köln 5588	-	58 1515
16729	Frankfurt 5633	-	58 1451	16794	Köln 5589	-	58 1516
16730	Frankfurt 5634	-	58 1452	16795	Köln 5590	-	58 1517
16731	Frankfurt 5635	-	58 1453	16796	Köln 5591	-	58 1518
16732	Frankfurt 5636	-	58 1454	16797	Köln 5592	-	58 1519
16733	Frankfurt 5637	-	58 1455	16798	Köln 5593	-	58 1520
16734	Frankfurt 5638	-	58 1456	16799	Köln 5594	-	58 1521
16735	Frankfurt 5639	-	58 1457	16800	Köln 5595	-	58 1522
16736	Frankfurt 5640	-	58 1458	16801	Köln 5596	-	58 1523
16737	Kassel 5614	-	58 1459	16802	Köln 5597	-	58 1524
16738	Kassel 5615	-	58 1460	16803	Köln 5598	-	58 1525
16739	Kassel 5616	-	58 1461	16804	Köln 5599	-	58 1526
16740	Kassel 5617	-	58 1462	16805	Köln 5600	-	58 1527
16741	Kassel 5618	-	58 1463	16806	Köln 5601	-	58 1528
16742	Kassel 5619	-	58 1464	16807	Köln 5602	-	58 1529
16743	Kassel 5620	-	58 1465	16808	Köln 5603	-	58 1530
16744	Kassel 5621	-	58 1466	16809	Köln 5604	-	58 1531
16745	Kassel 5622	-	58 1467	16810	Köln 5605	-	58 1532
16746	Kassel 5623	-	58 1468	16811	Köln 5606	-	58 1533
16747	Kassel 5624	-	58 1469	16812	Köln 5607	-	58 1534
16748	Kassel 5625	-	58 1470	16813	Köln 5608	-	58 1535
16749	Kassel 5626	-	58 1471	16814	Saarbrücken 5621[3]	-	58 1536
16750	Kassel 5627	-	58 1472	16815	Saarbrücken 5622[3]	-	58 1537
16751	Kassel 5628	-	58 1473	16816	Saarbrücken 5623[3]	-	58 1538
16752	Kassel 5629	-	58 1474	16817	Saarbrücken 5624[3]	-	58 1539
16753	Kassel 5630	-	58 1475	16818	Saarbrücken 5625[3]	-	58 1540
16754	Kassel 5631	-	58 1476	16819	Saarbrücken 5626[3]	-	58 1541
16755	Kassel 5632	-	58 1477	16820	Saarbrücken 5627[3]	-	58 1542
16756	Kassel 5633	-	58 1478	16821	Saarbrücken 5628[3]	-	58 1543
16757	Kassel 5634	-	58 1479	16822	Saarbrücken 5629[3]	-	58 1544
16758	Kassel 5635	-	58 1480	16823	Saarbrücken 5630[3]	-	58 1545
16759	Kassel 5636	-	58 1481	16824	Saarbrücken 5631[3]	-	58 1546
16760	Kassel 5637	-	58 1482	16825	Saarbrücken 5632[3]	-	58 1547
16761	Kassel 5638	-	58 1483	16826	Saarbrücken 5633[3]	-	58 1548
16762	Kassel 5639	-	58 1484	16827	Saarbrücken 5634[3]	-	58 1549
16763	Kassel 5640	-	58 1485	16828	Saarbrücken 5635[3]	-	58 1550
16764	Kassel 5641	-	58 1486	16829	Saarbrücken 5636[3]	-	58 1551
16765	Kassel 5642	-	58 1487	16830	Saarbrücken 5637[3]	-	58 1552
16766	Kassel 5643	-	58 1488	16831	Saarbrücken 5638[3]	-	58 1553
16767	Kassel 5644	-	58 1489	16832	Saarbrücken 5639[3]	-	58 1554
16768	Kassel 5645	-	58 1490	16833	Saarbrücken 5640[3]	-	58 1555
16769	Kassel 5646	-	58 1491	16834	Saarbrücken 5641[3]	-	58 1556
16770	Kassel 5647	-	58 1492	16835	Saarbrücken 5642[3]	-	58 1557
16771	Kassel 5648	-	58 1493	16836	Saarbrücken 5643[3]	-	58 1558
16772	Kassel 5649	-	58 1494	16837	Saarbrücken 5644[3]	-	58 1559
16773	Kassel 5650	-	58 1495	16838	Saarbrücken 5645[3]	-	58 1560
16774	Kassel 5651	-	58 1496	16839	Saarbrücken 5646[3]	-	58 1561
16775	Kassel 5652	-	58 1497	16840	Saarbrücken 5647[3]	-	58 1562
16776	Kassel 5653	-	58 1498	16841	Saarbrücken 5648[3]	-	58 1563
16777	Kassel 5654	-	58 1499	16842	Saarbrücken 5649[3]	-	58 1564
16778	Kassel 5655	-	58 1500	16843	Saarbrücken 5650[3]	-	58 1565
16779	Köln 5574	-	58 1501	16844	Saarbrücken 5651[3]	-	58 1566
16780	Köln 5575	-	58 1502	16845	Saarbrücken 5652[3]	-	58 1567
16781	Köln 5576	-	58 1503	16846	Saarbrücken 5653[3]	-	58 1568
16782	Köln 5577	-	58 1504	16847	Mainz 5551	-	58 1569

16848	Mainz 5552	-	58 1570
16849	Mainz 5553	-	58 1571
16850	Mainz 5554	-	58 1572
16851	Mainz 5555	-	58 1573
16852	Mainz 5556	-	58 1574
16853	Mainz 5557	-	58 1575
16854	Mainz 5558	-	58 1576
16855	Mainz 5559	-	58 1577
16856	Mainz 5560	-	58 1578
16857	Mainz 5561	-	58 1579
16858	Mainz 5562	-	58 1580
16859	Mainz 5563	-	58 1581
16860	Mainz 5564	-	58 1582
16861	Mainz 5565	-	58 1583
16862	Mainz 5566	-	58 1584
16863	Mainz 5567	-	58 1585
16864	Mainz 5568	-	58 1586

1 Warschau 5556–5570 geliefert an MGD Warschau
2 Saarbrücken 5601–5620 Umzeichnung 1920 in Trier 5601–5620
3 Saarbrücken 5621–5653 umgezeichnet 1920 in Trier 5621–5653

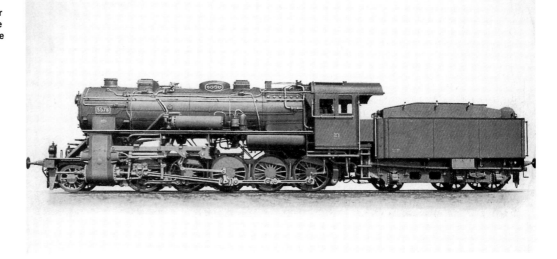

Als Elberfeld 5578 wurde die von der Hanomag 1920 mit der Fabrik-Nummer 9000 gelieferte Maschine in Dienst gestellt. Die DRG bezeichnete die G 12 als 58 1393. *Foto: Slg. Gottwaldt*

Mit der Fabrik-Nummer 15000 lieferte Henschel 1917 die Kassel 5556 aus. Bei der DRG trug die Maschine ab 1925 die Nummer 58 1002.
Foto: Slg. Gottwaldt

Henschel (Baujahr 1920)

Fabrik-Nr.	Bezeichnung	Umzeichnung
17050	Kassel 5656	58 1779
17051	Kassel 5657	58 1780
17052	Kassel 5658	58 1781
17053	Kassel 5659	58 1782
17054	Kassel 5660	58 1783
17055	Kassel 5661	58 1784
17056	Kassel 5662	58 1785
17057	Kassel 5663	58 1786
17058	Kassel 5664	58 1787
17059	Kassel 5665	58 1788
17060	Kassel 5666	58 1789
17061	Köln 5629	58 1790
17062	Köln 5630	58 1791
17063	Köln 5631	58 1792
17064	Köln 5632	58 1793
17065	Köln 5633	58 1794
17066	Köln 5634	58 1795
17067	Köln 5635	58 1796
17068	Köln 5636	58 1797
17069	Köln 5637	58 1798
17070	Köln 5638	58 1799
17071	Köln 5639	58 1800
17072	Köln 5640	58 1801
17073	Köln 5641	58 1802
17074	Köln 5642	58 1803
17075	Köln 5643	58 1804
17076	Mainz 5569	58 1805
17077	Mainz 5570	58 1806
17078	Mainz 5571	58 1807
17079	Mainz 5572	58 1808
17080	Mainz 5573	58 1809
17081	Mainz 5574	58 1810
17082	Mainz 5575	58 1811
17083	Mainz 5576	58 1812
17084	Mainz 5577	58 1813
17085	Mainz 5578	58 1814
17086	Mainz 5579	58 1815
17087	Mainz 5580	58 1816
17088	Mainz 5581	58 1817
17089	Mainz 5582	58 1818
17090	Mainz 5583	58 1819
17091	Mainz 5584	58 1820
17092	Mainz 5585	58 1821
17093	Frankfurt 5656	58 1822
17094	Frankfurt 5657	58 1823
17095	Frankfurt 5658	58 1824
17096	Frankfurt 5659	58 1825
17097	Frankfurt 5660	58 1826
17098	Frankfurt 5661	58 1827
17099	Frankfurt 5662	58 1828
17100	Frankfurt 5663	58 1829
17101	Frankfurt 5664	58 1830
17102	Frankfurt 5665	58 1831
17103	Frankfurt 5666	58 1832
17104	Frankfurt 5667	58 1833
17105	Frankfurt 5668	58 1834
17106	Frankfurt 5669	58 1835
17107	Frankfurt 5670	58 1836
17108	Frankfurt 5671	58 1837
17109	Frankfurt 5672	58 1838
17110	Frankfurt 5673	58 1839
17111	Frankfurt 5674	58 1840
17112	Frankfurt 5675	58 1841

Krupp (Baujahr 1920)

Fabrik-Nr.	Bezeichnung	Umzeichnung
31	Elberfeld 5627	58 1992
32	Elberfeld 5628	58 1993
33	Elberfeld 5629	58 1994
34	Elberfeld 5630	58 1995
35	Elberfeld 5631	58 1996
36	Elberfeld 5632	58 1997
37	Elberfeld 5633	58 1998
38	Elberfeld 5634	58 1999
39	Elberfeld 5635	58 2000
40	Elberfeld 5636	58 2001
61	Essen 5641	58 2022
62	Essen 5642	58 2023
63	Essen 5643	58 2024
64	Essen 5644	58 2025
65	Essen 5645	58 2026
66	Essen 5646	58 2027
67	Essen 5647	58 2028
68	Essen 5648	58 2029
69	Essen 5649	58 2030
70	Essen 5650	58 2031
71	Essen 6301	58 2032
72	Essen 6302	58 2033
73	Essen 6303	58 2034
74	Essen 6304	58 2035
75	Essen 6305	58 2036
76	Essen 6306	58 2037
77	Essen 6307	58 2038
78	Essen 6308	58 2039
79	Essen 6309	58 2040
80	Essen 6310	58 2041
81	Essen 6311	58 2042
82	Essen 6312	58 2043
83	Essen 6313	58 2044
84	Essen 6314	58 2045
85	Essen 6315	58 2046
86	Essen 6316	58 2047
87	Essen 6317	58 2048
88	Essen 6318	58 2049

Krupp (Baujahr 1921)

Fabrik-Nr.	Bezeichnung	Umzeichnung
41	Kassel 5699	58 2002
42	Kassel 5700	58 2003
43	Kassel 5701	58 2004
44	Kassel 5702	58 2005
45	Kassel 5703	58 2006
46	Kassel 5704	58 2007
47	Kassel 5705	58 2008
48	Kassel 5706	58 2009
49	Kassel 5707	58 2010
50	Kassel 5708	58 2011
51	Kassel 5709	58 2012
52	Kassel 5710	58 2013
53	Kassel 5711	58 2014
54	Kassel 5712	58 2015
55	Kassel 5713	58 2016
56	Kassel 5714	58 2017
57	Kassel 5715	58 2018
58	Kassel 5716	58 2019
59	Kassel 5717	58 2020
60	Kassel 5718	58 2021

Linke-Hofmann (Baujahr 1918)

Fabrik-Nr.	Bezeichnung	Umzeichnung
1629	Kattowitz 5551[1]	58 1072
1630	Kattowitz 5552[1]	58 1073
1631	Kattowitz 5553[1]	58 1074
1632	Kattowitz 5554[1]	58 1075
1633	Breslau 5551	58 1076
1634	Breslau 5552	58 1077
1635	Breslau 5553	58 1078
1636	Breslau 5554	58 1079
1637	Breslau 5555	58 1080
1638	Breslau 5556	58 1081
1639	Erfurt 5555	58 1082
1640	Erfurt 5556	58 1083
1641	Erfurt 5557	58 1084
1642	Erfurt 5558	58 1085
1643	Erfurt 5559	58 1086
1644	Erfurt 5560	58 1087
1645	Erfurt 5561	58 1088
1646	Erfurt 5562	58 1089
1647	Erfurt 5563	58 1090
1648	Erfurt 5564	58 1091
1649	Kattowitz 5555[2]	58 251
1650	Kattowitz 5556[2]	58 252
1651	Kattowitz 5557[2]	58 253
1652	Kattowitz 5558[2]	58 254
1653	Kattowitz 5559[2]	58 255
1654	Erfurt 5565	58 1188
1655	Erfurt 5566	58 1189
1656	Erfurt 5567	58 1190
1657	Erfurt 5568[3]	58 256
1658	Erfurt 5569[3]	58 257
1659	Erfurt 5570[3]	58 258
1660	Erfurt 5571[3]	58 259
1661	Erfurt 5572[3]	58 260
1662	Erfurt 5573	58 1191
1663	Erfurt 5574	58 1192
1664	Erfurt 5575	58 1193
1665	Erfurt 5576	58 1194
1666	Erfurt 5577	58 1195
1667	Frankfurt 5568	58 1196
1668	Breslau 5557	58 1197
1669	Breslau 5558	58 1198
1670	Breslau 5559	58 1199
1671	Breslau 5560	58 1200
1672	Breslau 5561	58 1201
1673	Breslau 5562	58 1202

[1] Kattowitz 5551–5554 Umzeichnung 1922 in Oppeln 5551–5554
[2] Kattowitz 5555–5559 Umzeichnung 1920 in Badische Staatsbahn Nr. 1037–1041
[3] Erfurt 5568–5572 Umzeichnung 1920 in Badische Staatsbahn Nr. 1042[II]–1046[II]

Linke-Hofmann (Baujahr 1919)

Fabrik-Nr.	Bezeichnung	Umzeichnung
1855	Elberfeld 5551	58 1286
1856	Elberfeld 5552	58 1287
1857	Elberfeld 5553	58 1288
1858	Elberfeld 5554	58 1289
1859	Elberfeld 5555	58 1290
1860	Elberfeld 5556	58 1291
1861	Elberfeld 5557	58 1292
1862	Elberfeld 5558	58 1293

Fabrik-Nr.	Bezeichnung	Umzeichnung
1863	Elberfeld 5559	58 1294
1864	Elberfeld 5560	58 1295
1865	Elberfeld 5561	58 1296
1866	Elberfeld 5562	58 1297
1867	Elberfeld 5563	58 1298
1868	Elberfeld 5564	58 1299
1869	Elberfeld 5565	58 1300
1870	Elberfeld 5566	58 1301
1871	Elberfeld 5567	58 1302
1872	Elberfeld 5568	58 1303
1873	Elberfeld 5569	58 1304
1874	Elberfeld 5570	58 1305
1895	Erfurt 5578	58 1326
1896	Erfurt 5579	58 1327
1897	Erfurt 5580	58 1328
1898	Erfurt 5581	58 1329
1899	Erfurt 5582	58 1330

Linke-Hofmann (Baujahr 1920)

Fabrik-Nr.	Bezeichnung	Umzeichnung
1875	Frankfurt 5574	58 1306
1876	Frankfurt 5575	58 1307
1877	Frankfurt 5576	58 1308
1878	Frankfurt 5577	58 1309
1879	Frankfurt 5578	58 1310
1880	Frankfurt 5579	58 1311
1881	Frankfurt 5580	58 1312
1882	Frankfurt 5581	58 1313
1883	Frankfurt 5582	58 1314
1884	Frankfurt 5583	58 1315
1885	Frankfurt 5584	58 1316
1886	Frankfurt 5585	58 1317
1887	Frankfurt 5586	58 1318
1888	Frankfurt 5587	58 1319
1889	Frankfurt 5588	58 1320
1890	Frankfurt 5589	58 1321
1891	Frankfurt 5590	58 1322
1892	Frankfurt 5591	58 1323
1893	Frankfurt 5592	58 1324
1894	Frankfurt 5593	58 1325
1900	Erfurt 5583	58 1331
1901	Hannover 5560	58 1332
1902	Hannover 5561	58 1333
1903	Hannover 5562	58 1334
1904	Hannover 5563	58 1335
1929	Breslau 5563	58 1597
1930	Breslau 5564	58 1598
1931	Breslau 5565	58 1599
1932	Breslau 5566	58 1600
1933	Breslau 5567	58 1601
1934	Breslau 5568	58 1602
1935	Breslau 5569	58 1603
1936	Breslau 5570	58 1604
1937	Breslau 5571	58 1605
1938	Breslau 5572	58 1606
1939	Breslau 5573	58 1607
1940	Breslau 5574	58 1608
1941	Breslau 5575	58 1609
1942	Breslau 5576	58 1610
1943	Breslau 5577	58 1611
1944	Breslau 5578	58 1612
1945	Breslau 5579	58 1613
1946	Breslau 5580	58 1614
1947	Breslau 5581	58 1615
1948	Breslau 5582	58 1616
1949	Breslau 5583	58 1617
1950	Breslau 5584	58 1618
1951	Breslau 5585	58 1619
1952	Breslau 5586	58 1620
1953	Breslau 5587	58 1621
1954	Breslau 5588	58 1622
1955	Breslau 5589	58 1623
1956	Breslau 5590	58 1624
1957	Breslau 5591	58 1625
1958	Breslau 5592	58 1626
1959	Breslau 5593	58 1627
1960	Breslau 5594	58 1628
1961	Breslau 5595	58 1629
1962	Breslau 5596	58 1630
1963	Breslau 5597	58 1631
1964	Erfurt 5609	58 1632
1965	Erfurt 5610	58 1633
1966	Erfurt 5611	58 1634
1967	Erfurt 5612	58 1635
1968	Erfurt 5613	58 1636
1969	Erfurt 5614	58 1637
1970	Erfurt 5615	58 1638
1971	Erfurt 5616	58 1638
1972	Erfurt 5617	58 1639
1973	Erfurt 5618	58 1640
1974	Erfurt 5619	58 1642
1975	Erfurt 5620	58 1643
1976	Erfurt 5621	58 1644
1977	Erfurt 5622	58 1645
1978	Erfurt 5623	58 1646
1979	Erfurt 5624	58 1647
1980	Erfurt 5625	58 1648
1981	Erfurt 5626	58 1649
1982	Erfurt 5627	58 1650
1983	Erfurt 5628	58 1651
1984	Erfurt 5629	58 1652
1985	Erfurt 5630	58 1653
1986	Erfurt 5631	58 1654
1987	Erfurt 5632	58 1655
1988	Erfurt 5633	58 1656
1989	Erfurt 5634	58 1917
1990	Erfurt 5635	58 1918
1991	Erfurt 5636	58 1919
1992	Erfurt 5637	58 1920
1993	Erfurt 5638	58 1921
1994	Erfurt 5639	58 1922
1995	Erfurt 5640	58 1923
1996	Erfurt 5641	58 1924
1997	Erfurt 5642	58 1925
1998	Erfurt 5643	58 1926
1999	Erfurt 5644	58 1927
2000	Erfurt 5645	58 1928
2001	Erfurt 5646	58 1929
2002	Erfurt 5647	58 1930
2003	Erfurt 5648	58 1931
2004	Erfurt 5649	58 1932
2005	Erfurt 5650	58 1933
2006	Erfurt 5651	58 1934
2007	Erfurt 5652	58 1935
2008	Erfurt 5653	58 1936
2009	Erfurt 5654	58 1937
2010	Erfurt 5655	58 1938
2011	Erfurt 5656	58 1939
2012	Erfurt 5657	58 1940
2013	Erfurt 5658	58 1941
2014	Erfurt 5659	58 1942
2015	Erfurt 5660	58 1943
2016	Erfurt 5661	58 1944
2017	Erfurt 5662	58 1945
2018	Erfurt 5663	58 1946
2019	Erfurt 5664	58 1947
2020	Erfurt 5665	58 1948
2021	Erfurt 5666	58 1949
2022	Erfurt 5667	58 1950
2023	Erfurt 5668	58 1951
2024	Erfurt 5669	58 1952
2025	Erfurt 5670	58 1953
2026	Erfurt 5671	58 1954
2027	Erfurt 5672	58 1955
2028	Erfurt 5673	58 1956
2029	Erfurt 5674	58 1957
2030	Kassel 5675	58 1958
2031	Kassel 5676	58 1959
2032	Kassel 5667	58 1960
2033	Kassel 5668	58 1961
2034	Kassel 5669	58 1962
2035	Kassel 5670	58 1963
2036	Kassel 5671	58 1964
2037	Kassel 5672	58 1965
2038	Kassel 5673	58 1966
2039	Kassel 5674	58 1967
2040	Erfurt 5675	58 1968
2041	Erfurt 5676	58 1969
2042	Kassel 5677	58 1970
2043	Kassel 5678	58 1971
2044	Kassel 5679	58 1972
2045	Kassel 5680	58 1973
2046	Kassel 5681	58 1974
2047	Kassel 5682	58 1975
2048	Kassel 5683	58 1976
2049	Kassel 5684	58 1977
2050	Kassel 5685	58 1978
2051	Kassel 5686	58 1979
2052	Kassel 5687	58 1980
2053	Kassel 5688	58 1981
2054	Kassel 5689	58 1982
2055	Kassel 5690	58 1983
2056	Kassel 5691	58 1984
2057	Kassel 5692	58 1985
2058	Kassel 5693	58 1986
2059	Kassel 5694	58 1987
2060	Kassel 5695	58 1988
2061	Kassel 5696	58 1989
2062	Kassel 5697	58 1990
2063	Kassel 5698	58 1991

Rheinmetall (Baujahr 1921)

Fabrik-Nr.	Bezeichnung	Umzeichnung
51	Hannover 5564	58 2050
52	Hannover 5565	58 2051
53	Hannover 5566	58 2052
54	Hannover 5567	58 2053
55	Hannover 5568	58 2054
56	Hannover 5569	58 2055
57	Hannover 5570	58 2056
58	Hannover 5571	58 2057
59	Hannover 5572	58 2058
60	Hannover 5573	58 2059

61	Hannover 5574	58 2060
62	Hannover 5575	58 2061
63	Hannover 5576	58 2062
64	Hannover 5577	58 2063
65	Hannover 5578	58 2064
66	Hannover 5579	58 2065
67	Hannover 5580	58 2066
68	Hannover 5581	58 2067
69	Hannover 5582	58 2068
70	Hannover 5583	58 2069
71	Hannover 5584	58 2070
72	Hannover 5585	58 2071
73	Hannover 5586	58 2072
74	Hannover 5587	58 2073
75	Hannover 5588	58 2074
76	Hannover 5589	58 2075
77	Hannover 5590	58 2076
78	Hannover 5591	58 2077
79	Hannover 5592	58 2078
80	Hannover 5593	58 2079

Schichau (Baujahr 1920)

Fabrik-Nr.	Bezeichnung	Umzeichnung
2821	Erfurt 5599	58 1587
2822	Erfurt 5600	58 1588
2823	Erfurt 5601	58 1589
2824	Erfurt 5602	58 1590
2825	Erfurt 5603	58 1591
2826	Erfurt 5604	58 1592
2827	Erfurt 5605	58 1593
2828	Erfurt 5606	58 1594
2829	Erfurt 5607	58 1595
2830	Erfurt 5608	58 1596
2831	Münster 5589	58 1842
2832	Münster 5590	58 1843
2833	Münster 5591	58 1844
2834	Münster 5592	58 1845
2835	Münster 5593	58 1846

Schichau (Baujahr 1921)

Fabrik-Nr.	Bezeichnung	Umzeichnung
2836	Münster 5594	58 1847
2837	Münster 5595	58 1848
2838	Münster 5596	58 1849
2839	Münster 5597	58 1850
2840	Münster 5598	58 1851
2841	Münster 5599	58 1852
2842	Münster 5600	58 1853
2843	Münster 5601	58 1854
2844	Münster 5602	58 1855
2845	Münster 5603	58 1856
2846	Münster 5604	58 1857
2847	Münster 5605	58 1858
2848	Münster 5606	58 1859
2849	Münster 5607	58 1860
2850	Münster 5608	58 1861
2851	Magdeburg 5571	58 1862
2852	Magdeburg 5572	58 1863
2853	Magdeburg 5573	58 1864
2854	Magdeburg 5574	58 1865
2855	Magdeburg 5575	58 1866
2856	Magdeburg 5576	58 1867
2857	Magdeburg 5577	58 1868
2858	Magdeburg 5578	58 1869
2859	Magdeburg 5579	58 1870
2860	Magdeburg 5580	58 1871
2861	Magdeburg 5581	58 1872
2862	Magdeburg 5582	58 1873
2863	Magdeburg 5583	58 1874
2864	Magdeburg 5584	58 1875
2865	Magdeburg 5585	58 1876
2866	Magdeburg 5586	58 1877
2867	Magdeburg 5587	58 1878
2868	Magdeburg 5588	58 1879
2869	Magdeburg 5589	58 1880
2870	Magdeburg 5590	58 1881
2871	Breslau 5598	58 1882
2872	Breslau 5599	58 1883
2873	Breslau 5600	58 1884
2874	Breslau 5601	58 1885
2875	Breslau 5602	58 1886
2876	Breslau 5603	58 1887
2877	Breslau 5604	58 1888
2878	Breslau 5605	58 1889
2879	Breslau 5606	58 1890
2880	Breslau 5607	58 1891
2881	Breslau 5608	58 1892
2882	Breslau 5609	58 1893
2883	Breslau 5610	58 1894
2884	Breslau 5611	58 1895
2885	Breslau 5612	58 1896
2886	Breslau 5613	58 1897
2887	Breslau 5614	58 1898
2888	Breslau 5615	58 1899
2889	Breslau 5616	58 1900
2890	Breslau 5617	58 1901
2891	Breslau 5618	58 1902
2892	Breslau 5619	58 1903
2893	Breslau 5620	58 1904
2894	Breslau 5621	58 1905
2895	Breslau 5622	58 1906
2896	Breslau 5623	58 1907
2897	Breslau 5624	58 1908
2898	Breslau 5625	58 1909
2899	Breslau 5626	58 1910
2900	Breslau 5627	58 1911
2901	Breslau 5628	58 1912
2902	Breslau 5629	58 1913
2903	Breslau 5630	58 1914
2904	Breslau 5631	58 1915
2905	Breslau 5632	58 1916

Als Trier 5667 war die mit der Fabrik-Nummer 9212 gelieferte Hanomag-Maschine (Baujahr 1920) im Einsatz. Bemerkenswert bei der späteren 58 1765 ist der Gasbehälter auf dem Tender.
Foto: Slg. Garn

3.2 Die badische G 12

Nahezu ausschließlich für die Badischen Eisenbahnen produzierte die Maschinenbaugesellschaft in Karlsruhe. Von den 1.681 für das Großherzogtum Baden gelieferten Maschinen entstanden dort 1.257 Exemplare. Richtig hieß die Fabrik Maschinenbaugesellschaft (MBG) Karlsruhe. Sie wurde von Emil Kessler 1837 gegründet und nannte sich seit 1852 MBG Karlsruhe. Mussten die ersten Lokomotiven noch durch andere Fabriken beschafft werden, bestimmte bald die einheimische Produktion das Bild. Doch auch badische Maschinen, wie die VIc (BR 75[4, 10-11]) bei der Berliner S-Bahn, fand man außerhalb der Landesgrenzen.

Relativ unterschiedlich entwickelte sich das Bild der Reise- und Güterzuglokomotiven. Zwei- und Dreikuppler mussten lange Zeit für die Güterzüge genügen. Seit 1866 stand die Gattung VIIa (ehemals Xd, BR 53[85]) und die VIId seit 1893 auf den badischen Schienen. 171 bzw. 109 Exemplare wurden von diesen Typen geliefert. Damit waren sie die erfolgreichsten Gattungen in Baden. Bis 1929 bzw. 1925 dauerte der Lebensabschnitt. 48 Exemplare der VIIa fanden sich noch im Umzeichnungsplan der DRG wieder. Jedoch der Ruf nach Maschinen mit vier angetriebenen Achsen wurde unüberhörbar. Dazu zählten nun u.a. Exemplare der Gattungen VIIIa (1875–1925), VIIIb (1886–1923), VIIIc (1893–1925) und VIIIe (1908– 1931, BR 56[7]). Als jedoch im Jahr 1915 die letzten VIIIe ausgeliefert wurden, stand die Badische Eisenbahn vor einem überalterten Fahrzeugpark.

Inzwischen war Krieg, den Deutschland letztlich verlor. »Nach 1919 herrschte wegen der Reparationsleistungen von über 100 Lokomotiven und wegen eines hohen Schadbestandes ein akuter Lokomotivmangel,« ist dem Lokomotivarchiv Baden von H. Lohr und Dr. G. Thielmann zu entnehmen. »Eigene Entwicklungen wurden nicht mehr vorgenommen. So blieb, wie auch für andere Länderbahnen, als einziger Weg die Nachbeschaffung schon vorhandener Lokomotivtypen und die Übernahme bewährter Konstruktionen von anderen Verwaltungen; das geschah auch schon im Hinblick auf eine ins Auge gefaßte Vereinheitlichung des Lokomotivparks bei den deutschen Eisenbahnen. Zehn Lokomotiven der Gattung G 12 sind direkt von der Preußischen Eisenbahnverwaltung gekauft worden. Eine größere Anzahl Lokomotiven der preußischen Gattungen G 12 und P 8 wurden unter eigener Regie nachgebaut. Weiterhin sind die Maschinen der bewährten Gattungen VIb (BR 75[1-3]), VIc (75[4]) und Xb (92[2-3]) nachbeschafft worden,«* heißt es weiter im Lokomotivarchiv Baden.

Wenn damit Autoren meinen, dass der Lokomotivpark wieder entsprechend ergänzt wurde, ist diese Aussage nur bedingt richtig. Immerhin stand schon 1918 die erste badische G 12, die Baden 972, zur Abnahme bereit. Allein das belegt, dass mit der Konstruktion bereits während der Ersten Weltkrieges, wenn auch als Übernahme, begonnen wurde. Lediglich die P 8 entstand als badischer Nachbau erst ab 1922.

Zwischen den Jahren 1918 und 1921 lieferte die MBG Karlsruhe 76 Lokomotiven der Gattung G 12 aus, die in das Schema der Badischen Eisenbahnen übernommen wurden. Hinzu kamen von BBC zwölf Stück in Direktlieferung sowie die erwähnte Übergabe von zehn preußischer Lokomotiven. Diese 1918 bei Linke-Hofmann gebauten G 12 trugen zunächst die Bezeichnungen Kattowitz 5555–5559 bzw. Erfurt 5568–5572. Erst im Jahr 1920 erhielten sie auch die badischen Nummern (1037–1046). Die Eisenbahnen Badens verfügten somit insgesamt über 98 Lokomotiven der Gattung G 12. Damit besaßen sie über eine ausreichende Anzahl starker Maschinen. Alle Exemplare fanden sich auch in den Umzeichnungsplänen der Reichsbahn wieder.

Die 58 245 legte in den 30er-Jahren im Bahnhof Triberg einen kurzen Zwischenhalt ein. Die MBG hatte die Maschine 1920 unter der Fabrik-Nummer 2082 gebaut. *Foto: Slg. Gottwaldt*

Die Lieferlose der badischen G 12

MBG Karlsruhe (Baujahr 1918)

Fabrik-Nr.	Bezeichnung	Umzeichnung
2016	Baden 972	58 201
2017	Baden 973	58 202
2018	Baden 974	58 203

MBG Karlsruhe (Baujahr 1919)

Fabrik-Nr.	Bezeichnung	Umzeichnung
2019	Baden 975	58 204
2020	Baden 976	58 205
2021	Baden 977	58 206
2022	Baden 978	58 207
2023	Baden 979	58 208
2024	Baden 980	58 209
2025	Baden 981	58 210
2035	Baden 982	58 211
2036	Baden 983	58 212
2037	Baden 984	58 213
2038	Baden 985	58 214
2039	Baden 986	58 215
2040	Baden 987	58 216
2041	Baden 988	58 217
2042	Baden 989	58 218
2043	Baden 990	58 219
2044	Baden 991	58 220
2045	Baden 992	58 221
2046	Baden 993	58 222[1]
2047	Baden 994	58 223
2048	Baden 995	58 224
2049	Baden 996	58 225
2067	Baden 1017	58 231
2068	Baden 1018	58 232
2069	Baden 1019	58 233
2070	Baden 1020	58 234
2071	Baden 1021	58 235
2072	Baden 1022	58 236
2073	Baden 1023	58 237

1 1956 Umzeichnung in 58 2144[II]

MBG Karlsruhe (Baujahr 1920)

Fabrik-Nr.	Bezeichnung	Umzeichnung
2074	Baden 1024	58 238
2075	Baden 1025	58 239

Fabrik-Nr.	Bezeichnung	Umzeichnung
2076	Baden 1026	58 240
2077	Baden 1027	58 241
2078	Baden 1028	58 242
2079	Baden 1029	58 243
2080	Baden 1030	58 244
2081	Baden 1031	58 245
2082	Baden 1032	58 246
2083	Baden 1033	58 247
2084	Baden 1034	58 248
2085	Baden 1035	58 249
2086	Baden 1036	58 250

Linke-Hofmann (Baujahr 1918)

Fabrik-Nr.	Bezeichnung	Umzeichnung
1649	Baden 1037	58 251[1]
1650	Baden 1038	58 252[1]
1651	Baden 1039	58 253[1]
1652	Baden 1040	58 254[1]
1653	Baden 1041	58 255[1]
1657	Baden 1042	58 256[2]
1658	Baden 1043	58 257[2]
1659	Baden 1044	58 258[2]
1660	Baden 1045	58 259[2]
1661	Baden 1046	58 260[2]

[1] Baden 1037–1041 Umzeichnung 1920 aus Kattowitz 5555–5559, geliefert als preußische G 12[1]
[2] Baden 1042[II]–1046[II] Umzeichnung 1920 aus Erfurt 5568–5572, geliefert als preußische G 12[1]

Brown Bovery Cie. (Baujahr 1921)

Fabrik-Nr.	Bezeichnung	Umzeichnung
5001	Baden 1047	58 261
5002	Baden 1048	58 262
5003	Baden 1049	58 263
5004	Baden 1050	58 264
5005	Baden 1051	58 265
5006	Baden 1052	58 266
5007	Baden 1053	58 267

Brown Bovery Cie. (Baujahr 1922)

Fabrik-Nr.	Bezeichnung	Umzeichnung
5008	Baden 1054	58 268
5009	Baden 1055	58 269
5010	Baden 1056	58 270
5011	Baden 1057	58 271
5012	Baden 1058	58 272

MBG Karlsruhe (Baujahr 1920)

Fabrik-Nr.	Bezeichnung	Umzeichnung
2110	Baden 1059	58 281
2111	Baden 1060	58 282
2112	Baden 1061	58 283
2113	Baden 1062	58 284
2114	Baden 1063	58 285
2115	Baden 1064	58 286
2116	Baden 1065	58 287
2117	Baden 1066	58 288
2118	Baden 1067	58 289
2119	Baden 1068	58 290
2120	Baden 1069	58 291
2121	Baden 1070	58 292
2122	Baden 1071	58 293
2123	Baden 1072	58 294
2124	Baden 1073	58 295
2125	Baden 1074	58 296
2126	Baden 1075	58 297

MBG Karlsruhe (Baujahr 1921)

Fabrik-Nr.	Bezeichnung	Umzeichnung
2127	Baden 1076	58 298
2128	Baden 1077	58 299
2129	Baden 1078	58 300
2130	Baden 1079	58 301
2131	Baden 1080	58 302
2132	Baden 1081	58 303
2153	Baden 1125	58 311
2154	Baden 1126	58 312
2155	Baden 1127	58 313
2156	Baden 1128	58 314
2157	Baden 1129	58 315
2158	Baden 1130	58 316
2159	Baden 1131	58 317
2160	Baden 1132	58 318

3.3 Die sächsische XIII H

Bei der sächsischen Variante der G 12 gilt es, zwei Arten zu unterscheiden. Beide sind von der Sächsischen Maschinenfabrik vorm. Richard Hartmann AG Chemnitz als sächsische Gattung XIII H gebaut worden. Die technische Unterscheidungen sind bereits an anderer Stelle erläutert. Den 20 Lokomotiven der »Vorserie« XIII H war kein langes Leben beschieden. Daher werden diese abweichend von der Chronologie im vorliegenden Werk nachfolgend komplett, also auch mit ihrem Verbleib, aufgelistet. Diese Exemplare erlebten zumeist den »Wechsel« der Zeitrechnung nach 1945 nicht mehr. Das trifft auch auf jene sechs Lokomotiven zu, die im Jahr 1919 als Reparationsleistung nach Frankreich abgegeben werden mussten. Diese kamen zwischen 1940 und 1942 als Leihlokomotiven nach Deutschland, in den Bereich der RBD-Dresden, zurück. Nach Kriegsende standen sie alle abgestellt und die Ausmusterung ereilte sie letztlich Anfang der 50er-Jahre. Diese Reihe XIII H wurde fortan ebenso als Gattung G 12[1] geführt und nachfolgend mit den wichtigsten Stationen dargestellt.
Nach dem Bau der ersten XIII H sah Sachsen zunächst keine weitere Notwendigkeit, eine schwere Güterzuglokomotive anzuschaffen.

Auf Hochglanz poliert wartete die 58 457 in den 20er-Jahren auf eine Probefahrt, wie die Indiziereinrichtung am Zylinder zeigt. *Foto: Slg. Grundmann*

Zahlreiche fünfgekuppelte Maschinen der Reihe XI V (1909–1913) sowie die nachfolgenden Serien dieser Gattung (1913) und die XI HV (1915–1916; BR 57[0,1,2]) waren im Bestand. Doch mit dem Ende des Ersten Weltkrieges sowie den zahlreichen Abgaben nach den Bedingungen des Versailler Vertrages sank die Anzahl der leistungsfähigen Lokomotiven um etwa die Hälfte.

Die Lieferlose der sächsischen XIII H (Vorserie)

Hartmann (Baujahr 1917)

Fabrik-Nr.	Bezeichnung	Umzeichnung	Verbleib	Bemerkung
3946	Sachsen 1165	1919 EST 5201	+ 1953 (?)	1938 SNCF 1-150-D-201; 17.11.1940 an DRB, Leihlokomotive RBD Dresden; Longwy-Baroncourt 1952; a. Q. Rbd Dresden, vermutlich Abgabe 1953 an Nord-Korea oder Mandschurei
3947	Sachsen 1166	58 101	+ 1932	
3948	Sachsen 1167	58 102	+ 09.1933	
3949	Sachsen 1168	58 103	+ 09.1933	
3950	Sachsen 1169	1919 EST 5202	+ 25.03.1954	1938 SNCF 1-150-D-202; 08.10.1942 an DRB, Leihlokomotive RBD Dresden; 1945 DR, Rbd Dresden
3951	Sachsen 1170	1919 EST 5203	+ 23.12.1953	1938 SNCF 1-150-D-203; 17.12.1940 an DRB, Leihlokomotive RBD Dresden; 1945 DR, Rbd Dresden
3952	Sachsen 1171	58 104	+ 09.1933	
3953	Sachsen 1172	58 105	+ 1933	
3954	Sachsen 1173	1919 EST 5204	+ 25.03.1954	1938 SNCF 1-150-D-204; 09.02.1941 an DRB, Leihlokomotive RBD Dresden; 1945 DR, Rbd Dresden
3955	Sachsen 1174	58 106	+ 1932	
3956	Sachsen 1175	58 107	+ 1933	
3957	Sachsen 1176	58 108	+ 1933	
3958	Sachsen 1177	58 109	+ 193x?	
3959	Sachsen 1178	58 110	+ 1934	
3960	Sachsen 1179	1919 EST 5205	+ 11.1952	1938 SNCF 1-150-D-205; 14.03.1941 an DRB, Leihlokomotive RBD Dresden; DR, Rbd Halle
3961	Sachsen 1180	58 111	+ 1933	
3962	Sachsen 1181	58 112	+ 1933	
3963	Sachsen 1182	58 113	+ 1933	
3964	Sachsen 1183	1919 EST 5206	+ 11.1952	1938 SNCF 1-150-D-206; 25.11.1940 an DRB, Leihlokomotive RBD Dresden; 1945 DR, Rbd Halle
3965	Sachsen 1184	58 114	+ 1934	

Schließlich begann im Jahr 1919 nach den preußischen Unterlagen der Bau der G 12. Die einzelnen Baulose unterschieden sich durch das unterschiedliche Aussehen der Domaufbauten, einschließlich deren Anzahl. Diese 62 Lokomotiven der Gattung XIII H sind alle im Umzeichnungsplan der DRG erfasst. Die Lieferung des Jahres 1924 erhielt sofort die Bezeichnung 58⁴. Der Bestand blieb bis 1945 konstant.

Die Lieferlose der sächsischen XIII H

Hartmann (Baujahr 1919)

Fabrik-Nr.	Bezeichnung	Umzeichnung
4055	Sachsen 1185	58 401
4056	Sachsen 1186	58 402
4057	Sachsen 1187	58 403
4058	Sachsen 1188	58 404
4059	Sachsen 1189	58 405
4060	Sachsen 1190	58 406
4061	Sachsen 1191	58 407
4062	Sachsen 1192	58 408
4063	Sachsen 1193	58 409
4064	Sachsen 1194	58 410

Hartmann (Baujahr 1920)

Fabrik-Nr.	Bezeichnung	Umzeichnung
4351	Sachsen 1195	58 411
4352	Sachsen 1196	58 412
4353	Sachsen 1197	58 413
4354	Sachsen 1198	58 414
4355	Sachsen 1199	58 415
4356	Sachsen 1200	58 416
4357	Sachsen 1201	58 417
4383	Sachsen 1202	58 418
4384	Sachsen 1203	58 419
4385	Sachsen 1204	58 420
4386	Sachsen 1205	58 421
4387	Sachsen 1206	58 422
4388	Sachsen 1207	58 423
4389	Sachsen 1208	58 424
4390	Sachsen 1209	58 425

Hartmann (Baujahr 1921)

Fabrik-Nr.	Bezeichnung	Umzeichnung
4391	Sachsen 1210	58 426
4392	Sachsen 1211	58 427
4393	Sachsen 1212	58 428
4394	Sachsen 1213	58 429
4395	Sachsen 1214	58 430
4396	Sachsen 1215	58 431
4397	Sachsen 1216	58 432
4398	Sachsen 1217	58 433
4399	Sachsen 1218	58 434
4400	Sachsen 1219	58 435
4401	Sachsen 1220	58 436
4402	Sachsen 1221	58 437
4403	Sachsen 1222	58 438
4404	Sachsen 1223	58 439
4405	Sachsen 1224	58 440
4406	Sachsen 1225	58 441
4407	Sachsen 1226	58 442

Hartmann (Baujahr 1924)

Fabrik-Nr.	Bezeichnung
4603	58 443
4604	58 444
4605	58 445
4606	58 446
4607	58 447
4608	58 448
4609	58 449
4610	58 450
4611	58 451
4612	58 452
4613	58 453
4614	58 454
4615	58 455
4616	58 456
4617	58 457
4618	58 458
4619	58 459
4620	58 460
4621	58 461
4622	58 462

Nun mit Reichsbahn-Nummer: Am 15. September 1931 ist die 58 502 mit einem Güterzug bei Stuttgart unterwegs. Bemerkenswert ist die Holzleiter hinter den Loklaternen auf der Pufferbohle.
Foto: Ulmer, Slg. Gottwaldt

3.4 Die württembergische G 12

Nachdem bereits seit 1917 die G 12 bei der Preußischen Staatsbahn im Einsatz war, beschaffte ab 1919 auch Württemberg Lokomotiven dieser Reihe. Zunächst sah man dort keine Notwendigkeit, denn nach der Nassdampfvariante der wü. H (BR 57^3) ab 1905 und der Heißdampflokomotive der Reihe Hh (BR 57^4) ab 1909 folgte im Jahre 1917 die Reihe K (59^0). Waren die Vertreter der Gattungen G, H und Hh Fünfkuppler, besaß die württembergische K sechs gekuppelte Achsen und eine Vorläuferachse sowie ein Vierzylinderverbundtriebwerk. Mit diesem Kraftpaket war selbst die Geislinger Steige ein Kinderspiel. Die württembergische Eisenbahn musste aber eine starke Lokomotive beschaffen, die auch auf ebenen Strecken wirtschaftlich war. Mit dem Nachbau der G 12 war die Lösung gefunden. Weitere preußische Grundtypen, wie die T 18 (BR 78) oder T 9 (91^3) sollten künftig ebenso in Württemberg zu finden sein. Die insgesamt 43 Lokomotiven der württembergischen G 12 waren auch alle im Umzeichnungsplan der DRG von 1925 enthalten und blieben in den nächsten zwei Jahrzehnten nahezu ihrer Heimat treu. Nur wenige gelangten zu anderen Bahnen.

Die Lieferlose der württembergischen G 12
Esslingen (Baujahr 1919)

Fabrik-Nr.	Bezeichnung	Umzeichnung
3865	1901	58 501
3866	1902	58 502
3867	1903	58 503
3868	1904	58 504
3869	1905	58 505
3870	1906	58 506
3871	1907	58 507
3872	1908	58 508
3873	1909	58 509
3874	1910	58 510
3875	1911	58 511
3876	1912	58 512
3877	1913	58 513
3878	1914	58 514
3879	1915	58 515
3880	1916	58 516
3881	1917	58 517
3882	1918	58 518
3883	1919	58 519
3884	1920	58 520
3885	1921	58 521
3886	1922	58 522
3887	1923	58 523
3888	1924	58 524

Esslingen (Baujahr 1920)

Fabrik-Nr.	Bezeichnung	Umzeichnung
3889	1925	58 525
3890	1926	58 526

Esslingen (Baujahr 1922)

Fabrik-Nr.	Bezeichnung	Umzeichnung
4037	Kassel 5761[1]	58 536
4038	Kassel 5762[1]	58 537
4039	Kassel 5763[1]	58 538
4040	Kassel 5764[1]	58 539
4041	Kassel 5765[1]	58 540
4042	Kassel 5766[1]	58 541
4043	Kassel 5767[1]	58 542
4044	Kassel 5768[1]	58 543

[1] Kassel 5761–5768 als preußische G 12 gebaut, jedoch direkt an die Württembergische Eisenbahn bzw. ED Stuttgart geliefert und dort in das Nummernschema der württembergischen 58^5 als 58 536–543 eingereiht

Fabrik-Nr.	Bezeichnung	Umzeichnung
3891	1927	58 527
3892	1928	58 528
3893	1929	58 529
3894	1930	58 530
3895	1931	58 531
3896	1932	58 532
3897	1933	58 533
3898	1934	58 534
3899	1935	58 535

Die Maschinenfabrik Esslingen lieferte die Nr. 1902 im Jahr 1919 mit der Fabrik-Nummer 3866 aus. 1925 erhielt die Maschine die Nummer 58 502. *Foto: Slg. Gottwaldt*

Die DRG reihte die Vorgänger-Maschinen der Gattung G 12, die Gattung G 12^1, 1925 als Baureihe 58^0 in ihren Bestand ein. *Foto: Bellingrodt, Slg. Garn*

4. Der Betriebsdienst bei der Deutschen Reichsbahn

4.1 Erprobung und Bauartänderungen

Das Eisenbahnwerk Berlin-Grunewald, wo die Versuchsabteilung für Lokomotiven ihren Sitz hatte, sandte am 18. Juli 1924 folgenden Telegrammbrief an die Rbd Erfurt: »*Es wird gebeten, das zuständige Maschinenamt anweisen zu wollen, daß der Versuchsabteilung für Lok drei G 12=Lok, die beim Bw Weißenfels beheimatet sind, zum Einbau der elektr. Kesselwasser -Reinigungsanlage zur Verfügung gestellt werden. Mit den Versuchen nach dem Verfahren **Stromlos** soll möglichst bald begonnen werden, dazu sind 2 Lok erforderlich. Die dritte Lok soll die **Agfil**-Einrichtung erhalten. Für diesen Versuch sind die Elemente noch nicht angeliefert.*
Um die ersten beiden Lok bald ausrüsten zu können, werden wir uns wegen der dazu geeigneten Zeit mit dem M.A. Weißenfels ins Benehmen setzen.
Sobald die Agfil-Einrichtung hier eintrifft, wird auch diese umgehend eingebaut.
M.A. Weißenfels und Bw. Weißenfels haben Abschrift erhalten.
i.V. Kempf.«
Für den Versuch »Stromlos« stellte die Direktion Erfurt die Lokomotiven Frankfurt 5571 und

Im Anlieferungszustand zeigt sich auf diesem Bild die Kassel 5697. Bemerkenswert an der Maschine sind das dritte Spitzenlicht an der Rauchkammer, die Riggenbach'sche Gegendruckbremse und der große Holzaufsatz auf dem Tender.
Foto: Slg. Gottwaldt

Frankfurt 5573[1] vom 29. Juli bis zum 4. August 1924 zur Verfügung. Im Mai des folgenden Jahres führte die Versuchsanstalt Probefahrten nach dem Verfahren »Stromlos« mit der G 12 Frankfurt 5526 durch.

Am 28. Mai 1925 schrieb man dann nieder: »Ueber die am 18. ds. Mts. vorgenommene Probefahrt mit der Versuchslokomotive in Weissenfels gestatten wir uns nachstehendes mitzuteilen:

Die Nachmessung ergab anscheinend eine nicht genügende Einstellung des Spannungszustandes. Eine genaue Durchrechnung war unserem Ingenieur an Ort und Stelle leider nicht möglich, da eine massgebende Zeichnung über die Abmessungen des Lokomotivkessels nicht verfügbar war. Die Nachprüfung der Montage ergab eine Reihe von Schaltungs- und sonstigen Fehlern. Beispielsweise war zwischen dem 2. und 3. Element die Parallelschaltung nur zwischen einem Pol *ungenügend durchgeführt. Weiterhin waren Befestigungsschrauben der Drähte bei 2 Elementen um einige Gänge locker, sodass genügender Stromdurchgang hier nicht stattfinden konnte. Ausser den genannten Fehlern wurden noch eine Reihe kleinerer Montagefehler festgestellt, deren Beseitigung jedoch für den Erfolg des Verfahrens wesentlich ist. (…) Zunächst erbitten wir möglichst umgehend die Ueberlassung einer genauen Zeichnung des Lokomotivkessels, aus der insbesondere Anzahl, Durchmesser, Länge, Wandstärke der Rohre sowie Länge, Durchmesser und Wandstärke des Kesselmantels, ausserdem die Abmessungen der Feuerbüchse hervorgehen. (…) Wir empfehlen uns Ihnen und zeichnen hochachtungsvoll Ingenieurgesellschaft für Wärmewirtschaft A.-G.«*

Mit der Lokomotive Essen 5670 testete die Versuchsabteilung in Berlin-Grunewald zwischen dem 23. Mai und 26. Juni 1924 entsprechende Abkühlversuche ohne und mit Isolierung. Die erst im Sommer 1925 zurückgeführte Lokomotive behielt ihre Verkleidung. Hans Nordmann urteilte nach den Versuchen und Erfahrungen, dass trotz des hohen Verschleißgrades der Lokomotive ein Wärmeschutz für den gedrängten und hochbeanspruchten Lokomotivkessel nicht notwendig ist.

Wie bei der preußischen G 10 testete die Reichsbahn auch an einigen G 12 Doppelverbundluftpumpen. Hervorzuheben ist die größere Leistungsfähigkeit dieser Pumpen, die es auch bei geringerem Kesseldruck ermöglichten, einen langen Zug in kurzer Zeit mit Luft für die Bremsanlage aufzufüllen. Eine dieser Lokomotiven, die 58 1326, war neben einigen G 10 im Bw Eisenach beheimatet. Seit dem 16. Mai 1926 trug sie die neue Doppelverbundluftpumpe. Die weiteren Charakteristika beschrieb das Maschinenamt Eisenach im Dezember 1927: »*Aus dem vorstehenden geht hervor, daß der Dampfverbrauch geringer ist und die Betriebssicherheit eine größere, bei geringen Unterhaltungskosten. Als Nachteil muß angeführt werden, daß die Übersichtlichkeit der Strecke durch die Größe derselben etwas behindert wird. Bw Eisenach gibt außerdem an, daß die Pumpen einen sehr harten Schlag haben. Ob diese Wahrnehmung auf be-*

c) Güterzug-Lokomotiven.

km/std Steigung		15	20	25	30	35	40	45	50	55	60	65	70	75
		Wagengewicht in t												
0	1:∞	—	—	—	—	—	—	—	2270	1900	1600	1330	—	—
1‰	1:1000	—	—	—	—	—	—	2100	1750	1500	1250	1050	—	—
2‰	1:500	—	—	—	—	2250	1950	1650	1400	1200	1015	860	—	—
3‰	1:333	—	—	—	2100	1800	1550	1350	1170	1000	855	710	—	—
4‰	1:250	—	2090	1770	1520	1320	1150	1000	860	730	625	—	—	—
5‰	1:200	2100	1770	1500	1310	1150	1000	865	750	650	550	—	—	—
6‰	1:166	1820	1550	1320	1150	1000	870	755	660	560	480	—	—	—
7‰	1:140	1640	1375	1180	1000	880	780	680	590	500	425	—	—	—
8‰	1:120	1440	1220	1045	900	800	690	600	520	450	380	—	—	—
10‰	1:100	1200	1000	855	750	650	565	495	425	365	300	—	—	—
14‰	1:70	850	725	620	530	460	400	350	300	—	—	—	—	—
20‰	1:50	600	490	410	360	310	—	—	—	—	—	—	—	—
25‰	1:40	470	370	310	—	—	—	—	—	—	—	—	—	—

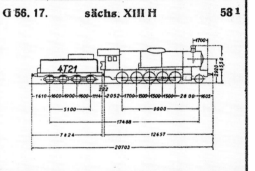

km/std Steigung		15	20	25	30	35	40	45	50	55	60	65	70	75
		Wagengewicht in t												
0	1:∞	—	—	—	—	—	—	—	2500	2090	1700	1360	—	—
1‰	1:1000	—	—	—	—	—	—	1820	1550	1260	1080	—	—	—
2‰	1:500	—	—	—	—	2000	1710	1450	1215	1025	875	—	—	—
3‰	1:333	—	—	—	1980	1650	1400	1200	1010	860	730	—	—	—
4‰	1:250	—	1965	1640	1400	1190	1010	865	725	610	—	—	—	—
5‰	1:200	1980	1665	1410	1190	1015	890	745	625	530	—	—	—	—
6‰	1:166	1700	1460	1210	1040	900	755	650	550	460	—	—	—	—
7‰	1:140	1500	1290	1075	925	790	675	580	490	405	—	—	—	—
8‰	1:120	1345	1130	970	820	700	600	510	425	—	—	—	—	—
10‰	1:100	1100	930	790	670	570	480	410	—	—	—	—	—	—
14‰	1:70	780	660	555	475	400	—	—	—	—	—	—	—	—
20‰	1:50	525	440	—	—	—	—	—	—	—	—	—	—	—
25‰	1:40	400	—	—	—	—	—	—	—	—	—	—	—	—

Laut dem Merkbuch der Deutschen Reichsbahn war die Baureihe 58¹ der Baureihe 58⁰ unterlegen.
Abbildung: Slg. Reimer

01 Bei den Maschinen Frankfurt 5571 und Frankfurt 5573 handelt es sich um die spätere 58 1283 und 58 1285.

sondere Umstände der Pumpe selbst, auf ihre Aufhängung, oder sonstige Ursachen zurückzuführen sind, muß noch besonders geprüft werden, da diese Ansicht nicht von allen Dienststellen geteilt wird.«

Änderungen an der Gegendruckbremse sind von folgenden G 12-Maschinen bekannt: (s. Tabelle oben).

Das Bw Naumburg unterrichtete am 1. Juni 1927 das Maschinenamt Weißenfels über die Änderung der Gegendruckbremse an der 58 2143: *»Die Druckluftsteuerung bei der Lok 58 2143 zum Drehschieber der Gegendruckbremse arbeitet einwandfrei, ein Festsetzen des Schiebers ist nicht eingetreten. Zweckmäßig wäre es, wenn an Stelle der Rückzugfeder auch eine Umsteuerung durch Luft erfolgt. Von der beabsichtigten Handumsteuerung bitte ich Abstand zu nehmen, denn der Führer ist durch die jetzige Handhabung der Bremse bereits voll in Anspruch genommen.*

Durch das erweiterte Lufteinströmrohr ist das Abklappen des Schiebers behoben, Rauchkammerrückstände wurden im Kolbenschieber u. Zylinder nicht vorgefunden. Auf den Gefällestrecken muß jedoch neben der Gegendruckbremse auch die Luftbremse in Tätigkeit gesetzt werden, weil die Abbremsung des Zuges durch die Gegendruckbremse zu gering ist. Eine weitere unangenehme Erscheinung ist das Trockenlaufen der Kolben beim Gebrauch der Gegendruckbremse. Es bleibt abzuwarten, ob durch größere Hubeinstellung der Oelpresse und einer direkten Schmierung der Kolbenstangen dieser Zustand beseitigt werden kann.
Die Lok. war erst 6 Tage in Betrieb.
gez. Stöckmann«

Vom Januar 1928 liegt ein Schreiben, gerichtet an das Reichsbahn-Zentralamt Berlin, über die Erprobung der geänderten Gegendruckbremse vor. Darin heißt es: *»Die beiden G 12-Lok 58 2143 (Bw Naumburg) und 58 1620 (Bw Gera-Hbf.) sind versuchsweise mit dem weiten Lufteinströmrohr zur Gegendruckbremse ausgerüstet worden. Bei der weiteren Beobachtung dieser beiden Lok im Betrieb ist festgestellt, daß das erweiterte Luftsaugrohr zur Gegendruckbremse sich als zweckmäßig erwiesen hat, jedoch ist eine Änderung des Schalldämpfers zur Luftausströmung dringend erwünscht, damit das starke pfeifenartige Geräusch beseitigt oder mindestens erheblich abgeschwächt wird. Als weiterer Mangel ist festgestellt worden, daß der Schieber im Blasrohrkopf nach Ausschaltung der Gegendruckbremse nicht in seine Endlage zurückgeht. Das Lokpersonal klagt über das unzuverlässige Ar-* beiten des Drehschiebers. Der Schieber muß öfter mit dem Fuß zurückgestoßen werden, um in seine Endlage zu gelangen, weil die Rückzugfeder zu schwach ist.

Wir ersuchen daher dringend, die vorhandene Umsteuerung gegen eine solche wie bei den T 161-Lok mit den von beiden Seiten durch Druckluft betätigten Kolben auszuwechseln.

c) Güterzug-Lokomotiven.

km/std	Steigung	15	20	25	30	35	40	45	50	55	60	65	70	75
		Wagengewicht in t												
0	1 : ∞	—	—	—	—	—	—	—	—	2270	1900	1600	1330	—
1 ‰	1 : 1000	—	—	—	—	—	—	2100	1750	1500	1250	1050	—	—
2 ‰	1 : 500	—	—	—	—	2250	1950	1650	1400	1200	1015	860	—	—
3 ‰	1 : 333	—	—	—	2100	1800	1550	1350	1170	1000	855	710	—	—
4 ‰	1 : 250	—	2090	1770	1520	1320	1150	1000	860	730	625	—	—	—
5 ‰	1 : 200	2100	1770	1500	1310	1150	1000	865	750	650	550	—	—	—
6 ‰	1 : 166	1820	1550	1320	1150	1000	870	755	660	560	480	—	—	—
7 ‰	1 : 140	1640	1375	1180	1000	880	780	680	590	500	425	—	—	—
8 ‰	1 : 125	1440	1220	1045	900	800	690	600	520	450	380	—	—	—
10 ‰	1 : 100	1200	1000	855	750	650	565	495	425	365	300	—	—	—
14 ‰	1 : 70	850	725	620	530	460	400	350	300	—	—	—	—	—
20 ‰	1 : 50	600	490	410	360	310	—	—	—	—	—	—	—	—
25 ‰	1 : 40	450	370	310	—	—	—	—	—	—	—	—	—	—

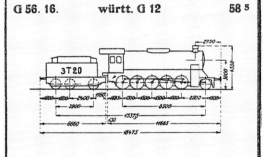

G 56.16. württ. G 12   58⁵

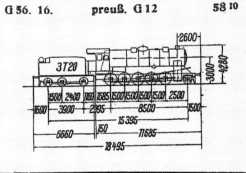

G 56.16. preuß. G 12   58¹⁰

km/std	Steiguug	15	20	25	30	35	40	45	50	55	60	65	70	75
		Wagengewicht in t												
0	1 : ∞	—	—	—	—	—	—	—	—	2270	1900	1600	1330	—
1 ‰	1 : 1000	—	—	—	—	—	—	2100	1750	1500	1250	1050	—	—
2 ‰	1 : 500	—	—	—	—	2250	1950	1650	1400	1200	1015	860	—	—
3 ‰	1 : 333	—	—	—	2100	1800	1550	1350	1170	1000	855	710	—	—
4 ‰	1 : 250	—	2090	1770	1520	1320	1150	1000	860	730	625	—	—	—
5 ‰	1 : 200	2100	1770	1500	1310	1150	1000	865	750	650	550	—	—	—
6 ‰	1 : 166	1820	1550	1320	1150	1000	870	755	660	560	480	—	—	—
7 ‰	1 : 140	1640	1375	1180	1000	880	780	680	590	500	425	—	—	—
8 ‰	1 : 125	1440	1220	1045	900	800	690	600	520	450	380	—	—	—
10 ‰	1 : 100	1200	1000	855	750	650	565	495	425	365	300	—	—	—
14 ‰	1 : 70	850	725	620	530	460	400	350	300	—	—	—	—	—
20 ‰	1 : 50	600	490	410	360	310	—	—	—	—	—	—	—	—
25 ‰	1 : 40	470	370	310	—	—	—	—	—	—	—	—	—	—

Auf dem ersten Blick gleichen sich die Schlepplastentafeln der preußischen und der württembergischen G 12. Doch der Eindruck täuscht, denn die preußische G 12 konnte auf einer 1 : 40-Steigung bei 20 km/h 470 t befördern, während das Merkbuch der württembergischen G 12 nur 450 t zubilligte. Ob dies nur ein Schreibfehler war, lässt sich heute nicht mehr klären.
Abbildung: Slg. Reimer

Für den Einsatz im schweren Güterzugdienst hatte die G 12 die Gegendruckbremse der Bauart Riggenbach erhalten. Nach der Einführung der durchgehenden Druckluftbremse im Güterverkehr wurde die Gegendruckbremse in den 30er-Jahren schrittweise entfernt. Die Würzburger 58 1679 besaß die Gegendruckbremse 1930 noch.
Foto: Maey, Slg. Gottwaldt

»Die auf Abgabe-Verf EMB Nr 3688 v 27.12.41 am 30.12.41 an die RBD Oppeln abgegebenen Lok 58 1196, 1517 und 1855 (…) wurden nicht mit Frostschutzeinrichtungen ausgerüstet, weil die Lok bei den genannten RBD verbleiben und die Ausrüstung nicht angeordnet war«, schrieb Dr. Steuernagel von der RBD Frankfurt (Main) am 8. Januar 1942 der DR im RVM in Berlin. Frostschutz war künftig nur noch bei den typischen Ostlokomotiven der Gattungen P 8, G 8, G 8^1, G 8^1 Umbau und G 10 vorgesehen. Bei der Umrüstung auf den Frostschutz entfiel der Oberflächen-Vorwärmer und ein zusätzlicher Injektor wurde eingebaut.

Bei der jetzt an Lok 58 1620 vorgenommenen Untersuchung wurde festgestellt, daß der Drehschieber stark verschmutzt war. Die Ursache wird auf den vorstehenden geschilderten Übelstand geführt. Ferner ist der Luftsaugeschacht an mehreren Stellen leicht durchgerostet. Das 5 mm starke Blech ist zu schwach, weil bei den G 12-Lok die Wände des Lufteinströmrohrs stets von Lösche umgeben sind. Es wird vorgeschlagen, dieses Rohr aus stärkerem Blech oder aus weniger rostendem Material herzustellen.«

Doch das waren nicht die einzigen Bauartänderungen bei der Reichsbahn, wie die folgende Übersicht beweist.

Aber nicht alle Versuche waren vom Erfolg gekrönt. So stimmte die Rbd Erfurt im September 1925 zu, dass die Ölsperr-Rückschlagventile der Bauart Dickert & Werneburg und der Bauart Michalk ausgebaut werden dürfen. Sie hatten sich nicht bewährt. Als Versuchsträger fungierten die Lokomotiven Erfurt 5555, 5634, 5558, 5561 und Essen 5631[20] des Bw Gerstungen.

Ferner sind folgende *»Lagerversuche an Lokomotiven«* von der DR im RVM im Februar 1943 erfasst worden: (s. Tabelle Seite 42).

Abschließend teilte das RVM mit, dass die Versuche kriegswichtig sind und die Lokomotiven daher nicht an den besetzten Osten abzugeben sind.

Ein weiterer Versuch, an dem vier Lokomotiven der BR 58 im RBD-Bezirk Karlsruhe beteiligt waren, beinhaltete die Ausrüstung mit einem selbsttätigen Führerbremsventil der Bauart Knorr. Diese Umrüstung im April 1940 erfuhren auch Lokomotiven der BR 44, 56 und 95 anderer Direktionen.

20 spätere 58 1082, 58 1917, 58 1085, 58 1088 und 58 1682

Lok	Bahnbetriebswerk	Änderung
58 1620	Gera Hbf	Drehschieber im Blasrohr geändert (E.A.W. Meiningen am 28.12.1926)
58 1921	Coburg	Blasrohr auf 142 mm verengt (E.A.W. Meiningen am 05.10.1926)
58 2143	Naumburg	Druckluftsteuerung zum Drehschieber (25.05.1927)

Lok	Bahnbetriebswerk	Änderung
Frankfurt 5627[2]	Arnstadt	Aschkasten geändert (Hw. Meiningen 04.01.1923)
Erfurt 5632[3]	Weißenfels	Aschkasten geändert (Hw. Meiningen 05.02.1923)
Erfurt 5622[4]	Coburg	Aschkasten geändert (Hw. Meiningen 20.02.1923)
Breslau 5612[5]	Saalfeld	Aschkasten geändert (Hw. Meiningen 28.02.1923)
Breslau 5618[6]	Coburg	Aschkasten geändert (Hw. Meiningen 04.1923)
Erfurt 5613[7]	Coburg	Aschkasten geändert (Hw. Meiningen 04.1923)
Trier 5629[8]	MA Erfurt	geändertes Treibstangenlager mit tragendem Unterteil (02.1923)
Erfurt 5571[9]	Meiningen	geändertes Treibstangenlager mit tragendem Unterteil (03.1923)
Erfurt 5555[10]	MA Erfurt	geändertes Treibstangenlager mit tragendem Unterteil (04.1923)
Erfurt 5638[11]	Coburg	Abstandhalter für Ueberhitzerrohre (E.A.W. Meiningen 20.06.1924)
Münster 5554[12]	Weimar	Abstandhalter für Ueberhitzerrohre (23.07.1924)
Frankfurt 5626[13]	Weißenfels	Einbau Boschöler (01.1924)
Frankfurt 5627[14]	Weißenfels	Einbau Boschöler (03.1924)
Erfurt 5568[15]	Coburg	Luft- und Vorwärmer mit Plasteverpackung (E.A.W. Meiningen 17.01.1925)
Hannover 5596[16]	Weißenfels	Luft- und Vorwärmer mit Plasteverpackung (E.A.W. Meiningen 03.1925)
Erfurt 5629[17]	Weißenfels	Luft- und Vorwärmer mit Plasteverpackung (E.A.W. Meiningen 03.1925)
Frankfurt 5571[18]	Weißenfels	Luft- und Vorwärmer mit Plasteverpackung (E.A.W. Meiningen 03.1925)
Erfurt 5672[19]	Weißenfels	Luft- und Vorwärmer mit Plasteverpackung (E.A.W. Meiningen 03.1925)

2	spätere 58 1445	8 spätere 58 1544	14 spätere 58 1445
3	spätere 58 1997	9 spätere 58 1230	15 spätere 58 1227
4	spätere 58 1645	10 spätere 58 1082	16 spätere 58 1182
5	spätere 58 1896	11 spätere 58 1921	17 spätere 58 1652
6	spätere 58 1902	12 spätere 58 1010	18 spätere 58 1283
7	5613 nicht umgezeichnet	13 spätere 58 1444	19 spätere 58 1955

Lok-Nr.	Bahnbetriebswerk	Eingebaute Versuchsausrüstung	im Betrieb seit58
58 1113	Eschwege	Lok Achslager mit Abdichtung an Unterkästen; Vollabdichtung an Laufachslagern, Verf 31 Fksch 110 vom 15.4. u. 18.9.42	Juni 1942
58 1539	Fulda		August 1942
58 1860	Friedberg	-	Dezember 1942
58 1349	Nordhausen	-	Oktober 1942
58 1736	Göttingen	Stangenlager mit Fettschmierung, Verf 31 Fksch 100 vom 24.9. u. 28.10.42	September 1942
58 1685	Treysa		Dezember 1942
58 1088	Gerstungen	Achs- und Stangenlager WM 80, Dünngusslager mit Stirnaufguß nach dem Schleuderverfahren RAW Halle. Auf Anordnung der AGM Zinn	März 1942
58 506	Aalen		Juni 1942
58 1614	Brockau	-	Juni 1942
58 1276	Thorn		November 1942
58 271	Erfurt		Dezember 1942
58 1105	Oels		Dezember 1942
58 1483	Thorn		Dezember 1942

Ferner sind weitere Abweichungen von der Regelbauart dokumentiert, ohne allerdings einen Anspruch auf Vollständigkeit erheben zu wollen:

– Lampen genormt (RAW Meiningen, 1928)
– Doppelverbundluftpumpe angebaut (Meiningen, 1930)
– Federstege für Achsgabel angebracht (Meiningen, 1933)
– Stangenlager auf Dünnguß umgestellt (Zwickau, 1942)
– tw. Frostschutz (Entfall Vorwärmer, 2. Injektor) (u. a. RAW Ingolstadt, 1943)

4.2 Probleme am Kessel?

Nachdem am 20. März 1939 die Feuerbüchse des Kessels der 03 174 zerknallte und schließlich am 3. April 1930 auch die 02 101 von diesem Schicksal ereilt wurde, gingen die Reichsbahn und das Reichsbahn-Zentralamt (RZA) vom menschlichen Versagen aus. Doch nur wenige Tage später meldeten die Reichsbahnausbesserungswerke (RAW) Schäden über ausgeglühte Feuerbüchsen im Berichtszeitraum vom Oktober 1938 bis März 1939 an die Generaldirektion in Berlin. Allein bei den Meldungen von den Reichsbahnausbesserungswerken des Werkstättenbezirkes der RBD Dresden machte die BR 58 mit Schäden an den Feuerbüchsen etwa die Hälfte aller zugeführten Lokomotiven aus.

Doch nicht nur 1939 waren diese Mängel feststellbar, sondern auch in den folgenden Jahren. So wurde detailliert der Hergang der im hinteren Teil leicht angeglühten Feuerbüchsdecke der 58 1961 des Bw Schlauroth festgehalten. Dazu heißt es: »Zwischen Klotzsche – Dresden, am 26.5.41. Nach dem Untersuchungsbefund des RAW Oels muß bei der Talfahrt der Wasserstand im Kessel kurze Zeit unzureichend gewesen

Für den Einsatz in den besetzten Ostgebieten wurden auch G 12 mit Frostschutzeinrichtungen ausgerüstet, wie die 58 206, die etwa 1942 in Österreich aufgenommen wurde. Foto: Slg. Gottwaldt

Lok	Bw	Schäden
58 439	Zwickau	Kupferne Feuerbüchsdecke angeglüht, 44 Deckenstehbolzen wurden ausgewechselt, die übrigen undicht.
58 1094	Aschersleben	Kupferne Feuerbüchse leicht angeglüht. Die Deckenstehbolzen konnten durch Nacharbeiten gedichtet werden.
58 1351	Weiden	Feuerbüchse leicht angeglüht, 80 Deckenbolzen undicht.
58 1417	Dresden-Friedrichstadt	Kupferne Feuerbüchse war angeglüht. 96 Deckenstehbolzen mußten erneuert werden.
58 1451	Hof	Feuerbüchsdecke etwa bis zur 4-ten Stehbolzenreihe von oben geglüht. Feuerbüchsrohrwand in der oberen Kümpelung starke, z.T. durchgehende Risse. Decken- und Seitenwandstehbolzen undicht.
58 1477	Nordhausen	Die Feuerbüchse war stark undicht und der Kesselstein abgeblättert. Sämtliche Deckenstehbolzen mußten nachgedichtet werden.
58 1501	Kassel	Die Feuerbüchse war stark undicht und der Kesselstein abgeblättert. Sämtliche Deckenstehbolzen mußten nachgedichtet werden.
58 1520	Eisenach	Mit kupferner Feuerbüchsdecke zur Schadgruppe L 2 zugeführt. Fast sämtliche Deckenstehbolzen waren undicht. Auf der Feuerbüchsdecke war der Kesselstein abgeplatzt, sodaß angenommen werden muß, daß dieser Lokomotivkessel ebenfalls Wassermangel ausgesetzt war.
58 1672	Regensburg	Feuerbüchsdecke etwa bis zur 2-ten Stehbolzenreihe von oben geglüht. Feuerbüchsrohrwand in der oberen Kümpelung starke Anrisse. 3 Rauchrohre eingedrückt. Deckenstehbolzen undicht.
58 1682	Saalfeld	Kupferne Feuerbüchsdecke infolge Wassermangel ausgeglüht. Deckenstehbolzen waren undicht. Das Kupfer der Decke hatte eine rötliche Farbe angenommen.
58 1732	Ingolstadt	Feuerbüchsdecke geglüht. Sämtliche Deckenstehbolzen lose. Durch öfteres unsachgemäßes Nachdichten der Deckenstehbolzen war die Feuerbüchsdecke so beschädigt, daß die Feuerbüchse, auch im Hinblick auf den Allgemeinzustand erneuert werden musste.
58 2025	Hagen-Vorhalle	Die Feuerbüchsdecke (Kupfer) war zwischen den Deckenstehbolzen hinter der Feuerbüchs-Rückwand durchgedrückt und angerissen. Einige Deckenstehbolzen waren undicht.

In jedem Betriebsbuch der G 12 war eine kurze Kesselbeschreibung zu finden. *Abbildungen: Slg. Kubitzki*

sein.« Zu den weiteren erkannten Schäden zählten 70 undichte Deckenstehbolzen und die »hindurch gewordene« oberste Reihe der Stehbolzen an der Rückwand. Die Lokomotive stand dann dem Betrieb sechs Tage wegen der Reparaturen nicht zur Verfügung.

Die 58 2097 (Bw Dresden-Friedrichstadt) und die 58 408 (Chemnitz-Hilbersdorf) hingegen mussten vorzeitig dem RAW für eine Hauptuntersuchung bzw. Aufarbeitung nach L 4 zugeführt werden. Personalverschulden war, dass der Kessel der 58 2097 am 11. Mai 1941 im Bw Friedrichstadt ohne Wasser angeheizt wurde. Bei der 58 408 ermittelte man, dass von Oederan bis Freiberg im Kessel ein Wassermangel vorlag. Risse in der Rohrwand und undichte Deckenanker waren die Folge.

Ferner liegen weitere Schadensmeldungen aus den Direktionen Erfurt, Kassel, München und Nürnberg vor. Als grobe Fahrlässigkeit des Personals der 58 1750 beschrieb Oberrat Eger von der RBD Nürnberg im August 1941, dass diese Lokomotive am 24. Mai vor dem Zug 6339 bei Rennwertshausen Dampf- und Wassermangel hatte. 56 Ausfalltage schlugen zu Buche. Erforderlich war eine L 2 Ausbesserung, die jedoch sowieso vorgesehen war. Für den Juni 1941 ermittelte folgende Ereignisse: (Tabelle Seite 44). Oberrart Eger dazu: »*Sämtliche Lokpersonale (Lokführer und Heizer) wurden aus dem Streckendienst entfernt und erhielten Strafen und Ersatzzuweisungen von je 8–12 RM. Sie werden erst wieder mit unserer Genehmigung bei*

Lok	Ort	Tag	Zug-Nr.	Ursache des Ausglühens	Umfang der Beschädigung	Ausfalltage
58 1913	Neukirchen	23.6.	7185	Unachtsamkeit des Personals	vordere Seite der Feuerbuchsdecke angeglüht	21
58 1832	Wicklesgreuth	23.6.	6409	Wassermangel. Grobe Fahrlässigkeit des Personals	Deckenstehbolzen undicht	29
58 1915	Aschaffenburg	22.6.	6610	Mangelhafte Prüfung des Wasserstandes	Verwerfen der Feuerbüchsdecke auf beiden Seiten des Umbugs, Deckenstehbolzen undicht	noch im RAW

guter Führung nicht vor einem 1/2 Jahr zum Streckendienst zugelassen. Wegen der Häufung der Schäden (Ende Juni) haben wir die Bw und MÄ angewiesen gegen Fehlige unnachsichtlich mit fühlbarer Strafe einzuschreiten.«

In einem Schnellbrief sandte am 27. Mai 1942 Oberreichsbahnrat Borlinghaus aus der RBD München die Liste der Lokomotiven an das RVM in Berlin, die wegen an- oder ausgeglühter Feuerbüchsen abgestellt werden mußten:

RAW Ingolstadt

Lok-Nr.	Bw	Aufwand in RM	Ausfalltage
58 288	Simbach	1.442	9
58 1023	Regensburg	5.727	18
58 1090	Treuchtlingen	241	2
58 1700	Ansbach	3.970	14
58 1750	Schweinfurt	4.679	22
58 1782	Regensburg	5.680	18
58 1732	Nürnberg Rbf	947	9
58 1888	Regensburg	1.602	12
58 1913	Nürnberg Rbf	1.667	11
58 1915	Aschaffenburg	8.578	24

In weiteren Berichten der Direktion waren u.a. im Jahr 1940 eine Vielzahl von Schäden an den Elementen der Kesseln der Baureihe 58 zu verzeichnen. Aber die Palette reichte auch von eingefrorenen Speiseeinrichtungen (58 209), verlorenen Bolzen des rechten Zylinderhahnzuges (58 538) bis hin zum gebrochenen rechten Druckausgleich (58 543). Die RBD Frankfurt (Main) schrieb u.a. am 24. Februar 1941: »Brüche an Steuerungsteilen sind in 14 Fällen mit insgesamt 1049 Minuten Verspätung aufgetreten und zwar sind in 4 Fällen bei 3 G 12= und 1 T 14=Lok die Lenkeransatzbolzen am rechten Kreuzkopf und in 1 Falle bei G 12=Lok der Lenkeransatzbolzen am linken Kreuzkopf gebrochen. Ferner ist bei (...) 1 G 12=Lok der linke Lenkerhebel und bei 1 G 12=Lok die rechte Schwinge gebrochen und der Bolzen der linken Schieberschubstange verloren gegangen.« Außerdem waren weitere Unregelmäßigkeiten aufgeführt: »Beide Speisepumpen der Lok 58 1359 schadhaft; Befestigungsschrauben am Flansch zwischen Ventilkasten und Wasserzylinder hatte sich gelockert. Linkes Speiserohr zur Vorwärmerpumpe der Lok 58.1583 war gerissen, hindurch konnte die Speisepumpe nicht benutzt werden.«

Bereits ein Jahr zuvor listete man in der RBD Frankfurt elf Fälle von Brüchen an Steuerungsteilen auf »und zwar sind in 4 Fällen bei 3 G 12= und 1 44=Lok die Lenkeransatzbolzen am rechten Kreuzkopf gebrochen.« 245 Minuten Verspätung fuhr die 58 2055 ein, als ihr Luftleitungsdruckregler und der Druckmesser im Winter 1940 einfroren. Es sollten nicht die letzten Frostschäden bleiben. Eher »skurril« war der Sachverhalt an der 58 1057: Hier riss während der Fahrt ein Sandrohr ab.

Im Jahr 1938 stellte das RZA Berlin fest, dass die Brüche an Treib- und Kuppelstangen im Jahr 1937 um 112 gegenüber dem Vorjahr anstiegen. 1936 waren es 1026, nun schon 1138. »Nach Gattungen aufgeteilt sind die Brüche bei den hochbeanspruchten Güterzuglokomotiven G 8.1, G 8.2, G 10 und G 12 in der Mehrzahl.« Werkstofftechnische Untersuchungen ergaben u.a. Mängel bei aufgeschweißten Stangen. Aber auch Wasserschläge oder unbekannte Ursachen mussten im Protokoll vermerkt werden.

Am 25. Mai 1935 schrieb Sachbearbeiter Reichsbahnrat Bückart der Hauptverwaltung in Berlin, dass »bei Feuerbüchswechsel die Lokomotivkessel der im hiesigen Bezirk unterhaltenen Lokomotiven nur noch mit Feuerbüchsen in geschweißter Ausführung versehen« werden. Insgesamt 105 Lokomotiven wurden so umgerüstet. Davon waren auch 35 Exemplare der G 12 betroffen.

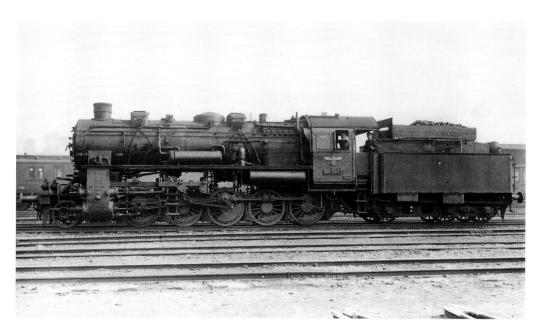

Bei der 58 1417 des Bw Dresden-Friedrichstadt glühte 1938/39 die kupferne Feuerbüchse an, wie eine Aufstellung des RZA belegt. Im Ausbesserungswerk mussten deshalb 96 Deckenstehbolzen erneuert werden. Als Werner Hubert die Maschine fotografierte, war sie aber wieder betriebsfähig. Das Bild entstand während des Zweiten Weltkrieges, wie die Verdunkelung der Signallaternen beweist. Zum Aufnahmezeitpunkt besaß die Lok noch ihre Gasbeleuchtung. *Foto: Slg. Grundmann*

Die RBD Erfurt informierte das RVM in Berlin am 1. August 1941 über den Kesselschaden an der 58 1902. *Abbildung: Slg. Kubitzki*

Am 2. Juni 1942 schickte die RBD Kassel dem RVM eine Aufstellung, bei welchen Maschinen zwischen dem 1. Juli 1942 und dem 30. April 1942 die Feuerbüchsen ausglühten. *Abbildung: Slg. Kubitzki*

4.3 Schlechte G 12?

Messfahrten mit der neugebauten »Einheitsgüterzuglokomotive« G 12 standen bereits im Jahr 1917 auf dem Programm des Eisenbahn-Zentralamts (EZA) und der Hauptwerkstatt Berlin-Grunewald. Es schlossen sich Fahrten mit einer Maschine ähnlicher Bauart für Bulgarien an. Ebenfalls im Interesse der deutschen Lokomotivbauindustrie standen die Versuchsfahrten am 17. Februar mit einer 1'Eh3-Lokomotive für die Ottomanische Generaldirektion der Häfen und Militäreisenbahnen auf der Strecke Grunewald–Güterglück.

Weitere Schornstein- und Blasrohrversuche führte das neu geschaffene Grunewalder Versuchsamt 1920 mit der G 12 durch. Zu den weiteren Aufgaben des Versuchsamts gehörten die Vergleichsfahrten mit normalen und langen, sächsischen Überhitzern, die den Vorteil der sächsischen Bauart zeigten.

Des weiteren fanden am 25. sowie vom 27. bis 29. September 1923 Versuchsfahrten mit den ersten, von der BMAG für die PKP gebauten Lok der Reihe Ty 23[21] auf den Verbindungen Sangerhausen–Hergisdorf und Sangerhausen–Blankenheim statt. Das Versuchsamt Grunewald verglich dabei die Ergebnisse der Fahrt von der Ty 23-2 mit den Werten einer G 12. Obwohl die Ty 23 nur ein Zweizylindertriebwerk besaß, war sie aufgrund ihres höheren Reibungsgewichtes

21 siehe Baureihe 58[23-27] (ab 1941), Seite 214

Stolz posierten Lokführer und Heizer vor ihrer 58 2099. Die G 12 bildete bis zur Serienlieferung der Baureihe 44 das Rückgrat im schweren Güterzugdienst. Bei den Personalen war die G 12 allerdings nicht sonderlich beliebt. *Foto: Slg. Grundmann*

Mit einem Güterzug im Schlepp dampfte eine unbekannte G 12 dahin. Die Aufnahme muss vor 1925 entstanden sein, denn die Maschine trägt noch immer ihre preußische Loknummer an den Rauchkammerseiten. *Foto: Slg. Töpelmann, Archiv transpress*

und des größeren Kessels leistungsfähiger als die G 12. Kleinere Probleme am Schornstein und am Aschkasten konnten beseitigt und damit die Feueranfachung und Dampfentwicklung verbessert werden.

In den folgenden drei Jahren setzten EZA und die Lokversuchsabteilung die Untersuchung der Länderbaureihen fort. Dazu gehörte u.a. im Jahr 1925 die Vergleichsversuchsfahrten zur Leistungs- und Verbrauchsermittlung an drei G 12, die bei der AEG, Borsig und Henschel & Sohn nach einheitlichen Vorgaben ausgebessert worden waren sowie 1926 Blasrohr-Standversuche im Bahnhof Drewitz.

Weitere Standversuche mit Lokomotiven der Gattungen P 8 und G 12 sollten zeigen, »*wie hoch und mit welchem Wirkungsgrad die Heizflächenbelastung hinaufgetrieben werden könne, und zwar im Vergleich zwischen dem Regelkessel und dem mit amerikanischen Feuerbüchsiedern. Die Versuche bewegten sich daher nur im Gebiet hoher Belastungen bis hinauf zu betrieblich an sich nicht mehr zulässigen.*« Die umfangreichen Messungen führten schließlich dazu,

dass »*thermisch aus der Untersuchung des Wirkunggrades keinerlei Recht herzuleiten, die schmale Feuerbüchse als die wirtschaftlichere anzusehen und die Garbesche These von ihrer Ueberlegenheit aufrecht zu erhalten.*«

Die G 12 war trotz ihrer Leistungsfähigkeit bei den Personalen nicht sonderlich beliebt. Fotos von Maschinen, die Lokführer und zwei (!) Heizer zeigen, lassen Zweifel an der Dampfentwicklung des Kessels aufkommen. Die Gesamtheizfläche von 263,38 m² reichte nicht immer aus, um die erforderliche Dampfmenge zu erzeugen, die die Zylinder verarbeiten konnten. Ferner waren die Schornstein- und Blasrohrabmessungen nicht korrekt aufeinander abgestimmt. Das wirkte sich ebenso auf eine schlechte Verbrennung und Dampferzeugung aus. Später wurde der Schornsteindurchmesser vergrößert. Dennoch musste häufig der Hilfsbläser zur Feueranfachung mit genutzt werden. Eine weitere Ursache lag in den Rauch- und Heizrohren, die sich leicht zusetzten. Zudem waren die Rauchrohre nur schwer zu reinigen. Auch die Dampfverteilung auf den Mittelzylinder war nicht optimal. Viele Verschleiß-

punkte begünstigten ein ungenaues Spiel. Somit waren auch die Leerlaufeigenschaften der G 12 schlecht.

Weitere Kritikpunkte in den ersten Jahren waren u.a. das Zusammenlegen von Dampf- und Sanddom unter einer Verkleidung. Die Sandrohre waren aufgrund der Feuchtigkeit stets verstopft. Die Domanordnung wurde wieder getrennt. Wegen des Fehlens von Buntmetallen waren die Lokomotiven mit eisernen Ventilen und Hähnen ausgerüstet. Aufgrund der Korrosion waren viele Teile schwergängig. Die Rotgussarmaturen brachten Abhilfe. Ausgetauscht werden mussten die Behelfsarmaturen (auch eine Folge des Rohstoffmangels während und nach dem Krieg) und die schnell abgenutzten Treibachslager (ab 1925 Bauart Obergethmann). Weitere Umbauten waren die Kürzung der Überhitzerelemente um 300 mm, da die Umkehrungen zu dicht an der Rohrwand lagen und dort ausglühen konnten oder die Versetzung des Dampfentnahmestutzens auf dem Kessel vor dem Führerhaus, da er im Inneren schlecht erreichbar war.

Der Geheime Baurat Gustav Hammer schrieb, dass zunächst der Sandstreuer nicht zufriedenstellend wirkte oder die Werkstatt mit dem Innentriebwerk einige Probleme hatte. Auch die Personale auf den Lokomotiven waren entsprechend einzuweisen. Ungünstig wirkten sich die »wilden« Besetzungen aufgrund des Lokomotivmangels aus. Hammer stellte kritisch fest: »*Die Lokomotive hat trotzdem (der guten Zugkräfte –d.A.) – und das ergab sich aus der Ungunst der ganzen Verhältnisse – im Betriebe, als sie in größerer Zahl angeliefert wurde, nicht voll befriedigt.*« Abschließend hielt Hammer fest: »*Das Eisen ist – mit Ausnahme der eisernen Feuerbuchse, die hier zu Anständen nicht geführt hat – wieder durch Kupfer und Rotguß ersetzt, brauchbare Dienststoffe sind wieder eingebaut und die sonstigen kleineren Mängel behoben, so daß nunmehr die Lokomotive erst richtig den Anforderungen an Leistung und Wirtschaftlichkeit voll gewachsen ist.*« Das war 1920 – trotzdem erfüllte die Baureihe 58 viele Jahrzehnte die an sie gestellten Anforderungen!

4.4 Einsatz in Deutschland

Die zuvor genannten Probleme in der Zugförderung mit den Lokomotiven der Gattungen G 8[1] und G 10 ließen die G 12 bzw. die spätere Baureihe 58 bei der Deutschen Reichsbahn-Gesellschaft (DRG) zur leistungsfähigsten und unverzichtbaren Gattung avancieren. Daran änderte auch die Beschaffung der Baureihen 43 und 44 zu späteren Zeiten nichts. Die Reichsbahn setzte die BR 58 zumeist in den Direktionen ein, deren Strecken in den Mittelgebirgen lagen. Vorrangig waren diese Lokomotiven in den Reichbahndirektionen (RBD) Kassel (194 Exemplare im Jahr 1933), Dresden (174), Karlsruhe (158), Erfurt (148), Halle (123) und Wuppertal (114 Stück) stationiert. Hinzu kamen Dienste in den Bezirken der RBD Augsburg, Breslau, Frankfurt (Main), Hannover, Köln, München, Nürnberg, Oppeln, Osten und Regensburg. Derartige Auflistungen waren zeitlich schnell überholt. Noch vor dem Beginn der Zweiten Weltkrieges und der Annexion Polens war die G 12 auch in der RBD Stettin zu finden. Später folgten Wien oder Einsätze in den Ostbahn- und Reichsverkehrsdirektionen im besetzten Osten. Auch im Saarland war die BR 58 in den Kriegsjahren eingesetzt. Zumeist fuhren dort Leihlokomotiven, requiriert aus den Beständen der elsässischen Eisenbahn (AL). In den nicht genannten Direktionen, wie Berlin, Mainz oder Hamburg, war die BR 58 zunächst nicht beheimatet. Doch die Wirren des Krieges ließen die G 12 auch in diese für sie eher untypischen Regionen kommen.

Nachfolgend werden die Beheimatungen und einige Einsatzbereiche der G 12 bzw. Baureihe 58 in der Zeit bis 1945 vorgestellt. Allein aus Platzgründen kann, wie eingangs erwähnt, nicht jedes Bw und jeder Lebenslauf einer Lokomotive detailliert dargestellt werden.

Regelmäßig erarbeitete die Reichsbahn eine Liste über erbrachte Monatsleistungen der einzelnen Baureihen in den Bahnbetriebswerken. Zu Beginn der 30er-Jahre waren außerdem Minderleistungen aufgeführt. Aus diesem Blickwinkel heraus sind auch einmal Leistungen der BR 58 zu betrachten:

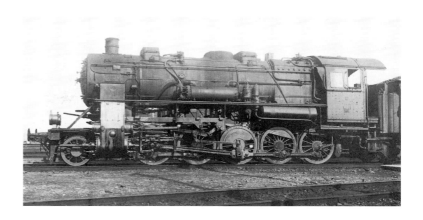

Anfang der 20er-Jahre wartete die Erfurt 5634 auf neue Leistungen. Die Maschine schien sich keiner besonderen Pflege zu erfreuen.
Foto: Slg. Töpelmann, Archiv transpress

Im Oktober 1942 überquerte eine unbekannte 58er mit einem Güterzug die Weistritzbrücke zwischen Breslau und Breslau-Lissa.
Foto: Slg. Kubitzki

Ausgewählte Monatsleistungen der Baureihe 58

Bw	Dpl	Anzahl im Dpl	Monatsleistung	Minderleistung in %
Lokbf Tharandt	20	2	12 026	10,0
Chemnitz-Hilbersdorf	01	6	34 158	16,2
Chemnitz-Hilbersdorf	02	4	19 808	15,2
Dresden-Friedrichstadt	02	6	32 184	11,2
Riesa	02	5	30 085	10,7
Saalfeld	2304	4	29 124	8,0
Weißenfels	4103	5	30 669	10,6
Zeitz	4204	3	18 055	19,7
Landau	5	3	25 425	13,2
Schneidemühl Vbf	15	9	89 540	2,3[1]
Weiden	4	11	92 690	33[2]
Jädickendorf	13	12	47 728	13,5
Stettin Gbf	14	6	16 464	4,0

1 zusammen mit zwei Lok BR 41 in einem Dpl
2 zusammen mit drei Lok BR 57^{10} in einem Dpl

Stationierungen im Bw Erkner

Lok	von/vom	Zeitraum	an
58 1212	WVD Südost	1944–29.09.1944	RBD Nürnberg
58 1916	Bw Würzburg	26.02.1941–02.1941	BDZ

4.4.1 RBD Berlin

Offensichtlich waren die Beheimatungen der G 12 im Bezirk der RBD Berlin lediglich als »Strandgut« der Heimführungen bzw. als »Überbrückung« während des Zweiten Weltkrieges zu betrachten. Zumeist standen die Lokomotiven nur abgestellt; Einsätze sind nicht bekannt.

4.4.2 RBD Breslau

Nur kurze Zeit war die BR 58 in dieser Direktion zu finden. Ausnahmslos hatte diese Zugehörigkeit mit der Zeit des Aufschwungs von Schlesien zu tun. Überliefert ist die Beheimatung im **Bw Arnsdorf (b Liegnitz)**, wo am 1. Januar 1930 die 58 1198, 1201, 1311, 1601 und 1602 vorgefunden wurden.

Im eher für Elloks typischen **Bw Waldenburg-Dittersbach** hielt sich am 1. Januar 1930 die 58 217 auf. Eine längere Einsatzzeit ist auch hier nicht bekannt.

Zum Maschinenamt Breslau zählte das große **Bw Brockau**. Dort sind zum Jahresbeginn von 1943 die 58 1201, 1311, 1397, 1456, 1547, 1548, 1575, 1639, 1711 und 1712 nachgewiesen. Die 58 1547, 1548 und 1624, vermutlich auch weitere, gehörten am Stichtag 1. Januar 1930 zum **Bw Liegnitz**. Am gleichen Tag hielten sich im **Bw Sagan** die 58 1287, 1397 und 1607 auf.

4.4.3 RBD Dresden

Im **Bw Chemnitz-Hilbersdorf** dominierte seit Beginn der 20er-Jahre die Baureihe 58. Bemerkenswerterweise gab es dort neben der sächsischen Variante auch preußische Maschinen. Hinzu kamen vereinzelte Exemplare der Baureihen 43, 86 und 94.

Noch mit ihrer Länderbahnnummer Kassel 5731 war die spätere 58 2098 am 11. August 1925 im Einsatz. Mit dem Dg 5602 Dresden–Döbeln–Chemnitz erreichte die G 12 wenige Minuten später Nossen.
Foto: Slg. Töpelmann, Archiv transpress

Bestand des Bw Chemnitz-Hilbersdorf am 1. Januar 1930

| 58 401, 402, 403, 404, 405, 406, 408, 409, 410w, 411, 415, 417, 418, 423, 424, 425, 426, 427, 428, 432, 440 |
| 58 1345, 2051, 2052, 2096, 2097, 2098, 2099, 2101, 2104, 2107, 2108, 2111, 2112 |

In den nächsten Jahren veränderte sich das Bild nachhaltig – die preußische G 12 zog man ab. Nach 21 Stück sächsischer Herkunft im Jahre 1930 waren es 1941 dann 26, zwei Jahre darauf nur noch 24.

Bestand des Bw Chemnitz-Hilbersdorf am 15. April 1941

| 58 401, 402, 403, 405, 408, 409, 410, 411, 414, 415, 418, 421, 423, 424, 430, 431, 432, 433, 435, 438, 440, 441, 443, 444, 447, 462 |

In den letzten Tagen des Zweiten Weltkrieges wurde der Bestand ziemlich durcheinander gebracht. Sächsische Maschinen verließen das Bw Hilbersdorf, preußische kamen hinzu.

Zum **Bw Dresden-Altstadt** gehörten am 1. Februar 1935 insgesamt 111 Lokomotiven. Es waren ausnahmslos Maschinen preußischer Herkunft. Nach einer fragwürdigen Quelle sollen auch G 12 darunter gewesen sein. Doch viele G 12 der überlieferten Aufzählung erscheinen ebenso im Bw Cottbus. Der Wahrheit zuliebe, und aufgrund keiner weiteren Nachweise, kann für das Bw Altstadt gesagt werden, das es hier keinen G 12-Einsatz gab.

Im Jahr 1938 waren umfangreiche Tauschaktionen mit anderen Direktionen zu vermelden. Ein Großteil des Bestandes der ehemaligen G 10 sowie die 58 435, 1023, 1101 und 1851 gelangten nun zur RBD Regensburg. Im Folgejahr war es genau umgekehrt. Doch statt der Preußen kamen aus dem Bezirk der RBD Regensburg vorrangig sächsische Vertreter, darunter neben fünf der BR 38² auch die dorthin gesandte 58 435. Doch andere Reihen bestimmten zahlenmäßig die Umsetzungsmeldungen in den folgenden Monaten. Erst 1942 waren die Abgaben an die RBD Breslau mit 58 414, 416, 426, 1415, 1871, 1906 und 2116 zu verzeichnen.

Mit Sicherheit war aber die G 12 in ihrer sächsischen Ausführung im **Bw Dresden-Friedrichstadt** beheimatet. Vermutlich bereits ab 1917/18 löste sie vor allem am »Berg« die ehemalige XI H (BR 57¹) sowie andere Typen ab. Auch im Güterzugdienst über die Steigung bei Klotzsche in Richtung Bautzen–Görlitz ersetzten sie die älteren Maschinen. Der Schuppen 2 gehörte künftig der späteren 58⁴. Nach 1920 kamen auch preußische Maschinen nach Friedrichstadt. Neben der G 10 auch die G 12. Doch die Baureihe 57¹⁰ überwog noch zahlenmäßig im Bw. Das änderte sich erst Mitte der 20er-Jahre. Neu in Friedrichstadt war auch die BR 56¹, die verkürzte und damit leichtere Schwester der G 12.

Von der G 12 sind u.a. die 58 1112 und 1115 bekannt, die seinerzeit zum Dresdner Bestand gehörten. Die sächsischen Vertreter dieser Reihe waren nun nicht mehr dort beheimatet. Nach weiteren Zuführungen der G 12 bis Mitte/Ende der 20er- Jahre, mussten vermehrt die alten Sachsen, u.a. die Gattungen XI H (57¹) und XI HV (57²) weichen.

Bestand des Bw Dresden-Friedrichstadt am 1. Januar 1930

| 58 1023, 1035, 1074, 1112, 1115, 1174, 1251, 1341, 1375, 1378, 1500, 1566, 1590 (?), 1623, 1781, 1791, 1879, 1970, 2006, 2044, 2073, 2094, 2095, 2109 |

Im Jahre 1937 verfügte das Bw Friedrichstadt insgesamt über 129 Lokomotiven, davon jeweils zwölf Exemplare der BR 55 (G 8) und 57¹⁰ (G 10),

Vor dem Lokschuppen in Zwickau lichtete Werner Hubert die 58 103 ab. Die DRG musterte die Maschine bereits im September 1933 aus.
Foto: Hubert, Slg. Grundmann

36 der BR 58 sowie noch einmal je zwölf Maschinen der Baureihen 84, 86, 94 und 16 Loks der BR 93.

Bestand des Bw Dresden-Friedrichstadt am 1. August 1937

58 1023, 1035, 1074, 1101, 1112, 1115, 1174, 1251, 1375, 1378, 1417, 1443, 1496, 1500, 1506, 1566, 1578, 1622, 1623, 1781, 1791, 1798, 1801, 1819, 1820, 1872, 1906, 1970, 1974, 1981, 2044, 2051, 2052, 2073, 2095, 2112

Der Zweite Weltkrieg brachte zahlreiche Veränderungen im Fahrzeugpark; viele Lokomotiven gelangten an östlichere Bw, darunter auch 58er. Nach 1940 kam kurzzeitig Ersatz in Form der Baureihen 50 und 52. Bereits 1943 trafen die ersten »Heimkehrer« aus dem Osten ein. Dazu zählte auch die 58 1378. Im Jahr 1944 waren es die 58 1035, 1206, 1287, 1359, 1375, 1408, 1532, 1547, 1719 und 2098 sowie 1945 die 58 1114, 1258, 1586, 1590 und 1821.

Nach den verheerenden Bombenangriffen auf Dresden im Januar und Februar 1945 folgte am 17. April 1945 die Zerstörung der noch intakten Verkehrsanlagen. Allein 16 Bomben fielen auf das Bw Friedrichstadt. Schwer beschädigt wurden dabei u.a. 58 298, 1035, 1187, 1287, 1547, 1578, 1586, 1590, 1603, 1625, 1719 und 2112. Die Ausmusterung folgte oft erst Jahre später.

Weiter westlich, gelegen inmitten eines großen Kreuzes verschiedener Eisenbahnstrecken, befand sich über 150 Jahre das **Bw Riesa**. Anfang der 20er-Jahre, vermutlich direkt nach der Ablieferung, war dort auch die preußische G 12 zu finden. In den 1926/27 angelegten Betriebsbüchern bei der DRG finden sich in der Rubrik »Standorte« die Nachweise für das Bw Riesa bei den 58 1038 bis 1044 sowie bei der 58 1358 und der 58 1507 wieder. Sicherlich gab es noch weitere Maschinen, bei denen jedoch die Daten nicht überliefert sind. Im Spätherbst 1930 wurden u.a. die 58 1109, 1110 und 1291 dem Bw Riesa überstellt. Im Sommer 1935 verfügte das Bw über 14 Exemplare der BR 55 (G 8), sechs der BR 57¹⁰ (G 10) und elf der BR 58 (G 12). Hinzu kamen im Gesamtpark von 70 Maschinen noch Vertreter der Baureihen 38, 71, 89 und 94.

Stolz posierte der Lokführer der 58 1869 im Jahr 1925 auf dem Führerstand seiner Maschine in Chemnitz. Weste und Uhrkette waren damals die unverkennbaren Statussymbole der Lokführer.
Foto: Slg. Grundmann

Auf dem Führerstand der 58 2099 entstand 1925 dieses Bild. Rechts neben dem Kopf des Heizers ist das Anstellventil der Strahlpumpe zu sehen.
Foto: Slg. Grundmann

Bestand des Bw Riesa am 20. Juli 1935

58 1038, 1040, 1044, 1109, 1291, 1415, 1507, 1871, 1964, 1965, 2106

Der Zweite Weltkrieg veränderte das Betriebsgeschehen um Riesa. Streckenlokomotiven waren rar, durften auf den Unterwegsbahnhöfen nicht mehr rangieren. Künftig standen dort die Tenderlokomotiven. Doch Riesa musste zum Beispiel zahlreiche 94er nach Kamenz abgeben. Und die Baureihen 50 und 52 sollten in Riesa zunächst noch nicht beheimatet werden. So kamen 1939 und 1940 zunächst vermehrt Exemplare der BR 58 in das Bw: die 58 438, 447, 1040, 1358, 1507 und 1964. Nur wenige verblieben über einen längeren Zeitabschnitt; die 58 1040 gelangte zu den BDZ.

Inzwischen verdingten sich auf den Unterwegsbahnhöfen die Kleinlokomotiven (Kö) und die BR 50 sollte mit Lasten bis zu 1.200 t die Leistungen der BR 58 auf den Strecken nach Engelsdorf, Dresden-Friedrichstadt, Elsterwerda und Falkenberg übernehmen. Zwölf Lokomotiven der BR 58 wurden dadurch frei und mussten sofort umgesetzt werden. Da auch die Baureihen 55 und 57¹⁰ abgezogen wurden, nutzte das Bw Riesa nun auch Fremd- bzw. Leihlokomotiven, später auch die Kriegslokomotiven der BR 52. Neben dieser Reihe verfügte das Bw Riesa noch über einige 58er, z.B. 58 234 und 236. Beide Maschinen kamen am 8. Januar 1944 vom Bw Heydebreck. Aus Bulgarien kam die 58 1040 am 3. Juni 1944 zurück. Doch sie rollte am 20. April 1945 nach Elsterwerda ab. Aus Groschowitz lief die 58 311 am 13. Januar 1944 zu. In den letzten Kriegstagen verliert sich die Spur so mancher Lokomotive. So u.a. von der 58 1291, die bereits am 3. September 1944 in das RAW fuhr und nicht wieder zurückkehrte, sondern am 25. Dezember 1945 im Bw Berlin-Karlshorst auftauchte oder die 58 1964, deren Spur im September 1944 irgendwo in Polen endet. Auch die 58 236 wurde in die-

Auf einer Probefahrt 1924 könnte dieses Bild der 58 459 in Chemnitz entstanden sein, denn die Maschine ist mit einer Indiziereinrichtung ausgerüstet.
Foto: Slg. Grundmann

Oben: Mit einem sehenswerten Güterzug rollte eine unbekannte G 12 durch die Sächsische Schweiz. Wie die verdunkelten Laternen zeigen, muss diese Aufnahme während des Zweiten Weltkrieges entstanden sein. *Foto: Hubert, Slg. Grundmann*

Unten: Im Bw Freiberg pausierte im Winter 1931 die 58 1578. Die Zeit nutzte der bekannte Eisenbahn-Fotograf Georg Otte für ein Bild. Zu diesem Zeitpunkt besaß die Maschine noch eine Riggenbach'sche Gegendruckbremse, eine zweistufige Luftpumpe und eine Gasbeleuchtung. *Foto: Otte, Slg. Grundmann*

se Richtung, nach Lazy in Oberschlesien, abgefahren…

Noch im April 1945 wurden neben der Elbebrücke auch Anlagen des Bw, wie die Drehscheibe gesprengt; zahlreiche im Lokomotivschuppen abgestellte Lokomotiven waren nun eingesperrt.

Einen kleinen Bestand an sächsischen Exemplaren der G 12 wies über Jahre das **Bw Adorf (Vogtl)** vor. Zum 1. Januar 1930 waren hier die 58 458, 459, 461 und 462 erfasst. Diese Lokomotiven erschienen in den Bw-Unterlagen erstmals 1927/28. Doch nach nur rund vier Jahren Einsatz in Adorf trug man sie wieder aus.

Ebenfalls am 1. Januar 1930 gehörten zum **Bw Bautzen** die 58 1060, 1095, 1812, 1814, 1815 und 1850. Das Bw Bautzen soll stets fünf bis sechs Exemplare der G 12 vorgehalten haben. Zum Jahresbeginn 1943 waren das die 58 1251, 1714, 1814, 1850 und 2006.

Im **Bw Reichenbach (Vogtl)** lag am 1. Januar 1930 folgende Auflistung vor: 58 431, 441, 1714, 1878, 1966, 1968, 1974 und 1975.

Selbst das neue Bahnbetriebswerk für den schlesischen Ellok-Betrieb, das **Bw Schlauroth**, am Rande der Stadt Görlitz, besaß einige G 12. Im Januar 1930 sollen dort u.a. 58 1330, 1621, 1933 und 1962 beheimatet gewesen sein.

Zahlreiche Direktlieferungen vom Werk konnten für die Bwst bzw. das spätere **Bw Zwickau (Sachs)** gesichtet werden. Bis Anfang 1930 stieg die Anzahl auf 13 sächsische Vertreter an (58 413, 429, 434, 437, 438, 439, 442, 452, 453, 454, 455, 456, 457). In den 30er-Jahren kamen weitere sächsische, aber ebenso preußische Lokomotiven der BR 58 nach Zwickau. Einen deutlichen Zuwachs erfuhr das Bw in den Jahren 1944/45. Abgabe-Bw waren u.a. Lazy, Liegnitz und andere östliche Dienststellen. Vermutlich sollten diese Lokomotiven in die Westzonen gebracht werden und strandeten in Sachsen.

Zwischen 1933 und 1934 bzw. 1932 und 1939 gehörten die 58 1110 und 1358 zum **Bw Nossen**. Die 58 1358 war hier noch einmal im Jahr 1941, wie auch kurzzeitig die 58 1378.

4.4.4 RBD Erfurt

Das kleine **Bw Coburg** bediente die Strecken nach Lichtenfels, Sonneberg oder Eisfeld–Meiningen. Bereits um die Jahrhundertwende prägten ausnahmslos preußische Gattungen das dortige Bild. Etwa Mitte der 20er-Jahre wurde im Bw Coburg auch die G 12 heimisch. Als Neuanlieferung erreichte am 5. Juni 1918 die spätere 58 1008 die damalige Bwst. Am 1. April 1922 kam die 58 1299 aus Erfurt hinzu. 1927 bzw. 1928 trafen aus dem RAW Meiningen noch die 58 1645, 1902 und 1230 sowie aus Saalfeld die 58 1956 ein. Die P 8 spielte in Coburg eine untergeordnete Rolle; aber es gab größere Bestände der Gattungen T 12 und T 14[1]. Im Jahr 1933 betrug das Verhältnis eine P 8, neun G 12 zu 20 T 12 und zehn T 14.

Bestand des Bw Coburg am 1. Januar 1933

58 1008, 1230, 1285, 1299, 1637, 1645, 1902, 1920, 1956

Der Zweite Weltkrieg würfelte etwas den Coburger Bestand durcheinander. Neu waren Vertreter der Baureihen 50 und 86. Außerdem gehörten Motor-Kleinlokomotiven (Kö) dazu. Neben fünf 50er verfügte die Dienststelle noch über sechs 58er.

Bestand des Bw Coburg am 1. Januar 1942

58 1122, 1138, 1720, 1758, 1772, 1776

Bis zum September 1943 verdrängten schließlich die Kriegsloks der BR 52 die G 12 gänzlich aus dem Coburger Bestand. Viele von ihnen fanden schon zuvor eine neue Heimstätte in anderen Dienststellen der RBD Erfurt. 58 1008 verschlug es in die RBD Danzig.

Erst in den Tagen des Jahreswechsels 1944/45 erscheint in den Unterlagen des Bw Coburg wieder eine 58er. Doch es war mit der 58 2630 keine G 12, sondern eine in der RBD Erfurt gestrandete polnische Ty 23.

Ende der 20er-Jahre, nach den Baureihen 55²⁵ und 57¹⁰, kam auch die BR 58 in der preußischen Ausführung in das **Bw Eisenach**. Zu den ersten Maschinen gehörten die 58 1091, 1520 (?), 1523 und 1525. Dafür verließ nun die BR 55 weitgehend die Wartburgstadt. Neben einer 55, sieben 57¹⁰ verfügte man nun über acht 58er.

Bestand des Bw Eisenach am 1. Januar 1935

58 1091, 1445, 1520, 1525, 1629, 1758, 1774, 1942

Das Bild im Fahrzeugpark blieb über die nächsten Jahre nahezu konstant. Erst mit der Beheimatung der Baureihe 43 im Bw Eisenach musste die BR 58 bis zum Jahresende 1942 ihr Einsatzgebiet vollständig räumen und gelangte zu anderen Dienststellen.

Bestand des Bw Eisenach am 1. Januar 1942

58 1091, 1445, 1482, 1525, 1774, 1908

Selbstverständlich war die Baureihe 58 auch in den Bahnbetriebswerken der Direktionsstadt Erfurt stationiert. Allerdings wirft die Buchführung einige Fragen auf. Bei 15 Maschinen ist nur »Bw Erfurt« vermerkt, bei zwei weiteren eindeutig »Bw Erfurt Gbf«. Es ist jedoch auszuschließen, dass der große Anteil der G 12 im Bw Pbf zu finden war.

Bestand des Bw Erfurt am 1. Januar 1930

58 1009, 1087, 1227, 1259, 1266, 1386, 1446, 1447 (?), 1458, 1483 (?), 1676, 1897, 1909 (?) Gbf, 1922, 1951, 1952, 1954 (?) Gbf

Dieser Bestand konnte in den nächsten zehn Jahren dort im Einsatz beobachtet werden. Es gab auch Austausche und Erweiterungen. So liegt eine detaillierte Aufstellung für das Bw Erfurt Gbf aus dem Jahr 1942 vor.

Bestand des Bw Erfurt G am 1. Januar 1942

58 1008, 1009, 1024, 1082, 1086, 1087, 1188, 1235, 1266, 1285, 1300, 1399, 1446, 1447, 1458, 1530, 1544, 1631, 1638, 1639, 1640, 1641, 1642, 1645, 1803, 1834, 1897, 1909, 1918, 1922, 1947, 1949, 1954

In den nächsten Monaten wurde der Park kräftig durcheinander gebracht. Bis zum 29. Januar 1942 mussten zahlreiche 58er in Richtung Osten, u.a. Oppeln, abgegeben werden. Das betraf insgesamt 15 Maschinen. Ferner waren die 58 1086 und 1087 an die BDZ vermietet. Im August folgte dann dorthin die 58 1947. Als Neuzugang war lediglich die 58 271 seit dem 17. März festgehalten.

Bei Oberweimar verunglückte 1938 die 58 1402 mit einem Güterzug. Das Bergen der Maschine dauerte bestimmt mehrere Tage.
Fotos: Slg. Stange

Doch sie gelangte weiter zum Bw Saalfeld. Zum Stichtag 1. Januar 1943 waren im Bw Erfurt G 22 Lokomotiven der BR 58 beheimatet. Zwei davon weilten noch in Bulgarien. Im Laufe des Jahres gab es wieder Abgaben – u.a. am 8. Mai die 58 1300, 1336 und 136 an die RVD Süd-Ost. Da die Abgaben oder Vermietungen nicht abgezogen wurden, gehörten zum Jahresbeginn von 1944 insgesamt 20 Maschinen der BR 58 zum Erfurter Bestand. Ein Jahr darauf, wiederum am 1. Januar, waren es nur noch zehn G 12. Inwieweit diese Zahl stimmt, bleibt offen. Einige 58er wurden Erfurt zugeführt, so u.a. die 58 269 aus Weißenfels oder die 58 1020, 1339, 1407, 1478, 1568, 1676, 1743, 1757, 2020 und 2040. Doch es gab wiederum Abgänge: In der ersten Jahreshälfte, die in diesem Zeitabschnitt hier betrachtet werden, waren es vor allem die Mitnahmen durch die amerikanischen Besatzungstruppen im Mai 1945. Die Amerikaner mussten gemäß der alliierten Abkommen Thüringen (und auch Sachsen und Sachsen-Anhalt) bis Juli 1945 den Sowjets überlassen und beschlagnahmten auch einige Fahrzeuge der DR – in der RBD Erfurt vorrangig Lokomotiven der Baureihen 01, 38, 44 und 52. Aber auch die Erfurter 58 1086, 1407 und 1638.

Der Bahnhof und das **Bw Gera** waren ein wichtiger Knotenpunkt der Hauptstrecken Jena–Göschwitz–Gera–Gößnitz–Glauchau und Zeitz–Gera–Weida–Saalfeld bzw. nach Werdau und Greiz. Auf diesen Haupt- wie auch übrigen Nebenstrecken waren über viele Jahrzehnte die Güterzuglokomotiven des Bw Gera eingesetzt.

Diese zehn Lokomotiven belegen, auch wenn diese Auflistung vermutlich nicht vollständig ist, dass in Gera bereits seit einigen Jahren die G 12 zuhause war.

Das Bw Gera war ebenfalls in die Abgaben nach Osten (RBD Oppeln) einbezogen. Allein im Januar 1942 trug der zuständige Bearbeiter die 58 1191, 1283, 1326, 1653 und 1778 aus. Im Februar 1942 gingen die 58 2011 sowie im April die 58 1293, 1402 nach Nürnberg. Nach Zuführungen verfügte Gera zum Jahresbeginn 1943 über 31 Lokomotiven der BR 58. Diese Anzahl von 31 G 12 bestand auch am 1. Januar 1944. 35 Exemplare der BR 58 zählte man noch am 1. Januar 1945. Es war der vorerst letzte große G 12-Bestand in Gera. Dann folgten viele Abgaben.

Für den schweren Kaliverkehr hielt u.a. das **Bw Gerstungen** seine Lokomotiven vor. Auf der Direktverbindung nach Eisenach wie auch nach Bebra, Bad Salzungen, Vacha, Philippsthal setzte das Bw Gerstungen seine Maschinen ein.

Kaum Veränderungen sind beim Vergleich dieser beiden Aufstellungen zu erkennen. Die G 12 war in Gerstungen seit den 20er-Jahren nachweislich beheimatet.

Die Ansammlung der G 12 im Bw Gerstungen sollte vorerst konstant bleiben. An die BDZ war lediglich die 58 1545 verliehen. Abgegeben, u.a. nach Nürnberg, wurden hingegen die 58 1919 und 1896 sowie die 58 1718 zum 5. Januar 1942 an die RBD Oppeln. Im Folgejahr rollte auch die 58 1088 nach Bulgarien ab. Insgesamt verfügte Gerstungen am 1. Januar 1943 über zehn 58er. Doch im Mai folgte die Abgabe der 58 1301 an die RVD Süd-Ost, im Juli folgte die 58 1452. Zum Jahresbeginn von 1944 zählte man in Gerstungen wiederum 10 Exemplare. Doch nach weiteren Abgaben schrumpfte der Bestand zum Jahresende auf lediglich zwei G 12 (58 1089 und 1545).

Bis 1920 wurden im **Bw Meiningen** die preußischen G 12 bzw. G 8² (BR 56²⁰) heimisch. Direkt vom Werk kamen u.a. die Erfurt 5615–5619 (späteren 58 1638–1642). Doch auf den Bergstrecken, vor allem über den Rennsteig vermochten weder die 56er noch die 58er zu überzeugen. Für die G 8² kam zunächst die BR 57¹⁰.

Waren 1933 noch sechs G 10 und 13 G 12 im Bestand, änderte sich das drei Jahre später auf zwei G 10, elf G 12 und drei 43er. Mit der BR 43 und den Durchläufen der BR 44, ab 1939 auch in Meiningen beheimatet, konnten die Zuglasten von 1.100 auf 1.200 t auf der Relation Gerstungen–Vacha–Meiningen–Lichtenfels erhöht werden.

Innerhalb der nächsten fünf Jahre nahm die Gesamtzahl der G 12 in Meiningen ab. Nun überwogen die schweren Güterzugloks der Baureihen 43 und 44.

Schließlich verließen im Januar 1942 die 58 1083, 1483 (nach Danzig?), 1238 (Oppeln) und 1950 Meiningen. Erst im Verlauf des Jahres 1944 kamen als Ersatz für fehlende 44er wieder G 12 nach Thüringen, z.B. vom Bw Vacha die 58 1885, 1942 und 1945. Eine vorerst letzte Erfassung zum 1. Januar 1945 zeigt die 58 1270, 1632, 1885, 1945, 1949 und 2083 im Bw Meiningen auf.

Auch im wohl bekanntesten Thüringer Bahnbetriebswerk Bw, seinerzeit Bwst **Saalfeld (Saale)**, war die G 12 über viele Jahre zuhause. Im Jahr 1919 kamen als Neuanlieferungen die Erfurt 5568–5570, Coeln 5574–5576, Trier 5630–5631 sowie 1920 die Erfurt 5595–5596, 5672–5674, 5678 und Kassel 5705, 5708–5709 nach Saalfeld. Nach weiteren Zuführungen der preußischen Gattungen G 10 und G 12 konnten die älteren Vertreter G 4, G 5 und G 7 abgestellt werden. Zum Jahresbeginn 1933 verfügte das Bw Saalfeld über sieben 55er, sechs 57er und 18 58er.

Sechs Jahre später gehörte die BR 57 wieder der Vergangenheit an. Zahlenmäßig blieb der Bestand der BR 58 konstant; noch immer 18 Stück. Es gab lediglich einige andere Ordnungsnummern. Neu waren die 58 1388, 1957 und 2142. Nicht mehr zum Bestand zählten 58 1357, 1896 und 1898.

In den 40er-Jahren waren nun zahlreiche Abgaben zu verzeichnen. Neben der 58 1543, vermietet nach Bulgarien, sind die 58 1014 und 1105 dem Lokzug nach Oppeln im Januar 1942 beigestellt worden. Auch 58 1328, 1546 (nach Nürnberg), 1682, 1921 (nach Wien) und 1957 verließen Saalfeld. Neben anderen Baureihen (42, 44 oder 52) war auch die G 10 in den letzten Kriegstagen wieder in Saalfeld beheimatet. Hinzu kamen noch zehn G 1.

Das **Bw Vacha** war über viele Jahre hinweg eine Heimstätte der Baureihe 57¹⁰. Doch nachdem diese Gattung vermehrt im Osten Verwendung fand, erhielt Vacha 1941 als Ersatz sieben Maschinen der BR 58 zugewiesen. Diese sollten nun die schweren Kali- und Militärzüge ziehen. Auch die benachbarte RBD Frankfurt genehmigte der RBD Erfurt am 3. Februar 1942, dass die Gattung G 12 die schweren Züge auf dem Abschnitt (Vacha-) Wenigentaft-Mansbach– Hünfeld mit einer Höchstgeschwindigkeit von 40 km/h befördern durften.

Keine zwei Jahre später dominierte die BR 52 mit 25 Exemplaren im Bw Vacha. Mit 58 1717, 1944 und 1955 standen lediglich drei G 12 zur Verfügung, daneben noch zehn G 10. Noch im gleichen Jahr wurde die BR 58 aus Vacha abgezogen.

Fabrikneu rollten in den Jahren 1917–1919 zahlreiche G 12 in die Bwst **Weißenfels**. Sehr rasch konnten dadurch die älteren Gattungen G 7 und auch G 10 ersetzt werden. Gerade die Bestandsentwicklung im Bw Weißenfels dokumentiert die Beständigkeit der BR 58:

Bestand des Bw Gera am 1. Januar 1930

58 1189, 1191, 1195, 1283, 1296, 1387, 1442, 1620, 1651, 2143

Bestand des Bw Gera am 1. Januar 1942

58 1013, 1182, 1191, 1194, 1195, 1230, 1283, 1293, 1296, 1299, 1326, 1342, 1387, 1402, 1442, 1620, 1643, 1651, 1653, 1654, 1723, 1775, 1778, 1836, 1898, 1902, 1952, 1956, 2011

Bestand des Bw Gerstungen am 1. Januar 1930

58 1088, 1089, 1270, 1452, 1482, 1545, 1635, 1771, 1778, 1800, 1944, 1945

Bestand des Bw Gerstungen am 1. Januar 1942

58 1088, 1089, 1301, 1452, 1545, 1635, 1718, 1771, 1777, 1800, 1896, 1919, 1945

Bestand des Bw Meiningen am 1. Januar 1933

58 1083, 1238, 1301, 1510, 1518, 1638, 1639, 1640, 1641, 1642, 1723, 1918, 1950

Bestand des Bw Meiningen am 1. Januar 1937

58 1083, 1238, 1510, 1639, 1640, 1641, 1642, 1918, 1922, 1950

Bestand des Bw Meiningen am 1. Januar 1942

58 1083, 1238, 1483, 1950

Bestand des Bw Saalfeld am 1. Januar 1933

58 1014, 1090, 1105, 1229, 1326, 1328, 1357, 1502, 1543, 1546, 1633, 1682, 1896, 1898, 1921, 1949, 2008, 2011

Bestand des Bw Saalfeld am 1. Januar 1942

58 1014, 1105, 1229, 1328, 1388, 1543, 1633, 1682, 1921, 1957, 2142

Bestand des Bw Saalfeld am 1. Januar 1945

58 271
58 1091, 1229, 1300, 1388, 1458, 1543, 1633, 1682, 2142

Bestand des Bw Vacha am 1. Januar 1942

58 1505, 1510, 1518, 1520, 1942, 1944, 1949

Über Jahre hinweg blieb dieser Lokomotivpark gleich; das betraf auch die Lokomotiven selbst. Erst der Einsatz der E 44 auf den ab 1941 bzw. 1942 elektrifizierten Abschnitten der Strecke Saalfeld–Weißenfels–Leipzig veränderte den Bestand. Einige Güterzugleistungen gingen auf dieser Route verloren. Aber auch der Park der BR 43 war angewachsen. Das Bw Weißenfels bespannte über viele Jahre hinweg die Durchgangsgüterzüge auf den Verbindungen nach Weimar–Erfurt und Bebra, nach Göschwitz–Saalfeld sowie nach Merseburg–Halle/Leipzig und sogar bis nach Falkenberg. Doch der angestammte 58er-Park bestand nun neu, andere G 12 fanden sich darin wieder.

Bestandsentwicklung im Bw Weißenfels

BR	1933	1937	1940	1945	1947	1949	1953
43	4	5	5	16	-	-	-
44	3	-	-	1	20	34	33
55	9	8	8	5	1	3	5
57	1	-	-	-	-	-	-
58	27	27	27	16	12	10	7

Bestand des Bw Weißenfels am 1. Januar 1933

58 1182, 1190, 1294, 1303, 1357, 1395, 1401, 1405, 1453, 1454, 1480, 1505, 1512, 1519, 1523, 1632, 1652, 1655, 1656, 1723, 1859, 1901, 1917, 1940, 1941, 1955, 1958

Bestand des Bw Weißenfels am 1. Januar 1942

58 1190, 1270, 1294, 1303, 1357, 1395, 1401, 1405, 1453, 1454, 1480, 1519, 1523, 1632, 1652, 1655, 1656, 1859, 1901, 1917, 1940, 1941

Im Vergleich der Jahre 1933 und 1942 sind nur wenige Veränderungen festzustellen. Das sollte sich erst in der Zeit von 1941 bis 1943 vollziehen. 58 1941 war bis zum 11. September 1942 an die BDZ vermietet. Ausgetragen aus den Weißenfelser Listen wurden 1942 die 58 1357, 1395, 1401, 1656, die zu Nachbardirektionen gelangten, und die 58 1632, 1652 im Januar 1942 an die OBD Krakau bzw. die 58 1859 und 1917 an die RBD Oppeln. Die Bewegung der Abgaben hielt an: so zum Beispiel 1943 mit der 58 1294 an die RVD Süd-Ost. Am Stichtag 1. Januar 1944 verfügte das Bw Weißenfels über lediglich 14 preußische und eine badische G 12 (58 269). Diese Anzahl, wenn auch wieder mit anderen Maschinen, sollte bis 1945 nahezu konstant bleiben.

Bestand des Bw Weißenfels am 1. Januar 1945

58 541
58 1190, 1303, 1405, 1453, 1454, 1505, 1519, 1523, 1652, 1655, 1772, 1918, 1926, 1941, 1955

Noch in den 30er-Jahren war keine Lokomotive der BR 58 im **Bw Zeitz** stationiert. Erst mit den Veränderungen während des Krieges im Osten kam diese Reihe dorthin.

Bestand des Bw Zeitz am 1. Januar 1942

58 1010, 1400, 1502, 1529, 1542, 1629, 1717, 1955

Wie auch bei anderen Bahnbetriebswerken der RBD Erfurt waren in Zeitz im Januar 1942 Abgänge an die RBD Oppeln zu verzeichnen. Das betraf die 58 1010, 1400 und 1529. Der Ersatz traf in Form der BR 52 ein. Bald darauf mussten alle 58er abgegeben werden. Zum Jahresende verfügte das Bw Zeitz über keine G 12 mehr.
Überliefert sind ferner folgende kurzzeitige Einzelbeheimatungen:

Bw Artern (1928)	58 1025w, 1545
Bw Arnstadt (1935)	58 1952a
Bw Weimar (1930)	58 1388, 1643, 1942, 2142

4.4.5 RBD Frankfurt (Main)

Bereits im Jahr 1921 trug sich die Trier 5623, die spätere 58 1538 in die Unterlagen des **Bw Dillenburg** ein. Mit weiteren Zuführungen erhöhte sich der Bestand der G 8 und G 12, der von den Reihen G 7, T 3, T 7, T 26 und T 16 schmolz hingegen. Vor allem zu Beginn der 30er-Jahre war der größte Schub feststellbar.

Bestandsentwicklung im Bw Dillenburg

BR	09.1935	09.1939	03.1945
38	5	5	4
44	-	3	33
50	-	-	12
55	12	7	1
58	13	13	4
93	7	7	7
94	14	14	14

Bestand des Bw Dillenburg 1. September 1935

58 1253, 1380, 1436, 1449, 1451, 1538, 1541, 1647, 1750, 1841, 1895, 2043, 2115

Als ab Oktober 1937 die Baureihe 44 in Dillenburg eintraf, musste zunächst nur die ältere Reihe 55 weichen. Erst die Einheitsloks der BR 50 brachten auch für die G 12 den vermehrten Abgang.
Neben zwölf Vertretern der BR 56[20] waren im April 1944 im **Bw Eschwege** auch fünf 58er erfasst worden. Nummern sind leider nicht überliefert. Doch bereits bei der nächsten Zählung, am 15. Juli 1945, war keine G 12 im Bw Eschwege mehr vorhanden.
Mit 27 Exemplaren dominierte die BR 56.2. Anfang der 30er-Jahre ergänzte die BR 58 den Stamm der Güterzuglokomotiven der Reihen 55 (G 8[1]) und 57 (G 10) im **Bw Fulda**. Trotzdem die G 12 im Gegensatz zu ihren leichteren Schwestern den schweren Dienst auf den Hauptstrecken übernahm, waren selten mehr als fünf Maschinen im Bestand. Am 31. Dezember 1936 waren dies 58 1036, 1178, 1196, 1398 und 1780. Dem gegenüber standen u.a. vier G 8[1] und zwölf G 10. Doch mit den Zuführungen der neuen Baureihen 44 und 50 verschwanden zunächst die 55er und 57er, vereinzelt auch G 12. Im April 1944 waren in Fulda u.a. elf 44er, dreizehn 50er und nur noch drei 58er beheimatet.
Kurz vor dem Jahresende 1919 erschien in der Bwst **Gießen** die erste G 12, die Frankfurt 5570 (spätere 58 1282). Zwei Jahre später kamen u.a. die Frankfurt 5641 und 5642 (58 1737, 1738) hinzu. Bis 1925 erhöhte sich der Bestand auf 19 Exemplare. Doch einige von ihnen, darunter auch die erst zugewiesene G 12, mussten kurz darauf das Bw verlassen. Ziel war u.a. Dillenburg. Die Bestandsentwicklung im Bw Gießen belegt das Auf und Ab

Bestand des Bw Gießen am 31. Oktober 1925

Frankfurt 5566, 5641, 5642, 5646, 5524, 5527, 5528, 5587, 5588
Halle 6071, 6072
Elberfeld 5593, 5594
Coeln 5622

Bestand des Bw Gießen am 1. Dezember 1936

58 1150, 1408, 1539, 1730, 1737, 1738, 1742, 2001, 2047, 2123

In den Auflistungen erscheinen auch die 5641 und 5642 (58 1737, 1738) wieder. Beide blieben ihrem Heimat-Bw bis zur ihrer Ausmusterung am

Bestandsentwicklung im Bw Gießen

BR	10.1925	10.1926	10.1929	12.1935	1939	04.1944	07.1945
38	25	29	25	19	14	14	13
55 (G 7[2])	2	2	0	0	0	0	0
55 (G 8[1])	6	9	9	7	6	0	2
57	7	14	15	12	7	0	1
58	19	12 (?)	10	10	7	12	6

20. September 1948 bzw. am 6. August 1946 treu. Ferner gehörten Lokomotiven der BR 58 zum **Bw Betzdorf (Sieg)**. Im Jahr 1928 erfasste man dort die 58 1081, 1538 und 2147. Diese Auflistung ist sicherlich nicht vollständig.

Bestand der RBD Frankfurt (Main) am 1. März 1935

Bw Bebra
58 1003, 1061, 1094, 1097, 1099, 1144, 1145, 1250, 1281, 1356, 1361, 1363, 1475, 1514, 1516, 1517, 1627, 1646, 1856, 1905, 1911, 2077

Bw Dillenburg
58 1253, 1380, 1436, 1449, 1538, 1541, 1647, 1780, 1841, 1895, 2043, 2115

Bw Fulda
58 1036, 1178, 1196, 1398

Bw Frankfurt (Main) 2
58 1057, 1146, 1147, 1648, 1674, 1857, 2074, 2078

Bw Gießen
58 1150, 1408, 1539, 1736, 1737, 1738, 1742, 2001, 2047, 2123

Bw Hanau
58 1098, 1108, 1119, 1120, 1124, 1359, 1364, 1366, 1432, 1583, 1670, 1731, 1740, 1783, 1838, 1855, 1892, 1893, 1928, 2048, 2055, 2056, 2076, 2121

Bw Friedberg
58 1111, 1113, 1123, 1312, 1367, 1373, 1376, 1381, 1409, 1739, 1839, 1860

Neben dem Bw Frankfurt (Main) Hauptgüterbahnhof 2 war auch kurzzeitig im **Bw Frankfurt (Main) 3** Eilgüterbahnhof eine G 12 zuhause. Überliefert ist die 58 1674 in den Jahren 1929/1930.
Schließlich waren noch folgende Abgaben nach dem Osten festzustellen: (siehe Tabelle Seite 55).

Bestand der RBD Frankfurt (Main) am 31. Dezember 1940

Bw Bebra
58 1061, 1097, 1098, 1281, 1361, 1514, 1516, 1517, 1541, 1627, 1647, 1856, 1905, 1911, 2077

Bw Dillenburg
58 1253, 1436, 1841, 1895, 2043

Bw Frankfurt (Main)
58 1057, 1144, 1145, 1146, 1147, 1250, 1312, 1380, 1646, 1648, 1674, 1857, 2074, 2078

Bw Frankfurt (Main) Ost
58 1376

Bw Friedberg (Hessen)
58 1381, 1731, 1739, 1839, 1860

Bw Fulda
58 1036, 1123, 1124, 1178, 1196, 1363, 1539, 1780

Bw Gießen
58 1150, 1367, 1408, 1409, 1449, 1730, 1737, 1738, 1742, 2001, 2047, 2115, 2123

Bw Hanau
58 1113, 1119, 1120, 1359, 1364, 1366, 1373, 1432, 1583, 1670, 1740, 1783, 1838, 1855, 1892, 1893, 1928, 2048, 2055, 2056, 2076, 2121

4.4.6 RBD Halle (Saale)

Das **Bw Cottbus** hielt in den 30er-Jahren einen umfangreichen Lokomotivpark vor. Dazu gehörten 19 Exemplare der BR 17^2, 26 der BR 38^{10}, 13 der BR 56^{20}, verschiedene Tenderlokomotiven und 34 Vertreter der BR 58.

Bestand des Bw Cottbus am 31. Januar 1936

58 1015, 1016, 1072, 1080, 1126, 1207, 1227, 1228, 1247, 1284, 1297, 1320, 1321, 1337, 1355, 1374, 1384, 1385, 1386, 1412, 1425, 1444, 1527, 1579, 1659, 1660, 1661, 1665, 1869, 2040, 2041, 2064, 2070, 2110

Etwa ein Jahrzehnt zuvor war der Gesamtbestand nur etwa halb so umfangreich. Erst um 1928 stieg die Zahl der 58er in Cottbus an. Neuzugänge waren zwischen März und Mai 1928 die 58 2049 (aus der RBD Elberfeld), 58 1072 und 1247 (vom Bw Schlauroth) sowie die 58 1562 und 1692 (vom Bw Siegen) und die 58 1080 aus dem Bw Neiße. Die 58 1562 und 1692 waren allerdings nur ganze drei Tage im Bw, ehe sie nach Lübbenau (Spreewald) weitergeleitet wurden.
Und auch in den 30er-Jahren sollte dieser Park wieder schmelzen. So verließen u.a. im August 1938 die 58 1660 sowie 58 1016 und 1661 das Bw Cottbus und fanden nach Anordnung des RVM eine neue Heimstätte in Mannheim bzw. München Hbf. In den letzten Kriegsmonaten sind nur noch wenige 58er im Bw Cottbus nachgewiesen.

Mit einen der kleinsten G 12-Bestände wies das **Bw Lübbenau** (Spreewald) vor.

Bestand des Bw Lübbenau am 31. Januar 1936

58 1422, 1430, 1537, 1692, 1724, 1725, 2120

Neben diesen sieben G 12 verfügte die Dienststelle noch über eine ebenso geringe Anzahl an Vertretern der einstigen Gattungen P 8, G 8^1 und G 8^2. Ähnlich wie beim Bw Cottbus kamen die meisten Exemplare erst Ende der 20er-Jahre. Dazu zählten u.a. am 23. März 1928 die 58 1562 und 1692 von der RBD Elberfeld, Bw Siegen, die zuvor drei Tage im Bw Cottbus Station gemacht hatten.

Im **Bw Senftenberg** dominierte wiederum die G 12. Neben diesen 15 Maschinen zählte man 1936 dort eine 56er, sieben 57er, drei 74er und fünf 94er.

Lokbestand der RBD Frankfurt (Main) am 31. Dezember 1940

BR	Bw Bebra	Dillenburg	Frankfurt (Main) 2	Frankfurt (Main) Ost	Friedberg	Fulda	Gießen	Hanau
38	11	5	-	4	8	11	19	7
44	3	9	-	-	6^1	-	-	-
55^{25}	19	7	14	4	7	1	7	4
56^{20}	6	3	9	-	9	-	9	5
57	-	-	13	-	-	6	6	-
58	15	5	14	1	5	8	13	22
93^5	-	9	-	4	2	13	-	-
94^2	2	1	-	-	1	-	-	1
94^5	-	12	-	-	4	-	-	-

1 sowie acht Lok der BR 43 im Bw Friedberg (Hessen)

58 1057, 1366, 1627, 1739	am 05.01.1942 an Tarnowitz
58 1097, 1123, 1674, 1838, 2048	am 14.01.1942 an Kattowitz
58 1196, 1517, 1855	am 30.12.1941 an Kattowitz
58 1514, 1911	am 09.01.1942 an Krakau-Plaszow
58 1111	am 09.03.1940 leihweise Thorn
58 1119	am 06.03.1942 leihweise Thorn
58 1253	am 29.03.1941 nach Bulgarien verliehen
58 1674	am 27.02.1941 nach Bulgarien (1942 zurück)
58 1359, 1856	am 31.08.1941 an Frankfurt (O) Vbf

Verteilung der Maschinen auf die Maschinenämter der RBD Halle im November 1939

Gattung	Aschersleben	Cottbus	Halle	Leipzig 1	Leipzig 2	Torgau	Wittenberg
G 8^2	22	19	10	-	3	47[1]	17
G 10	6	4	2	7	11	10	12
G 12	23	57	36	17	19	-	-

In dieser Gesamtsumme waren die drei 58er aus Cottbus sowie die 58 1874 (Bw Halle 1) und 1193 (Bw Leipzig-Wahren) nicht mehr enthalten. Auch die beiden zuletzt genannten fanden sich in München wieder.

1 davon acht G 8^2 (G 45.16) und 39 G 8^2 (G 45.17)

Das **Bw Halle 1** verfügte über rost- und kohlenstaubgefeuerten Maschinen. Dort standen innerhalb des Direktionsbezirkes auch die meisten 58er zur Verfügung.
Im Bw Halle 1 waren ferner auch Lokomotiven der Baureihen 01, 03, 38^{10}, 39 und für den Güterzugdienst der BR 56^{20} (10 Rost- und 4 Kohlenstaubloks), zehn der BR 57^{10} sowie für den Rangierdienst Exemplare der Baureihen 80, 91^3, 93^5 und 94^5 stationiert.
Neben 19 Vertretern der BR 57^{10}, 17 der BR 55^{25} verfügte das **Bw Leipzig-Wahren** auch noch über 12 der BR 58. Damit konnten die Zugdienste auf dem Leipziger Ring sowie in die Richtungen Halle und Weißenfels abgedeckt werden.
Für die weiteren Güterzugdienste in und um Leipzig lag am Stadtrand das **Bw Engelsdorf**. Hier fuhren u.a. die Züge in Richtung Wurzen–Oschatz, Döbeln oder auch Bitterfeld ab.
Auch dort waren zur Ergänzung nur Güterzuglokomotiven stationiert. So drei Maschinen der BR 55^{16} und 26 Loks der BR 57^{10}.
Südlich von Leipzig lag das **Bw Altenburg**, in dem ebenso die G 12 zu finden war.
Allerdings stellten diese sieben Exemplare den einzigen Bestand an schweren Güterzuglokomotiven dar. Hinzu kamen noch sechs 74er und zwölf sächsische 94er.

Zu den westlichsten Einsatzgebieten der BR 58 in der RBD Halle lag das **Bw Güsten**. Neun G 12 hielt man dort seit 1920 vor. Hinzu kamen noch zwölf P 8, acht G 8^1, zwölf der G 8^2 sowie verschiedene Tenderlokomotiven.
Vor allem auf der so genannten Kanonenbahn von Güsten nach Sangerhausen bestimmte die G 12 das Bild im Güterzugdienst. Weitere Wendebahnhöfe waren Magdeburg, Halle und Köthen. Den nach 1941 angestiegenen Güterverkehr, vorrangig auf der Kanonenbahn, konnte die BR 58 nicht mehr allein bewältigen. Zur Unterstützung kam die BR 44 nach Güsten, die kurz darauf die G 12 sogar gänzlich ablöste.
In unmittelbarer Nähe zu Güsten befand sich das **Bw Aschersleben**. Dort waren 1930 zehn sowie 1936 acht G 12 stationiert. Die BR 58 war aufgrund der DR-Aufzeichnungen bereits in den 20er-Jahren dort zuhause.

Bestand des Bw Senftenberg am 31. Januar 1936

58 1017, 1020, 1149, 1151, 1206, 1259, 1282, 1339, 1382, 1427, 1441, 1562, 1636, 1811, 2105

Bestand des Bw Halle 1 am 31. Januar 1936

58 1025, 1042, 1043, 1084, 1121, 1192, 1205, 1232, 1234, 1236, 1239, 1295, 1335, 1341, 1346, 1410, 1411, 1414, 1423, 1428, 1508, 1531, 1535, 1570, 1708, 1769, 1802, 1809, 1810, 1854, 1874, 1990

Bestand der BR 58 (Kst) des Bw Halle 1 am 31. Januar 1936

58 1353, 1416, 1677, 1722, 1794, 1894

Bestand des Bw Leipzig-Wahren am 31. Januar 1936

58 1107, 1129, 1193, 1208, 1231, 1237, 1242, 1347, 1431, 1503, 1597, 1619, 1726, 1804, 1813, 1943, 1951

Bestand des Bw Engelsdorf am 31. Januar 1936

58 1344, 1716, 1797, 1817, 1876, 1969, 1973, 1976, 1979, 1980, 2049, 2100

Bestand des Bw Altenburg am 31. Januar 1936

58 1060, 1095, 1128, 1611, 1852, 1878, 1966

Bestand des Bw Güsten am 31. Januar 1936

58 1184, 1424, 1586, 1658, 1663, 1666, 1864, 1865, 2099

Bestand des Bw Aschersleben am 1. Januar 1930

58 1015, 1125, 1126, 1374, 1522, 1807, 1816, 1818, 1863, 1864

Bestand des Bw Aschersleben am 31. Januar 1936

58 1125, 1323, 1426, 1522, 1807, 1816, 1818, 1866

Im Bw Aschersleben waren nur wenige Lokomotiven beheimatet. Erfasst wurden 1936 lediglich vier 38er, drei 74er und neun 93er. Die Lokomotiven der Baureihen 55, 56 und 57 aus Köthen und Bernburg dominierten den Güterzugdienst auf den von Aschersleben ausgehenden Strecken. Dieser Park von acht bis zehn G 12, sieht man von einigen »Nummernveränderungen« ab, blieb bis 1943/44 konstant.
Erwähnenswert sind noch Einzelbeheimatungen, beginnend beim Lokbahnhof[22] Finsterwalde des Bw Doberlug-Kirchhain, der kurzzeitig folgenden Bestand hatte (siehe Tabelle rechts oben):
Das **Bw Eilenburg** beheimatete vom 27.11.1944 bis zum 03.01.1945 die 58 1384, die anschließend nach Roßlau abgegeben wurden. Im Bw Alten-

22 In den Dienststellenverzeichnissen der Deutschen Reichsbahnals Lokbahnhof geführt, in den Betriebsbüchern hingegen als Bahnbetriebswerk.

Zu den bekanntesten Motiven im Saaletal gehört die Rudelsburg bei Saaleck. Im Sommer 1935 hielt hier Altmeister Carl Bellingrodt die 58 1003 mit einem Güterzug im Bild fest. *Foto: Bellingrodt, Slg. Gottwaldt*

burg waren 1942 die 58 1060, 1095, 1878 und 1966 stationiert.

In den nächsten Jahren waren noch einzelne Bestandsänderungen feststellbar. So sind für das Jahr 1940 im statistischen Jahresnachweis S 11a der RBD Halle vermerkt:

von RBD	Lok
Dresden	58 406, 419, 425, 460, 1815
Osten (Fko)	58 1591, 1867

Im Jahre 1942 übernahmen die Bw der RBD Halle:

von RBD	Lok
Erfurt	58 1357, 1447
Karlsruhe	58 1706
Köln	58 2013, 2019

Abgaben gab es zunächst noch nicht. Diese wurden u.a. im Jahr 1943 gemeldet, obwohl das eher einem Austausch glich:

an RBD	Lok
Oppeln	58 1080, 1297

von RBD	Lok
Oppeln	58 312, 1097

Erst das Jahr 1944 brachte nahezu den gesamten Abzug der BR 58, der sich noch bis zu den ersten Monaten des Jahres 1945 hinzog. Man versuchte vor der rückkehrenden Front vieles gen Westen abzufahren.

4.4.7 RBD Hannover

Die nördlichste Direktion für die G 12 sollte für lange Zeit die RBD Hannover sein. Mit den schweren Kohle- und Stahlzügen auf der Ost-West-Achse Ruhrgebiet–Altenbeken–Northeim (Han.)–Nordhausen–Mitteldeutschland waren die G 8^1 und G 10 des **Bw Northeim** überfordert.

Lok	vom Bw	vom	bis	zum Bw
58 1339	unbekannt	09.1944	19.03.1945	Sangerhausen
58 1427	Senftenberg	24.11.1944	31.05.1945	Reichenbach
58 1562	RBD Halle	12.1944	19.03.1945	Sangerhausen

Ab 1920 ergänzten zahlreiche G 12 den Fahrzeugpark. Sie wurden jedoch schrittweise ab 1938 durch fabrikneue 44er abgelöst. Auch die G 12 kam dort an die Grenzen ihrer Leistungsfähigkeit. Die Beheimatung der BR 58 dauerte bis 1950 an. Am 1. Januar 1930 verfügte Northeim über die 58 1028, 1031, 1279, 1349, 1492, 1493, 1499 und 1552 (?).

Innerhalb weniger Jahre war im **Bw Ottbergen** ein rasanter Generationswechsel von der Gattung G 7 über die G 8 zur G 12 feststellbar. Bis auf zwei G 7^2 und sechs G 8^1 bestimmten 1925 immerhin 22 G 12 das Betriebsgeschehen vor den Güterzügen von Ottbergen nach Northeim, Altenbeken und Holzminden.

Bestand des Bw Ottbergen am 31. Oktober 1925

58 1218, 1219, 1220, 1271, 1272, 1273, 1274, 1275, 1276, 1533, 1534, 1535, 1536, 1554, 1555, 1556, 1571, 1572, 1573, 1784, 1785, 1786

Für die G 12 mussten die Lokschuppenstände in Ottbergen vergrößert werden; auch eine neue 20,5-Meter-Drehscheibe war notwendig. In den nächsten Jahren waren nur wenige Änderungen im Bestand zu ermitteln: Im März 1933 gehörten noch 21 G 12 zum Bw Ottbergen. Doch dann verringerte sich der Park – von den 32 Lokomotiven 1933 blieben im Dezember 1936 nur noch 27 übrig. Dazu gehörten noch 17 Exemplare der BR 58. Schließlich traf im Folgejahr die erste 44er ein. Weitere stärkere Vertreter verdrängten die G 12. Alle 58er gelangten bis 1940 in den Südosten Europas.

Das wohl letzte Verzeichnis der RBD Hannover, in dem das **Bw Halberstadt** noch aufgeführt wird, erstellte der zuständige Sachbearbeiter am 22. Juni 1945. Zum 1. Juli 1945 zogen die amerikanischen Besatzungstruppen ab und in der Sowjetischen Besatzungszone (SBZ) gehörte es zur künftigen Rbd Magdeburg. An diesem Stichtag standen die für eine Reparatur im RAW vorgesehenen 58 1094 (Heimat-Rbd unbekannt), 58 1341 und 1979 (beide RBD Halle) in Halberstadt. Damit waren erstmals 58er in einem Bw des RBD-Bezirkes Hannover erfasst.

Von dem zahlenmäßig großen Park des Bw waren nur wenige Lokomotiven betriebsfähig. Bis auf wenige Ausnahmen waren es jedoch nur Lokomotiven aus dem eigenen Bezirk. Lokomotiven aus östlicheren Direktionen müssen wohl das Bw schon passiert haben. Weitere 58er standen nur schadhaft abgestellt in den Bahnhöfen von Wietze-Steinfeld bzw. Brökel, zugehörig zum Bw Celle. Bis auf die AL 5622 waren es ausnahmslos aus Polen mitgeführte Lokomotiven.

4.4.8 RBD Karlsruhe

Die preußische G 10 und die badische G 12 verdrängten in der Bwst **Haltingen** ab 1920/21 die alten badischen Maschinen, darunter die Reihen IVe, VIIa und VIId. 13 Maschinen der BR 57^{10} (G 10) und zwei der BR 58^2 (G 12) gehörten 1928 zum Haltinger Bestand. Bis 1935 waren nur wenige Veränderungen auszumachen. Neben den 58 211, 263 und der preußischen 58 1719 verfügte das Bw Haltingen auch noch über sechs 57er. Durch Zuweisungen der BR 50 in den Kriegsjahren verließ die G 12 Baden.

Eine ähnliche Anfangsentwicklung ist in der Bwst **Heidelberg** feststellbar. Allerdings machten 1928 dort die BR 38^{10} und 75^1 das Gros aus. Hinzu kamen zwei 57^{10} und fünf badische G 12. Analog der »Abgang« der G 12 – wieder zugunsten der BR 50 und vor allem wegen vermehrter Reisezugdienste für Personenzuglokomotiven.

Relativ spät trafen im **Bw Landau** die ersten Vertreter der BR 58 ein. Vom Bw Ludwigshafen kamen 1937 die 58 1429, 1667 und 1773. Auch als dort die BR 44 fabrikneu eintraf, hielt die G 12 ihre Stellung. Zum Jahresbeginn 1940 waren in Landau die 58 1022, 1183, 1264, 1429, 1667, 1773, 1937 und 2021 zuhause. Der Bestand hatte sich wegen des Baus des Westwalls gegen Frankreich nahezu verdoppelt. Doch mit der Zuführung weiterer fabrikneuer 44er und ab 1942 mit der BR 50 konnten alle G 12 in östliche Richtung abgegeben werden.

In der Betriebswerksmeisterei **Villingen**, ab 1921 sogar Hauptmeisterei, war die G 12 ab Anfang 1920 bekannt. Von der Bwhm Offenburg kamen einige badische Vertreter in den Schwarzwald. Villingen selbst erhielt erst am 30. Juli bzw. 3. August 1920 drei Neubauten direkt von Borsig. Es waren die Preußen mit den Nummern Essen

In den Bahnhof Goslar fuhr die 58 1864 mit einem Güterzug aus Richtung Vienenburg ein.
Foto: Slg. Gottwaldt

Bestandsentwicklung im Bw Villingen

BR	1921	1929	1933	1937	1940
38[10]	-	19	16	15	15
39	-	-	-	9	8
53[85] (VIIa)	11	-	-	-	-
55[61] (VIIIc)	8	-	-	-	-
57[10]	-	-	-	9	2AL
58[2] (bad. G 12)	-	23[1]	12	10	19[1]
58[10] (pr. G 12)	3	23[1]	4	5	19[1]
70[1] (Ig)	-	5	-	4	3
75[1] (VIb)	1	4	-	-	-
75[4] (VIc)	14	5	-	1	5
85[2]	-	-	10	-	-

1 1929/1940 keine Unterscheidung badisch/preußisch
2 Lokbahnhof Neustadt, ab 1. Oktober 1933 dem Bw Freiburg P zugeordnet

5636–5638. Als diese drei in 58 1687–1689 umgezeichnet wurden, dominierte bereits die badische G 12 im Bw Villingen. In der zweiten Jahreshälfte 1921 waren sie nach Villingen gekommen. Doch für die schweren Bergdienste bei Hausach genügten diese offenbar nicht. Im Juni 1922 kamen aus der Direktion Coeln die Coeln 5579–5580 und im April 1923 die Hannover 5561–5563 aus der Direktion Trier als befristete Verstärkung hinzu.
Der Bergdienst hatte es in sich: Eine Offenburger G 12 zog den bis zu 1300 t schweren Zug bis Hausach. Dort wurde er geteilt und jeweils eine G 12 des Bw Villingen übernahm ihn bis Villingen bzw. Sommerau. In Hausach standen auch noch Schiebelokomotiven der preußischen Reihen G 7², G 10 und T 16¹ bereit. Nach 1926 liefen Villinger G 12 bis nach Offenburg, Kehl und auch bis Karlsruhe Rbf.
Als Villingen im Januar 1921 genau 38 Lokomotiven vorwies, bestimmten die badischen VIc (14 Lok), VIIa (11) und VIIIc (8) neben den drei preußischen G 12 das Bild. Hinzu kam jeweils noch eine badische Ie und VIb. Zum Jahresende von 1929 waren im Bw Villingen 56 Lokomotiven beheimatet. Davon 19 preußische P 8, 23 badische und preußische G 12 sowie 14 Tenderlokomotiven (darunter nur noch fünf bad. VIc).

Bestand des Bw Villingen am 1. April 1933

58 206, 210, 219, 224, 246, 256, 262, 266, 271, 272, 287, 303
58 1340, 1687, 1688, 1833

Noch ein Jahr zuvor gehörten zum Bestand des Bw Villingen auch die 58 215, 221, 225, 236, 250, 301, 313 und 1706.

Bestand des Bw Villingen am 1. April 1937

58 220, 221, 224, 225, 236, 240, 246, 255, 262, 272
58 1340, 1532, 1687, 1688, 1836

Nach und nach zog man die BR 58 aus Villingen ab. Durch weitere Zuführungen fabrikneuer Lokomotiven der Baureihen 42 und 52 vor allem im Jahre 1944 nahm der Bestand der G 12 stetig ab.
Ferner sind 58er auch in weiteren Bwst/Bw beheimatet gewesen, so im Jahre 1932 in
Mannheim R: 58 240, 267, 292, 1106, 1122, 1298, 1302, 1440, 1689, 1756
Karlsruhe R: 58 218, 233, 245, 253, 264, 285, 290, 296, 298, 309, 704, 1034, 1657
Offenburg: 58 217, 255, 288, 1526,
Freiburg R: 58 216, 281, 293, 1233, 1429, 1634, 1720, 1768
Von besonderem Interesse ist der statistische Nachweis der RBD Karlsruhe, der einen Überblick über Zuführungen und vor allem über die Abgänge für das Jahr 1942 gibt.

4.4.9 RBD Kassel

Besonders für die Erz- und Kohlentransporte auf der Oberen Ruhrtalbahn reichten die G 8 und G 10 des **Bw Bestwig** nicht mehr aus. Mitte der 20er-Jahre kam vermehrt die G 12 dorthin. Als der Jahresbestand jeweils 15 Exemplare umfasste, konnte Mitte der 30er-Jahre die G 10 Bestwig verlassen. Im Jahre 1944 verfügte die Dienststelle über fünf P 8, neun Lokomotiven der BR 44, fünf G 8, sechs 93er sowie 14 G 12.
Ebenfalls nur zwei Exemplare der BR 58 waren im **Bw Scherfede** beheimatet. Es handelte sich dabei um die 58 1012 und 1030. Im Bw Scherfede bestimmten 55er das Geschehen; genau 13 Vertreter der einstigen Gattung G 8¹.
Der Beheimatung großer Güterzuglokomotiven im **Bw (Bwst) Kassel** ging zunächst der Bau eines neuen Lokomotivschuppens voraus. Und so gelangte nicht einmal die G 10 nach Kassel, sondern ab 1921 als Ersatz für die G 7 sofort die G 12. Im Jahr 1925 standen 20 Maschinen zur Verfügung. Neben vielen Reisezuglokomotiven konnte das Bw noch zwei G 8¹ und sechs G 8² sowie eine stattliche Anzahl von schweren Tenderlokomotiven vorweisen.

Bestand des Bw Kassel am 31. Oktober 1925

58 1170, 1171, 1172, 1277, 1280, 1348, 1349, 1350, 1459, 1460, 1461, 1488, 1489, 1552, 1553, 1557, 1558, 1568, 1569, 1788

Erste Einheitslokomotiven für den Reisezugdienst änderten diese Anzahl. Im Jahr 1933 besaß Kassel nur noch 19 G 12 sowie immerhin 12 G 8². Doch auch dort waren künftige Veränderungen absehbar. Die neuen Einheitslokomotiven der Baureihen 44 und 50 verdrängten die alten Preußen. Im April 1944 verfügte Kassel über 21 Exemplare der BR 44, sieben Loks der BR 50, neun Vertreter der BR 56[20] und nur noch sieben 58er.

Bestand des Bw Kassel am 31. März 1933

58 1029, 1100, 1116, 1148, 1159, 1338, 1348, 1349, 1460, 1461, 1473, 1491, 1501, 1557, 1558, 1569, 1788, 1821, 2079

Als Kassel 5729 wurde die 58 2142 in Dienst gestellt. Zum Aufnahmezeitpunkt hatte die Maschine bereits eine Doppelverbund-Luftpumpe. *Foto: Bellingrodt, Slg. Grundmann*

Ferner verfügte das Bw Kassel für den Güterzugdienst noch über eine ehemalige G 7² und zwölf Maschinen der BR 56²⁰ (G 8²).
Mit 13 Exemplaren war die BR 58 die zahlenmäßig bestimmende Reihe im **Bw Warburg (Westfalen)**. Lediglich eine 55er und vier 57er kamen noch hinzu.

Bestand des Bw Warburg am 31. März 1933

58 1280, 1352, 1354, 1464, 1465, 1468, 1568, 2002, 2004, 2014, 2031, 2060, 2061

Im Bezirk des Maschinenamtes Marburg (Lahn) überwog die G 10. Lediglich im **Bw Treysa** war die BR 58 stationiert. Dort auch in zahlenmäßiger Überlegenheit gegenüber der BR 57. So waren es am 31. März 1933 immerhin 15 Loks der BR 58 und sieben Maschinen der BR 57[10].

Bestand des Bw Treysa am 31. März 1933

58 1156, 1171, 1255, 1489, 1604, 1628, 1805, 1967, 1971, 1972, 2124, 2125, 2126, 2127, 2129

In den drei großen Bahnbetriebswerken des MA Nordhausen nahm die Reihe 58 einen gewichtigen Anteil ein. Mit den Lokomotiven Kassel 5600 und 5601 (spätere 58 1279, 1280) kamen 1919 die ersten G 12 in das **Bw Nordhausen**. Maschinen der preußischen Gattungen G 7, G 8 und G 10 waren dort bereits seit einiger Zeit stationiert. Nach und nach erreichten weitere G 12 das Bahnbetriebswerk am Südrand des Harzes. Wie der Statistik zu entnehmen ist, jeweils in Nummerngruppen, wiederholt auch als Direktanlieferung. Bis 1925 waren es dann 17 Stück. Dazu kamen noch zwei G 7², vier G 8 und 14 G 10.

Bestand des Bw Nordhausen am 31. Oktober 1925

58 1152, 1153, 1159, 1160, 1161, 1176, 1177, 1180, 1181, 1209, 1210, 1211, 1212, 1475, 1476, 1477, 1478

Abgaben und Neuzugänge bei der Baureihe 58 in der RBD Karlsruhe 1942

von/an RBD	Übernommen	Abgegeben
Breslau	-	58 217, 222, 255, 259, 272, 281, 1768, 2130
Danzig	-	58 211, 253, 269, 300, 312, 1689, 1833, 2131
Erfurt	58 1776, 1938	58 271, 302, 1938
Halle	-	58 1706
Hannover	-	58 1130
Kassel	-	58 318
Gedob Krakau	-	58 216, 242, 284, 289, 292, 316, 1159, 1564, 1634
Nürnberg	58 1402, 1526, 2093	-
München	58 288, 524	-
Oppeln	-	58 207, 212, 218, 234, 236, 243, 248, 251, 261, 263, 291, 293, 1532, 1719
Regensburg	58 2102	58 2102
Stuttgart	58 223, 314, 1680	58 213, 299, 1763
Wien	58 1901, 1908	58 231, 315

Mit der Nachbar-Dienststelle, dem Bw Sangerhausen, wurden vorrangig 58er ausgetauscht. Aber auch Neuzugänge waren zu verzeichnen. Dafür verließen einige G 10 das Bw. Im Jahr 1933 verfügte Nordhausen über fünf 55er, zehn 57er und 24 58er.

Bestand des Bw Nordhausen am 31. März 1933

58 1034, 1114, 1152, 1153, 1177, 1180, 1209, 1211, 1214, 1277, 1309, 1467, 1472, 1476, 1477, 1478, 1479, 1533, 1555, 1790, 1929, 2017, 2062, 2063

Ab 1938 kam dann die BR 44 nach Nordhausen, 1939 folgte die BR 50. Zahlreiche 58er mussten die Dienststelle verlassen. Nach den Ostabgaben kamen bald die »Heimkehrer« von der immer näherrückenden Front zurück. Als Zugänge sind u.a. 1944 die 58 287 und die 58 1607 im Juni 1945 notiert. Letztere wies noch einen kurzzeitigen Eintrag vom Bw Schlauroth vor.
Mit nur zehn Exemplaren war die BR 58 im **Bw Northeim (Hannover)** der BR 57 mit 15 Maschinen zwar in der Anzahl unterlegen, jedoch im Zugdienst der älteren Schwester überlegen.

Bestand des Bw Northeim am 31. März 1933

58 1028, 1031, 1490, 1492, 1493, 1494, 1495, 1499, 1552, 1796

Unmittelbar am Beginn der Rampe zum Blankenheimer Trennungsbahnhof befand sich das **Bw Sangerhausen**. Das Bahnbetriebswerk stellte über Jahrzehnte hinweg vor allem die Schublokomotiven für die Züge in Richtung Blankenheim. Aufgrund verschwundener Unterlagen ist es etwas schwieriger, den Bestand und die Einsatzzeiten der BR 58 lückenlos im Bw Sangerhausen darzustellen. Bekannt ist, dass neben der Serienlieferung 58 004-008, der G 12¹, auch preußische G 12 in den 20er-Jahren dort beheimatet waren. Vermutlich kamen diese direkt vom Hersteller, was auch die Serie der G 12 mit 58 1155-1158 vermuten lässt. Auf allen von Sangerhausen abzweigenden Strecken waren die Güterzuglokomotiven des Bw zu finden; so die BR 55 (G 7¹; 2 Loks), BR 55 (G 7²; 6 Loks), BR 56²⁰ (G 8²; 5 Loks), 57¹⁰ (G 10; 14 Loks) und die BR 58 (jeweils 5 Loks).

Bestand des Bw Sangerhausen am 31. Oktober 1925

58 004, 005, 006, 007, 008
58 1032, 1155, 1156, 1157, 1158

Der Gesamtpark von 64 Maschinen im Jahre 1925 schrumpfte bis 1933 auf 27 Maschinen zusammen. Das lag vor allem an der Neuverteilung der Aufgaben innerhalb der Direktion bzw. des Maschinenamtes. Die Baureihen 55, 56 und 58.0 verließen nun das Bw Sangerhausen. Übrig blieben eine 55er, neun 57er und sieben 58er.

Bestand des Bw Sangerhausen am 31. März 1933

58 1032, 1155, 1158, 1212, 1333, 1488, 1808

In der klassischen Fotoposition zeigte sich hier die 58 1393. Auffällig sind die vielen Leitungen am Kohlenkasten. Ein Indiz für Probefahrten.
Foto: Bellingrodt, Slg. Grundmann

Ort und Zeit dieser Aufnahme sind leider unbekannt. Die 58 1793 zeigte sich – abgesehen von der fehlenden Gegendruckbremse – noch im Anlieferungszustand. *Foto: Bellingrodt, Slg. Grundmann*

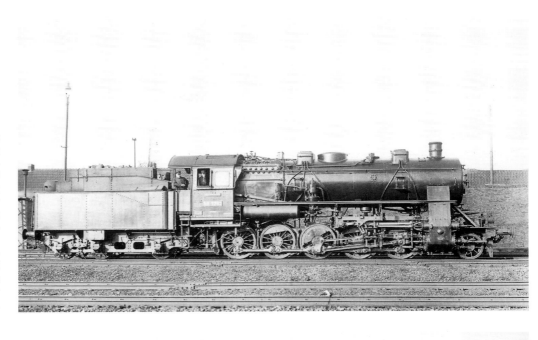

Mit dem Eintreffen der Baureihen 44 und 50 im Bw Sangerhausen änderte sich wiederum das Bild. Die BR 58 blieb jedoch in der Anzahl etwa gleich. Noch 1944 erfasste man neben 27 Exemplaren der BR 44 immerhin sechs 58er. Die BR 57[10] war verschwunden. Doch diese Zahlen sollten nicht lange Bestand haben, denn im Frühjahr 1945 versuchte die DR noch so viele Maschinen wie möglich in Richtung Westen, in Richtung heimische Direktion Kassel zu bringen.

Zum MA Paderborn gehörten drei Bahnbetriebswerke, die alle die G 12 im Bestand hatten und auch dort den Güterzugdienst bestimmten. Das **Bw Paderborn Hbf** verfügte neben zwei G 8[1], vier G 10 noch über die stattliche Anzahl von 30 G 12.

Bestand des Bw Paderborn Hbf am 31. März 1933

58 1002, 1003, 1004, 1005, 1006, 1027, 1033, 1037, 1041, 1045, 1046, 1047, 1049, 1050, 1051, 1054, 1059, 1062, 1063, 1064, 1065, 1066, 1067, 1068, 1069, 1070, 1071, 1092, 1164, 1861

Offenbar als Neuanlieferung trafen zahlreiche G 12[1] und G 12 im **Bw Soest** ein. Auch die für die Türkei bestimmte Henschel-Lokomotive 14552 erreichte über die Militär-Eisenbahndirektion Brüssel (MED 5551) schließlich 1918 die ED Kassel und erhielt dort die Nummer KAS 5726. Heimatort war nun Soest. Ab 1925 hieß sie 58 1001. Im Bw Soest bezeichneten die Personale die Lok als »Der Türke«.

Zum Bestand des Bw Soest gehörte lange Zeit die 58 1001. Die Eisenbahner bezeichneten die Maschine als »Der Türke«. *Foto: Slg. Gottwaldt*

Bestand des Bw Soest am 31. Oktober 1925

58 001, 002, 003, 009, 010, 011, 012, 013, 014, 015
58 1001, 1162, 1163, 1164, 1165, 1166, 1167, 1168, 1169

Bestand des Bw Soest am 1. Dezember 1936

58 002, 014, 015
58 1070, 1071, 1079, 1092, 1154, 1162, 1163, 1164, 1165, 1166, 1167, 1169

Bestand des Bw Soest am 31. März 1933

58 001, 002, 003, 005, 006, 007, 009, 010, 011, 013, 014
58 1079, 1154, 1162, 1163, 1165, 1166, 1169

Bestandsentwicklung im Bw Soest

BR	10.1925	03.1933	12.1936	04.1944
38	8	8	9	5[1]
44	-	-	-	29
55 (G 7[1])	1	0	0	0
55 (G 8[1])	29	22	13	0
57	0	1	0	0
58 (G 12[1])	10	11	3	0
58 (G 12)	9	7	12	7
92	3	4	4	2
94	13	11	12	11

1 sowie acht weitere P 8 als Leihlokomotiven

Zwanzig Maschinen der Baureihe 58 standen zur gleichen Zeit dem **Bw Ottbergen** zur Verfügung. Allein der Gesamtbestand der Dienststelle vermittelte, dass es sich um ein typisches Güterzug-Bw handelte, denn neben den 58er erfasste man noch drei 55er, zwei 36er und eine 38er.

Bestand des Ottbergen am 31. März 1933

58 1216, 1218, 1219, 1220, 1271, 1272, 1273, 1274, 1275, 1276, 1407, 1497, 1534, 1536, 1554, 1556, 1571, 1573, 1784, 1786

Eine andere Verteilung galt es im MA Göttingen festzuhalten. Zum Güterzug-Bw der Stadt

Göttingen gehörten neben 21 Lokomotiven der BR 58 noch neun der Maschinen der BR 55[25] und 25 Exemplare der BR 56[2].

Bestand des Bw Göttingen Vbf am 31. März 1933

58 1019, 1134, 1278, 1279, 1289, 1315, 1392, 1462, 1463, 1466, 1469, 1470, 1471, 1474, 1485, 1486, 1572, 1605, 1732, 1736

Kreiensen ist noch heute ein Bahnknoten an der klassischen Nord-Süd-Verbindung. Das **Bw Kreiensen** verfügte über einen ansehnlichen Fahrzeugbestand, der vor allem die Dienste auf den querenden Bahnen übernahm. Für den Güterzugdienst genügte in den 30er-Jahren die Baureihe 56[20]. Dort standen 15 Maschinen zur Verfügung. So erinnerte die einzige G 12, die 58 1959, im Bw eher an einstige Zeiten, wo dort die G 12 kurzzeitig dominierte, aber von der Nachfolgerin G 8[2] abgelöst wurde.

Für den Güterzugdienst hielt das **Bw Seesen** drei G 10 sowie acht G 12 vor. Zum Seesener Bestand gehörten am 31. März 1933 die 58 1117, 1213, 1217, 1459, 1733, 1734, 1735 und 1787. Veränderungen in den Beständen gab es erst wieder mit Zuführung der neuen Einheitslokomotiven, wie die Reihen 44, 50 und auch 52.

Zum Bestand des **Bw Altenbeken** gehörten über viele Jahre alte preußische Maschinen. Im Zweiten Weltkrieg reichte das für die Beförderung aller Züge nicht mehr aus. Neben Leihlokomotiven aus Belgien kamen 1942 auch vier G 12 nach Altenbeken. Noch im Juli 1945 erfasste man dort die 58 1063, 1079, 1176 und 1352.

4.4.10 RBD Köln

Gewaltig waren die Anlagen des **Bw Köln-Kalk Nord**. Doch nur 47 Lokomotiven waren dort 1938 stationiert. Acht davon waren G 12. Überliefert sind die Nummern 58 1103, 1437, 1439, 1513 und 2053. Den Hauptteil machte die G 8[1] aus. Für die Fahrten »öm d'r Dom eröm«, also um den Kölner Dom herum bis zu den anderen Kölner Bahnhöfen Gremberg und Eifeltor, war die G 12 fast eine Nummer zu groß. So ist ihr Einsatz auch nur in der zweiten Hälfte der 30er-Jahre dokumentiert. Ab 1940 dominierte die neue BR 50. Bei der Erfassung zum 31. Januar 1944 hielten sich im gesamten Direktionsbestand 168 Maschinen dieser Baureihe auf. Weitere zehn im Osten sowie fünf in Rumänien. Bei der BR 58 waren lediglich 16 im eigenen Bezirk, zehn im Osten, drei in Bulgarien und vier in Griechenland zu verzeichnen. Jahre zuvor war das Bild kaum anders.

Preußische Güterzugloks in der RBD Köln

Jahr	Gattung	Anzahl
1932	G 8[1]	232
	G 10	123
	G 12	29
1937	G 8[1]	211
	G 10	95
	G 12	30
1944	G 8[1]	101 + 116 »im Osten«
	G 10	4 + 11 im Ausland
	G 12	16 + 10 »im Osten« + 7 im Ausland

Allein bei der Zählung 1944 verfügte die RBD Köln über insgesamt 908 Lokomotiven im eigenen Bezirk sowie über 399 »im Osten«.
Im Güterzug-Bw der Stadt Aachen, im **Bw Aachen West**, waren seit Mitte der 20er-Jahre die Lokomotiven der BR 58 zuhause. Überliefert sind zum Jahresbeginn 1928 allerdings nur die Beheimatungen der 58 2013 und 2019. Mitte der 30er-Jahre kam u.a. die 58 2010 hinzu. Doch kurz darauf endete die Zugehörigkeit aller G 12.

4.4.11 RBD Mainz

Innerhalb des Direktionsbezirkes Mainz überwogen andere preußische Güterzugtypen, wie die G 7[1], G 8[1], G 8[1]U oder G 8[2]. Lediglich in einem Bahnbetriebswerk war die G 12 vertreten. Doch selbst dort, im **Bw Mainz-Bischofsheim**, überwog die G 8[2] und später, nach deren Auslieferung, die Baureihe 50. Am 1. Januar 1940 gehörten zum Bestand des Bw Mainz-Bischofsheim die 58 1022, 1138, 1140, 1183, 1690, 1998 und 2021. Am gleichen Tage zählten zum Bw noch 47 Exemplare der BR 56[20], acht ehemalige G 7[1] sowie zwölf 50er. Zahlreiche Güterzüge übernahmen die Lokomotiven dieses Mainzer Bahnbetriebswerks. Dazu gehörten u.a. Zugdienste nach Darmstadt, Wiesbaden sowie nach Frankfurt (Main). Der kleine 58er-Bestand sollte auch in den nächsten Jahren erhalten bleiben.

4.4.12 RBD München

Die Jahresnachweise St 11a und 11b für übernommene bzw. abgegebene Triebfahrzeuge der RBD München nennen die Reihe G 12 erstmals im Oktober 1937. Aus dem Bezirk der RBD Nürnberg kamen zwischen dem 19. und 23. Oktober die 58 1823, 1825 und 1989. Am 29. Dezember 1937 trafen die 58 1746, ebenfalls von der RBD Nürnberg kommend, ein. Doch im Münchner Bezirk war die ebenfalls erst 1937 zugeführte Reihe G 10 künftig in der Mehrzahl. Zwar gesellten sich im Januar des Folgejahres noch die 58 1047 und 1062 aus der RBD Kassel hinzu, aber schon im März ergänzten 16 weitere G 10 den Münchner Triebfahrzeugpark. Im Sommer 1938 waren weitere G 12-Zugänge zu verzeichnen.

Offensichtlich waren diese größeren Zuweisungen nur als kurzzeitige Lokhilfe zu verstehen, denn bereits im Oktober 1938 gingen an die RBD Erfurt 13 G 12 und 15 G 8[1] sowie an die RBD Kassel 17 G 12 und acht G 8[1] zurück. Nur wenige verblieben im Münchner Bezirk.
Bewegung war zunächst nur im Bestand der G 10 festzustellen. Dann waren im April 1939 die Abgänge der 58 1637, 1661, 1662 und 2008 an die RBD Halle niedergeschrieben. Weiterhin im Mai 1939 die 58 1363 (an RBD Frankfurt) sowie an die RBD Oppeln die 58 1068, 1114, 1219, 1315, 1493 und 1494. Schließlich rollte am 17. Oktober 1939 (aber im Dezember verzeichnet) die 58 2077 an die RBD Frankfurt ab.

Ohne das jetzt alle Zu- und Abgänge detailliert dargelegt werden, sollen die Jahresübersichten der Bestände per 31. Dezember eines jeden Jahrs ein Gesamtbild vermitteln.
Die jedoch nicht schlüssige Differenz im Vergleich der Jahre 1939/1940 entstand durch die Abgänge der 58 1571 am 5. Januar und der 58 1213 am 9. Februar 1940, die künftig zur RBD Stettin gehörten. Die Veränderungen im Bestand der G 10 waren auf vermehrte Abgaben in den Südosten (u.a. CFR) aufgrund des Krieges zu verstehen. 1941 gelangten zahlreiche G 10 in den Osten, davon etliche als »verliehen« bezeichnet. Neuzugänge im G 12-Bestand waren im November die 58 235, 240, 285 und 1563 (alle von RBD Karlsruhe), die 58 539, 213, 504, 524 und 526 (von RBD Stuttgart), im Dezember 1941 die 58 288 (von RBD Karlsruhe) sowie die 58 1767 und 1935 (beide von RBD Regensburg).

Im Januar 1942 waren dann wieder Abgänge zu verzeichnen: 58 1989, 2012 an die RBD Breslau, 58 235 an RBD Wien und an die Gedob 58 240, 1189, 1732 und 1823. Auch an die Gedob gelangte im März 1942 die 58 1820. Ferner im April die 58 285 und 539 an die RBD Breslau. Schließlich waren ebenfalls die Leihlokomotiven 58 1977 und 1062 im August an die BDZ auszutragen. Die Liste der weiteren Abgänge ist lang und soll hier nicht im Detail dargestellt werden. Zugänge waren nun seltener geworden – so mit 58 1370 (09.03.1942) und aus der RVD Dnjepro die 58 1746 (29.05. 1943) oder 58 1916, 1919 von RBD Nürnberg (01.1944) und 58 1370 zurück (15.05.1944) zum General des Transportwesens Südost (GtrSO; auch WVD Südost). Als Ausgleich dafür mussten aber im Juni die 58 1204 und 1398 dorthin überstellt werden. Offensichtlich weilte aber die

Zugänge BR 58 in der RBD München im Juni 1938

von RBD	Lok
Breslau	58 1261
Dresden	58 1506, 1977, 2122
Halle	58 1016, 1874

Zugänge BR 58 in der RBD München im Juli 1938

Halle	58 1193
Stettin	58 1213
Dresden	58 1820

Zugänge BR 58 in der RBD München im August 1938

Stettin	58 1571
Erfurt	58 1637
Halle	58 1661
Dresden	58 1872
Frankfurt (Main)	58 2077

Zugänge BR 58 in der RBD München im September 1938

Erfurt	58 1090, 1091, 1189, 1235, 1238, 1510, 1519, 1640, 1651, 1662, 1723, 1775, 1788, 1901, 1949, 1953, 1955, 1958, 2008, 2012 sowie 15 G 8.1
Kassel	58 1004, 1046, 1068, 1114, 1160, 1212, 1216, 1219, 1255, 1273, 1315, 1462, 1464, 1473, 1493, 1494, 1499, 1501, 1533, 1553, 1556, 1732, 1967, 2004, 2005 sowie acht G 8.1

Bestand des Bw Mühldorf (Obb) am 1. Januar 1943

58 250
58 1016, 1047, 1090, 1193, 1204, 1487, 1506, 1563, 1746, 1767, 1825, 1872, 1873

58 1370 zur Reparatur in der Heimat, denn sie lief am 1. August auch wieder dem GtrSO zu. Im Folgemonat buchte die RBD Nürnberg diese sechs G 12 des GtrSO an die RBD Wien um. Kurz darauf trafen aufgrund der zurückkehrenden Front diese G 12 im Bezirk wieder ein; aber auch einst polnische 58er strandeten dort. Als Schadrückführlok erfasste man im September 1944 die 58 1985, 2016 sowie acht 58[23].

Das Hin und Her sollte andauern. Acht 58er gingen im Oktober an die RBD Stuttgart, sieben gelangten wieder in den Park. Außer der 58 535 waren die übrigen sechs alle im Schadpark der Rückführer. Der Bestand beim Betriebspark war auf ein Minimum von acht Exemplaren gesunken.

Aber wie war die Situation in den einzelnen Bahnbetriebswerken? Lange stand des **Bw Freilassing** im Schatten der größeren Dienststellen wie Rosenheim oder München I. Diese übernahmen die Zugdienste auf der Hauptstrecke von München nach Salzburg. Auch der Bestand der Güterzuglokomotiven mit den Baureihen 54[15] und 57[10] war stets gering. Das änderte sich schlagartig nach der Annexion Österreichs. Für die Güterzüge über die Tauernbahn erhielt Freilassing ab 1938 die G 12 zugeteilt. Zu den ersten zählten die 58 1953, 1958 und 2122. In den nächsten Jahren wurde deren Anzahl weiter erhöht. Im Frühjahr 1943 kam mit der 58 1823 das achte Exemplar in das Bw. Am 15. Juli 1943 besaß Freilassing die 58 1261, 1370, 1823, 1935, 1953, 1958, 2122 und 2132. Seit 1928 war die Strecke München–Salzburg elektrifiziert. Die BR 58 übernahm nahezu den gesamten Güterverkehr. Andere Typen, wie die Baureihen 54 oder 57, gab es dort nun nicht mehr. Doch zugunsten der neuen 42er und 52er musste die G 12 für Frontaufgaben bis 1944 weichen. Bis 1945 blieb lediglich die 58 1953 im Bestand.

Als 1942 die Baureihe 57[10] des **Bw Landshut (Bayern)** für Aufgaben an der Ostfront herausgelöst wurde, kam als Ersatz die G 12. Diese Lokomotiven stammten zumeist aus Passau oder Regensburg, die dort oft nach Zugängen der neuen BR 44 frei wurden. Für den 1. Januar 1943 wies die Statistik die 58 1368, 1448, 1672, 1851 und 2102 aus. In den nächsten Monaten kamen 58 1451, 1519, 1884 und 1945 hinzu. Neben diesen neun G 12 verfügte Landshut noch über sechs Maschinen der BR 54[15]. Dieser erhöhte Bestand war nötig, da vermehrt Lokomotiven durch Tieffliegerbeschuss ausfielen und andererseits die Landshut querenden Verbindungen höhere strategische Bedeutung erhielten. Dazu gehörten die Bahnstrecken Landshut–Mühldorf und weiter nach Salzburg, durch den Tauerntunnel nach Süden bzw. über Wasserburg, Rosenheim nach Kufstein. Allein 72 Züge liefen zwischen Landshut und Mühldorf. Viele davon beladen mit Kohlen oder Militärgut. Beteiligt an den Zugdiensten waren ebenso elektrische Lokomotiven, die auf der Relation München–Landshut–Plattling–Regensburg seit 1925 im Einsatz waren.

Schließlich blieben ab 1944 die Steinkohlenlieferungen aus Oberschlesien aus. Gefahren wurde nun mit Braunkohlen aus dem böhmischen bzw. mährischen Protektorat oder später sogar mit Briketts. Der Vorrat auf dem dreiachsigen Tender, sogar mit Aufsatzbrettern versehen, reichte nur bis Mühldorf. Um die körperlichen Anstrengungen zu minimieren, mussten italienische Kriegsgefangene als zweiter Heizer mitarbeiten. Das war sicherlich wegen der Enge des Führerstandes nicht einfach. Um alle Zugdienste in dieser Region zu übernehmen, erhielt das Bw Landshut auch wieder die G 10 sowie weitere G 12 zugewiesen.

Bis 1941 bespannten die Lokomotiven der BR 57[10] des **Bw Mühldorf (Obb)** die Güterzüge von den von hier abgehenden Verbindungen. Dann kam für drei Jahre die BR 58 nach Mühldorf. Immerhin 14 Exemplare waren zu zählen. Schließlich lösten 13 gerade abgenommene 42er die G 12 im Jahr 1944 wieder ab.

Neben diesen 13 G 12 verfügte das Bw Mühldorf noch über zehn T 18 (BR 78), zwei Loks der BR 89[8] sowie acht Maschinen der BR 92 (französische Leihlokomotiven). Die Baureihe 58 beförderte, zum Teil mit einer zweiten G 12 als Vorspann, schwere Güterzüge auf der Strecke Landshut–Mühldorf–Freilassing. Wichtige Güter waren neben Kohlen und Getreide auch Aluminium aus Töging sowie Erzeugnisse aus den Wackerwerken in Burghausen. In diesen Jahren übernahm das Bw Mühldorf auch vermehrt Leistungen des Bw Landshut.

Ohne näheren Nachweis können wir beim **Bw München Hbf** leider nur mitteilen, dass im August 1939 fünf preußische G 12 im Bestand weilten. Offenbar müssen sie erst kurz zuvor das Bw erreicht haben. Bereits bei den nächsten Erfassungen in den 40er-Jahren sind sie nicht mehr nachgewiesen.

Ebenso ergeht es uns bei der Rekonstruktion des Bestandes der BR 58 im **Bw Rosenheim**. Von 1920 bis 1923 wuchs deren Bestand auf 16 Exemplare an. Doch in den späteren Reichsbahnunterlagen, geführt ab 1928/30, ist dort keine einzige 58er mehr vermerkt.

4.4.13 RBD Münster

Unter der Überschrift »Am 28.2.43 waren an den Osten verliehen« führte die RBD Münster (?) ihre Leihlokomotiven auf. Neben einer Vielzahl von Maschinen der Baureihen 38, 55, 56, 57 und 91 waren in der Gesamtsumme von 159 Lokomotiven auch fünf 58er aufgeführt – 58 2128, 1988, 2011, 1987 und 1697. Ferner waren an Bulgarien die 58 1883, 1822, 1298, 1792, 1748 und 1882 verliehen.

4.4.14 RBD Nürnberg

Im Bereich der RBD Nürnberg waren in den 30er-Jahren zahlreiche G 12 zuhause. Doch auch andere Güterzuglokomotiven, wie die Baureihen 57[10], 54[15] oder die noch junge BR 44, sowie die Schiebelokomotiven der BR 96 waren in Franken

Verteilung der Güterzugloks in der RBD München

BR	31.12.1939	31.12.1940	31.12.1941	31.12.1942	31.12.1943	08.1945	31.12.1945
54[15]	62	62	63	64	64	67	67
55[0]	19	19	15	15[1]	15[2]	0 (+ 4)	0 (+ 4)
57[10]	102	76	74	60[1]	75[2]	8 (+ 16)	10 (+ 15)
58[10]	23	22	31	21[1]	24[2]	8 (+ 7)	7 (+ 7)
58[5]				2	-	0 (+ 4)	

1 vom Bestand verliehen: 15 der BR 55, 60 der BR 57, 2 der BR 58 (58 1062, 1977)
2 vom Bestand verliehen: 15 der BR 55, 71 der BR 57, 5 der BR 58 (An die WVD Südost wurden zum 7. November 1943 die 58 240, 1090, 1370 und die von der Gedob zurückgekehrte 58 1823 überstellt. Ferner zählte die 58 1062 in Bulgarien dazu.)

Im Bw Würzburg hielt Werner Hubert die 58 202, eine ehemalige Badische G 12, im Bild fest. Würzburg war in den 20er- und 30er-Jahren eine Hochburg der G 12.
Foto: Hubert, Slg. Grundmann

stationiert. Der statistische Jahresnachweis St 11a und 11b, der die Zu- und Abgänge enthält, nennt bei der BR 58 u.a. zahlreiche Veränderungen.
Von der RBD Karlsruhe wurden noch im Februar 1940 leihweise die 58 265, 1103, 1280 und 1949 überstellt, so dass deren Gesamtzahl auf 89 anwuchs. Jedoch betrug im Juni 1940 die Summe wieder 85 Stück. 58 265 ging zurück nach Karlsruhe, ferner auch 58 1280 nach Kassel und 58 1103 nach Köln. Beide dienten im Bw Würzburg. Fortan wies der zuständige Sachbearbeiter nur noch eine Leihlokomotive aus. In den Folgemonaten schrumpfte die Anzahl der Vertreter der BR 57[10]. Zahlreiche Exemplare fanden sich in den Direktionen Oppeln, Posen, Osten oder bei den CFR wieder. Der Kriegsbeginn forderte nach neuen Zugmitteln. Der Bestand der BR 58 mit 85 Lokomotiven blieb konstant.
Aber der Überfall auf Polen und die damit veränderten Werkstättenaufgaben brachten für die

Zu- und Abgänge bei der BR 58 in der RBD Nürnberg

Jahr	Zu-/Abgang	Lok
1934	von RBD Karlsruhe	58 1127, 1298, 1390, 1526, 1668, 1760, 1765, 1853, 1934, 1766 (alle zum Bw Bamberg)
1934		58 1481, 1678, 1679, 1683, 1696, 1704, 1709, 1711, 1718, 1749, 1751, 1822, 1828, 1829, 1882, 1883, 1984 (?)[1], 1887, 1890, 1891, 1914, 2093 (alle zum Bw Nürnberg Rbf)
1934		58 1680, 1681, 1693, 1695, 1698, 1699, 1702, 1703, 1710, 1713, 1746, 1747, 1748, 1750, 1823–1827, 1830–1832, 1880, 1881, 1884–1886, 1888, 1912, 1913, 1915, 1916, 1983, 1985–1989, 2080, 2081, 2083–2092, (alle zum Bw Würzburg), 58 1991, 1982 (zum Bw Würzburg gestrichen, dafür Nürnberg Rbf), 58 1694, 1697, 1700, 1701, 2082 (zum Bw Ansbach)
1935	von RBD Karlsruhe	58 1764, 2128 (zum Bw Bamberg)
1936	an RBD Regensburg	58 1710, 1884, 1885, 1888, 1912

[1] 58 1984 vermutlich 58 1884 (Schreibfehler im St 11)

Verteilung der Güterzuglokomotiven in der RBD Nürnberg

BR	1939	30.11.1940	30.11.1941	30.11.1942	30.11.1943	06.1944
54[15]	39	39	39	39	45	45
55[25]	24	24	2	2	13	10
57[10]	98	59	44	44	44	49
58	85	85	90	61	69	64

Heimat Probleme in der Ersatzteilversorgung mit sich. Erstmals 1940 dokumentierte der Nürnberger Bearbeiter derartige Mängel, wodurch Lokomotiven über längere Zeit nicht einsatzbereit waren. Im Februar 1940 waren es die Würzburger 58 1985 und 1988, die beide wegen fehlenden Dampfkolben standen. Eine weitere Veränderung war die kurzzeitige Überlassung von Mai bis Juni 1940 der 58 1713 und 1913 an die RBD Stuttgart. Dann gab es auch bei der G 12 erste Abgaben in die Kriegsgebiete bzw. eroberten Länder, so nach Bulgarien im April 1941 mit den 58 1093, 1678, 1883 und 1916. Als Ausgleich für diese Abgänge erhielt die Direktion die 58 250, 1213, 1275 und 1571 von der RBD Karlsruhe, so dass die Gesamtzahl auf 89 G 12 anstieg. Weitere Übergaben sind im August 1941 verzeichnet: 58 1695, 1749, 1764, 1890 und 1984 an die RBD Oppeln sowie im Dezember mit 58 1704, 2086 (beide an RBD Wien) und 58 1889 (an RBD Erfurt). Kurzzeitig, so im Oktober 1941, war der Bestand der G 12 auf 82 Exemplare abgesunken. Im Folgemonat waren es dann schon 90. Aus den Direktionen Stuttgart, Regensburg und Karlsruhe kamen die 58 1241, 1756, 1785, 1712, 1914 sowie 58 247, 295 und 1669. Diese Aufstockung war dringend erforderlich, da weitere G 10 in die östlichen Regionen mussten. 1942 war dann davon auch die BR 58 betroffen, wie einige Abgaben es belegen.

Abgaben von Maschinen der Baureihe 58

Empfänger	Lok-Nr.
Gedob	58 2084, 295, 1891, 1985, 1683, 1830, 1571, 1681, 1828, 1982, 1703, 1694, 1751
HBD Süd	58 2128, 1709, 1988
RBD Oppeln	58 1853, 1886, 1831, 2092
RBD Erfurt	58 1519, 1940, 1402
RBD Stuttgart	58 1679, 1711
RBD Breslau	58 1241, 1287, 1481, 1701, 1712, 1765, 1766, 1991
RBD Wien	58 2093, 1887, 1680
RBD Kassel	58 1986, 1880, 1829

Als Ausgleich übersandte die RBD Erfurt im Februar 1942 acht 58er, darunter auch die zuvor überstellten Lokomotiven. Aus Bulgarien kehrten mit 58 1093 und 1678 die ersten beiden ihrer Gattung zurück. Und u.a. 15 Monate später, im Mai 1943, kamen aus den besetzten Ostgebieten weitere Loks zurück. So trafen am 27. Mai 1943 die 58 1697, 1987 und 1988 in der RBD Nürnberg wieder ein. Als Ausgleich gingen wenige Tage zuvor die 58 1546, 1750 und 2081 an die WVD bzw. WTL Südost. Seit Juni 1943 gehörte dann die 58 1212 auch zu diesen Leihlokomotiven. Aus der OBD Warschau kommend erfasste man die 58 1830, 1694, 1752, 295, 2084, 1985, 1982, 1703, 1828 und 1891. Im Jahre 1942 gingen sie, wie erwähnt, zur Gedob. Nach den Zugängen aus der RBD Erfurt im August 1943 mit 58 1229, 1519, 1635, 1643 1645, 1800 stieg der Gesamtbestand kurzzeitig auf 74 Maschinen der BR 58 an. Doch im September ging es wieder bergab – die WTL Südost forderte weitere Lokomotiven. Neben zehn G 10 gab die RBD Nürnberg auch die 58 1127 und 1694 Ende August an die WTL ab. Auch der Austausch mit Lokomotiven zwischen Bulgarien und Deutschland dauerte an: 58 1748 zurück; 58 1269, 1982 im November 1943 dorthin. Der Jahresbeginn 1944 brachte zunächst die Rückgabe der 58 1546 aus Bulgarien. Zum 30. Juni 1944 liegt eine Übersicht aller Leihlokomotiven vor. Von der RBD Nürnberg waren noch immer 100 Lokomotiven »im Osten«. Zwar wurde die Anzahl kleiner, aber die Aktivitäten in den besetzten Gebieten waren aufgrund der Rücktransporte enorm. Als »im Osten« führte man die 58 2011. In Bulgarien waren noch die 58 1298, 1882, 1883, 1982 und 1985 sowie bei der GtrSO Belgrad die 58 1212, 1269, 1750, 1987 und 2081.

Aus Würzburg erhielt das **Bw Ansbach** 1925 die 58 1694 und 2082 zugewiesen. Weitere folgten bis 1929 und übernahmen vor allem auf der Hauptstrecke Würzburg–Ansbach–Treuchtlingen einige Güterzüge. Diese wurden oft von der bayrischen G 3/4 H (BR 54^{15}) aus anderen Orten herangebracht. Am 1. Januar 1931 gehörten zum Bw Ansbach 58 1694, 1697, 1700, 1701, 1749, 1882, 1889 und 2082. Mit der Abgabe der 58 1889 im Mai 1931 an das Bw Nürnberg Rbf begann eine rapide Verringerung des Bestandes an Güterzuglokomotiven in Ansbach. Der Großteil der Zugleistungen wurde von den Nachbardienststellen übernommen.

Abgaben von Maschinen BR 58 des Bw Ansbach

Lok	Datum	an Bw
58 1889	05.1931	Nürnberg Rbf
58 1749	29.05.1932	Aschaffenburg
58 1882	12.10.1934	Aschaffenburg
58 1700	07.1936	Nürnberg Rbf
58 1701	07.1936	Nürnberg Rbf
58 1697	07.1936[1]	
58 1694	?	Würzburg
58 2082	?	Würzburg

[1] 58 1697 seit 1942 im Osteinsatz

Die 58 2082 wurde letztmalig 1942 im Bw Ansbach erfasst. Für den Abgang der G 12 erhielt das Bw nur bedingt Ersatz. Kurzzeitig erschienen einige 54er und 55er. Seit den letzten Kriegstagen bestimmte die BR 44 das Bild um Ansbach. Bis zum Juli 1936 reduzierte sich der Ansbacher Bestand auf 58 1694, 1697, 1700, 1701 und 2082. Neben diesen fünf Lokomotiven standen dem Betrieb des Bw Ansbach nur noch 14 weitere Maschinen zur Verfügung. Dazu gehörten die Baureihen 54^{15} (2), 70 (2), 89^6 (3), 91^3 (5) und 98^4 (2). Erst 1940 machte das **Bw Aschaffenburg** Bekanntschaft mit der Baureihe 58. Bis dahin dominierten die Baureihen 41, 57, 94 und 96 im Güterzugdienst. Als erste erreichte am 28. März 1940 die 58 2091 vom Bw Würzburg kommend Aschaffenburg. Weitere waren in den Frühjahrstagen 1940 die 58 1702, 1680 und 1695, ebenfalls aus Würzburg, sowie die 58 1269, 1298, 1390 und 1526 vom Bw Bamberg. Bis zum August 1940 stieg der Bestand weiter an. Allerdings mussten einige Maschinen das neue Bw recht bald wieder verlassen, da sie für Einsätze im Osten benötigt wurden. Einst lag Aschaffenburg als »Grenzwechselstation« zwischen der Bayerischen und Preußisch-Hessischen Staatsbahn. Aber auch später bestimmten hier die Dienste nach Hanau–Frankfurt (Main) sowie nach Miltenberg, Darmstadt und Höchst (Odenwald) das Geschehen.

Bestand des Bw Aschaffenburg am 1. Februar 1945

58 1127, 1390, 1693, 1696, 1713, 1822, 1824, 1826, 1834, 1988, 2080, 2084, 2088, 2089, 2090

Als diese Erfassung im Februar 1945 vorgenommen wurde, dienten dort bereits die neuen Baureihen 42, 44 und vereinzelt auch 52er. Hinzu kamen einige »Leihlokomotiven«, so die 140 der SNCF.

Bei der Lokzählung im **Bw Bamberg** Anfang 1934 betrug der Bestand der BR 57^{10} noch 28 Exemplare. Wenige Jahre später war er etwa halbiert. Der Grund lag in der zugeführten G 12. Im August 1934[23] trafen aus dem Direktionsbezirk Karlsruhe die 58 1127, 1298, 1390, 1526, 1668, 1760 und 1765 als erste ihrer Art ein. Ziel war es damals, die Zuglasten in Richtung Gemünden/Aschaffenburg, Würzburg und Saalfeld (Saale) zu erhöhen. Im Jahre 1936 konnte ein Bestand von elf Lokomotiven der BR 58 gemeldet werden. Hinzu kamen noch 14 Maschinen der BR 57^{10} sowie verschiedene Tenderlokomotiven. Im letzten Blütejahr der Dampftraktion 1938 verfügte das Bw Bamberg u.a. über 15 G 10 und 14 G 12.

Bestand des Bw Bamberg am 1. Januar 1938

58 1093, 1127, 1269, 1298, 1390, 1526, 1668, 1760, 1766, 1792, 1853, 1985

Als am 15. Mai 1939 der elektrische Fahrbetrieb von Nürnberg via Bamberg und Lichtenfels nach Saalfeld eingeführt wurde, veränderte sich auch der Gesamttriebfahrzeugpark des dortigen Bahnbetriebswerkes. Im Bestand waren nun 15 E 44

---

23 Nach einer anderen Quelle soll das Bw Bamberg bereits am 1. Januar 1928 über elf G 12 verfügt haben (58 1269, 1298, 1390, 1526, 1668, 1760, 1764, 1765, 1766, 1792, 1853).

auszumachen. Hinzu kamen ferner zehn 41er, drei 55er, zehn 57er und neun 58er.

Bestand des Bw Bw Bamberg am 1. Januar 1940

58 1269, 1298, 1390, 1526, 1668, 1764, 1765, 1792, 2128

Die Baureihe 55 sollte zunächst die Lücken im schweren Verschub- und im Übergabedienst schließen. Äquivalente Typen fehlten nun. Die BR 57[10] rollte vermehrt nach dem Osten ab und die G 12 musste um 1939/1940 vermehrt der noch fast fabrikneuen BR 41 Platz machen. Einige liefen dann für die Dienststellen von Aschaffenburg, Nürnberg Rbf oder Würzburg. Die verbliebenen G 12 sind um 1943/44 in Richtung Südosten abgesetzt worden. Sie kamen als Mietfahrzeuge nach Bulgarien, wurden an die BDZ verkauft (u.a. 58 1269 zum 8. November 1943) oder dienten im besetzten Jugoslawien. Ihre Dienste vom Bw Bamberg aus übernahmen Lokomotiven der Baureihe 50 bzw. später der BR 42.

Nur von kurzer Dauer waren die wenigen Beheimatungen der BR 58 im **Bw Neuenmarkt-Wirsberg**. Im Güterzugdienst dominierte auf der »Schiefen Ebene« die Baureihe 57[10]. Im Jahr 1940 traf dort die 58 1702 ein. Auch aus Aschaffenburg kam im Folgejahr die 58 1881. Sie blieb bis Oktober 1941. Schließlich stand die 58 1834 noch von 1942 bis 1944 im Dienste des Bw Neuenmarkt-Wirsberg. Die 58 1702 hatte bereits zuvor Neuenmarkt verlassen.

Im **Bw Nürnberg Rbf** wendeten bereits in den 20er-Jahren Lokomotiven der Gattung G 12. Doch erst für den 24. März 1931 ist eine auch dort beheimatete 58er nachgewiesen. Es war die 58 1481, die vom Bw Würzburg kam. Ebenfalls aus Würzburg stammten die bis zum Juli des gleichen Jahres zugeführten 58 1678, 1679, 1683, 1704, 1711, 1712, 1751, 1828, 1829, 1887, 1890 und 2093. Sie übernahmen die Güterzüge auf der Frankenwaldbahn bis Probstzella und Crailsheim. In den nächsten Jahren erhöhte sich der Bestand weiter, die Anzahl der BR 57[10] im Bw Nürnberg Rbf schrumpfte. Bald gehörten auch Güterzüge bis nach Saalfeld oder Treuchtlingen zu ihren Aufgaben.

Bestand des Bw Nürnberg Rbf am 1. Januar 1934

58 1481, 1678, 1679, 1683, 1696, 1704, 1709, 1711, 1718, 1749, 1751, 1822, 1828, 1829, 1883, 1884, 1887, 1889, 1890, 1891, 1914, 2093

Über Jahre hinweg blieb der Bestand der BR 58 konstant. Das änderte sich auch nicht, als Nürnberg 1935 an das elektrische Streckennetz angeschlossen wurde. Im gesamten Bw war eher das Gegenteil festzustellen. Von 126 im Jahre 1935 erfassten Lokomotiven schnellte der Bestand bis in das Jahr 1940 auf 180 hoch. Seit der Besetzung des Sudetenlandes und der Tschechoslowakei musste das Bw Nürnberg Rbf zusätzliche Dienste übernehmen. Neben alten Preußen (G 7, G 8) fand sich ab 1939 auch die neue Baureihe 50 im Bw Nürnberg Rbf wieder. Der Bestand der großen Güterzuglokomotiven wird hier bis in die Nachkriegsjahre, um die Gesamtübersicht zu erhalten, dargestellt:

Entwicklung des Bestandes im Bw Nürnberg Rbf

BR	01.1934	05.1935	01.1940	03.1945	12.1945	07.1950
42	-	-	-	7	4	10z
44	-	-	-	67	69	55
50	-	-	10	1	-	5
52	-	-	-	1	12	4z
54[15]	33	31	39	38	38	35
56[9]	13	11	5	-	-	-
57[10]	6	8	26	15	13	9
58[10]	22	25	28	23[1]	25[2]	4z[3]

1 zuzüglich drei Lok der BR 58[23], ehemalige PKP Ty 23
2 zuzüglich einer 58[23]
3 zuzüglich 12 z-Lok der BR 58[23] (Ty 23)

Bestand des Bw Nürnberg am 1. Januar 1940

58 1093, 1127, 1481, 1678, 1679, 1681, 1683, 1696, 1704, 1709, 1711, 1712, 1749, 1751, 1822, 1828, 1829, 1882, 1883, 1887, 1889, 1890, 1891, 1914, 1982, 1984, 1991, 2093

Zusätzliche Transporte in den Kriegsjahren brachten die Baureihen 44 und 42 nach Nürnberg. Auch der Bestand der BR 58 erhöhte sich weiter. Doch inzwischen kehrte vieles aus dem einst besetzten Osten zurück. Neben bekannten Preußen erfasste man im März 1945 die polnischen 58 2258 und 2557 sowie die nicht umgezeichnete Ty 23-3. Die Instandhaltung im Bw Nürnberg Rbf sank auf etwa 45 Prozent. In Nürnberg war das Ende des Krieges spürbar.

Über viele Jahre beherrschte die Baureihe 57[10] im **Bw Schweinfurt** das Geschehen. Doch mit dem Ausbruch des Zweiten Weltkrieges wandelte sich das Bestandsbild. Die G 10 kam nach Osten – neu waren nun die preußische G 12 oder bayrische G 4/5H, allerdings als französische 140.9 bezeichnet. Aus Würzburg und Nürnberg kamen ab 1938 vereinzelte Exemplare. Als nach 1942 vermehrt neue 44er in Schweinfurt eintrafen, verringerte sich auch wieder der Bestand der BR 58. Doch 1943 stieg er noch einmal an. Zahlreiche kriegswichtige Züge waren zu befördern. Allerdings ist der nachfolgend genannte Bestand mit einigen Fragezeichen versehen – zu groß waren die Lücken in den Bestandsübersichten:

Bestand des Bw Schweinfurt am 1. Januar 1943

58 1093, 1693, 1694, 1698 (?), 1713 (?), 1747, 1750 (?), 1760, 1880 (?), 1886 (?), 1983 (?), 1985 (?), 1988, 2082, 2083, 2084 (?), 2087

Doch bis zum Jahresende 1943 mussten alle dreizylindrigen Maschinen der BR 44 und 58 abgegeben werden.

Das **Bw Würzburg** war für die Bespannung zahlreicher Züge in Richtung Lauda, Gemünden, Bamberg, Nürnberg oder Ansbach–Treuchtlingen zuständig. Viele und vor allem lange steigungsreiche Abschnitte prägen das Streckenprofil. Allein in Richtung Ansbach/Nürnberg steigt die Strecke nur stetig an. Als Nachfolge für die bayrischen E I und G 5/5 trafen im Mai 1920 die ersten fabrikneuen preußischen G 12 in Würzburg ein. In den nächsten Monaten folgten weitere.

Fabrikneue G 12 im Bw Würzburg

Lieferjahr	Bezeichnung	Umzeichnung DRG
05.–07.1920	Frankfurt 5656–5664, 5666	58 1822–1830, 1832
07.1920	Essen 5629, 5630, 5632	58 1680, 1681, 1683
07/08.1920	Frankfurt 5650–5655	58 1746–1751
08.1920	Elberfeld 5603– 5614	58 1693–1704
09.1920	Elberfeld 5619–5623	58 1709–1713
11.1920	Cassel 5689–5698	58 1982–1991
1921	Breslau 5599, 5629, 5631, 5632, 5636–5645	58 1883, 1913, 1915, 1916, 2080–2089

Eine Rarität stellt dieses Agfacolor-Bild aus den 50er-Jahren dar: Die 58 453 gehört zu den Kohlenstaub-G 12, die die DR wieder auf Rostfeuerung zurückbauen ließ. Wahrscheinlich entstand dieses Bild nach Abschluss der Hauptuntersuchung im Raw Zwickau im November 1956. Elf Jahre später, genau am 21. November 1967, wurde die 58453 in Zeitz abgestellt. Im nächsten Monat gab es dann die z-Stellung. Nach ihrem Rückbau fuhr sie für die Bahnbetriebswerke Altenburg, Halle G und Engelsdorf und kam 1965 nach Zeitz. *Foto: Slg. Garn*

Im Bw Dresden-Friedrichstadt stand Ende der 60er-Jahre die 58 1066. Ein wichtiges Einsatzgebiet der Dresdner G 12 war der Schleppdienst im Rangierbahnhof Friedrichstadt. Die 58 1066 hatte erst am 2. Februar 1973 ausgedient.
Foto: Otte, Slg. Grundmann

In Freiberg wartete im Februar 1967 die 58 1765 auf ihren nächsten Einsatz. Die Maschine war nach dem Zweiten Weltkrieg in Polen verblieben und kam erst 1955 zur Deutschen Reichsbahn zurück.
Foto: Otte, Slg. Grundmann

Mit vereinten Kräften mühen sich 58 201 und eine weitere G 12 vor einem schweren Güterzug im Erzgebirge.
Foto: Otte, Slg. Grundmann

Im Bw Dresden-Friedrichstadt sammelte im April 1969 die 58 427 neue Kräfte. Hinter der alten Sächsin stand die 58 3055. Die 58 427 blieb Dresden bis zu ihrer Ausmusterung am 26. November 1974 treu.
Foto: Otte, Slg. Grundmann

Mit einem Güterzug wartete die 58 1159 im Sommer 1967 auf das Abfahrsignal im Bahnhof Bad Schandau-Ost. Der Heizer nutzte die Zeit für eine kleine Reparatur an der Speisepumpe.
Foto: Otte, Slg. Grundmann

In Bad Schandau ergänzte im April 1962 die 58 436 ihren Wasservorrat. Während der Heizer das Wassernehmen beobachtet, blasen die Sicherheitsventile ab.
Foto: Otte, Slg. Grundmann

Als die 58 1185 im Juni 1966 in Freiberg vor sich hin räucherte, war die letzte Bekanntschaft mit Putzöl und Lappen bestimmt schon länger her. Doch von baldiger Ausmusterung konnte keine Rede sein. Erst am 26. September 1973 schied die Lok aus dem Bestand der DR aus.
Foto: Kielstein, Slg. Grundmann

Im Bahnhof Hirschfelde stand im August 1965 die 58 1270. Ein Eisenbahner hatte vorher scheinbar die Gegengewichte, die Rauchkammertür und die Seitenwände des Tenders gereinigt.
Foto: Otte, Slg. Grundmann

Mit sichtbarer Anstrengung mühten sich zwei G 12 vor einem Güterzug. Der Vorspannlok, der 58 1359, fehlte der Rauchkammer-Zentralverschluss.
Foto: Otte, Slg. Grundmann

Am 5. September 1965 hatte die 58 1937 Schiebedienst auf der Tharandter Steigung. Bei Klingenberg-Colmnitz half sie einem Reisezug über den Berg.
Foto: Kielstein, Slg. Grundmann

Hochbetrieb herrschte im Juni 1968 auf den Gleisen des Bw Dresden-Friedrichstadt. Reko- und Altbau-G 12 stehen einträchtig nebeneinander.
Foto: Otte, Slg. Grundmann

Es gibt nur wenige Farbaufnahmen von den Kohlenstaub-G 12 der Deutschen Reichsbahn. Das Ausfahrsignal im Bahnhof Dresden-Neustadt zeigte für die 58 1321 im April 1965 »Fahrt frei mit 40 km/h«.
Foto: Otte, Slg. Grundmann

In eine Dampfwolke eingehüllt setzte die 58 1596 im Juni 1965 ihren Güterzug in Dresden-Neustadt in Bewegung. Die 58 1596 besaß einen Wannentender.
Foto: Otte, Slg. Grundmann

Bei der Einführung der EDV-gerechten Nummern 1970 hatte die 58 1311 nur ein gemaltes Schild an der Rauchkammertür erhalten. Die Schilder am Führerhaus entfielen völlig. Kein Wunder, denn 1971 stand die G 12 auf der Ausmusterungsliste der DR ganz oben.
Foto: Otte, Slg. Grundmann

Hersteller dieser Serien waren die bekannten Lokomotivfabriken Borsig, Hanomag, Linke-Hofmann und Henschel & Sohn. Trotz einiger nicht überlieferter Zuweisungen ist mit Sicherheit die Anzahl der G 12 im Bw Würzburg vom 1. Dezember 1923 erfasst: 107 Lokomotiven dieser Gattung! In den folgenden Jahren wurde der Bestand der BR 58 stetig verringert. Andere Lokomotiven, als Ausgleich, waren nicht auszumachen. Vielmehr übernahmen andere Dienststellen zahlreiche Aufgaben. Zu den Zielbahnhöfen der G 12 zählten u.a. Flieden, Nürnberg Rbf, Ritschenhausen und Treuchtlingen.

Bestandsentwicklung im Bw Würzburg

Jahr	Anzahl BR 58
1923	107
1928	73
1930	70
1934	52
1935	37
1936	50
1940	38
1942	0

Bestand des Bw Würzburg am 1. Januar 1930

58 1481 (?), 1678, 1679, 1680, 1681, 1683, 1693, 1695, 1696, 1698, 1699, 1702, 1703, 1704, 1709, 1711, 1712, 1713, 1746, 1747, 1748, 1750, 1751, 1822, 1823, 1824, 1825, 1826, 1827, 1828, 1829, 1830, 1831, 1832, 1880, 1883, 1884, 1885, 1886, 1887, 1888, 1890, 1891, 1912, 1913, 1914, 1915, 1916, 1982, 1983, 1984, 1985, 1986, 1987, 1988, 1989, 1991, 2080, 2081, 2083, 2084, 2085, 2086, 2087, 2088, 2089, 2090, 2091, 2092, 2093

Im Jahre 1936 gehörten nun die neuen 44 001 bis 44 008 zum Bestand des Bw Würzburg, ferner auch vier Vertreter der BR 54^{15}. Aber es waren noch genau 50 G 12 auszumachen.

Bestand des Bw Würzburg am 1. Juli 1936

58 1680, 1681, 1693, 1695, 1698, 1699, 1702, 1703, 1710, 1713, 1746, 1747, 1748, 1750, 1823, 1824, 1825, 1826, 1827, 1830, 1831, 1832, 1880, 1881, 1884, 1885, 1886, 1888, 1912, 1913, 1915, 1916, 1983, 1985, 1986, 1987, 1988, 1989, 2080, 2081, 2083, 2084, 2085, 2086, 2087, 2088, 2089, 2090, 2091, 2092

Der Vergleich der beiden Bestände macht auch deutlich, dass der Großteil der BR 58 seiner Heimat Würzburg treu blieb. Doch mit den vermehrten Zuführung der stärkeren 44er schwand der Anteil der G 12 weiter. Zum Jahresbeginn von 1940 wurden in Würzburg 36 Exemplare der BR 44, sieben der BR 55^{25} und nur noch 38 der BR 58 erfasst. Im Folgejahr kam noch die BR 45 nach Würzburg und die nun schon alte G 12 musste in diesem Frühjahr in Würzburg komplett weichen. Zahlreiche Maschinen fanden sich im benachbarten Bw Aschaffenburg wieder.

Lediglich einzelne Exemplare erreichten, aus dem Osten kommend, für kurze Zeit das Bw Würzburg. Dazu zählten auch die 58 213 und 508, erstmals keine Preußen, die 1946 wieder abgegeben wurden.

4.4.15 RBD Oppeln
Folgende Beheimatungen aus dem Bereich der RBD Oppeln sind vom 1. Januar 1930 bekannt:
Bw Gleiwitz (Oberschlesien): 58 1306, 1842
Bw Beuthen (Oberschlesien): 58 1917 (am 1. Januar 1943)

4.4.16 RBD Osten
Lediglich in zwei Bahnbetriebswerken, in **Glogau**, war die Baureihe 58 vertreten. Die Baureihen 55 und 57 dominierten in der RBD Osten. So auch in Glogau. Neben zwanzig Maschinen der BR 55^{25} waren hier nur 14 Exemplare der BR 58 vertreten. Am 1. Januar 1930 gehörten zum Bestand des Bw Glogau (heute Głogów) 58 1591, 1592, 1593, 1594, 1595, 1596, 1842, 1843, 1844, 1845, 1846, 1847, 1848 und 1849. In den folgenden Jahren waren die Veränderungen gering. So erhielt man 1941 für die zunehmenden Transporte nach Osten die 58 1359, 1408 und 1856 von der RBD Frankfurt (M) sowie 58 1362, 1705, 2022 und 2050 von der RBD Wuppertal. Das Folgejahr brachte drei Abgaben bei der G 12 an die RBD Breslau. Doch 1944 – die Front kam zurück – fanden sich für kurze oder längere Zeit Lokomotiven aus dem Bezirk der RBD Breslau in der RBD Osten wieder, so u.a. die 58 1819, 1903 und 1932. Weiterhin beheimatete das **Bw Grünberg (Schlesien)** 1930 die 58 1589, 1903, 1925, 1930 und 1931.

4.4.17 RBD Regensburg
Auch im Bezirk der RBD Regensburg war die BR 58 im Einsatz. Oftmals war sie mehr als nur eine Ergänzung für die typischen bayrischen Vertreter der BR 54^{15} und 57^{5}. In vielen Dienststellen dominierte sie sogar zahlenmäßig. So auch im **Bw Regensburg**. Neben 16 G 12 verfügte das Bw noch über 14 ehemalige G 3/4 H und sechs ehemalige G 5/5.

Bestand des Bw Regensburg im Juli 1936

58 1225, 1370, 1379, 1448, 1672, 1686, 1691, 1729, 1745, 1752, 1782, 1840, 1877, 2102, 2113, 2141

Aus den jährlichen Verschiebemeldungen nach dem statistischen Jahresnachweis St 11a sind u.a. für 1935 die Übernahmen der 58 1538, 1937 und der 58 1099, 1356 aus der RBD Frankfurt (M) sowie 1938 die Übernahmen der 58 1023, 1101, 1851 und 435 aus der RBD Dresden bekannt. Hauptsächlich wurden jedoch Lokomotiven der BR 57^{10} übernommen. Die G 12 war jedoch seit einigen Jahren schon in der RBD Regensburg zuhause.

Zu Beginn der Reichsbahnzeit lag die Zugförderung im **Bw Hof** auf den Schultern der alten bayerischen CIV (BR 53^{80}), G 3/4 H (BR 54^{15}) und G 5/5 (57^{5}). Im Schiebedienst nutzte man die bayrische Gt 2x4/4 (BR 96). Inzwischen kamen aus Reichenbach (Vogtl) via Plauen (Vogtl) sächsische G 12 nach Hof. Auch auf den Strecken nach Neuenmarkt-Wirsberg bzw. Marktredwitz waren andere Maschinen zu sehen. Doch erst um 1923/24 etablierte sich die BR 58^{4}, die sächsische G 12, in Hof. Zu diesem Zeitpunkt legte man Wert auf die Unterscheidung in Hof Nord und Hof Hbf. Später gab es nur das Bw Hof Hbf. Im Bw Hof (Nord) waren am 1. Januar 1930 die 58 407, 421, 430, 435, 443, 444, 445, 446, 447, 448 und 450 stationiert.

Aber bereits kurze Zeit später verschwanden alle sächsischen Lokomotiven und fortan dominierte die preußische G 12 im Bw Hof (Hbf). 21 Exemplare waren 1936 zu zählen. Daneben verfügte das Bw noch über 18 Maschinen der BR 54^{15}, vier der BR 57^{5} sowie weitere Exemplare der Baureihen 81, 86 und 94.

Bestand des Bw Hof (Hbf) am 1. Juli 1936

58 1019, 1106, 1134, 1248, 1289, 1391, 1451, 1538, 1715, 1757, 1767, 1858, 1870, 1872, 1884, 1885, 1936, 1974, 2009, 2139, 2143

Nach der Okkupation der Tschechoslowakei und auch zum Beginn des Zweiten Weltkrieges wandelte sich das Bild. Hof war nun zuständig für die Bespannung für die Güterzüge mit kriegswichtigem Gerät in Richtung Osten. Zur Unterstützung der BR 58 trafen 1941 einige Vertreter der BR 57^{10} ein. Im Oktober des gleichen Jahres folgten 44er, im Juni 1942 Lokomotiven der BR 50. Der Bestand der G 12 wurde nach und nach verringert.
Als Folge der Annexion von Österreich und der Tschechoslowakei benötigte auch das **Bw Passau** zusätzliche Lokomotiven. Die Zugänge waren vielfältig. Doch bald darauf forderte die Ostfront Abgaben. Von zehn im Bestand geführten P 8 gingen sieben, von neun G 10 ebenso sieben Maschinen in Richtung Osten. Ersatz kam nun in Form der Baureihen 44, kurzzeitig 50, sowie 58 und 86. Zum Bestand des Bw Passau gehörten am 1. März 1942 die 58 1005, 1350, 1379, 1451 und 2102. Im Jahr 1945 war in Passau keine 58er mehr auszumachen, dafür allein 14 Maschinen der BR 52.
Im **Bw Weiden** standen auch diese drei Baureihen im Einsatz. Dort waren es vier 54er, vier 57er, weitere sechs 57er (pr. G 10) sowie 16 Loks der BR 58.

Bestand des Bw Weiden im Juli 1936

58 1085, 1133, 1143, 1343, 1350, 1351, 1360, 1368, 1612, 1676, 1888, 1907, 1935, 1978, 2103, 2122

Vom 31. Januar 1945 liegt noch einmal der Gesamtbestand aller Lokomotiven der BR 58 in der RBD Regensburg vor:

Gesamtbestand der BR 58 in der RBD Regensburg

> 58 1005, 1133, 1143, 1248, 1343, 1350, 1368, 1379, 1448, 1451, 1538, 1654, 1672, 1676, 1686, 1710, 1745, 1757, 1762, 1870, 877, 1884, 1939, 2102, 2103, 2113, 2139, 2141

Als Schadrückführlokomotiven aus anderen Bezirken, vorrangig aus der OBD Warschau, waren ferner noch 25 der Loks der BR 58[23] und eine Maschine BR 58[29] (ehem. PKP) erfasst. Zuvor hatten die 58 1069, 1101, 1752, 1851 und 2143 den Bezirk in Richtung RBD Wien verlassen.

4.4.18 RBD Saarbrücken

Dem **Bw Ehrang** standen seit Ende der 20er-Jahre auch einige G 12 zur Verfügung. Bekannt sind die 58 1017, 1136, 1691, 2131, 2135 und 2138, die per 1. Januar 1930 dokumentiert sind. Doch bald darauf war das Bw Ehrang wieder frei von der G 12.

Als »Westrückführlokomotiven« erfasste der Sachbearbeiter Schwarzkopf der RBD Saarbrücken am 4. November 1944 die 58 1478, 2105, 2130, 2131 und 2536.

4.4.19 RBD Stuttgart

Zahlreiche preußische Lokomotiven waren seit einigen Jahren auch in Württemberg, in der RBD Stuttgart, im Einsatz. Ein Vergleich zwischen den Jahren 1931 und 1932 sowie 1938 bzw. 1944 belegt die Verhältnisse im Güterzugdienst.

Verteilung der Güterzugloks in der RBD Stuttgart

BR	Anzahl 1931	Anzahl 1932	Anzahl 1938	Anzahl 1944
44	-	-	-	77
50	-	-	-	75
52	-	-	-	49
55[16]	9	0	0	0
57[3]	2	0	0	0
57[4]	16	0	0	0
57[10]	41	42	48	56
58[2]	0	0	12	4
58[5]	43	43	43	35
58[10]	22	30	20	22
59	44	44	32	2

Für die schweren Güterzüge von Tübingen nach Horb, Reutlingen oder Hechingen und darüber hinaus erhielt das **Bw Tübingen** bis 1923 vierzehn G 8 (BR 55[16]), sechs G 10 (57[10]) sowie einige württembergische G 12. Im nächsten Jahrzehnt war nun dort die Baureihe 58[5] zuhause, ehe sie nach und nach durch preußische G 12 verdrängt wurde. Am 1. Dezember 1931 gehörten 58 501, 502, 503, 504, 507, 508, 509 und 510 zum Bw Tübingen.

Neben den aufgelisteten acht Maschinen kamen für den Güterzugdienst noch neun 55er und sieben 57er hinzu. Aus Tübingen zog man in den nächsten Jahren die BR 58 komplett ab. Doch die G 12 kehrte in den 40er-Jahren dorthin wieder zurück. Für den 31. Dezember 1944 sind in Tübingen 58 501 und 503 sowie 58 1016, 1088, 1512 und 1935 nachgewiesen. Aber die Baureihen 50, 52 und 57 waren im Bw Tübingen jeweils in der Mehrzahl vertreten.

Maßgebliche Veränderungen waren erst zu Beginn der 40er-Jahre feststellbar, als die Industrie die Baureihen 50, 42 und 52 auslieferte. Anfang 1945 verfügte das Bw Tübingen nur noch über sechs Lokomotiven der BR 58. Demgegenüber standen nun vier Maschinen der BR 42, 17 der BR 50, zehn der BR 52 und sieben der BR 57. Hinzu kamen außerdem zahlreiche Leihlokomotiven aus Frankreich, u.a. sieben Maschinen der Reihe 141 TB.

Drei ehemalige Tübinger 58er fanden in den 30er-Jahren im **Bw Freudenstadt** ein neue Heimstätte. Das Bw Freudenstadt verfügte am 1. Januar 1938 über 58 501, 504 und 509. Ein wahres Sammelsurium an Baureihen war 1944 in Freudenstadt anzutreffen: Von der BR 24, 38[10] über Einzelexemplare der Baureihen 42 und 52 bis hin zur G 12. Für den 31. Dezember 1944 sind in Freudenstadt 58 252, 512, 519, 521, 530, 539, 1011, 1137 und 1487 nachgewiesen.

Erst nachdem die Anzahl und die Lasten der Güterzüge nach der Wirtschaftskrise wieder zunahmen, waren auch leistungsstärkere Lokomotiven im **Bw Rottweil** gefragt. Bis Mitte der 30er-Jahre genügten dort insgesamt 28 Zugpferde, verteilt auf die BR 57[10], 75[0] und 89[3]. Am 1. Januar 1938 erfasste man dort sieben 57er, 13 württembergische T 5 (BR 75[0]) und nun vier württembergische G 12. Das waren die 58 502, 503, 507 und 535. Diese kamen aus Tübingen. Nach und nach stiegen die Zugzahlen weiter; vieles wurde über die Magistrale Stuttgart–Singen transportiert. Zur Unterstützung im Lokomotivpark trugen sich Vertreter der Baureihen 42, 50 und 52 sowie auch der Baureihen 59, 86 und 94 ein. Auch der Bestand bei der BR 58 war mit 18 Stück angewachsen. Einige kamen aus Aalen.

Bestand des Bw Rottweil am 31. Dezember 1944

> 58 505, 511, 513, 514, 515, 516, 520, 522, 523, 532
> 58 1047, 1053 (?), 1704 (?), 1715, 1774, 1919

Inmitten eines dichten Streckennetzes befand sich das **Bw Heilbronn**, wo man den jeweils größten Bestand beider Gattungen der BR 58 im Stuttgarter Bezirk fand. Vorrangig Personenzuglokomotiven waren in diesem Bw beheimatet. Bereits Anfang der 20er-Jahre verdrängte dort die G 12 die G 10. Im Dezember 1931 standen nur noch zwei G 10 neben 16 G 12 im Einsatz. Hinzu kamen noch 16 P 8, 14 württembergische T 5, sieben T 3, 12 preußische T 9[3] und fünf T 16[1].

Erst nach fast einem Jahrzehnt waren Änderungen im Fahrzeugpark des Bw Heilbronn festzustellen. Mit den 58 505, 519 und 520 verfügte es nur noch über drei württembergische G12. Hinzu kamen noch 10 preußische Maschinen. Neu im Bestand waren acht gerade ausgelieferte Maschinen der BR 50.

Überliefert sind auch folgende Abgaben für den Kriegseinsatz: Neben zehn P 8, acht T 9[3] gingen auch die 58 1011, 1173, 1383, 1498, 1946 und 2035 diesen Weg. Die Lokomotiven der BR 50 wichen denen der Baureihen 42 und 52. Am 1. Februar 1945 verfügte das Bw Heilbronn u.a. über 29 Exemplare der BR 42, neun der BR 52, eine 57er sowie neun 58er. Es waren dies 58 502, 504, 506, 509, 528 sowie die 58 1182, 1506, 1946 und 2086.

Bestand des Bw Heilbronn am 1. Dezember 1931

> 58 505, 519, 520, 521, 522, 523, 524
> 58 1011, 1073, 1170, 1173, 1203, 1383, 1419, 1487, 1498

Bestand des Bw Heilbronn am 1. Januar 1938

> 58 505, 519, 520, 521, 522, 523, 524
> 58 1011, 1073, 1170, 1173, 1383, 1419, 1487, 1498, 1946, 2035

Bestand des Bw Heilbronn am 31. Dezember 1944

> 58 502, 504, 506, 509, 528
> 58 1062, 1182, 1336, 1506, 1946, 2086

Aus der Esslinger Lieferung der württembergischen G 12 soll die Bwst **Aalen** einige Exemplare erhalten haben. Einzelne Nummern sind allerdings nicht überliefert. Zusammen mit der preußischen G 10 verdrängten sie die älteren Güterzugmaschinen. Dienste nach Stuttgart oder Ulm waren der G 12 nicht fremd. Im Dezember 1931 verfügte das Bw Aalen über 13 P 8, vier württembergische H (BR 57[3-4]), elf T 9[3], zwei württembergische T 5 sowie sechs württembergische und eine preußische G 12. Dies waren die 58 506, 511, 512, 513, 515, 516 und die 58 1053. Wenige Veränderungen waren im Bw Aalen zu erfassen. Zwei württembergische 58er kamen hinzu, die Preußin verließ das Bw und die RBD.

Bestand des Bw Aalen am 1. Januar 1938:

> 58 506, 511, 512, 513, 514, 515, 516, 517

Nachdem das Bw Aalen verschiedene Leihlokomotiven sowie fabrikneue 50er erhielt, war ab 1943 die BR 58 dort entbehrlich. Einige G 12 wechselten zum Bw Rottweil.

Beginnend 1920 erreichten einige württembergische Exemplare G 12 die Bwst **Crailsheim**. Kurze Zeit später ergänzten auch preußische Vertreter den Bestand. Einige Lokomotiven kamen direkt vom Herstellerwerk. Der Baureihe 58 waren die schweren Durchgangsgüterzüge zwischen Nürnberg und Heilbronn sowie zwischen Nürnberg und Backnang–Kornwestheim vorbehalten.

Bestand des Bw Crailsheim am 1. Dezember 1931

58 514z, 517, 536, 537, 538, 539, 540, 541, 542z, 543
58 1007, 1052, 1241, 1785, 1926, 2015, 2016, 2020, 2035

Am 1. Juli 1934 verfügte das Bw Crailsheim über 19 preußische P 8, sieben preußische G 12 sowie neun württembergische G 12 und T 5.

Bestand des Bw Crailsheim am 1. Juli 1934

58 510, 536, 537, 538, 539, 540, 541, 542, 543
58 1007, 1052, 1241, 1785, 1926, 2015, 2020

Mit der Zuführung der BR 44 sowie später der Baureihen 50 und 52 war die alte G 12 sehr schnell entbehrlich. Anfang 1945 verfügte das Bw Crailsheim nur noch über die 58 536 und 58 1750. Dem gegenüber standen 27 Vertreter der BR 44, acht der BR 50 und sechs der BR 52. Kurz darauf war die BR 58 in Crailsheim Geschichte.

Nur wenige Veränderungen waren im Park der BR 58 im Vergleich der Jahre 1931 und 1938 auszumachen. Der Gesamtbestand des Bw wurde verringert.

Ihre Karriere begann die 58 501 im Bw Tübingen. Ihre Laufbahn beendete die Lok bereits 1951 im Bw Villingen.
Foto: Maey, Slg. Grundmann

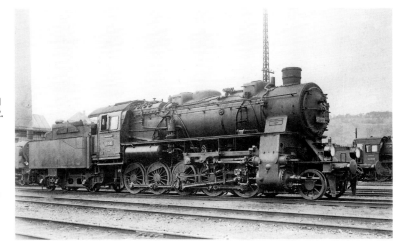

Im Bw Tübingen entstand dieses Bild von der 58 502. Das Bw Tübingen setzte seine G 12 hauptsächlich im schweren Güterzugdienst auf den Strecken nach Horb, Reutlingen und Hechingen ein. Nach ihrer Ausmusterung diente die 58 502 noch bis 1962 als Dampfspender.
Foto: Slg. Gottwaldt

Bestand des Bw Crailsheim am 1. Januar 1938

58 510, 536, 537, 538, 539, 540, 541, 542, 543
58 1007, 1052, 1056, 1241, 1785, 1926, 2020

Im **Bw Kornwestheim** vor den Toren der Stadt Stuttgart dominierte die BR 59⁰ (württembergische K). Aber auch die beiden Gattungen der BR 58 standen der Gattung K in nichts nach.

Bestand des Bw Kornwestheim am 1. Dezember 1931

58 518z, 525, 526, 527, 528, 529z, 530z, 531, 532, 533z, 534, 535
58 1056, 1927, 1946z

Im Verzeichnis von 1937/38 findet sich nahezu unverändert der Kornwestheimer Bestand der BR 58. Die Anzahl der BR 59 sank hingegen.

Bestand des Bw Kornwestheim am 1. Januar 1938

58 508, 525, 526, 527, 528, 529, 530, 531, 532, 533, 534
58 1302, 1756, 1927

In den 40er-Jahren dominierten in Kornwestheim die Baureihen 42 und 44, vereinzelt auch 50er und 52er. Aber auch die BR 58 war noch in wenigen Exemplaren vorhanden. Die BR 59 gehörte nun zur Vergangenheit. Am 31. Dezember 1944 waren nur noch 58 529, 537, 538, und 542 sowie 58 1007 und 1419 in Kornwestheim stationiert. Aus westlichen Regionen erreichte im Februar 1945 die 58 2148 das Bw Kornwestheim. Sie musste später zurückgegeben werden.

Nur fünf Jahre konnte die badische VIIIe (BR 56[7]) von der Bwst **Lauda** aus auf den Strecken zwischen Würzburg und Heidelberg/Mannheim ihre Fähigkeiten beweisen. Bereits 1918 erhielt Lauda mit den späteren 58 201 bis 203 (972–974) die ersten badischen G 12. Noch 1919 folgten die 975, 976, 979, 980 und 989 (58 204, 205, 208, 209 und 218). Nun war die G 12 rund zweieinhalb Jahrzehnte auf der Odenwaldstrecke im Einsatz.

Im Bw Lauda wich die kurze 13-Meter-Drehscheibe einer Weichenverbindung. Bis zum Jahresende von 1929 stieg der Bestand der G 12 auf 16 Exemplare an. Hinzu kamen drei G 10, 17 P 8 sowie 16 badische VIb (BR 75[1]). Doch wie andere Reihen stand auch die G 10 stets im Schatten der G 12.

Ein Jahrzehnt später belief sich der Park auf nur drei Baureihen – es waren dies die P 8, G 12 und die VIb. Neben zwölf badischen Vertretern hielt sich auch eine württembergische 58er dort auf. Lauda wechselte von der RBD Karlsruhe zur RBD Stuttgart.

Bestand des Bw Lauda am 31. Januar 1938:

58 202, 203, 204, 208, 214, 223, 237, 244, 252, 258, 283, 314, 518

Im Bw Lauda waren alle badischen 58er innerhalb des RBD-Bezirkes Stuttgart beheimatet. Hintergrund war, dass das Bw Lauda mit seinem gesamten Fahrzeugbestand (BR 38, 57, 58, 75 und 94) von der RBD Karlsruhe in den der RBD Stuttgart gewechselt hatte.

Bestand des Bw Lauda am 1. Januar 1945:

58 204, 213, 250, 283
58 507, 508, 510, 518, 525, 526, 531, 533, 534, 540
58 1834, 1977, 1988, 2058

Unter der Rubrik »Schadrückführlok« führte die RBD Stuttgart eine Vielzahl gestrandeter Lokomotiven anderer Direktionen, die in den letzten Wirren des Zweiten Weltkrieges in ihrem Bezirk stehen geblieben waren.
Bereits bis 1920 hatte die württembergische G 12 die Reihe Hh (BR 57[4]) aus dem Bestand der Bwst **Ulm** verdrängt. Auch die Reihe Fc (BR 53[8]) verdiente sich nur noch ihre Gnadenkohlen vor leichteren Güterzügen. Immerhin waren in Ulm noch 25 Fc beheimatet, demgegenüber standen aber schon 19 neue G 12. Die leistungs-

Schadrückführlokomotiven in der RBD Stuttgart am 11. März 1945

Lok-Nr.	Abstellort	von RBD
58 217	Alpirsbach	Saarbrücken
58 260	Tuttlingen	Saarbrücken
58 264	Spaichingen	Karlsruhe
58 1104	RAW-Gruppe Nördlingen (Bw Aalen)	Saarbrücken
58 1301	Mühlacker	
58 1404	Wemddingen	
58 1480	Westerstetten	
58 1526	Loßburg-Rodt	Karlsruhe
58 1849	Freudenstadt	Saarbrücken
58 2105	Roßberg	Saarbrücken
58 2148	Korntal	Saarbrücken
58 2311	Sulz (Neckar)	OBD Krakau
AL 5576	Mühlacker	Saarbrücken
AL 5580	Heilbronn	Saarbrücken
AL 5619	Murrhardt	Saarbrücken
AL 5625	Herbrechtingern	Saarbrücken
AL 5635	Großsachsenheim	Saarbrücken
AL 5643	Maubach	Saarbrücken
AL 5671	Roßberg	Saarbrücken
AL 5681	Schwenningen	Saarbrücken
AL 5685	Schwäb Hall	Saarbrücken
AL 5689	Neckarshausen (b Horb)	Saarbrücken

Sehr bald musste das Bw Lauda auf Weisung der RBD Stuttgart erfahren, dass mit dem Wechsel auch die angestammten badischen 58er gegen württembergische getauscht werden müssten. Im Januar bzw. Februar 1945 liefen dem Bw Lauda noch weitere G 12 zu. So sind die 58 1834, 1988, 2058 (alle aus der RBD Nürnberg) sowie die 58 1069 (von RBD München).
Von vielen Veränderungen war der Bestand in den Kriegsjahren geprägt. Zunächst waren es die Abgaben nach Osten, schließlich 1944/45 die Rückführlokomotiven aus diesen Gebieten. Im Januar 1945 sind im Bw Lauda Maschinen der Baureihen 38, 42, 50, 52, 58 und 75 erfasst worden. Mit insgesamt 18 badischen, württembergischen und preußischen G 12 stellte die BR 58 den Hauptanteil dar.

stärkere G 12 konnte vor allem auf der Geislinger Steige ihre Überlegenheit beweisen. Die Reihe Fc wurde bis 1923 mit dem Zugang der preußischen G 10 endgültig abgestellt. Doch auch die G 12 hielt sich dort nicht lange. Bis Mitte der 20er-Jahre übernahm die württembergische K (BR 59[0]) ihre Aufgaben. 21 Exemplare davon hatte Ulm 1931. Aber fünf davon standen schon »z«. Im Jahr 1940 waren es nur sechs dieser Gattung. Ulm war seit 1933 an das elektrifizierte Netz angeschlossen. Die E 91 bestimmte nun auf der Hauptstrecke Stuttgart–München den Güterverkehr. Hinzu kam die BR 57 und als Reserve die 58 511. Kurz darauf verfügte Ulm über neugebaute 42er, 44er, 50er und 52er. In den Kriegsjahren verließ die letzte G 12 Ulm für immer.

4.4.20 RBD Wien

Unter dem Betreff »Lok für WVD Südost Belgrad – Bezug: Mineis 34 g/Bl Nr 10237 vom 30.7.43 – Über Auftrag Mineis wurden an die WVD Südost in Belgrad folgende 104 Lok Reihe G 10 und 24 Lok Reihe G 12 abgegeben:«

Lok-Nr.	Heimat-RBD	Übergabe im Bw Wien Süd an WTL SO
58 203	Breslau	15.08.1943
58 296	Breslau	15.08.1943
58 1039	Osten	21.08.1943
58 1064	Kassel	17.08.1943
58 1127	Nürnberg	25.08.1943
58 1133	Regensburg	25.08.1943
58 1136	Breslau	15.08.1943
58 1294	Erfurt	25.08.1943
58 1304	Breslau	15.08.1943
58 1360	Erfurt	25.08.1943
58 1415	Breslau	21.08.1943
58 1418	Breslau	15.08.1943
58 1467	Kassel	17.08.1943
58 1486	Kassel	17.08.1943
58 1498	Stuttgart	25.08.1943
58 1509	Osten	21.08.1943
58 1614	Breslau	21.08.1943
58 1694	Nürnberg	25.08.1943
58 1779	Kassel	17.08.1943
58 1782	Breslau	15.08.1943
58 1840	Breslau	15.08.1943
58 1950	Breslau	21.08.1943
58 2060	Kassel	17.08.1943
58 2079	Kassel	17.08.1943

Diese genannten G 12, deren Auflistung keineswegs vollständig ist, kamen im Südosten Europas, wie Bulgarien oder Griechenland zum Einsatz (siehe 8.2). Warteten sie auf ihre Überführung, kam es vereinzelt zu Einsätzen in und um Wien. Doch das war sehr selten der Fall.

4.4.21 RBD Wuppertal

Nur in wenigen Dienststellen der RBD Wuppertal war die G 12 vertreten. So dominierte sie zum Beispiel nur im **Bw Wuppertal-Vohwinkel**. Neben 25 G 12 verfügte das Bw noch über 17 der G 10.

Bestand des Bw Wuppertal-Vohwinkel im Juli 1936

58 1179, 1183, 1403, 1413, 1435, 1504, 1528, 1559, 1577, 1644, 1728, 1793, 1992, 2026, 2034, 2038, 2039, 2046, 2050, 2057, 2059, 2067, 2114, 2117, 2119

Doch neue Maschinen, so z.B. Einheitsloks, veränderten Ende der 30er-Jahre und in den folgenden Jahren das Bild im Fahrzeugpark nachhaltig. 12 neue Vertreter der BR 41 drangen in das Revier der Baureihen 57 und 58 ein, deren Bestand schrumpfte.

Mit einer mächtigen Dampffahne war 1941 die 58 537 auf der Gäubahn Stuttgart–Böblingen unterwegs. Gerade hatte die Maschine mit ihrem Güterzug den Kaufwaldtunnel bei Rohr verlassen. *Foto: Ulmer, Slg. Gottwaldt*

war zum Beispiel die G 8. Am 31. Dezember 1940 führte das Bw Schwerte nur noch die 58 1222, 1369, 1371 und 1559 in seinen Unterlagen.

Bestand des Bw Schwerte am 31. Dezember 1942

58 1048, 1222[1], 1369, 1393, 1433[1], 1450, 1528, 1561, 1576, 1577, 1584, 1671, 1910, 1999, 2025[1], 2026, 2027, 2028, 2033, 2034, 2045, 2057, 2059, 2066, 2067[1], 2114

[1] an die BDZ verliehen.

Bestand des Bw Hagen-Vorhalle im Juli 1936

58 1026, 1222, 1223, 1225, 1244, 1246, 1393, 1406, 1580, 1581, 1584, 1729, 1996, 1998, 1999, 2021, 2022, 2025, 2032, 2037, 2042, 2045, 2066, 2068

Bestand des Bw Hagen-Vorhalle am 31. Dezember 1940

58 1026, 1223, 1224, 1244, 1249, 1362, 1393, 1406, 1560, 1561, 1580, 1581, 1582, 1584, 1705, 1996, 2022, 2025, 2032, 2037, 2042, 2045, 2065

Bestand des Bw Hagen Gbf am 31. Dezember 1942

58 1096, 1245, 1365, 1728, 1743, 1837, 2000, 2046, 2054

Bestand des Bw Wuppertal-Vohwinkel am 31. Dezember 1940

58 1179, 1403, 1413, 1577, 1644, 1728, 1789, 1992, 2026, 2034, 2039, 2046, 2050, 2054, 2057, 2059, 2066, 2071, 2114, 2117, 2119

Diese Veränderungen sollten anhalten. Zum Jahresende 1942 verfügte das Bw Vohwinkel nur noch über fünf G 12 – 58 1413 und 1793 im Bw sowie über die an die BDZ vermieteten 58 1362, 1789 und 2039.

Im **Bw Schwerte** hingegen war die G 12 mit sechs Exemplaren in der Unterzahl zu 23 Maschinen der G 10. Dazu kamen noch acht G 8[1]. Im Juli 1936 beheimatete Schwerte 58 1243, 1575, 1727, 1995, 2009 und 2139. Auch im Bw Schwerte waren in den nächsten Jahren Veränderungen feststellbar. Die Bestände der G 10 und G 12 wurden kleiner; neu hingegen

Im Gegensatz zu anderen Bahnbetriebswerken, wo die Anzahl der BR 58 stark zurückging, erhöhte sie sich in Schwerte. Dieser Anstieg war u.a. darin begründet, dass der gesamte G 10-Bestand (10 Loks) im Ausland weilte.
Drei Güterzugvarianten beherbergte 1936 das **Bw Hagen-Vorhalle**. Neben sieben G 8[1] und acht G 10 standen für den Zugdienst noch 24 G 12 zur Verfügung.
Nur unwesentlich veränderte sich der Bestand der BR 58 im Bw Vorhalle. Andere Vertreter mussten aber zu Gunsten der neuen Baureihe 50 gehen.
Nur noch über zwölf Lokomotiven der BR 58 verfügte das Bw Vorhalle Ende 1942. Zwei davon (58 1249, 1580) waren an die BDZ verliehen.

Die Bestandsübersicht von 1940 zeigt auch zwei G 12 im **Bw Hagen Gbf** – die 58 1245 und 1450. Offensichtlich waren diese beiden eine Unterstützung für die dort sonst vorherrschenden Baureihen 55, 56 und 57. Doch bereits zwei Jahre später waren weitere 58er auszumachen.
Bis auf die 58 2046, die an die BDZ verliehen war, waren alle G 12 für ihr Heimat-Bw tätig.

Einen noch kleineren Fahrzeugpark besaß das **Bw Kreuzthal**. Sieben G 8[1], eine T 12 und drei T 14 standen neben elf G 12 im Park. Im Juli 1936 besaß das Bw Kreuzthal 58 1048, 1224, 1240,

In Elberfeld-Vohwinkel entstand dieses Bild von der 58 1413. Zur Vergrößerung des Kohlenvorrats hat die Maschine Aufsatzbretter am Tender erhalten. *Foto: Slg. Gottwaldt*

An der Ruine der Burg Ehrenfels vorbei schleppte die 58 2021 ihren Güterzug. Vom Packwagen aus beobachtet der Zugführer den Rhein. *Foto: Slg. Gottwaldt*

Aufgrund zugeführter neuer 44er sank die Anzahl der alten Schlepptendermaschinen in Altenhundem sehr schnell.

Bestand des Bw Altenhundem am 31. Dezember 1940

58 1096, 1240, 1433, 1484, 1574, 1576, 1671, 1721, 1741, 1743, 1744, 1779, 1837, 1899, 1910, 1993, 1994, 1997, 2000, 2024, 2027, 2028, 2030, 2033, 2036, 2069, 2075, 2118

Nur zwei Jahre später war die BR 58 nur noch eine Randerscheinung. Neben 35 Maschinen der BR 44 verfügte das Bw lediglich über vier 58er (58 1582, 1744, 1994 und 1997). Im Bestand war lediglich die 58 1582, da die übrigen drei an die BDZ verliehen waren.

Nach der Abgabe der Reihe G 8^1 wurde zum Jahreswechsel 1925/26 die G 12 im **Bw Siegen** heimisch. Doch im Güterzugdienst spielten sie nie eine große Rolle. Zumeist dienten sie nur als Schiebelokomotiven von Siegen Ost aus. Neben zehn P 8, 14 G 8^2, einer T 9^3 gehörten am 1. Juli 1933 auch 58 1560, 1561, 1705, 1707, 1789, 2041, 2054 und 2065 zum Bw Siegen.

Während des Zweiten Weltkrieges musste das Bw Siegen zahlreiche Güterzuglokomotiven abgeben. Im April 1944 verfügte es neben 18 P 8, drei T 12 und zwölf T 16^1 nur noch über zwei G 12. Allerdings kamen noch Leihlokomotiven aus Frankreich hinzu. Erst nach 1947 sollte sich der Bestand der BR 58 im Bw Siegen wieder erhöhen.

Erstmals in den Bestandslisten von 1942 erscheinen auch Lokomotiven der Baureihe 58 in den nachfolgenden Dienststellen:
Arnsberg: 58 1026, 1559, 1707, 1721, 2119
Holzwickede: 58 1240, 1560, 2071
Opladen: 58 1644

Mit einem schweren Kohlenzug mühten sich bei Rolandseck die 58 1103 und die 58 1650 ab. Für die Lokheizer bedeutete dies Schwerstarbeit. *Foto: Bellingrodt, Slg. Grundmann*

1362, 1365, 1574, 1576, 1582, 1671, 2064 und 2072.

Veränderte Aufgaben in der RBD Wuppertal brachten für das Bw Kreuzthal insgesamt eine Schwächung. Neue Lokomotiven waren nicht in Sicht. Und die G 8^1 wurde gegen die G 8 getauscht. Bis zum 31. Dezember 1940 reduzierte sich der G 12-Bestand in Kreuzthal auf 58 1048, 1365, 1707, 2038, 2067 und 2072. Der Park schrumpfte weiter. Zum Bestand des Bw Kreuzthal gehörte zwei Jahre später nur noch die 58 2072. Das war nur auf dem Papier so, denn auch sie diente in Bulgarien.

Das **Bw Altenhunden** hingegen verfügte über einen größeren G 12-Bestand. Es waren 1936 immerhin 39 Lokomotiven. Ergänzt wurde dieser noch von sieben G 8^1 und sechs T 12.

Bestand des Bw Altenhundem im Juli 1936

58 1069, 1239, 1245, 1248, 1282, 1368, 1369, 1371, 1372, 1394, 1433, 1438, 1450, 1484, 1535, 1721, 1741, 1743, 1744, 1779, 1837, 1899, 1907, 1910, 1993, 1994, 1997, 2000, 2024, 2027, 2028, 2029, 2030, 2033, 2036, 2069, 2071, 2075, 2118

4.4.22 Andere Reichsbahndirektionen

Auf die Einzelbeheimatungen der BR 58 in den Bezirken der RBD Danzig, Posen oder Stettin wird hier verzichtet. Die kurzen Beheimatungszeiten stehen kaum im Verhältnis zu anderen Direktionen. Gleiches gilt für die OBD der Gedob, die jedoch nachfolgend (4.5) mit erwähnt werden.

4.5 Einsatz an der Front

»Für den Ersten Weltkrieg zu spät gekommen und im Zweiten Weltkriege kaum gebraucht« – so könnte dieser Abschnitt überschrieben sein.

Für den Einsatz an der Ostfront erhielten einige G 12 eine Frostschutzeinrichtung. Zu diesen Lokomotiven zählte auch die 58 1879, deren Messingschilder die Reichsbahn zur Buntmetallgewinnung bereits durch gemalte Schilder ersetzt hatte.
Foto: Hubert, Slg. Grundmann

Nur wenige Details liegen, außer über die Einsätze beim General des Transportwesens Südost (GtrSO) bzw. BDZ, vor.

Im Jahr 1943 erschien wiederum eine gedruckte Ausgabe des Lokomotivverzeichnisses der RBD Erfurt. In der Spalte »Bemerkungen« ist bei den Abgabelokomotiven nur der Vermerk »Ostgebiete« angebracht; eine Unterscheidung nach Wehrmacht oder Feldeisenbahndirektion (FBD) fehlt. Bereits im Mai des gleichen Jahres wurden die 58 1294, 1300, 1301, 1366, 1452, 1652, 1654, 1682 an die RVD Südost, Reichsverkehrsdirektion (RVD) Dnjepropetrowsk oder die 58 1704 an das Feldeisenbahnkommando (Fekdo) 1 überstellt.

Von der RBD Köln liegt der Lokomotivbestand vom 31. Januar 1944 vor. Er verdeutlicht das Verhältnis vom eigenen Einsatzbestand zu den Ost-Abgaben:

BR	in RBD	im Osten
58	16	10
Ges.	908	399

Hinzu kamen noch drei G 12 in Bulgarien sowie 25 Lokomotiven in Rumänien, Frankreich und Griechenland.

Zum 2. Februar 1943 ordnete das RVM an, dass der RVD Dnjepropetrowsk die bei Borsig fertiggestellten 44 1542–1547 sofort überwiesen werden. Vom Bw Snamenka aus befuhren die sechs Maschinen die Strecke nach Bobrinskaja. Allerdings war aufgrund der hohen Achslast bzw. des schwachen Oberbaus die Höchstgeschwindigkeit auf 45 km/h festgesetzt, so dass dieser Versuchsbetrieb zugunsten der Reihe 58 bereits am 6. April 1943 beendet wurde.

Neben den im Osteinsatz befindlichen Güterzugtypen der Baureihen 55, 56, 57 war vereinzelt auch die BR 58 dort zu finden. »Die für die Abgabe an die Ostgebiete vorgesehene (…) mit behelfsmäßiger Frostschutzeinrichtung ausgerüstete G 12=Lok Nr. 58 1737 des Bw Gießen war vom 3.2.–20.3.43 wiederum im RAW zur Ausführung einer L 4 und Ausrüstung mit vollem Frostschutz,« schrieb Abteilungspräsident Havliza der RBD Frankfurt (Main) am 9. April 1943 der Reichsbahn im RVM in Berlin. »Bei der Ausrüstung der Lok mit behelfsmäßiger Frostschutzeinrichtung wurde u.a. die Vorwärmeranlage einschließlich Speisewasserpumpe ausgebaut und dafür die 2. Dampfstrahlpumpe eingebaut. Obwohl bereits mit Verf vom 11.2.43 – 38 Ful 8 – die Frostschutz- und Osteinsatzausrüstung der G 12=Lok aufgehoben wurde, ist an der vorgenannten Lok gelegentlich des letzten Aufenthaltes im RAW noch die Oberlagerkastenschmierung eingerichtet, das Pyrometer, der Schieberkastendruckmesser und die zusätzliche Schmierpumpe für den mittleren Zylinder ausgebaut worden.

Sofern die G 12=Lok für den Osteinsatz nicht mehr infrage kommen und von der Vorhaltung einer Reserve abgesehen wird, bitten wir die GDW anzuweisen, die vorgenannten betriebsnotwendigen Einrichtungen an den Lok zu belassen und die mit einer zweiten Dampfstrahlpumpe ausgerüsteten Lok wieder mit Vorwärmeranlage und Speisepumpe auszurüsten (…) Der Fortfall des Pyrometers wäre gerade in der jetzigen Zeit, in der die Lokführer oftmals mit wenig erfahrenen Heizern ihren Dienst versehen müssen, sehr zu bedauern.«

Handschriftlich vermerkte der Referent 34 (»MA Rußland«) am 5. April 1943 unter diesem Schreiben, dass »150 G 12 Lok zur Reserve für den Osteinsatz mit vollem Frostschutz erhalten bleiben.« Bei den »übrigen Lok« könne sie bei einer Aufnahme im RAW entfallen.

Im Jahre 1943 versucht die Deutsche Reichsbahn ihren Lokomotivpark nach Gattungen wieder zu bereinigen bzw. zu ordnen. So wurde u.a. am 7. Mai 1943 aus Berlin angewiesen, dass »die an die Generaldirektion der Ostbahn in Krakau verliehenen 83 G 12 Lok nunmehr im Zuge der Typenbereinigung gegen die noch im Altreich eingesetzten Ty 23 Lok ausgetauscht werden sollen. Reichsbahndirektionen Danzig und Posen erhalten als Ersatz Neubaulok Reihe 52, Reichsbahndirektion Oppeln erhält 24 G 12 Lok von der Gedob und zwar:

58 1514	(bisherige Heimat-RBD Frankfurt (Main))
58 1034,	1066, 1070, 1155 (Kassel)
58 1102	(Köln)
58 1429	(Mainz)
58 1048	(Wuppertal)
58 1191,	1285, 1328, 1529 (Erfurt)
58 1159,	1564, 1634 (Karlsruhe)
58 1189,	1732, 1820 (München)
58 1571,	1681, 1683 (Nürnberg)
58 1356,	1691, 1106 (Regensburg)

Die restlichen 59 G 12 Lok sind nach Eingang der Ty 23 Zug um Zug von der Gedob den Heimat-Reichsbahndirektionen zuzuleiten und zwar:

58 1911,	2001 (RBD Frankfurt (Main))
58 1544,	1632, 1652, 1682 (Erfurt)
58 1166,	1186, 1199, 1463, 1469, 1472, 1534, 1569, 1585, 1861, 1929, 1971, 2043, 2126 (Kassel)
58 1676	(Mainz)
58 240,	1823 (München)
58 295,	1694, 1703, 1751, 1828, 1830, 1891 (Nürnberg)
58 216,	242, 284, 289, 292, 316 (Karlsruhe)
58 1982,	1985, 2084 (Nürnberg)
58 1691,	1745, 1762, 1877, 1939, 2113 (Regensburg)
58 2015,	2134 (Saarbrücken)
58 283,	540, 541, 543, 1007, 1419, 1498, 2135 (Stuttgart)
58 1580,	1994, 1997, 2039 (Wuppertal)

Deutsche Reichsbahn
Reichsbahndirektion Wien

| Postanschrift: Reichsbahndirektion Wien Schwarzenbergplatz 3 | Drahtwort: Reichsbahndirektion Wien | Fernruf: U 17500 | Deutsche Verkehrskreditbank AG Zweigniederlassung Wien Reichsbank Girokonto Wien Postsparkassenkonto Nr 215.758 der Hauptkasse der Reichsbahndirektion Wien |

An die
Generaldirektion der
Bulgarischen Staatseisenbahnen
und Häfen, Maschinenabteilung
S o f i a

nach: Gbl Süd München
  - je besonders -

(Eingangsvermerk) Bz.Nr.V-2-1030
26.V.942

Ihr Zeichen:	Ihre Nachricht vom:	Unser Zeichen:	Tag:
	21 Bl 9 Bl1 55		15. Mai 1942

Betreff: Vermieten von Reichsbahnlokomotiven.
Ihr Zeichen Nr V-2-1030 v.27.2.42

Es wird gebeten, in der Antwort Tag und Zeichen dieses Schreibens anzugeben

Anlagen: 60

Wir übermitteln, wie mit unserem Schreiben gleichen Zeichens vom 6.2.1942 angekündigt, für die vermieteten Lok 58 265, 266, 270,1040, 1069, 1110, 1168, 1253, 1272, 1325, 1404, 1435, 1466, 1479, 1490, 1497, 1543, 1616, 1710, 1724, 1752, 1854, 1883, 1916, 1941, 1968, 2098 und 2110 die Betriebsbogen-Abschriften, aus denen die nächstfälligen Fristen für die Haupt- und Zwischenuntersuchung ersehen werden können.
 - Wir bitten, in diese Betriebsbogen alle Ihnen zur Verfügung stehenden Daten, insbesondere aber die im Monat geleisteten Lok-km einzutragen. Weiters bitten wir, den für jede Lok beigelegten Nachweis der Fristarbeiten zu führen.

Betriebsbogen samt Nachweis der Fristarbeiten bitten wir bei Rückstellung der Lok zur Haupt- oder Zwischenuntersuchung oder bei endgültiger Rückgabe jeweils an uns einzusenden.

Ferner bitten wir wiederholt, von den uns bereits zurückgegebenen Lok 58 245, 1056, 1070, 1086, 1093, 1223, 1376, 1411, 1450, 1545, 1622, 1657, 1674, 1678, 1714, 1801, 1927,

28.5.42

Am 15. Mai 1942 schickte die RBD Wien die Abschriften der vermieteten G 12 an die Generaldirektion der BDZ. Die RBD Wien bat, alle notwendigen Daten in die Bögen einzutragen. *Abbildung: Slg. Kubitzki*

ПРОТОКОЛЪ

Днесъ 20 мартъ 1941 год., комисията въ съставъ:Председатель Инженеръ ПАВЕЛЪ ЦАНКОВЪ Караивановъ,Началникъ Тракция София; членове Инженеръ ИЛИЯ ФРАТЕВЪ Илиевъ; ВАСИЛЪ Йовевъ ИВАНОВЪ - маш.инструкторъ отъ Депо София и БОГДАНЪ Илиевъ КИСИМОВЪ - представитель на Бюджето контролния отделъ,назначена съ заповедъ № 627 отъ 10.III.1941 год.на г.Главния Директоръ,се събра въ Депо София и прие взетите подъ наемъ локомотиви отъ Германските държавни железници,както следва:

1.лок.№	58.1710	пристигналъ въ Драгоманъ на	10.III.941 год.
2. -"-	58.1752	-"-	10.III.941 "
3. -"-	58.1674	-"-	10.III.941 "
4. -"-	58.1657	-"-	10.III.941 "
5. -"-	58.1543	-"-	10.III.941 "
6. -"-	58.1093	-"-	10.III.941 "
7. -"-	58.1435	-"-	10.III.941 "
8. -"-	58.1376	-"-	11.III.941 "
9. -"-	58.1916	-"-	12.III.941 "
10. -"-	58.1714	-"-	12.III.941 "
11. -"-	58.1941	-"-	12.III.941 "
12. -"-	58.1450	-"-	12.III.941 "
13. -"-	58.1040	-"-	12.III.941 "
14. -"-	58.1497	-"-	12.III.941 "
15. -"-	58.1968	-"-	12.III.941 "
16. -"-	58.1110	-"-	13.III.941 "
17. -"-	58.1272	-"-	14.III.941 "
18. -"-	58.1325	-"-	14.III.941 "
19. -"-	58.1616	-"-	14.III.941 "
20. -"-	58.1086	-"-	14.III.941 "
21. -"-	58.1056	-"-	15.III.941 "
22. -"-	58.1854	-"-	15.III.941 "
23. -"-	58.2133	-"-	15.III.941 "
24. -"-	58.245	-"-	15.III.941 "
25. -"-	58.1976	-"-	15.III.941 "
26. -"-	58.265	-"-	15.III.941 "
27. -"-	58.2110	-"-	16.III.941 "
28. -"-	58.1479	-"-	17.III.941 "
29. -"-	58.1490	-"-	17.III.941 "
30. -"-	58.1466	-"-	17.III.941 "

Къмъ протокола са приложени 30 описа за състоянието на локомовата по отделно и 30 списъка на инвентарните предмети.

Настоящия протоколъ се състави въ два единообразни екземпляра които единия се изпрати въ Гл.Дирекция на Б.Д.Ж. - отделъ Машиненъ,

Die Übergabe der Miet-Lokomotiven wurde auch von der BDZ protokolliert. *Abbildung: Slg. Kubitzki*

Reichsbahndirektion Danzig erhält 26 Neubaulok der Firma Schichau Reihe 52 5442 bis 5464 und 5471 bis 5473. Reichsbahndirektion Posen erhält 36 Neubaulok der Firma Borsig Nr 370 bis 405. Mit dem Austausch Gedob - Oppeln ist im gegenseitigen Benehmen sofort zu beginnen, dann folgen Danzig und Posen. Die Gedob führt die Lok vorerst als Leihlok, bis entschieden ist, ob sie käuflich erworben werden.«
Weit mehr als 1.100 weitere Lokomotiven mussten an die MAV, TCDD, BDZ, BMB oder nach Südosten (Serbien, Kroatien, Griechenland) verliehen werden. Diese verteilten sich auf 331 Lokomotiven BR 57 (G 10), 215 der BR 58 (G 12), 219 der BR 56³ (Tr 11) und (ab 1944) 293 der BR 52. Hinzu kamen weitere Abgaben von Leihlokomotiven an die CFR, für die die RBD Wien und Linz verantwortlich zeichneten.
Der Jahresnachweis der RBD Karlsruhe von 1942 zeigt die Abgabe an die RBD Danzig mit den 58 211, 253, 269, 300, 312, 1689, 1833 und 2131. 1943 kamen zur Gedob Krakau die 58 216, 242, 284, 289, 292, 316, 1159, 1564 und 1634.
Sehr wenig ist über G 12-Einsätze an der Ostfront bekannt. Nur wenige erhaltene Aufzeichnungen weisen diese Gattung dort aus. In der RBD Breslau schrieb der Sachbearbeiter Oberreichsbahnrat Bode in einem Schnellbrief am 5. März 1943: »Zur Dienstleistung in den besetzten Ostgebieten sind aus unserem Bezirk an die Reichsbahnverkehrsdirektion Kiew, Zielbetriebswerk Zdolbunow, die G 12-Lok 58 1197, 1420, 1573, 1599, 1963 verliehen worden.«
Vom Folgetag ist das Telegramm der GVD Warschau, gerichtet an MINEIS 34 Berlin: »Betr : Rueckgabe ausgebesserter Ostschadlok der Gattung G 12 an Heimat-RBD.- Bezug: Mineis 34 Nr 179 von 1.3.1943. Von den gem. Verfg. Mineis 125 Nr 133 vom 19.1.1943 zur RVD Kiew bzw

Auch in Nordfrankreich war die G 12 während des Zweiten Weltkrieges im Einsatz. Aus einem Urlauberzug heraus entstand dieses Bild von der 58 413. Die sächsische Lok besaß immer noch ihre Gasbeleuchtung, wie der Behälter auf dem Tender beweist. Foto: Slg. Gutmann

Dnjepro verfuegten 20 bzw 40 Lok der Gattung G 12 sind bis 4.3.43 folgende 9 Lok als Ostschadlok von Lokauffangstelle Sdolbunow zurueckgerollt:

Am 10.2.1943 Lok 58-2010 mit Schadlokzug Sued 496 zum RAW Cottbus (Heimat-RBD Wuppertal.).
Am 26.2.1943 Lok 56-1898 mit Ostschadlokzug Sued 50 zum RAW Cottbus (Heimat-RBD Erfurt).
Am 1.3.1943 Lok 58-2119 mit Ostschadlokzug Sued 65 zum RAW Cottbus (Heimat-RBD Wuppertal.).
Am 1.3.1943 Lok 58-1452 mit Ostschadlokzug Sued 65 zum RAW Cottbus (Heimat-RBD nicht bekannt, Lok wurde mit Lokzug Regensburg 11 ueberfuehrt.).
Am 2.3.1943 Lok 58-1992 mit Ostschadlokzug Sued 75 zum RAW Cottbus (Heimat-RBD Oppeln).
Am 2.3.1943 Lok 58-1081 mit Ostschadlokzug Sued 72 zum RAW Cottbus (Heimat-RBD Wuppertal.).
Am 2.3.1943 Lok 58-233 mit Ostschadlokzug Sued 70 zum RAW Cottbus (Heimat-RBD Oppeln).
Am 4.3.1943 Lok 58-1963 mit Ostschadlokzug Sued 81 zum RAW Cottbus (Heimat-RBD Breslau).
Noch im Osten bei RVD Kiew folgende 16 Lok: 58-1573, RBD Breslau, 58-1378, -1500, -1566, -1879, -2101 RBD Dresden, 58-1234, -1346, -1072, -1943, -1207 RBD Halle (S), 58-1132, -1041, 58-225 RBD Oppeln, 58-1965, -1795, RBD Osten.
Noch im Osten bei RVD Dnjepro folgende 34 Lok: 58-1746, -1987, -1697, -2011, -1133, -2103, -1850 RBD Muenchen oder Regensburg oder Erfurt oder Nuernberg oder Karlsruhe oder Stuttgart, sowie 58-1657, -246, -252, -260, -1946, -1704. 58 1187, -1361, -1583, -1742, -1432 RBD Frankfurt (Main), 58-1067, -1141, -1628, -1354, -1271, -1556, -1140, -1092, -1799 RBD Kassel, 58-1081, -2065, RBD Wuppertal, 58-1793, -1223, -1406, -1413, -1721 RBD Wuppertal oder Koeln. 60. Lok 58 1267 aus Lokzug Kassel 6 gem. Telegramm RBD Kassel Nr 209 vom 21.1.1943 zur Uebergabe an RVD Dnjepro noch nicht in Sdolbunow eingetroffen.«

Unter dem Betreff »Rückgabe G 12 Lok vom Osten« formulierte der Sachbearbeiter im RVM am 12. März 1943: »Folgende G 12 Lok sind nach der Wiederherstellung im Reichsbahn-Ausbesserungswerk sofort an die Heimat-Reichsbahndirektion zu überführen und auf dem St 10a in Reihe 15 als nach dem Osten verliehen abzusetzen. Auf Seite 8 des St 10a sind die Loknummern aufzuführen:

Loknummer	Heimat-RBD	Standort z Z
58 1963	Breslau	RAW Cottbus
58 1897	Erfurt	RAW Cottbus
58 1898	Erfurt	bereits Heimat
58 1635	Erfurt	bereits Heimat
58 1018	Köln	bereits Heimat
58 245	Karlsruhe	bereits Heimat
58 2093	Nürnberg	bereits Heimat
58 233	Oppeln	RAW Cottbus
58 1992	Oppeln	RAW Cottbus
58 2086	Stuttgart	bereits Heimat
58 2010	Wuppertal	RAW Cottbus
58 2119	Wuppertal	RAW Cottbus
58 1081	Wuppertal	RAW Cottbus
58 1452	unbekannt	RAW Cottbus[24]

24 handschriftlicher Nachtrag bei 58 1452 »Erfurt«

5. Die Kohlenstaubfeuerung

5.1 Die Systeme AEG und STUG

Bereits die Deutsche Reichsbahn-Gesellschaft (DRG) erprobte in den 20er-Jahren die Verfeuerung von Braunkohlenstaub auf Dampflokomotiven. Dabei kamen bei der Reichsbahn die Verbrennungssysteme AEG und STUG zum Einsatz, die beide in Maschinen der Baureihe 58 erprobt wurden. Wirtschaftliche Gründe zwangen die DRG dazu, denn die Brennstoffkosten gerieten Anfang der 20er-Jahre außer Kontrolle.

Die Preise für deutsche Steinkohle stiegen nach dem Ersten Weltkrieg kontinuierlich an. Durch den Verlust der oberschlesischen Reviere, die nun zu Polen gehörten, und die im Versailler Vertrag festgelegten Steinkohlenlieferungen als Reparationsleistungen vor allem an Frankreich und Belgien, stand für den deutschen Markt nicht mehr ausreichend Brennstoff zur Verfügung. Das traf die Reichsbahn besonders hart, denn sie war größter Abnehmer für Steinkohle im Deutschen Reich. Die ständig steigenden Preise trieben die Betriebskosten der DRG in die Höhe. Doch man musste sparen, deshalb versuchte die Reichsbahn, billigere Brennstoffe für die Lokomotivfeuerung zu nutzen. Da Braunkohlenbriketts und Stückkohlen deutlich billiger als Steinkohle waren, untersuchte die Lokomotiv-Versuchsabteilung (LVA) Berlin-Grunewald, ob sich diese Brennstoffe für die Lokomotivfeuerung eigneten. Die Erfolge blieben allerdings aus, denn durch den deutlich geringeren Heizwert der Briketts und der Stückkohlen reduzierte sich die Leistung der Maschinen. Außerdem führten die bei der Verbrennung entstehenden Schwefelgase zu deutlich größeren Abzehrungen an den kupfernen Feuerbüchsen.

Das Reichsbahn-Zentralamt (RZA) war aber mit seinen Brennstoffproblemen nicht allein in Deutschland. Auch die chemische Industrie und die Zementhersteller benötigten für ihre Produktionen sehr viel Energie, die sie durch die Verbrennung von Kohle gewannen. Vor allem die Zementwerke stellten in den 20er-Jahren viele ihrer Brennöfen mit Erfolg auf die Verfeuerung von Kohlenstaub um. Der Braun- und der Steinkohlenstaub fielen als Abfallprodukte bei der Briketterstellung an und waren deshalb sehr billig. Dies war der ausschlaggebende Impuls für die Reichsbahn, sich ebenfalls mit der Kohlenstaubfeuerung zu befassen.

5.1.1 Das System STUG

Die Deutsche Reichsbahn lud auf Initiative des Vorsitzenden des Deutschen Braunkohlenindustrie-Vereins in Halle (Saale), Generaldirektor Dr.-Ing. Piatscheck, die deutschen Lokomotivhersteller und die Kohlensyndikate zu einem Treffen am 2. Juli 1923 ein, bei dem es um die Zusammenarbeit bei der Entwicklung einer Kohlenstaubfeuerung für Dampflokomotiven ging. Bauart-Dezernent Richard Paul Wagner, Versuchs-Dezernent Hans Nordmann und Otto Landsberg vertraten bei diesem Gespräch die Reichsbahn. Sie baten die Hersteller und die Kohlensyndikate, eine leistungsstarke und betriebstaugliche Kohlenstaubfeuerung für Dampflokomotiven zu konstruieren, die mit Braun- und Steinkohle betrieben werden konnte. Dabei stellte die Reichsbahn allerdings klar, dass sie sich nur in geringem Maße an dieser Entwicklung beteiligen könne, da die Bahn sparen müsse und mit der Konstruktion der neuen geplanten Einheitslokomotiven völlig ausgelastet sei.

Dies dämpfte die Euphorie bei den Lokomotivherstellern, da diese nicht gewillt waren, die Kosten allein zu tragen. Gleichwohl erkannten sie, dass sie mit der Entwicklung einer betriebstauglichen Kohlenstaubfeuerung eine neue Technologie und damit einen Vorteil im internationalen Wettbewerb hätten. Auf Initiative der Firma Henschel & Sohn entstand so im April 1924 die »Studiengesellschaft für Kohlenstaubfeuerung auf Lokomotiven« (STUG), zu der neben dem Kasseler Unternehmen die Berliner Maschinenbau AG, die August Borsig GmbH, die Hanomag und die Friedrich Krupp AG gehörten. Die STUG hatte ihren Sitz in Kassel. Mit der Leitung der STUG wurde Oberingenieur Georg Hayn betraut, der bei Henschel & Sohn dem Studienbüro (Abteilung TB 4) vorstand. Mit der Erforschung der wärmetechnischen Grundlagen und den konstruktiven Vorarbeiten für einen koh-

Schnitt durch eine G 12 mit STUG-Feuerung.
Foto: Slg. Gottwaldt

lenstaubgefeuerten Lokomotivkessel beauftragte die STUG Fritz Hinz, der 1928 »Über wärmetechnische Vorgänge der Kohlenstaubfeuerung« promovierte.

Die Braunkohlensyndikate traten der STUG erst ab 1926 bei. Bis 1928 schlossen sich das Mitteldeutsche Braunkohlen-Syndikat Leipzig, das Oberschlesische Steinkohlen-Syndikat Gleiwitz, das Ostelbische Braunkohlen-Syndikat Berlin, das Rheinische Braunkohlen-Syndikat Köln und das Rheinisch-Westfälische Kohlen-Syndikat Essen der Studiengesellschaft an.

Zunächst einmal leistete Fritz Hinz die notwendige Grundlagenarbeit. Zwar war die Verfeuerung von Kohlenstaub keine neue Idee, doch diese Verbrennungstechnik bereitete immer wieder ernsthafte Schwierigkeiten. Die erste bekannte Kohlenstaubfeuerung stammte aus Frankreich, wo 1823 das erste Patent dafür ausgestellt wurde. Acht Jahre später griff der Bergrat Karl Anton Henschel erstmals in Deutschland die Verfeuerung von Kohlenstaub auf. Doch all diese Versuche blieben ohne Erfolg, da Stein- und Braunkohlen als billiger Brennstoff in großen Mengen verfügbar war. Erst die Zementindustrie entwickelte die Kohlenstaubfeuerung für die Drehrohröfen zur Serienreife, die ab 1895 im großen Stil genutzt wurde. In den USA entstanden dabei die größten Anlagen.

Bei der Eisenbahn hingegen spielte die Kohlenstaubfeuerung zunächst nur eine marginale Rolle. Noch vor dem Ersten Weltkrieg stellen 1914 die Schwedischen Staatsbahnen (SJ) und die New York Central Railway (NYCR) ihre ersten Kohlenstaub-Maschinen vor. Die SJ setzte auf die Verbrennung von Torfstaub, bevor sie sich für die Kohlenstaubfeuerung entschied. Die NYCR hatte gemeinsam mit der Locomotive Pulverizied Fuel Co (Lopulco) seit 1904 an der Entwicklung einer Kohlenstaubfeuerung gearbeitet. Zwar erwies sich die Lopulco-Feuerung als betriebstüchtig und wirtschaftlich, sie konnte sich aber wie in Schweden nicht durchsetzen. Auch den in Brasilien, Großbritannien, Italien, Japan und den Niederlanden entwickelten Kohlenstaub-Maschinen blieb ein nachhaltiger Erfolg verwehrt. Gleichwohl griff die STUG später auf die Erfahrungen der NYCR und der Lopulco zurück. Die Kohlenstaubfeuerung blieb weiterhin ortsfesten Anlagen vorbehalten.

Wie bereits erwähnt stand zunächst die Erforschung grundsätzlicher Probleme der Kohlenstaubfeuerung im Mittelpunkt der Arbeit. Die STUG hatte erkannt, dass diese Feuerung zwei Vorteile bot: Für die Kohlenstaubfeuerung eignete sich auch minderwertige Kohle und damit billiger Brennstoff. Außerdem konnte die Verbrennung exakt der benötigten Leistung angepasst werden. Doch diesen Vorteilen standen erhebliche Probleme gegenüber. Im Gegensatz zur herkömmlichen Rostfeuerung verbrannte der Kohlenstaub nur, wenn sich die Partikel in der Schwebe befanden. Dazu jedoch musste der Brennstoff vor dem Eintritt in den Verbrennungsraum mit Luft vermischt werden. Trat das Staub-

Zu den ersten beiden G 12 mit einer Kohlenstaubfeuerung des Systems STUG gehörte die 58 1353. Die Maschine erhielt nach dem Zweiten Weltkrieg eine Wendler-Feuerung und wurde erst am 6. Oktober 1967 im Bw Dresden ausgemustert.
Foto: Slg. Garn

Mit dem Dg 55 97 verließ die 58 1353 den Bahnhof Sangerhausen. Wie die Dampffahne auf dem Tender zeigte, arbeitete gerade die Dampfturbine. Die Wagenschlange wollte scheinbar kein Ende nehmen.
Foto: Slg. Gottwaldt

Luft-Gemisch aus dem Mundstück des Brenners aus, folgte die Verbrennung und sollte solange andauern, wie die Kohlenteilchen schwebten. Endete der Verbrennungsvorgang, der nur Bruchteile von Sekunden dauerte, bevor die Kohlen ausgebrannt waren, bildeten sich feste Schlacken.

Auf der Grundlage dieser prinzipiellen Überlegungen entwickelte Fritz Hinz die wichtigsten Anforderungen an die Kohlenstaubfeuerung. So musste der Brennstoff beim Eintritt in den Verbrennungsraum fein verteilt werden. Hinz forderte dafür aber eine relativ geringe Eintrittsgeschwindigkeit. Aber diese sollte nicht zu gering sein, denn sonst fiel der Kohlenstaub auf den Boden des Brennraumes. Weiterhin waren ein sehr feiner Kohlenstaub und ein relativ großer Feuerraum notwendig. Allerdings durfte der Verbrennungsraum wieder nicht zu groß sein, denn sonst wären die Staubteilchen zu stark abgekühlt. Weiterhin musste die notwendige Verbrennungsluft zugeführt und mit dem Brennstoff gut vermischt werden.

Parallel zu seinen Berechnungen experimentierte Fritz Hinz an kleineren, ortsfesten Anlagen. Im Sommer 1925 begann Hinz dann seine Erkenntnisse an einem Lokkessel zu vervollkommnen. Fritz Hinz war klar, dass die bisherigen Ergebnisse nur eine Grundlage für die weiteren Versuche sein konnten, denn der Lokkessel unterschied sich grundlegend von den stationären Dampferzeugern. Kurt Ewald von Henschel & Sohn charakterisierte den Lokkessel treffend als die »Kraftanlage, in der höchste Leistung auf kleinstem Raum erzielt« wurde. Ewald bezog sich dabei auf die Energieumwandlung. Ein Lokkessel erzeugte bezogen auf die zur Verfügung stehende Heizfläche wesentlich mehr Dampf als eine stationäre Anlage, d.h. die Heizflächenbelastung des Lokkessels war deutlich höher. Ortsfeste Anlagen hatten im Durchschnitt bei gleicher Leistung einen fast fünfmal so großen Verbrennungsraum! Da die Heizflächenbelastung der Lokkessel im Durchschnitt zweimal so groß wie bei stationären Anlagen war, lag die Belastung des Feuerraums der Lok rund zehnmal über dem herkömmlicher Dampferzeuger. Aufgrund dieser Schlussfolgerungen zweifelten einige Mitglieder der STUG an dem Erfolg einer Kohlenstaubfeuerung für Lokomotiven.

Schon die ersten Berechnungen von Fritz Hinz zeigten, welche enormen Leistungen die Kohlenstaubfeuerung zu erbringen hatte. Aufgrund der von der Reichsbahn festgelegten maximalen Heizflächenbelastung von 57 kg/m²h mussten die Ingenieure um Hinz eine Feuerung entwickeln, die mühelos eine Heizflächenbelastung von mindestens 60 kg/m²h erreichte. Das wiederum hieß, der Feuerraum war für eine Leistung von 2,5 Millionen Wärmeeinheiten (WE) pro Kubikmeter Inhalt des Feuerraums auszulegen. Stationäre Staubfeuerungen erreichten aber höchstens 250.000 WE.

Kernstück der STUG-Feuerung bildete der maßgeblich von Fritz Hinz entwickelte Brausebrenner, der auf dem Brenner der Lopulco-Feuerung auf-

Vorsichtig fuhr die 58 1353 an ihren Durchgangsgüterzug. Aus dieser Perspektive sind sehr gut die Tenderaufbauten der STUG-Maschine zu sehen. Ein Eisenbahner beobachtete aufmerksam das Rangiermanöver.
Foto: Slg. Gottwaldt

Für die Weiterfahrt nach Sangerhausen sammelte um 1928/29 die 58 1677 neue Kräfte im Bahnhof Nordhausen. Die DR rüstete die Lok 1949 mit einer Wendler-Feuerung aus. Im Bw Halle G wurde die Lok schließlich am 5. Juni 1968 ausgemustert.
Foto: Slg. Gottwaldt

baute. Der Brausebrenner verteilte das Staub-Luft-Gemisch sehr fein im Feuerraum und verbrannte den Kohlenstaub mit einer relativ kurzen Flamme, die eine kurze Verbrennungszeit möglich machte. Der Brausebrenner ähnelte einem abgestumpften Hohlkegel, dessen größere Öffnung in Richtung Feuerraum zeigte. Eine siebartige Verteilerplatte schloss den Hohlkegel ab. Die kleinen Öffnungen hatten die Form einer Düse. Im Zuführrohr vor dem Brenner befanden sich schaufelförmige Bleche, die so genannten Mischkannen, die das Staub-Luft-Gemisch sehr gut durchwirbelten. Bei den später verwendeten Brennern saßen die Mischkannen vor dem Brenner. Auf eine Kühlung des Brenners verzichtete Hinz, da dieser außerhalb des Verbrennungsraumes lag.

Mit einer Geschwindigkeit von etwa 10 m/s trat das Staub-Luft-Gemisch in die Feuerbüchse ein. Der Brausebrenner erzeugte dabei eine breite und relativ kurze Flamme, die eine sehr gute Verbrennung ermöglichte. Zunächst entwickelten die Ingenieure um Fritz Hinz zwei Brausebrenner, zuerst den Doppel-Brausebrenner (1924) und später den Einfach-Brausebrenner (1927). Für die Verfeuerung gasreicher Kohlenstaub-Sorten folgte 1930 eine weitere Konstruktion.

Parallel zu den ersten Versuchen mit den Brausebrennern suchten die STUG-Mitarbeiter nach dem richtigen Einbauort für den Brenner im Lokkessel. Im Zusammenhang damit stand auch die Frage: Kann die Kohlenstaubfeuerung die geforderten Leistungen bringen? Für diese Versuche überließ die Reichsbahn der STUG einen nicht mehr benötigten Kessel einer ehemaligen preußischen G 5^4.

Zunächst setzten die Ingenieure den Brausebrenner von unten an der vorderen Rohrwand in die Feuerbüchse ein, wobei die Feuerbüchsrückwand vollständig ausgemauert wurde. Der leicht verlängerte Feuerschirm lenkte die Flamme ab. Mit einem Hilfsrost, auf dem ein kleines Feuer lag, wurde der Kohlenstaub entzündet. Eine Förderschnecke versorgte den Brenner mit dem benötigten Kohlenstaub. Ein Gebläse führte die notwendige Verbrennungsluft in den Feuerraum. Diese Anordnung erwies sich allerdings als völlig ungeeignet, denn bei den Versuchen erreichte man nicht einmal eine Heizflächenbelastung von 30 kg/m^{2}h. Bereits bei einer Belastung von 25 kg/m^{2}h kam der Brenner an seine Leistungsgrenze. Zwar ermittelten die STUG-Mitarbeiter nach Veränderungen an der Luft- und Brennstoffzufuhr eine Heizflächenbelastung von 49 kg/m^{2}h, doch dabei fiel der Kesselwirkungsgrad auf 55,5 Prozent.

Da diese Brenneranordnung keinen Erfolg versprach, wurde der Brausebrenner nun außerhalb der Feuerbüchse, unterhalb der Stehkessel-Rückwand angebaut. Das Staub-Luft-Gemisch trat nun von hinten in die Feuerbüchse ein. Ein zusätzlicher in die Feuerbüchse eingeblasener Luftstrom lenkte die Flamme um. Dadurch gelangte weitere Verbrennungsluft in die Feuerbüchse. Mit dieser Brenneranordnung ließen sich nun Heizflächenbelastungen von mindestens 50 kg/m^{2}h erreichen. Allerdings erwies sich die Umlenkung der Flamme durch den Luftstrom als zu störanfällig. Ein verlängerter Feuerschirm löste das Problem im Sommer 1925. Nun konnte die geforderte Heizflächenbelastung problemlos erreicht werden. Bereits bei den ersten Testreihen stieg die Heizflächenbelastung auf 61,1 kg/m^{2}h. Teilweise konnten die Messtechniker Spitzenwerte von rund 70 kg/m^{2}h ermitteln. Den Höchstwert dokumentierte Fritz Hinz am 24. Juni 1925, als die Staubfeuerung in dem alten G 5^4-Kessel eine Heizflächenbelastung von 72,2 kg/m^{2}h erzeugte. Der Kesselwirkungsgrad erreichte dabei 71,3 Prozent.

Diese Ergebnisse überzeugten auch die letzten Zweifler. Die Reichsbahn stellte der STUG im August 1925 einen G 12-Kessel für weitere Versuche zur Verfügung. Das RZA stellte den Bau eines Versuchsträgers in Aussicht, sofern die STUG den Nachweis erbrachte, dass ihre Feuerung eine dauernde Heizflächenbelastung von 60 kg/m^{2}h zuließ.

Die Euphorie bei den STUG-Mitarbeitern legte sich aber sehr schnell, denn es war schon ein gewaltiger Unterschied, ob man bei einem G 5^4-Kessel mit einem Betriebsdruck von 6 kp/cm^2 oder bei einem G 12-Kessel mit deutlich größerer Heizfläche und einem Betriebsdruck von 14 kp/cm^2 eine Heizflächenbelastung von 60 kg/m^{2}h erzeugen musste. Die ersten Versuche mit dem G 12-Kessel waren katastrophal: Fritz Hinz konnte lediglich eine maximale Heizflächenbelastung von 38,8 kg/m^{2}h ermitteln. Dafür gab es im Wesentlichen zwei Gründe: Zum einen reichte die Leistung des Brausebrenners für den großen Kessel nicht aus, zum anderen war jedoch die Feuerbüchse der G 12 im Verhältnis zur Heizfläche viel kleiner als bei der G 5^4.

In monatelanger Kleinarbeit modifizierten die STUG-Techniker ihre Feuerung. Im Mai 1927 erreichten die gemessenen Heizflächenbelastungen endlich die Vorgaben der DRG. Am 4. Juli 1927 hielt Fritz Hinz eine Heizflächenbelastung von 66 kg/m²h fest. Dabei wurden 0,412 t Kohlenstaub verbrannt und es entstand eine Feuerraumbelastung von 2,17 Millionen WE. Der Kesselwirkungsgrad schwankte dabei zwischen 70,5 und 76 %. Im November 1927 gingen die STUG-Techniker an die Leistungsgrenzen der Kohlenstaubfeuerung. Sie erzielten dabei Heizflächenbelastungen von über 100 kg/m²h, was einer Feuerraumbelastung von über drei Millionen WE entsprach, die mit keiner normalen kohlengefeuerten Dampflokomotive möglich waren. Nach diesen eindrucksvollen Ergebnissen gab das RZA am 5. November 1927 den Umbau zweier preußischer G 12 mit einer Kohlenstaubfeuerung des Systems STUG in Auftrag. Henschel & Sohn rüsteten die 58 1353 und die 58 1677 um.

Gerade hatte die 58 1722 auf ihrem Weg von Halle (Saale) nach Nordhausen den Blankenheimer Tunnel verlassen. Dank der Kohlenstaubfeuerung konnte während der Tunnelfahrt die Rauchbelästigung für das Personal deutlich gesenkt werden.
Foto: Slg. Gottwaldt

5.1.2 Die Technik der STUG-Feuerung

An den Maschinen selbst waren nur relativ geringfügige Änderungen notwendig. Der Rost und der Aschkasten wurden ausgebaut. Ein vollständig geschlossener Feuerkasten ersetzte den herkömmlichen Aschkasten, der nur eine kleine Bodenklappe zum Reinigen besaß und mit feuerfesten Steinen luftdicht ausgemauert war. Zwischen der Feuerbüchsrohrwand und der Ausmauerung mündete ein Luftkanal in den Verbrennungsraum, über den die Sekundärluft angesaugt wurde. In der Rückwand des Aschkastens saßen die beiden Haupt- und der Hilfsbrenner. An der Stehkesselrückwand wurde ein Ascheblaser angebaut. Hinter den Brennern lagen die Gelenkrohre und die Gemischkammern. Die Feuertür erhielt ein Schauloch, durch das das Personal die Flammenbildung beobachten konnte.

Die meisten Änderungen waren am Tender notwendig, dessen Umbau einem Neubau gleich kam. Auf dem Tender befanden sich neben dem Vorratsbehälter auch alle notwendigen Hilfsaggregate für den Staub- und Lufttransport.

Den alten Wasserkasten ersetzte ein geschlossener Kohlenstaubbehälter mit drei Einfüllstutzen. Der Vorratsbehälter verjüngte sich nach unten zu zwei trichterförmigen Mulden, in denen die beiden Haupt- und die Hilfsförderschnecke ruhten, die den Kohlenstaub zu den Förderleitungen brachten. Der neue Wasserkasten hatte die Form eines Hufeisens und umschloss den Staubbehälter. Über den Mulden lag die so genannte Aufwühlrichtung, die den Staub lockerte, damit die Förderschnecken ihn greifen konnten. Ein schnelllaufender Dreizylinder-Dampfmotor (sechs PS Leistung) trieb die Förderschnecken an. Bei maximal 150 Umdrehungen pro Minute konnte jede der beiden Hauptschnecken bis zu 1,5 t Staub pro Stunde fördern.

Das Turbo-Gebläse, das den Brennern die Verbrennungsluft zuführte und den Staub in der Förderleitung transportierte, saß auf dem Wasserkasten direkt hinter dem Staubbehälter. Die mit Frischdampf betriebene Turbine hatte eine Leistung von 40 PS. Damit konnte das Gebläse rund 20.000 m³ Luft pro Stunde ansaugen. Die Luft für den Hilfsbrenner saugte ein kleiner Ventilator an, der vom Dampfmotor angetrieben wurde. Er konnte nur 340 m³ Luft pro Minute ansaugen. Für die Versorgung der Hilfsantriebe auf dem Tender zweigte rechts am Dampfdom eine Frischdampfleitung ab.

Die Förderschnecken transportierten den Kohlenstaub vom Boden des Vorratsbehälters zur Förderleitung. Dort wurde der Brennstoff vom Luftstrom des Gebläses erfasst. Jetzt vermischten sich der Kohlenstaub und die Luft. Dieses Staub-Luft-Gemisch wurde noch einmal in der Mischkammer verwirbelt, bevor es dann durch die Brausebrenner in die Feuerbüchse kam.

Der Hilfsbrenner, der den Dampfdruck bei Stillstand oder Leerfahrt konstant hielt, lag unterhalb der beiden Hauptbrenner. Der Heizer regulierte die Verbrennung über den Dampfmotor der Schnecke und über die Turbine am Gebläse. Dazu wurde der Führerstand mit drei weiteren Manometern (Druck in der Gebläseleitung, Druck in der Frischdampfleitung der Turbine und Druck im Staubbehälter) ausgerüstet.

5.1.3 Erste Versuche und Bauartänderungen

Im Frühjahr 1929 übergab Henschel die beiden umgebauten G 12 der DRG, die die Maschinen im März 1929 in Dienst stellte. Das RZA wies die 58 1353 und die 58 1677 dem Bw Halle G zu, wo die beiden Lokomotiven im schweren Güterzugdienst eingefahren wurden.

Für messtechnische Untersuchungen forderte die LVA Grunewald vom Bw G die 58 1353 an. Die 58 1677 dagegen kam bei den so genannten Betriebsmessfahrten vor Güterzügen zwischen Halle (Saale), Weißenfels, Nordhausen, Niedersachswerfen und Aschersleben zu ihren Probefahrten. Bei diesen Einsätzen zeigten beide Lokomotiven keine grundlegenden Mängel, obwohl sich die Personale erst mit der neuen Technik vertraut machen mussten. Doch die Eisenbahner erkannten die Vorzüge der Kohlenstaubfeuerung. So entfiel die schwere körperliche Arbeit für den Lokheizer. Auch die Auf- und Abrüstzeiten verkürzten sich spürbar. Da die Verbrennung exakt der Maschinenleistung angepasst werden konnte, ging die Qualmbelästigung vor allem bei Fahrten durch den Blankenheimer Tunnel auf ein Minimum zurück.

Die Untersuchung der 58 1353 verlief ebenfalls zur vollsten Zufriedenheit der STUG und der DRG. 58 1353 erreichte einen Kesselwirkungsgrad, der mit 76,5 bis 77,5 Prozent deutlich über dem der kohlengefeuerten G 12 lag. Auch die Verbrennung ließ kaum Wünsche offen. Mit einem Luftüberschuss von 25 Prozent und einem CO_2-Anteil von etwa 14 Prozent schnitt die 58 1353 deutlich besser ab. Nur der Dampfverbrauch der 58 1353 lag aufgrund der notwendigen Zusatzaggregate über dem der normalen G 12. Allerdings war die 58 1353 bei Leistungen über 1.100 PS wieder wirtschaftlicher als ihre Schwestern.

Die Anfangserfolge waren Anlass für das RZA, zwei weitere G 12 mit einer STUG-Feuerung ausrüsten zu lassen. Die Wahl fiel dabei auf die 58 1722 und die 58 1794, bei denen allerdings die Staubförderung vereinfacht war und der Hilfsbrenner entfiel. Die Förderschnecke hatte ihren Platz jetzt in der Förderleitung und wurde von der Gebläse-Turbine angetrieben. Dadurch konnte der Dampfmotor entfallen. Das Blasrohr saugte nun die notwendige Verbrennungsluft an. Durch diese Änderungen vereinfachte sich die Bedienung und der Dampfverbrauch für die Hilfsmaschinen ging zurück, wie die Messfahrten der LVA Grunewald mit der 58 1794 zeigten.

5.1.4 Die Konkurrenz von AEG

Die STUG war aber nicht der einzige Anbieter einer Kohlenstaubfeuerung. Etwa zeitgleich begannen bei der AEG in der Lokomotivfabrik

Hennigsdorf unter der Leitung von Regierungsbaumeister Walter Kleinow ebenfalls die Arbeiten an einer Kohlenstaubfeuerung. Wie die STUG, so musste auch die AEG zunächst einmal den Nachweis erbringen, dass es möglich war, mit der Verbrennung von Kohlenstaub die geforderten Heizflächenbelastungen zu erzielen.

Im September 1924 begannen die Arbeiten in Hennigsdorf. Da dort gerade die Fertigung der Baureihe 56[20] anlief, nutzte die AEG einen Kessel dieser Baureihe für ihre Untersuchungen. Nach den Vorgaben des RZA musste die Kohlenstaubfeuerung in einem dreistündigen Dauerbetrieb eine Heizflächenbelastung von 45 kg/m^{2}h und eine Leistungsspitze von 60 kg/m^{2}h ermöglichen. Im Gegensatz zur STUG brauchte die AEG nicht völlig von vorn anzufangen, denn durch den Bau von Drehrohröfen für die Zementherstellung hatten die AEG-Techniker bereits seit 1918 Erfahrungen mit der Verbrennung von Kohlenstaub gesammelt. Walter Kleinow konnte deshalb bereits auf einen Rohrbrenner für seine Versuche zurückgreifen. Aus dem Rohrbrenner entwickelte Kleinow einen Düsenbrenner, den so genannten B-Brenner, von dem zwei von unten in die Feuerbüchse eingebaut wurden. Wie bei der STUG-Feuerung wurde auch bei der AEG-Kohlenstaubfeuerung der Aschkasten durch einen luftdicht verschlossenen Kasten ersetzt sowie mit feuerfesten Steinen ausgemauert. Im Gegensatz zur STUG hielt Kleinow jedoch von Anfang an am Feuerschirm zur Ablenkung der Flammen fest. Mit den Brennern wurden neben dem Kohlenstaub auch rund 30 Prozent der benötigten Primärluft in die Feuerbüchse eingespeist. Die andere Verbrennungsluft sollte das Blasrohr durch Luftlöcher an den Seiten der Feuerkiste ansaugen.

Die erste Versuchsreihe mit der von Kleinow entwickelten Kohlenstaubfeuerung begann am 23. Oktober 1924. Die erhofften Erfolge blieben aber aus. Größtes Problem der AEG-Techniker war die flüssige Schlacke. Erst nach mehreren Änderungen konnte im Januar 1925 eine Heizflächenbelastung von 25 kg/m^{2}h ermittelt werden.

Kleinow überarbeitete den Brenner mit dem Ziel, die Vermischung des Kohlenstaubs mit der Luft zu verbessern. Die ersten Versuche mit dem neuen Brenner fanden im Januar 1926 statt. Nun reichte allerdings der Saugzug des Bläsers nicht mehr aus. Erst nach dessen Überarbeitung konnten die AEG-Mitarbeiter am 9. Februar 1926 eine Heizflächenbelastung von 40 kg/m^{2}h dokumentieren.

Aber noch war man weit von den Vorgaben der DRG entfernt. Eine abermalige Überarbeitung der Feuerung war notwendig. Am 9. April 1926 ging die dritte Versuchsfeuerung der AEG in Betrieb. Die Heizflächenbelastung stieg auf 57 kg/m^{2}h an. Allerdings zeigte sich nun, dass die verwendeten B-Brenner nicht genügend Luft fördern konnten. Die Erhöhung der Luftleistung der Ventilatoren brachte Abhilfe, wie die späteren Versuche zeigten, wobei am 12. Mai 1926 eine Heizflächenbelastung von 56 kg/m^{2}h erreicht wurde. Allerdings währte die Freude nur kurz, denn die Schlackenbildung machte die einwandfreie Verbrennung fast unmöglich.

Um die Schlackenbildung so gering wie möglich zu halten, musste die Verbrennung beschleunigt werden. Dazu überarbeitete Kleinow die B-Brenner. Die Brenner bestanden nun aus dem nach einer Seite hin offenen Düsenrohr. Der Querschnitt des Rohrs nahm zu den Enden hin ab. Auf der offenen Seite des Rohrs befanden sich kleine Leitschaufeln, die das Staub-Luft-Gemisch in schmale Streifen teilten und umlenkten. Vor den Leitschaufeln saßen Kühlkammern, die den Brenner, der in der Feuerbüchse lag, mit Wasser kühlten. Diese Wasserkühlung war neben der länglichen Form des B-Brenners und seiner Anordnung im Feuerraum eine der wichtigsten Unterschiede zur STUG-Feuerung.

Der neue Brenner erfüllte die Erwartungen der AEG. Bei einer Vorführung vor Vertretern der DRG erreichte die AEG-Feuerung am 1. Juli 1926 anstandslos die geforderte Heizflächenbelastung von 60 kg/m^{2}h. Die Ergebnisse überzeugten das RZA, das dem Antrag der AEG zum Einbau einer Kohlenstaubfeuerung bei zwei Lokomotiven der Baureihe 56[20] am 11. Oktober 1926 stattgab. Als erste Maschine mit einer AEG-Kohlenstaubfeuerung verließ 1928 die 56 2130 die Werkhallen in Hennigsdorf.

Für einen Vergleich der beiden Systeme ließ die DRG 1930 die 58 1416 und die 58 1894 ebenfalls mit einer AEG-Feuerung ausrüsten. Obwohl das AEG-System durch seine Wasserkühlung der Brenner in der Wartung und im Betrieb etwas komplizierter war, bewährte sich auch diese Technologie. Wie die STUG-Maschinen lagen die AEG-Loks bei Leistung und Kesselwirkungsgrad deutlich über den Werten der rostgefeuerten Maschinen.

Die beiden wassergekühlten Düsenbrenner saßen unmittelbar unter dem Bodenring links und rechts in der Feuerbüchse. Das Staub-Luft-Gemisch trat durch die fächerförmigen, senkrecht angeordneten Schlitze aus. Die Flammen trafen unter dem Feuerschirm auf die vorgewärmte Sekundärluft, die das Blasrohr über eine Öffnung an der Vorderseite des Aschkasten angesaugt hatte. Für den Schwachlastbetrieb im Leerlauf oder bei Stillstand der Maschine gab es einen kleinen Hilfsbrenner.

Die Förderung des Kohlenstaubes ähnelte wieder stark der STUG-Feuerung. Unter dem Vorratsbehälter saßen zwei Förderschnecken, die den Staub zur Förderleitung brachten. Dort wurde der Staub vom Luftstrom erfasst, und ein Gebläse erzeugte, weiterbefördert. Das Gebläse lieferte gleichzeitig die Primärluft, deren Anteil bei der AEG-Feuerung rund 40 Prozent betrug.

Ein rund 1,5 PS starker Dampfmotor trieb die Förderschnecken an. Das Gebläse wurde von einer etwa 7 PS starken Turbine angetrieben. Beide Aggregate betätigte man getrennt, was die Verfeuerung unterschiedlicher Staubsorten ermöglichte. Allerdings hatte dieser getrennte Betrieb auch einen Nachteil, denn der Dampfverbrauch stieg an.

5.1.5 AEG contra STUG

Die STUG verfolgte aufmerksam die Arbeiten in Hennigsdorf, sah man doch in der AEG-Technik eine unliebsame Konkurrenz auf dem Ende der 20er-Jahre ohnehin immer kleiner werdenden Markt für Lokomotivhersteller. Die Konkurrenz zwischen beiden Anbietern endete in einem Rechtsstreit. Auslöser dafür waren Vorträge von Walter Kleinow und Fritz Hinz bei der Deutschen Maschinentechnischen Gesellschaft am 17. Januar 1928 in Berlin. Beide publizierten ihre Vortrags-Manuskripte in der renommierten Fachzeitschrift »Glasers Annalen«. Dabei veröffentlichte Kleinow eine Zeichnung des AEG-Brenners, die STUG auf den Plan rief. In Kleinows Methode, das Staub-Luft-Gemisch in sehr feine Einzelströme zu erlegen, erkannten die Anwälte der Friedrich Krupp AG, die die STUG vertraten, einen klaren Fall von Patentverletzung. Die Juristen argumentierten, die Erzeugung der feinen Einzelströme sei laut dem Patentbrief das entscheidende Merkmal der STUG-Feuerung und reichten daraufhin Klage gegen die AEG ein. In erster Instanz hatte die STUG keinen Erfolg, wohl aber in zweiter Instanz vor dem Kammergericht in Berlin. Dieses gab der STUG Recht. Nach dem Schuldspruch des Kammergerichts verklagte nun die AEG ihrerseits die STUG auf Verletzung des Patentrechts. Damit hatten die Anwälte der STUG nicht gerechnet. Die Argumentation der AEG-Juristen basierte auf einem Patent für einen Rohrbrenner, das die AEG von der Portland Zement Werke AG erworben hatte. Dieses Patent war zwar älter als das der STUG, aber noch gültig. Dieser Rohrbrenner verfügte über eine Brennerplatte mit zahlreichen kleinen Bohrungen und diese entsprach weitgehend der Brennerplatte auf dem STUG-Brenner, so die AEG-Juristen. Als Beweis diente eine Zeichnung aus dem Vortrag von Fritz Hinz. Obwohl die Argumentation der AEG gewagt war, gaben die Richter der Klage statt und der Prozess endete mit einer Verurteilung der STUG.

Nach diesem langwierigen Rechtsstreit verglichen sich beide Parteien und beschlossen eine Zusammenarbeit bei der weiteren Entwicklung der Kohlenstaubfeuerung. Doch die DRG hatte inzwischen kein Interesse mehr an dieser Technik.

Immer wieder warb die STUG für ihre Kohlenstaubfeuerung. Allerdings stieß sie im RZA auf taube Ohren. Die STUG wusste um die ablehnende Haltung der Reichsbahn. »*Die Wirtschaftlichkeits-Berechnung stützt sich also nur auf die zahlenmäßig zu erfassenden Einflüsse. Sie bringt stets ein Ergebnis, das der kohlenstaubgefeuerten Lokomotive nicht ganz gerecht wird; denn sie lässt alle Vorzüge der Kohlenstaub-Lokomotive unberücksichtigt, die man nicht von vornherein in Geldeswert ausdrücken kann*«, argumentierte die STUG Anfang der 30er-Jahre. Für eine fabrikneue Kohlenstaub-G 12 setzte die STUG die Kosten mit 196.000 Mark an (eine herkömmliche G 12 koste rund 160.000 Mark). Die notwendige Investition für die Konstruktion und den Bau einer für die Kohlenstaubfeuerung optimierten G 12 veranschlagte man mit 185.000 Mark.

Bis hierhin waren sich die Studiengesellschaft und das RZA in ihren Berechnungen einig, doch als es um die Brennstoffkosten ging, unterschieden sich die ermittelten Zahlen. Kein Wunder, denn die STUG rechnete mit möglichen Einsparungen bei den Brennstoffkosten. Anhand der Betriebsbögen der Maschinen des Bw Halle G ermittelte die STUG für eine G 12 einen durchschnittlichen Brennstoffverbrauch von 23,3 t Steinkohlen für eine Million Bruttotonnenkilometer. Eine Kohlenstaublok benötigte für die gleiche Leistung etwa 33 t Brennstoff. Der Kohlenstaub war aber als Abfallprodukt bei der Brikettherstellung mit einem Tonnenpreis von 13,43 Mark deutlich günstiger als Steinkohle. Aufgrund des komplizierteren Transports und der Lagerung veranschlagte die STUG die Kosten auf 14,43 Mark je Tonne Kohlenstaub. Dadurch sparte eine Kohlenstaublok pro Jahr bei den Brennstoffkosten rund 9.710 Mark. Diese Einsparung rechnete die STUG voll auf die Abschreibung der Maschine an.

Das Ergebnis dieser Berechnung war verblüffend. Unter Berücksichtigung der möglichen Einsparungen bei den Brennstoffkosten hatte sich jede umgebaute STUG-G12 nach nur 10,45 Jahren, die Neukonstruktion bereits nach 9,6 Jahren amortisiert. Das bedeutete bei einer Einsatzzeit von 15 Jahren, die STUG-G 12 konnte einen Gewinn von 149.400 Mark erwirtschaften. Doch diese Berechnungen blieben letztlich erfolglos.

5.1.6 Der Betriebsdienst

Das RZA stationierte die vier STUG- und die beiden AEG-Maschinen im Bw Halle G. Dort stellte man einen eigenen Umlauf für fünf Maschinen auf. Allerdings wurden nur vier Lokomotiven planmäßig eingesetzt. Die fünfte Maschine hielt der Lokleiter als Bereitschaftslokomotive vor. Haupteinsatzgebiet der Kohlenstaublokomotiven war der schwere Güterzugdienst auf den Strecken nach Niedersachswerfen, Nordhausen, Aschersleben und Weißenfels. Am Tag 1 verließ die Lok Halle um 0.57 Uhr mit einem Güterzug nach Aschersleben (Planlast 1.100 t). Planmäßig traf sie wieder an der Saale um 11.46 Uhr ein. Nach dem Ergänzen der Vorräte ging es dann um 13.22 Uhr mit einem Leergüterzug nach Nord-

Nach den erfolgreichen Versuchen mit den ersten beiden STUG-Maschinen ließ die DRG die 58 1722 und 58 1794 mit der verbesserten STUG-Feuerung ausrüsten. Diese Aufnahme von der 58 1794 entstand im Bahnhof Nordhausen. *Foto: Slg. Gottwaldt*

hausen. Die Rückleistung mit einer Planlast von 1.200 t traf um 0.12 Uhr wieder in Halle ein. Am Tag 2 ging es nach Weißenfels (Planlast 1.500 t) und Nordhausen, wo Lok und Personal übernachteten. Der Tag 3 hingegen sah nur eine Leistung nach Niedersachswerfen vor. Der Durchgangsgüterzug von Niedersachswerfen nach Halle war mit einer Planlast von 1.600 t der schwerste Zug der Hallenser Maschinen. Der Tag 4 enthielt den Bereitschaftsdienst. Mit einer Nachtschicht nach Niedersachswerfen begann dann um 20.18 Uhr der Plantag 5 für die Kohlenstauloks. In diesem Umlauf legten die Maschinen pro Monat rund 5.700 km zurück. Alle zehn Tage wurden die Kessel der Lokomotiven ausgewaschen. Die Lokführer und Heizer des Bw Halle G schätzten die Kohlenstaublokomotiven aufgrund der deutlich leichteren und saubereren Arbeit.

Die STUG- und AEG-Maschinen blieben nicht lange in Halle. Nachdem eine Brikettfabrik der RBD Halle anbot, die Kohlenstaublokomotiven direkt in ihrem Werk mit dem notwendigen Brennstoff zu versorgen, gab das Bw Halle G die sechs G 12 und die vier kohlenstaubgefeuerten Maschinen der Baureihe 56[20] im Sommer 1936 an das Bw Senftenberg ab. Wie lange die Stauber in Senftenberg im Einsatz waren, lässt sich aufgrund der nur noch in Fragmenten vorhandenen Unterlagen nicht mehr eindeutig klären. Ende der 30er-Jahre sind zumindest die vier STUG-Maschinen im Bw Sangerhausen nachgewiesen.

Während des Zweiten Weltkriegs mussten die Kohlenstaublokomotiven aufgrund fehlender Ersatzteile für die Hilfsmaschinen abgestellt werden. Im Frühjahr 1945 zog die RBD Halle die 58 1416, 1353, 1722 und 1894 im Bw Aschersleben zusammen, wo diese konserviert abgestellt wurden. Die 58 1677 und 1794 trafen zwar auch im Frühjahr 1945 in Aschersleben ein, sie wurden bei der Lokzählung der RBD Magdeburg aber nicht erfasst.

5.2 Das Kohlenstaubprogramm der DR

Nach einer Besprechung beim Generaldirektor der DR Kramer am 20. November 1950 entstand der »Fünf-Jahresplan Umbau Kohlenstaublok«. Er sah zunächst dem Umbau von 300 Lokomotiven vor, von der BR 03 bis zur BR 58.

Der Grund war klar: In der DDR gab es nur sehr wenig Steinkohlenvorkommen. Verfeuert werden musste zumeist Braunkohlen und Braunkohlenbriketts. Ungünstig wirkten sich der geringe Heizwert und der daraus resultierende Mehrverbrauch aus. Was lag da näher, den Braunkohlenstaub, der bei der Brikettherstellung anfiel, für eine Feuerungstechnik zu verwenden. Doch der Weg dorthin war lang und beschwerlich.

Bereits am 28. Dezember 1945 legte Hans Wendler dem damaligen RZA den Plan für einen Um-

Umbauplan der Deutschen Reichsbahn für die Baureihe 58

Jahr	RAW Zwickau Lok	Tender	RAW Brandenburg Tender	Raw Stendal	Summe
1951	30	10	10	10	30/30
1952	10	10	-	-	10/10
1953	10	10	-	-	10/10
1954	-	-	-	-	-
Summe	50	30	10	10	50/50

Eine bewegte Geschichte hatte die 58 1353: Die ehemalige STUG-Lok erhielt 1953 die Wendlerfeuerung. Im Sommer 1964 passierte die Maschine mit einem Güterzug den Dresdner Hauptbahnhof.
Foto: Ebermann, Slg. Grundmann

von Kohlenstaublokomotiven zu entwickeln. Die Wendlersche Baumusterlokomotive 17 1119 präsentierte sich am 30. April 1949. Am 31. August 1949 waren die 58 1208 (als Versuchslokomotive) und die 58 456 fertig gestellt. Obwohl sofort weitere Umbauten folgten, waren noch zahlreiche Nacharbeiten und Änderungen erforderlich, ehe die umgebauten Lokomotiven in der Praxis brillierten. So meldete das Bw Dresden-Friedrichstadt, welches die BR seit 1949 beheimatete, dass häufige Probleme bei der Staubzuführung, Undichtigkeiten, Verpuffungen, Brände und andere Schwierigkeiten den Einsatz erschwerten. Kurzzeitig verschwand dort die BR 58 Kst. Erst 1952 waren offenbar die Kinderkrankheiten behoben. Ein Zeitplan für den Umbau von 40 Kohlenstaublokomotiven im Raw Stendal zeigte, unterteilt in vier Serien, die Fertigstellung der Brenner, der Lokomotiven und Tender. Der Bau der Brenner begann bereits am 8. September 1949. Drei Wochen umfasste dort eine Serienlieferung. Der Umbau der Tender und der Lokomotiven, dieses zwei Mal erwähnt, begann mit der ersten Serie am 15. September und endete bei der vierten Serie schließlich am 15. Dezember.

Das dieser Plan recht bald überholt, einige Lokomotiven nicht umgebaut wurden, zeigt die nächste Tabelle des Raw Stendal

Insgesamt wurden schließlich 58 Exemplare der G 12 auf Kohlenstaubfeuerung System Wendler sowie eine auf das System LOWA umgebaut. Viele Lokomotiven blieben länger als geplant in den Werken. Grund waren die so genannten Nacharbeiten (NA). Darunter verbargen sich fehlende Materialien, aber vor allem fehlende Tender. Verwendet wurden zunächst Tender der Bauart 3 T 16, dann Kastentender der Bauart 2'2'T31,5 und Wannentender 2'2'T 30.

Wie aus der Tabelle zu entnehmen ist (S. 89), warteten mehrere Lokomotiven längere Zeit auf ihre Tender. Dieses Problem, welches noch näher erörtert wird, sowie technische Probleme führten zum Rückbau von insgesamt 13 Lokomotiven. Die Umrüstung begann bereits mit den auf Tender wartenden 58 423, 1427, 1509, 1643 und 2135 im Jahr 1952. Zwischen 1956 und 1958 war

Umbauplan des Raw Stendal 1949

Serie	Lok
15.09.–20.10.	58 1208, 404, 1068, 1586, 1112
30.09.–10.11.	58 432, 231, 454, 457, 1020
15.10.–19.11.	58 1075, 1374, 1427, 1442, 1454
30.10.–15.12.	-
15.09.–20.10.	58 1640, 456, 1346, 1712, 1847
30.09.–10.11.	58 428, 401, 1558, 2095, 1709
15.10.–19.11.	58 2006, 1184, 1664, 1010, 205
30.10.–15.12.	58 2070

bau einer Lokomotive auf Braunkohlenstaubfeuerung vor. Vorgesehen war ein Exemplar der BR 36. Dezernent Nordmann bescheinigte ihm, dass er keine Ahnung von diesem Metier hätte. Wendler war aber bereits 1936/37 als Gruppenleiter Konstruktion am Umbau der 05 003 auf Steinkohlenstaubfeuerung beteiligt gewesen. Nachdem durch die SMAD alle wichtigen Dienststellen in die sowjetische Stadthälfte Berlins verlegt waren, fand Wendler Gehör bei der Transportverwaltung und bei der DR. Schließlich erhielt er den Auftrag, einen Plan für den Umbau

1949 im Raw Stendal tatsächlich umgebaute Maschinen der Baureihe 58

Lok	Schadgr.	fertig	Heimat-Bw	Bemerkung
58 1208	L 4	26.08.	Halle G	Tender im RAW Stendal umgebaut
58 404	L 4	31.08.	Zwickau	
58 1068	L 3	31.08.	Bad Schandau	Tender im RAW Stendal umgebaut
58 432	L 4	10.09.	Naumburg	
58 1112	L 4	20.09.	Chemnitz	
58 1586	L 3	22.09.	Friedrichstadt	
58 231	L 4	26.09.	Zwickau	
58 454	L 3	30.09.	Zeitz	
58 457	L 3	02.11.	Gera	
58 1427	L 4	10.11.	Gotha	
58 1020	L 3	-	Sangerhausen	gestrichen; Normalfeuerung
58 1075	L 4	-	Erfurt G	gestrichen; Normalfeuerung
58 1374	L 4	-	Erfurt G	gestrichen; Normalfeuerung
58 1922	L 4	-	Erfurt G	gestrichen; Normalfeuerung
58 1454	L 4	-	Erfurt G	gestrichen; Normalfeuerung

Umbau und Verbleib der BR 58 (Kst)

Lok	Bw	Umbautag	im Raw	Fabrik-Nr.	Bemerkung/Tenderverwendung	Verbleib
58 231	Halle G	27.09.1949	Stendal	11	wartete bis 11.05.1950 auf Tender; 2'2'T31,5, dann Wannentender	Bw Arnstadt + 29.03.1968
58 404	Halle G	31.08.1949	Stendal	12	wartete bis 06.06.1950 auf Tender, NA; 2'2'T31,5	Bw Halle G + 29.07.1968
58 423	Halle G	22.08.1950	Halle		bis 14.02.1952 nur abgestellt, NA, vmtl. kein Einsatz; Rückbau Raw Zwickau 29.02.1952	+ 02.12.1970
58 428	Halle G	31.08.1951	Zwickau	71	2'2' T 30	Bw Dresden + 14.07.1967
58 430	Dresden-Friedr.	26.11.1951[1]	Zwickau	72	2'2' T 30[14]	Bw Dresden + 14.07.1967
58 432	Halle G	10.09.1949	Zwickau	13	wartete bis 05.07.1950 auf Tender sowie Nacharbeiten[2]; 2'2' T 31,5	Bw Halle G + 28.02.1967
58 444	Halle G	30.11.1951	Zwickau	14	4 T 31,5	Bw Halle G + 28.02.1967
58 453	Halle G	22.10.1951[3]	Zwickau	15	Rückbau Raw Zwickau am 13.11.1956	
58 454	Halle G	30.09.1949[4]	Stendal	16	wartete bis 14.07.1950 auf Tender, NA; 2'2' T 31,5[15]	Bw Dresden + 14.05.1968
58 455	Dresden-Friedr.	10.10.1951	Zwickau (?)	73	2'2'T30	Dresden + 26.07.1968
58 456	Halle G	31.08.1949	Halle	1	NA, 3 T 16	Bw Dresden-Friedr. + 14.05.1966
58 457	Halle G	20.10.1949[5]	Stendal	17	wartete bis 30.10.1950 auf Tender, NA; 2'2'T31,5	Bw Halle G + 20.06.1967
58 541	Dresden-Friedr.	20.10.1951	Zwickau	74	2'2'T30	Bw Dresden + 26.07.1968
58 1048	Halle G	31.07.1951[6]	Zwickau	75	NA; 2'2'T30	Bw Arnstadt + 26.07.1968
58 1068	Halle G	31.08.1949	Stendal	18	wartete bis 09.05.1950 auf Tender, NA; 2'2'T31,5[14]	Bw Halle G + 12.01.1967
58 1112	Halle G	20.09.1949	Stendal	20	wartete bis 16.05.1950 auf Tender, NA; 2'2'T31,5[15]	Dresden + 14.07.1967
58 1115	Halle G	30.10.1950	Meiningen	20	2'2'T31,5	Bw Dresden + 02.10.1967
58 1208	Halle G	31.08.1949	Stendal	2	3 T 16; Versuchslok, Rückbau Raw Zwickau 13.12.1956	-
58 1215	Halle G	03.11.1950	Meiningen	21	2'2'T31,5[15]	Bw Dresden + 14.07.1967
58 1321	Halle G	30.03.1951	Zwickau	22	2'2'T31,5[16]	Bw Dresden + 24.08.1967
58 1346	Halle P	20.03.1953	Zwickau	-	LOWA-Versuchslok, Einbau Staubfeuerung bei LKM, 26.01.1955 Umbau Staubfeuerung auf Ausführung IfS im Raw Zwickau, Rückbau am 07.01.1958 Raw Zwickau	-
58 1353	Halle P	(28.04.1953)	Zwickau	23	zuvor STUG, wieder in Betrieb ab 30.06.1948, als Versuchslok ab 06.05.1953; 2'2'T31,5	Bw Dresden + 06.10.1967
58 1387	Halle G	30.11.1950	Meiningen	-	Schadlok, Rückbau 03.07.1957 im Raw Zwickau	-
58 1416	Halle G	19.05.1949	Halle	24	zuvor AEG; 2'2'T31,5[14]	Bw Halle G + 26.03.1968
58 1427	Halle G	10.11.1949[7]	Stendal		wartete bis 04.09.1951 auf Tender; nicht im Betrieb, Rückbau 29.02.1952 Raw Zwickau	-
58 1431	Halle G	07.08.1951	Zwickau	25	2'2'T31,5	Bw Dresden-Friedr. abgst. 13.09.1966, Dsp Raw Wittenberge[8]
58 1509	Halle G	20.12.1949	Halle		30.07.1951 an Bw Halle G, zwei Tage im Betrieb, Rückbau 29.02.1952 Raw Zwickau	-
58 1567	Dresden-Friedr.	17.10.1951	Zwickau	76	2'2'T30	Bw Dresden + 29.07.1967
58 1575	Halle G	13.02.1951	Zwickau	26	2'2'T31,5; elf Betriebstage, Rückbau 31.07.1962 Raw Zwickau	
58 1586	Halle G	21.09.1949[9]	Stendal	27	wartete bis 05.06.1950 (?) auf Tender, NA; 4 T 31,5[17], Rückbau 30.09.1964 Raw Zwickau	-
58 1596	Halle G	12.03.1951	Zwickau	28	2'2'T31,5[14], Rückbau 26.11.1963 Raw Zwickau	-
58 1626	Halle G	22.08.1950	Halle	29	2'2'T31,5	Bw Dresden, Heizlok + 14.05.1968
58 1640	Halle G	09.12.1949[10]	Halle	77	NA, 2'2' T30, Rückbau 21.03.1957 Raw Zwickau	-
58 1643	Halle G	10.04.1951			Rückbau 29.02.1959 Raw Zwickau	-
58 1652	Halle G	26.04.1951		78	2'2'T30[17]	Bw Halle G + 05.06.1968, Umbau Dsp
58 1677	Halle G	26.04.1951	Stendal	30	zuvor STUG, wieder in Betrieb ab 03.05.1949; 2'2'T31,5	Bw Halle G + 05.06.1968
58 1708	Halle G	31.01.1951[11]		31	NA, 2'2'T31,5[15]; Reko in 58 3027 (07.01.1960)	-
58 1712	Halle G	13.05.1950	Halle	32	2'2'T31,5	Bw Dresden + 29.07.1968
58 1722	Halle G	31.08.1951	Zwickau	33	zuvor STUG, wieder in Betrieb ab 27.05.1949; 2'2'T31,5, Rückbau 21.12.1964 Raw Zwickau	-
58 1769	Halle G	30.03.1951[12]	Zwickau		NA, 2'2'T30	Bw Dresden + 26.07.1968

Lok	Bw	Umbautag	im Raw	Fabrik-Nr.	Bemerkung/Tenderverwendung	Verbleib
58 1794	Halle G	23.06.1951	Zwickau	80	zuvor STUG, wieder in Betrieb ab 12.11.1948, 2'2'T30[17/18]	Bw Halle G + 29.07.1968
58 1809	Dresden-Friedr.	20.11.1951	Zwickau	34	2'2'T31,5	Bw Halle G + 29.07.1968 DD-Fr
58 1815	Leipzig-Wahren	30.11.1951	Zwickau	81	2'2'T30[15]	Bw Halle G + 29.07.1968
58 1847	Halle G	19.12.1949	Halle	35	2'2'T31,5[17]	Bw Halle G + 05.06.1968
58 1856	Halle G	15.06.1951	Zwickau	36	2'2'T31,5[17]	Bw Dresden + 29.07.1968
58 1885	Dresden-Friedr.	27.11.1951	Zwickau	82	2'2'T30[15]	Bw Dresden + 29.07.1968
58 1894	Halle G	24.07.1951	Zwickau	37	zuvor AEG, wieder in Betrieb ab 09.05.1949, 2'2'T31,5[14]	Bw Halle G + 29.07.1968
58 1952	Halle G	30.01.1951[13]	Zwickau	38	NA, 2'2'T31,5	Bw Dresden + 29.07.1968
58 1990	Halle G	19.09.1951	Zwickau	83	2'2'T 30	Bw Dresden + 29.07.1968
58 1993	Leipzig-Wahren	19.12.1951	Zwickau	84	2'2'T30[14]	Bw Halle G + 26.07.1967
58 2006	Leipzig-Wahren	30.11.1949	Halle	39	NA, 2'2'T31,5; ab 09.07.1951 beim Bw Wahren im Betrieb	Bw Halle G + 10.03.1967
58 2019	Leipzig-Wahren	28.08.1951	Stendal	85	2'2'T30[15]	Bw Halle G + 29.07.1968
58 2040	Halle G	18.05.1951	Zwickau	86	2'2'T30	Bw Dresden + 26.07.1968
58 2049	Dresden-Friedr.	06.11.1951	Zwickau	40	2'2'T31,5; u.a.a. Wannentender	Bw Dresden + 01.08.1967
58 2098	Halle G	19.05.1951	Zwickau	87	1. Umbau 13.08.1949, Nacharbeiten bis 1951; 2'2'T30	Bw Halle G + 26.07.1968
58 2104	Halle G	29.12.1951	Zwickau	88	2'2'T30	Bw Arnstadt + 10.03.1967
58 2109	Halle G	21.08.1950	Meiningen	41	2'2'T31,5[19]	Bw Halle G + 26.07.1968
58 2131	Halle G	05.01.1951	Zwickau	3	3 T 16	Bw Dresden + 19.06.1968
58 2135	Halle G	24.04.1951	Zwickau		Rückbau 27.02.1952 Raw Zwickau	-

1 Umbau 26.11.1951, Umsetzung vom Bw Saalfeld bzw. Raw zum Bw Dresden-Friedr. erst zum 01.12. dokumentiert;
2 Umbau 10.09.1949 + Nacharbeiten, Umsetzung vom Bw Naumburg bzw. Raw zum Bw Halle G erst zum 13.10.1950;
3 Umbau 22.10.1951; Umsetzung vom Bw Altenburg bzw. Raw zum Bw Halle G erst zum 29.10.1951;
4 Umbau 30.09.1949 + Nacharbeiten, Umsetzung vom Bw Zeitz bzw. Raw zum Bw Halle G erst zum 29.11.1950
5 Umbau 20.10.1949 + Nacharbeiten, Umsetzung vom Bw Gera bzw. Raw zum Bw Halle G erst zum 01.12.1950
6 Umbau 31.07.1951 + Nacharbeiten, Umsetzung vom Bw Weißenfels bzw. Raw zum Bw Halle G erst zum 24.08.1951
7 Umbau 10.11.1949; bis 09.04.1951 im Raw, warten auf Tender; kein Einsatz; Umsetzung vom Bw Weißenfels bzw. Raw zum Bw Halle G am 27.04.1951 (bis 12.03.1952, außer 07., 08.08.1951 im Bw Leipzig-Wahren);
8 a. Q.: letztes Bw Halle G (?);
9 Umbau 21.09.1949 + Nacharbeiten (einschl. Warten auf Tender), Umsetzung vom Bw Dresden-Friedr. bzw. Raw erst zum 04.08.1950;
10 Umbau 09.12.1949 + Nacharbeiten, Umsetzung vom Bw Großkorbetha bzw. Raw zum Bw Halle G erst zum 26.07.1950;
11 Umbau 31.01.1951 + Nacharbeiten, Umsetzung vom Bw Röblingen bzw. Raw zum Bw Halle G erst zum 27.04.1951;
12 Umbau 30.03.1951 + Nacharbeiten, Umsetzung vom Bw Großkorbetha bzw. Raw zum Bw Halle G erst zum 07.05.1951;
13 Umbau 30.01.1951 + Nacharbeiten, Umsetzung vom Bw Weimar bzw. Raw zum Bw Halle G erst zum 28.02.1951;
14 gebaut von Hennigsdorf   15 gebaut vom Raw Stendal
16 gebaut vom Raw Meiningen   17 gebaut vom Bw Leipzig West
18 L 4 bis 23.06.1951, Eintrag bei Bauartänderung: 06.06.51 Umbau Kohlenstaub
19 a. Q.: Umbau/Abnahme am 31.08.1950

die zweite Rückbauphase mit den 58 453, 1208, 1346, 1387 und 1640 und schließlich endete diese Maßnahme mit den 58 1575, 1586 und 1722 in den Jahren 1962 bzw. 1964.

5.2.1 Warten auf Tender

Am 15. Juli 1949 fertigte man im Raw Stendal folgende interne Notiz: »1.) Nach Mitteilung von Herrn Baumberg sollen für die von uns zu Kohlenstaub-Lokomotiven umzubauenden Lok der Baur. 58 Tender der Bauart 4 T 31,5 verwendet werden. Die Tender sollen von anzufordernden P 8 Lok, die im Benehmen mit Herrn Sislack fest-

Zu den ersten Wendler-Maschinen der DR gehörte die 58 1068. Vor dem Lokschuppen des Bw Halle G wartete die Maschine auf neue Einsätze. Deutlich zu erkennen sind auf dieser Aufnahme die zweite Luftpumpe und der zusätzliche Hauptluftbehälter.
Foto: Slg. Garn

Für die Kohlenstaub-G 12 legte die DR in ihrem Merkbuch ein separates Datenblatt an.
Abbildung: Slg. Reimer

Deutsche Reichsbahn HVM	Güterzug-Lokomotive		Baureihe: $58^{2-3, 4, 5, 10-21}$ K-Staub
Merkbuch für Triebfahrzeuge 939 Tr	Betriebsgattung: G 56.16	Kurzbezeichnung: 1'E h 3	Betriebsnummer: 58 201–58 2146

Fahrzeugmassen, Achslasten und technische Daten

Tender:
- M_{Tl} = 28,3 t Tender leer
- M_{Td} = 50,3 t Tender dienstbereit (2/3 Vorräte)
- M_{Tv} = 61,3 t Tender mit vollen Vorräten

Lokomotive:
- M_{Ll} = 85,4 t Lokomotive leer
- M_{Ld} = 95,7 t Lokomotive dienstbereit

Mp Achslast auf den Schienen: 16,0 – 16,0 – 14,6 – 14,7 – 16,4 – 16,4 – 16,7 – 16,6 – 16,4 – 13,2

Q_{Lr} = 82,5 Mp Reibungslast
$M_{Ld} + M_{Td}$ = 146,0 t Fahrzeugmasse dienstbereit
$M_{Ld} + M_{Tv}$ = 157,0 t Fahrzeugmasse mit vollen Vorräten

Metermasse $(M_{Ld} + M_{Tv})/L_{üp}$: 7,68 t/m   Mittlere Kuppelachslast: 16,5 Mp

Lfd. Nr.		Abk.	Dim.	Lfd. Nr.		Abk.	Dim.
1	Fahrgeschwindigkeit vw/rw	V_{max}	65/50 km/h	18	Verdampfungsheizfläche	H_v	191,46 m²
2	Zylinderdurchmesser	d	3 × 570 mm	19	Überhitzerrohrdurchmesser	d_{Or}	38×4 mm
3	Kolbenhub	s	660 mm	20	Überhitzerheizfläche	$H_Ü$	68,42 m²
4	Art und Lage der Steuerung		Ha. m. Übertragwelle	21	Wasserraum des Kessels (bei 150 mm Wasserstand über Feuerbüchsdecke)	W_K	8,43 m³
5	Kolbenschieberdurchmesser	d_s	220 mm	22	Dampfraum	D_K	3,19 m³
6	Kesselüberdruck	P_k	14 kp/cm²	23	Verdampfungswasseroberfläche	O_W	10,90 m²
7	Rostfläche	R	3,90 m²	24	Masse des Kessels ohne Ausrüstung	M_{klo}	21,70 t
8	Rost (Länge × Breite)	R_{lb}	2,50 × 1,50 m×m	25	Masse des Kessels mit Ausrüstung	M_{klm}	29,30 t
9	Strahlungsheizfläche	H_{vs}	14,19 m²	26	Ausrüstung mit Vorwärmer		OV
10	Heizrohrdurchmesser	d_{Hr}	44,5 × 2,5 mm	27	Ausrüstung mit Läutewerk		—
11	Anzahl der Heizrohre	n_{Hr}	189 Stck	28	Heizung		H
12	Rohrlänge zwischen den Rohrwänden	l_r	4800 mm	29	Brennstoffvorrat	B	[10]¹⁾ t
13	Heizrohrheizfläche	H_{Hr}	113,22 m²	30	Wasserkasteninhalt	W	[23] m³
14	Rauchrohrdurchmesser	d_{Rr}	133 × 4 mm	31	Befahrbarer Bogenlauf-Halbmesser	R	100 m
15	Anzahl der Rauchrohre	n_{Rr}	34 Stck	32	Befahrbarer Ablaufberg-Halbmesser		300 m
16	Rauchrohrheizfläche	H_{Rr}	64,05 m²	33	Bremse		K m. Z
17	Rohrheizfläche	H_{vb}	177,27 m²	34	1. Baujahr		1917²⁾

Bemerkungen:
¹) Rauminhalt des Kohlenstaubbunkers ~ 22,5 m³
²) Als Kohlenstaublok umgebaut seit 1953

---

gelegt werden müssen, entnommen werden. Diese P 8 Lok sollen dann mit den Tendern der 58er Lok ausgerüstet werden. Die Umbauzeichnungen für die Tender werden jetzt in Angriff genommen. Als erster umzubauender Tender kommt für die Lok 58 1068 (Kessel ist fertig) der Tender der 17 1119 (4 T 31) in Frage. Die Tenderdecke muß an den angezeichneten Stellen gereinigt werden, damit die Anschlußmaße für die Einbauten genau festgelegt werden können. Nach Mitteilung von Herrn Baumberg sind für den Umbau eines Tenders rd. 74 m², Blech= 5 mm, 13 m²=8 mm u. 7 m²=6 mm stark, erforderlich. Das Gesamtgewicht der Bleche beträgt 4,5 t. Für die 450 m Schweißnähte pro Tender sind rd. 150 kg. Elektroden (umhüllt) 3,25 u. 4 mm erforderlich.
2.) K3 z.K. und beschleunigten Inangriffnahme des Tenders der Lok 58 1068 (Auftrag Nr. 313 057).«

Auch für den Umbau der ersten Kohlenstaubtender fertigte das Raw eine entsprechende Übersicht an, die auch zwei weitere Änderungen bezogen auf die Abnahme der 58 1068 zeigt.

Das Konstruktionsbüro Lokomotivbau VEB (LOWA) erbat von der Reichsbahn am 2. Dezember 1949 die Übergabe der Tender 58 1346 (vom RAW Halle) und von der 52 1932. An beiden waren noch zahlreiche Änderungsarbeiten durchzuführen. Am 9. Januar erreichte der Tender den VEB LOWA in Wildau.

Zahlreiche Absprachen waren noch erforderlich. Ein umfangreicher Schriftverkehr belegt das. So die Protokollnotiz vom 17. März 1950 aus dem RAW Stendal: »Vom RAW Brandenburg-West waren heute der Abtl. Spruch sowie der tRI Kreßmann zu einer Besprechung und Berichtigung der Kohlenstaublok anwesend. Die Hauptbesprechung wurde zusammen mit Herrn Dr. Wendler, Herren Höhne, Helfers, Meyer und Wussow geführt. Die vorgelegten Entwürfe über die neue Bauform wurden genehmigt. Ferner soll die Einheitlichkeit der Flanschanschlüsse sowie Gewindeanschlüsse für die Kohlenstaubfüllung zeichnerisch festgelegt werden. Am Boden der beiden Wannen sollen ab sofort je 2 Düsen zusätzlich

Verwendung der umgebauten Kohlenstaub-Tender

Tender von Lok	Heimat-Bw	zurückgegeben am 15.09.	verwendet für Lok	Termin
17 1119	-		58 1208	10.10.
38 1362	-		58 1068	31.12.
17 1093	-			
17 1106	Anhalter Bf	58 1208		
17 1033	Anhalter Bf	58 404		
17 1083	Anhalter Bf	58 1068		
17 1056	Anhalter Bf	58 432		
17 1031	Anhalter Bf	58 1586		

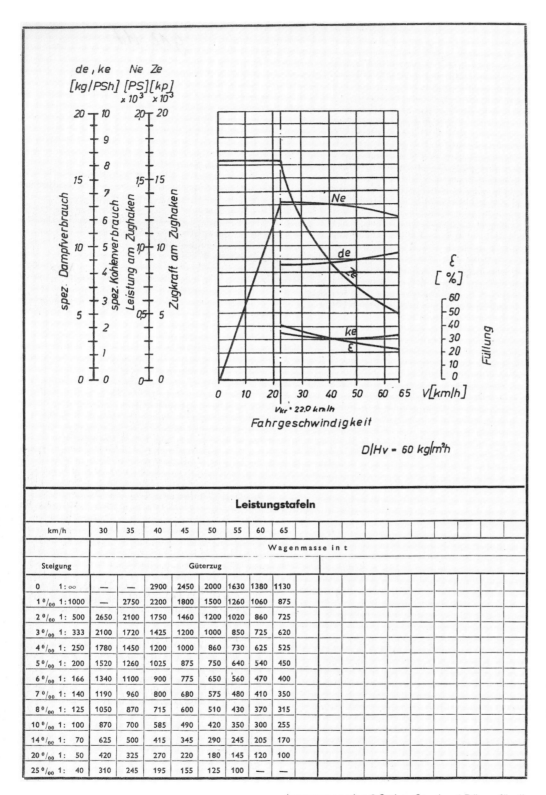

Dank der Kohlenstaubfeuerung konnte die spezifische Heizflächenbelastung bei der G 12 von 57 auf 60 kg/m²h angehoben werden. Dadurch erhöhten sich die Schlepplasten der Kst-58er.
Abbildung: Slg. Reimer

(zusammen also 8 Stck außer den 4 Düsen für die Ventile) eingebaut werden. Damit entfällt die obere Ringleitung. Hierfür ist lediglich ein direkter Rohranschluß im oberen Teil zur Erzielung des Überdruckes von 0,4 atü einzubauen.

Der Fertigungsstand ist z.Zt. folgender:

58 1208	fertig in Halle	(Stdl.)
58 1068	Probefahrt 16.3.50	(Stdl.)
58 404	Umbau fertig bis 25.3.	(Brd.W.)
58 —	Tender fertig bis 30.3.	(Brd.W.)
58 —	Tender fertig bis 15.4.	(Brd.W.)
58 —	Tender fertig bis 25.4.	(Stdl.)

Die Planung mit 140 Tender für Stdl., Halle und Brdbg.W. kann wegen des Blechmangels nicht eingehalten werden. Dagegen könnten gf. 70 Tender geschafft werden, wenn Brdbg.W. 40 und Stendal und Halle je 15 Tender umbauen würden. Dieser Vorschlag wird von Hr. Wendler der GDR vorgetragen werden. Bedingung ist: Belieferung mit Blechen und Elektroden sowie Bereitstellung von Schweißmaschinen oder Trafo.«

Unter der Überschrift »Fertigstellung von Kohlenstaublok für Monat Juni 1950« schrieb das Raw Stendal am 7. Juni 1950, dass folgende Maschinen fertiggestellt sind:

1.) 58 404	vorauss. fertig 10.6.50	
2.) 58 231	vorauss. fertig 13.6.50	
3.) 58 1353	vorauss. fertig 20.6.50	
4.) 58 1722	vorauss. fertig Lok ist fertig, Tender 58 1066 für diese Lok kommt in einigen Tagen vom RAW Halle	
5.) 58 1586	vorauss. fertig 20.6.50 Tender folgt in einigen Tagen vom RAW Brandenburg West	
6.) 17 1077	vorauss. fertig 15.6.50	

»Für die hier noch stehenden Lok: 58 432, 58 454, 58 457 und 58 1427 sind vom RAW Brandenburg-West der 5. Tender zum 15.6. zu erwarten und der 6. Tender zum 10.7. und der 7. Tender zum 1.8.1950. Der noch fehlende Tender für unsere 10. Kohlenstaublok muß vom RAW Brandenburg-West gefertigt werden. Die Zuweisung eines Tenders hierfür wäre zu veranlassen.«

Doch nicht alle vom Raw Brandenburg gelieferten Tender entsprachen den geforderten Bedingungen. Beanstandet wurden Ende Juni 1950 die Tender für die 58 1586 und 1112. Der Werkdirektor vom Raw Stendal schrieb nach Brandenburg: *»Die Ausführungen der Arbeiten ist Ihnen auf Anordnung von Herrn Wendler übertragen worden.«*

Am 20. Juni 1950 informierte der Direktor des Raw Stendal die Generaldirektion Reichsbahn, Abteilung V - Ausbesserungswerke, über den »Kohlenstaub-Umbau von Lokomotiven und Tender«. In dem Schreiben hieß es: »Aufgrund des Schreibens (…) vom 1.6.50 sollen zur Förderung des Umbauprogramms für Kohlenstaublokomotiven im ersten Bauabschnitt von unserem Werk 3 Tender bis Ende Juli umgebaut werden. Außerdem sind uns nach fernmündlichen Anruf des Herrn Koch, GDR, für das Juliprogramm der Umbau der Lok 58 2019 und 58 2099 auf Kohlenstaubfeuerung aufgetragen worden. Die bei uns auf dem Werkhof abgestellten Koh-

Am heimischen Staubbunker ergänzte die 58 1712 des Bw Halle G um 1950/51 ihren Brennstoffvorrat. Bemerkenswert an der Maschine sind die Bauform des Staubbehälters und der Vollscheibenradsatz der Laufachse. *Foto: Slg. Garn*

lenstaublokomotiven 58 1427, 432, 545 und 58 457 werden zur Ausführung der weiteren Entwicklungsarbeiten und Beseitigung der Schäden infolge Abstellung im Freien zur L0-Ausbesserung ins Werk genommen. Vom RAW Brandenburg-West sollen dafür voraussichtlich bis zum 1.8.50 3 Tender angeliefert werden. Für den erforderlichen 4. Tender steht die Zuweisung noch aus.

Wir haben zur Durchführung des Gesamtvorhabens in der Tenderfertigung mit unseren Aktivisten und Ingenieuren in Produktionsbesprechungen das Programm diskutiert. Es wurde festgestellt, dass zur Erledigung einer Serienauflage von 3 Tendern die vorhandenen Einrichtungen nicht ausreichen. Die erforderlichen Umbauarbeiten werden bis Mitte Juli beendet sein. (...)

1.) Die durch Konstruktionsänderungen erforderlich gewordenen Arbeiten an den uns vom RAW Halle zugeführten Umbautender für die Lok 58 1353 werden bis zum 23.6. beendet sein.

2.) Für die fertig umgebaute Lok 58 1722 erwarten wir in den nächsten Tagen den umgebauten Tender 58 1066 aus Halle. Sollten hier dieselben zusätzlichen Umbauarbeiten wie an dem Tender der Lok 58 1363 durchzuführen sein, so ist mit der Fertigstellung 3 Wochen nach Eingang des Tenders zu rechnen.

3.) Im Juliprogramm müssten voraussichtlich die Entwicklungsarbeiten am Tender der Lok 17 1119 ausgeführt werden, wie sie sich nach der Probefahrt der Lok 17 1077 ergeben werden.

4.) Unter diesen Umständen kann eine Serienfertigung z.Zt. nicht erfolgen.

5.) Da die für die erste Serienfertigung geplanten Tender der umzubauenden Lok 58 2019 und 58 2099 nicht bis Ende Juli von uns fertigzustellen sind, werden wir die beiden Lokomotiven entsprechend der voraussichtlichen Fertigstellung der Tender im Monat August einplanen.

Die erforderliche Deckung des Stoffbedarfs über die bereits gelieferten 11 t 5 mm-Blech hinaus müsste beschleunigt sichergestellt werden. Pro Tender werden benötigt:

Bleche	3 mm: 36 kg	Rohre	239 x 7 = 14 m
	4 mm: 121 kg		30 x 2,5 = 20 m
	6 mm: 4568 kg +)		16 x 2,0 = 12 m
	8 mm: 950 kg		
	22 mm: 125 kg		Profil- u. Winkeleisen = 1122 kg
Elektroden	184 kg = 4 mm		
	366 kg = 3,25 mm		

+) davon geliefert 3366 kg, 5 mm Stärke

Es liegt auch in unserem Interesse, nach der Durchführung der eingeplanten Maßnahmen zur wirtschaftlichen Fertigung der Tender, die Umbaukosten zu senken. Wir bitten, unter Berücksichtigung des vorstehenden Gesamtumfanges der Arbeiten der Neufestsetzung des Termins für das erste Umbauvorhaben zuzustimmen.«

Herr Koch informierte sich selbst am 22. Juli 1950 über den Stand der Lokomotiv- und Tenderfertigung im RAW Stendal. Nach dem ersten Umbauabschnitt sah der Plan für das RAW die Fertigstellung nach L 0 folgende, bereits 1949 umgebauter Kohlenstaublokomotiven vor: 58 432 (L 0 beendet), 58 454 (in Arbeit), 58 457 und 58 1427. Die zugehörigen Tender sollten von Brandenburg gefertigt werden. Die Lieferserie war für den 30. Juli bis zum 21. August in Sieben-Tagesschritten festgeschrieben. Ferner hatte sich Herr Koch auch über die Arbeiten bis September berichten lassen. Neben den 17 1032 und 17 1071 war dann die 58 2099 oder (!) eine ungarische Kohlenstaublokomotive vorgesehen. Letztlich gab er die Mitteilung, dass »die Entwicklungsarbeiten zum Umbau der Lok-Baureihe abgeschlossen« sind. Der Werkdirektor schrieb am 1. August 1950 diesbezüglich an die GDR, Abteilung V - Ausbesserungswerke in Berlin W 8: »Am 27.7. wurden von Herrn Wendler bei seinem Besuch in unserem Werk folgende Änderungen

Zu den schmutzigsten Arbeiten in einem Bahnbetriebswerk gehörte das Ausblasen der Heiz- und Rauchrohre. Im Bw Halle G reinigte im Frühjahr 1949 ein Betriebsarbeiter die Rohre einer unbekannten Kohlenstaub-G 12. Die benötigte Druckluft lieferte die Lok selbst. *Foto: Slg. Garn*

Mustergültig geputzt war die 58 1722, als dieses Bild um 1957 entstand. Die DR musterte die Maschine im Bw Dresden am 26. Juli 1968 aus. *Foto: Slg. Reimer*

Im Raw Zwickau komplettierte Maschinen

Lok-Nr.	mit Tender	aus
58 2131	17 1005	1950 bezahlt
58 1575	17 1054	1950 bezahlt
58 1952	17 152	RAW Brandenburg
58 1596	58 1575	bereits früher zum Umbau entnommen
58 1321	58 1215	bereits früher zum Umbau entnommen
58 1643	58 1586	bereits früher zum Umbau entnommen
58 2135	AL 5843	Werk Hennigsdorf
58 1708	58 2109	bereits früher zum Umbau entnommen
58 1652	52 468	RAW Brandenburg
58 1769	32 D 257	Werk Hennigsdorf
58 2040	58 426	RAW Zwickau
58 2098	52 3633	RAW Brandenburg
58 1856	38 4005	Werk Hennigsdorf
58 1416	58 861	RAW Zwickau
58 1794	52 1625	RAW Brandenburg
58 1894	38 3706	Werk Hennigsdorf
58 1431	58 451	RAW Zwickau
58 1048	52 1254	RAW Brandenburg
58 1990	52 563	RAW Brandenburg
58 428	52 3219	RAW Brandenburg
58 453	39 047	RAW Zwickau
58 541	Nr. 4	RAW Stendal
58 455	Nr. 24	RAW Brandenburg
58 1567	52 1518	RAW Brandenburg
58 1809	BR 52	Werk Hennigsdorf
58 1885	BR 52	Werk Hennigsdorf
58 2049	BR 52	Werk Hennigsdorf

bezw. Ergänzungen an Lok und Tender angeordnet:
1. Lok: Anbringung einer Heizdampfdüse an der Innenseite der Marcotty-Feuertür.
2. Tender: a) Einbau einer Luftklappe im Saugrohr mit Betätigungsgestänge
b) Einbau einer zusätzlichen Düsenreihe im Kohlenstaubbunker
c) Neubau eines Sicherheitsventils.
Wir werden die angeführten Änderungsarbeiten zunächst an der Lok 17 1032 durchführen. Wenn keine andere Weisung ergeht, werden wir die weiteren bei uns fertig umgebauten Lok nicht mit den Änderungen versehen. Weiter bitten wir um Klärung, ob wir für die weiteren Umbauvorhaben Lokomotiven der Baureihe 58 oder 17 zugewiesen erhalten, da wir nach Ansicht des Herrn Wendler nur noch 17-Lok umbauen sollten.«
Auf 55 umgebaute Lokomotiven, einschließlich Tender, konnte die GD DR im Oktober 1951 beim »Kohlenstaublok-Umbauprogramm 1951« zurückblicken. 32 Maschinen wurden allein im Raw »7. Oktober« Zwickau komplettiert.

Zu den Wendler-Maschinen mit Wannentender gehörte die 58 541. Die ehemalige württembergische G 12 war im September 1963 bei Dresden-Hellerau unterwegs. *Foto: Slg. Stange*

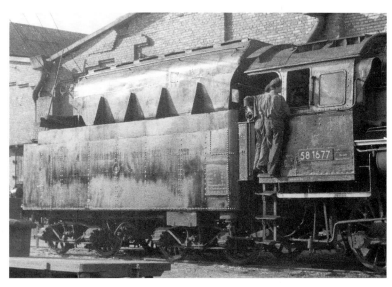

Enorme Kosten verursachte der Umbau der Tender für die Kohlenstaubfeuerung. Auf diesem Bild sind sehr gut die Erhöhung des Wasserkastens eines preußischen 2'2'T31,5-Tenders und die behelfsmäßige Tenderrückwand zu erkennen (Leipzig-Wahren, Oktober 1951). *Foto: Slg. Stange*

Die laufenden Nummern 28–32 für die BR 58 waren noch nicht besetzt. Vom RAW Stendal wurde die Fertigstellung der 58 1677 mit eigenem Tender gemeldet.

5.2.2 Bauartbeschreibung Systeme Wendler und LOWA

Hans Wendler verzichtete bei seiner Technik auf die Förderung des Staubes mittels Gebläse und Schnecke. Er ließ den Stehkessel und den Aschkasten abdichten, verlegte im Tender zwei Rohre, durch die die Luft zur Verbrennung zur Feuerung gesaugt wurde. Schließlich nutzte er den Unterdruck durch den Saugzug der fahrenden Lokomotive bzw. des Hilfsbläsers, um den Staub aus dem Tender auszutragen. Die Mischung von Staub und Luft war regulierbar. Zusätzlich erhielt die erste Versuchslok, die 58 1208 eine zweite Doppelverbundluftpumpe und einen dritten Hauptluftbehälter. Trotz Hilfsbläser gelang es anfangs nicht, genügend Verbrennungsluft einzuführen, um eine ausreichende Staubmenge zu verbrennen. Häufig rissen die Flammen ab. Als Folge wurden der Schornstein und das Blasrohr verengt.

Neu war auch die Bunkerform im Tender. Künftig nutzte man mehrere Kammern und nahm zur Staubentnahme die unterste Stelle. Verwendet wurden Tender der Bauart 2'2'T24. Doch vierachsige Tender waren rar.

Mit einem 2'3'T37-Tender war die Versuchslok 58 1346 gekuppelt. Diese Maschine war mit einem von dem VVB LOWA in Wildau entwickeltem System ausgerüstet. Die Staubaustragung war ebenfalls pneumatisch. Drei Brenner mussten versorgt werden. Der Vorratsbunker lag auf der Lokomotive und enthielt Brennstoff für etwa 20 Minuten Fahrzeit. Er konnte aus dem Tender während der Fahrt nachgefüllt werden. Um den Brennweg zu verkürzen, war der Kessel mit einer Verbrennungskammer zur Vergrößerung des Verbrennungsraumes ausgerüstet. Während der Probefahrten nutzte man einen Wannentender 2'2'T30. Während der Probefahrten musste stets der Hilfsbläser mit genutzt werden. Im Vergleich zur STUG 58 1353 ermittelte man bei den Versuchen einen Leistungsabfall um 280 PSe (206 kW). Auch das Absetzen von Asche und Schlackerückständen an der Rohrwand konnte durch die Verbrennungskammer nicht verhindert werden. 58 1346 wurde schließlich nach dem Wendlerschen Prinzip umgebaut.

5.2.3 Einsatz der Stauber

Die Erfolge mit dem Einsatz von Kohlenstaublokomotiven waren recht unterschiedlich. Am 3. April 1951 legte die Generaldirektion der DR eine entsprechende Übersicht vor.

Letztlich lag das Ziel des erwähnten Umbauprogramms im Fünfjahrplan fest. Danach waren noch 50 Lokomotiven der BR 58, 212 der BR 44, 20 der BR 17 und 18 der BR 03 umzubauen. Im September 1951 verfügte die DR bereits über 68 umgerüstete Lokomotiven. Es waren elf der BR 17 in Berlin, sieben der BR 44 in Halle G bzw. eine in Leipzig-Wahren sowie 45 der BR 58 in Halle G und vier der BR 58 in Leipzig-Wahren.

Noch 1949 erreichten mehrere kohlenstaubgefeuerte 58er das Bw Dresden-Friedrichstadt. Doch zumeist kamen sie 1950/51 nach Halle. Bis zum Jahresende von 1951 sind dort wieder Zuführungen niedergeschrieben. Die zugehörige Bunkeranlage wurde in Dresden-Friedrichstadt im Folgejahr fertiggestellt. Auch in den Bw Senftenberg und Arnstadt waren in den nächsten Jahren Kst-58er beheimatet. Aber selbst Bw, die über keine Staubanlagen verfügten, erhielten für kurze oder längere Zeit diese Maschinen zuge-

Einsatzbestand der Kohlenstaubloks laut Statistik vom 3. April 1951

BR	i.D.	Ausw.	k	A im Bw	We	W	RAW	z	Summe
58	5	1	1	1	-	8	14	-	30
17	1	-	5	-	-	-	-	-	6

Verteilung der kohlenstaubgefeuerten Güterzugloks im September 1951

Bw Halle G
58 231, 404, 423, 432, 444, 453, 454, 456, 457, 1048, 1068, 1112, 1115, 1208, 1215, 1321, 1346, 1353, 1387, 1416, 1431, 1509, 1575, 1586, 1596, 1626, 1640, 1643, 1652, 1708, 1712, 1722, 1769, 1794, 1847, 1856, 1894, 1952, 1990, 2040, 2098, 2109, 2131, 2135
44 392, 449, 528, 674, 810, 1309, 1400

Bw Leipzig-Wahren
58 1427, 1677, 2006, 2019
44 116

In Freital-Potschappel stand 1955 die 58 1990. Der große Staubbunker überragte deutlich das Führerhaus der G 12. *Foto: Otte, Slg. Grundmann*

Langsam rollte die 58 2131 in Leipzig an ihren Zug. Die Maschine begann ihre Laufbahn als Kohlenstaublok im Bw Halle G. Im Bw Dresden schied die 58 2131 am 19. Juni 1968 aus. *Foto: Slg. Reimer*

teilt. Dokumentiert sind die Bw Gotha, Röblingen, Dresden-Altstadt und Weißenfels. Selbst in Berlin-Lichtenberg, allerdings zu Heizzwecken, war eine 58 Kst stationiert.

Das Technische Amt der GD der DR übermittelte am 12. August 1952 den Herren GD Kramer und Hetz einen Zwischenbericht über Vergleichsfahrten der Lokomotivversuchsanstalt bezüglich des Brennstoffverbrauchs. Der Bezug war im weiteren Umbau von Rostlokomotiven in Kohlenstaublokomotiven und der damit verbundenen komplizierten Tenderproduktion zu suchen. Nach den ermittelten Ersparnissen durch die BR 44 (Bw Halle G) und BR 17 (Bw Berlin Osb) wandte man sich dem Bw Dresden-Friedrichstadt mit der Baureihe 58 im Juli 1952 zu: »Die Vergleichsfahrten erbrachten Ergebnisse, die von vorstehenden Werten stark abweichen und noch einer besonderen Überprüfung unterzogen werden müssen. Die Gesamtersparnis der Staublok in Bw unter Berücksichtigung der Kosten für die Lokomotivbehandlung und Betriebsausbesserung ergaben folgende Werte gegenüber der Rostlok mit Brikettfeuerung:

BR 44 im mittelschweren Zugdienst: 2,6%
BR 44 im schweren Zugdienst: 2,5 bzw. 1,1%
BR 17: 4,5 %

Wir weisen hierbei ausdrücklich darauf hin, daß vorstehende niedrige Werte durch bessere Lokpflege, Schulung der Personale und Anwendung jetzt vorliegender neuer technischer Verbesserungen bedeutend gesteigert werden können.

Vorhandener Kohlenstaublokbestand:

Baureihe 58	=	54 Stück
Baureihe 44	=	11
Baureihe 17	=	11
Baureihe 03.10	=	1
Baureihe 07	=	1
Baureihe 08	=	1
Summe	=	79

Von 54 Stück Baureihe 58 befinden sich:

In Betrieb	25
In Bw Ausbesserung und Auswaschen	8
Warten auf Aufnahme	10
Im RAW	8
Kalt abgestellt	2

Von 11 Stück Baureihe 44 befinden sich:

In Betrieb	3
In Bw Ausbesserung und Auswaschen	3
Warten auf Aufnahme	1
Im RAW	2
Kalt abgestellt	2

Von 11 Stück Baureihe 17 befinden sich:

Im RAW	9
Warten auf Aufnahme	2

Die Lok 03 1087, 07 1001, 08 1001 befinden sich im Betrieb.

Der Brennstoffverbrauch pro Mio. Btkm

Baureihe 58	ca 60 t
Baureihe 44	ca 48 t
Baureihe 17	ca 50/62 t

Die vorhandenen Tender setzen sich wie folgt zusammen:

a)	Aus der Fertigung von 1951	15
b)	Bei LEW ohne Fahrgestelle	10
c)	Von Lok auf Rostfeuerung zurückgebaut, da Cu-Feuerbuchse	5
d)	Abgestellt, da Cu-Feuerbuchse	9
		39

*Werden für diese genannten 39 Tender weitere Lok umgebaut, so entstehen folgende Posten, die als Investmittel zur Verfügung zu stellen sind:
39 Lok je DM 10 000 = 390 000 DM
Der Einsatz eines größeren Lokparks erfordert zusätzlich zwei neue Kohlenstaubbunkeranlagen
Je DM 250 000 = 500 000 DM
Der Umbau von 3 Stück 4 achs. Kesselwagen zu Kohlenstaubbehälterwagen (Wagen vorhanden)
Je DM 15 000 = 45 000 DM
Die Weiterentwicklung der Kohlenstaublokomotiven hat Verbesserungen in Bezug auf Betriebssicherheit und Wirtschaftlichkeit geschaffen, die weitere Investmittel in Höhe von 250 000 DM erfordern.*

Die Deutsche Reichsbahn ließ einige Kohlenstaub-G 12 wieder auf Rostfeuerung zurückbauen. Die Rbd Halle schlug am 10. Januar 1958 den Rückbau der 58 1815 und der 58 2104 vor.
Abbildung: Slg. Kubitzki

Zusammenfassend werden also an Investmittel benötigt:

39 Lok je 10 000 DM	390 000 DM
2 Bunkeranlagen	500 000 DM
3 Kohlenstaubbehälterwagen	45 000 DM
Technische Verbesserungen	250 000 DM
	1 195 000 DM

Im Falle der Bereitstellung der Investmittel ist zu entscheiden, welche Lokbaureihen umzubauen sind und wo die Bunkeranlagen errichtet werden sollen. In Vorschlag gebracht werden für den Umbau die Lokbaureihen 42, 03.10 und 17 und die Bunkerstandorte Chemnitz und Senftenberg.«

Wie aus der Tabelle auf S. 89/90 zu erkennen ist, beendeten die meisten 58er ihren Abschnitt in den Bahnbetriebswerken Halle G bzw. Dresden, BT Hamburger Straße (Friedrichstadt). In Halle wurden die Maschinen meist 1964/65 abgestellt. In Dresden waren es die Jahre 1967 und 1968, ehe dann die endgültige Ausmusterung zum 26. Juli 1968 folgte. Nicht alle Dresdner Exemplare gehörten zum BT Friedrichstadt. So wechselte beispielsweise die 58 2131 am 23. Oktober 1966 vom damaligen Bw Friedrichstadt zum Bw Dresden-Altstadt. Am 1. Januar 1967 unterstand auch sie dem Groß-Bw Dresden. Auch 58 1856 (am 31. März 1966 von Friedrichstadt kommend) weist Beheimatungen im Bw Altstadt vor: 31.03.–27.06.1966 (dann Arnstadt), zurück an BT Zwickauer Str. (!) (Altstadt): 17.01.1967 –25.07.1968 +.

5.2.4 Vergleich zwischen Rost- und Kohlenstaubloks

Zwischen dem 13. Mai und dem 29. Juni 1953 testete das »Kohlenstaubkollektiv des Nationalpreisträgers Wendler«, so der offizielle Name, die Lokomotive 58 1353. Bei der 58 1353 handelte es sich um die erste seinerzeit nach den Plänen des Kollektivs Wendler umgebaute Lokomotive. *»Sie ist also erstmalig mit rein pneumatischer Kohlenstaubaustragung und Einsaugung des Brennstoffs-Luftgemisches in die Feuerbüchse ausgerüstet gewesen und hervorgegangen aus einer der 10 alten, von der Stug und der AEG seinerzeit umgebauten Lokomotiven mit Schneckenförderung des Staubes und Einblasung des Staub-Luftgemisches mit Hilfe von Ventilatoren in den Brennraum«*, heißt es im Versuchsbericht der Fahrzeug-Versuchsanstalt (FVA) Halle (Fklv 39/L, Verfügung TZA TM VI) vom 20. September 1953. Nach den Vergleichsuntersuchungen zwischen einer kohlenstaubgefeuerten und einer mit Brikettfeuerung betriebenen, sonst einander gleichwertigen Lokomotiven der BR 44, beauftragte die DR das erwähnte Kollektiv vom TZA im Juli 1953, diese Untersuchungen fortzusetzen. Ziel war es, für alle auf Kohlenstaubfeuerung umgestellten Lokomotiven einwandfreie Vergleichsunterlagen zwischen ihnen und den rostgefeuerten Maschinen gleicher Gattung zu erstellen. Dabei wurde als nächste zu untersuchende Gattung die wegen ihrer großen Stückzahl besonders interessierende Lokomotiven der BR 58 in den Kreis der Untersuchungen einbezogen.

Das Personal der FVA Halle übernahm im Raw »7. Oktober« in Zwickau in der ersten Dekade des Mai 1953 die 58 1353 und überführte sie für die Versuche nach Halle. In der Zeit vom 15. Mai bis zum 5. Juni 1953 wurde sie mit voller Messausrüstung ausgestattet und nach Einfahren vor planmäßigen Güterzügen der Rbd Halle einigen informatorischen Probefahrten vor dem Messwagen unterzogen, um ihre allgemeine Arbeitsweise und insbesondere die Güte der Dampferzeugung kennen zu lernen. Gleichzeitig wurde dabei der Bläserdampfverbrauch ermittelt und in einer Eichkurve festgelegt.

Nach den Vorbereitungsarbeiten begannen am 10. Juni 1953 die Beharrungsfahrten. Wie bei der BR 44 waren drei Fahrtenserien mit verschiedenen konstanten Fahrgeschwindigkeiten bei 30, 50 und 65 km/h geplant. Dabei wurde die Lokomotive jeweils innerhalb einer Fahrgeschwin-

Zu den rückgebauten G 12 gehörte auch die 58 453. Nach ihrer Hauptuntersuchung im Raw Zwickau wartete die Maschine auf ihre Abholung. Die Anschrift an der Pufferbohle – »H.U. 9.11.56« – widerspricht dem Betriebsbuch, wonach die Lok am 13.11.1956 wieder ihre Rostfeuerung erhalten haben soll.
Foto: Slg. Reimer

Die LOWA-Versuchslok 58 1346 hatte einen Einheitstender der Bauart 2´3T37 erhalten. Das Führerhaus der G 12 wurde dem Tender angepasst.
Foto: Slg. Gottwaldt

hieran angeschlossen (Strecke Halle–Jüterbog–Halle),« heißt es im Versuchsbericht.
Bei der Ermittlung des stündlichen Kohlenstaubverbrauchs in Abhängigkeit von der Zughakenleistung legte das Kollektiv bei den drei Verbrauchslinien nach ansteigender Fahrgeschwindigkeit auch die Linie der 58 1677 auf. *»Diese Lok war seinerzeit als Schwestermaschine der 58 1353 auf Stug-Feuerung umgebaut und im Lok-Versuchsamt Grunewald untersucht worden. Ihre Verbrauchslinie entspricht einer Fahrgeschwindigkeit von V = 40 km/h, liegt also von Natur aus schon günstiger als die hier zum Vergleich in betracht kommende Linie von V = 50 km/h für die 58 1353. Sie liegt darüber hinaus jedoch auch noch günstiger gegenüber der 30 km-Linie. Zum Teil muß das auf die damals größere Mahlfeinheit des Kohlenstaubes zurückgeführt werden, die ~ 14,3–18,2 % Rückstand auf dem 70er Prüfsieb (4900 Maschen) betrug. Da die hallesche Kohlenstaub-Mahlanlage ohne Schwierigkeiten in der Lage ist, Staub ähnlicher Mahlfeinheit zu liefern, wurde von dort zusätzlich ein Wagen besonders feinen Kohlenstaubes bezogen. Jedoch war hierbei die Mahlfeinheit noch weiter getrieben. Bei der Siebanalyse zeigte dieser Staub nur einen Rückstand von 0,2 % auf dem 30er und 7,8 % auf dem 70er Normalsieb (900 bzw. 4900 Maschen). Für diesen Staub liegt der stündliche Verbrauch über der Zughakenleistung teilweise erheblich höher als für den sonst verwendeten wesentlich gröberen Staub des Mineralölwerkes Lützkendorf.«*
Durch Division der zuvor ermittelten Werte durch die jeweils zugehörige Leistung trug man die spezifischen Kohlenstaubverbräuche abhängig von der Zughakenleistung auf. *»Die spez. Werte bewegen sich innerhalb des Leistungsgebietes von ~ 300–1300 PS Zughakenleistung in der Größenordnung von 3–4 kg/Pseh im Bereich der Kesselgrenze. Die Verbrauchslinien für die 58 1677 (Stug) und für die 58 1353 mit feinem Staub des Bw Halle G liegen unter bzw. über diesem Wert, ebenso bleibt die zum Vergleich eingezeichnete spez. Verbrauchskurve für die 44 506 in ihrem ganzen Bereich über der für die gleiche Geschwindigkeit von V = 50 km/h gültigen Verbrauchslinie der 58 1353.«*
Auch der stündliche und spezifische Dampfverbrauch (abzüglich Luftpumpendampf für die Bremsluftpumpe) abhängig von der Zughakenleistung ist in der Anlage 6 des Berichtes dargestellt. *»Der Dampfverbrauch orientiert sich wie der Kohlenstaubverbrauch nach der steigenden Fahrgeschwindigkeit derart, daß den höheren Fahrgeschwindigkeiten höhere stündliche und spezifische Dampfverbräuche zugeordnet sind. Auffallend ist das bei wachsender Anstrengung stärkere Ansteigen des Stundendampfverbrauches für die mit Feinst-Kohlenstaub durchgeführte Fahrtenserie bei V = 50 km/h. Dieser stärkere Anstieg dürfte im Wesentlichen darin begründet sein, daß die Durchführung dieser Fahrtenserie stärker als bei den vorhergehenden unter der Betriebsabwicklung auf der Versuchsstrecke zu*

digkeit über den gesamten Leistungsbereich untersucht. Die Versuchsfahrten fanden als Beharrungsfahrten auf der Strecke Halle–Wittenberg–Halle unter Verwendung von Messwagen und den Bremslokomotiven 44 012 und 19 017 statt. Um den Kohlenstaubverbrauch zu ermitteln, nutzte man, wie bei den Messfahrten mit der 44 506 auch wieder die Gleiswaagen in Halle und Wittenberg. Mittels einer Vorrichtung am hinteren Rahmenende der Maschine lösten sich die Haupt- und Notkuppeleisen relativ bequem. Unter Verwendung von Pressluft in den Bremszylindern der Lokomotive konnte der Tender straff herangezogen werden. Zum Ent- bzw. Kuppeln von Tender und Lokomotive benötigte man nur noch 10 bis 12 Minuten.
»Da die Lok vom RAW 7. Oktober in einem vorzüglichen Zustand abgeliefert worden war, konnten die Beharrungsfahrten in schneller Aufeinanderfolge erledigt werden, sodaß sie bereits am 29.6.53 zum Abschluß gebracht werden konnten. Eine zusätzliche Fahrtenserie wurde mit Staub von wesentlich größerer Mahlfeinheit und V = 50 km/h noch in der Zeit vom 20.8.–21.8.53

Mit hohen Investitionen war der Bau der Bunkeranlagen für den Kohlenstaub verbunden. Auch ein Grund, warum die DR den Umbau weiterer Maschinen auf Kohlenstaub-Feuerung abbrach. Vor der Bunker- und Mahlanlage in Halle stand etwa 1960/1961 eine unbekannte G 12.
Foto: Slg. Reimer

Wendler auf besonders weit getriebene Mahlfeinheit nicht ankommt, wie aus der Zusammenstellung der Kohlenstaubproben zu entnehmen ist. Im Falle der Versuchsfahrten 20 und 21 betrug der Rückstand auf dem 30er Sieb 18,8, auf dem 70er Sieb 64,9 %! Im Falle der Versuchsfahrten 22 - 26 betrug allein der Rückstand auf dem 30er Prüfsieb mit 19,4 % bereits soviel, wie früher als höchster Wert auf dem 4900er Maschensieb zugelassen war. Trotzdem weicht der gesamte Kesselwirkungsgrad im Bereich höherer Leistungen, wie bereits erwähnt, mit 2 % nur geringfügig von dem der früheren, in Grunewald gefahrenen Versuche ab.

Die Lok wurde nach Beendigung der im Vorstehenden beschriebenen Versuchsfahrten für die Aufnahme in das RAW 7. Oktober, Zwickau, abgestellt und wird diesem zum Umbau nach weiteren Plänen des Kollektivs Wendler demnächst zugeführt.«

Die FVA-Mannschaft unter Leitung Max Baumberg legte am 15. August 1954 den 2. Teilbericht über die Erprobung der Rostlokomotive 58 1664 vor. Diese Lokomotive war im Anschluss durch die Hauptverwaltung der Maschinenwirtschaft der DR an die Untersuchungen der 58 1353 als Vergleichsexemplar der FVA Halle zugeteilt worden. »Zur Zeit der Zuteilung befand sich die Lok 58 1664 im RAW Zwickau zur Vornahme einer Ausbesserung, die im Juni erfolgen sollte, verzögerte sich dadurch, daß bei der Abnahmeprobefahrt am rechten Zylinder eine Undichtigkeit bemerkt wurde, die sich nach genauer Untersuchung als Anriß herausstellte. Der Zylinder musste ausgewechselt werden. Dadurch traf die Lok erst am 25.7.53 bei der FVA Halle ein, um für die Versuche vorbereitet zu werden«, schrieb Versuchsleiter Baumberg. »Wie bei fast allen der FVA bisher zur Untersuchung zugeführten Lok war auch bei dieser die Dampfentwicklung nicht ausreichend. Die Saugzuganlage mußte zunächst überprüft und durch eine weitere Reihe von Vorerprobungsfahrten dahin gebracht werden, daß die Lok im Beharrungszustand über den gesamten Leistungsbereich einwandfrei Dampf machte. Da die FVA zur Zeit nur über einen Meßwagen verfügt, mußte Lok 58 1664 vom 14.8.–28.10.53 von der Erprobung zurückgestellt

leiden hatte. Es traten bei allen Versuchsfahrten in dieser Serie entweder Halt vor Signalen auf oder es waren längere La-Stellen mit V = 30 km/h zu beachten. Hierdurch trat eine bereits fühlbare Abkühlung der Lokomotiv-Maschine und der Feuerung ein, sodaß besonders bei den höheren Anstrengungen sowohl die Überhitzungstemperatur merklich herabgezogen wurde, als auch für die Wiederaufheizung des abgekühlten Zylinderblockes mehr Dampf verbraucht wurde. Hierin ist auch ein Grund für den höheren Staubverbrauch zu erblicken.«

Versuchsleiter Baumberg bemerkte abschließend: »Zusammenfassend muß festgestellt werden, daß sich die Lok 58 1353 bei der Untersuchung als eine vorzüglich arbeitende, sparsame und leistungsfähige Lokomotive gezeigt hat, bei der es selbst bis in die niedrigsten gebräuchlichen Arbeitslagen hinein möglich gewesen ist (wenn auch mit einigen Belästigungen des Personals auf dem Führerstand), ohne Anwendung des Hilfsbläsers die Staubförderung zu beherrschen. Darüberhinaus hat sie sich in ihrem Leistungsbereich der vorher untersuchten Lok 44 506 hinsichtlich ihrer Verbräuche überlegen gezeigt. Sie war die erste Lokomotive, die seit Bestehen der FVA von der Abnahme aus dem RAW an störungsfrei und befriedigend alle Versuchsfahrten bewältigte. Sie hat darüber hinaus erneut gezeigt, daß es bei der Staubfeuerung der Bauart

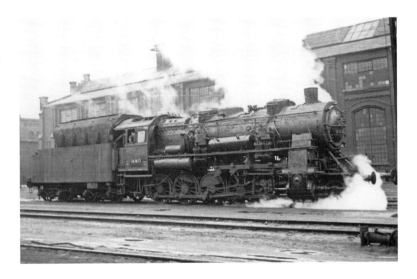

Etwa 1950 entstand diese Bild von der 58 1677. Auffällig bei der ehemaligen STUG-Maschine ist der einteilige Schornstein.
Foto: Slg. Stange

Die 58 1321 gehörte zum Bestand des Bw Halle G, als dieses Bild entstand. Die G 12 gehörte zu den wenigen Maschinen, die einen Kessel mit Speisedom besaß.
Foto: Slg. Heym

Erprobungsfahrten Kohlenstaublokomotive 58 1353 (Auszug aus den Messergebnissen)

Nr.	Datum (1953)	Zug-Nr.	Bremslok	Wagengewicht (t)	Strecke	mittlere Füllung (%)	Weg (km)	mittlere Steigung (‰)	Fahrzeit (min)
1	13.5.	19015	44 012 + 19 017	1650	Halle–Wittenberg	23	61,1	-0,74	73,8
Vergleichsfahrten Reihe I mit v = 30 km/h									
6	10.6.	19014	44 012		Wittenberg–Halle	32	55,2	+0,74	109,2
Reihe II mit v = 50 km/h									
14	16.6.	19015	44 012	1050	Halle–Wittenberg	20,5	55,1	-0,74	66,3
15	16.6.	19016	44 012	2130	Wittenberg–Halle	28	60,3	+0,74	72,1
Reihe III mit v = 65 km/h									
22	25.6.	19017	19 017	1110	Halle–Wittenberg	22	49,6	-0,74	45,3
26	29.6.	19018	19 017 + 44 012	1312	Wittenberg–Halle	25	60,4	+0,74	55,8

Mit einem sehenswerten Ganzzug aus vierachsigen Selbstentladern war die 58 2040 südlich von Halle unterwegs. Als eine der letzten Kst-58er endete der Einsatz der Maschine im Bw Dresden.
Foto: Slg. Reimer

werden, da anderweitige Versuche vordringlich zu erledigen waren (Schnellfahrversuche mit Kohlenstaublok 08 1001 und 07 1001 auf der Strecke Hagenow-Land–Neustadt-Dosse). In der Zeit vom 10.11.–25.11. konnten dann die Vorerprobungsfahrten fortgesetzt und mit befriedigendem Erfolg abgeschlossen werden. Die planmäßige Untersuchung mußte jedoch nochmals bis 12.1.54 wegen vordringlicher Versuchsfahrten (Betriebsmessfahrten mit Lok 03 119 auf der Strecke Halle–Rostock–Halle) verschoben werden.«

Die planmäßigen Untersuchungen begannen am 12. Januar 1954. Die Versuche wurden als Beharrungsfahrten mit dem Messwagen und den jeweils wechselnden Bremslokomotiven 19 017, 44 012 und 79 001 bei den Geschwindigkeiten von 30, 50 und 65 km/h auf den Strecken Halle–Wittenberg und Halle–Großheringen–Camburg und jeweils zurück durchgeführt. »Als Brennstoff wurden, wie bei den Vergleichsversuchen mit Lok der BR 44, Braunkohlenbriketts (Salonformat) der Grube Deutzen-Neukieritzsch verwendet. Die Lok war bei allen Fahrten mit der z.Zt. für Braunkohlenbrikettfeuerung günstigeren Form des Rostes mit dem TF 24 mm ausgerüstet. Im Allgemeinen litten die Fahrten stark unter den erschwerten Betriebsbedingungen (viele La-Stellen, starke Kälte), so daß mehrere Versuchspunkte trotz des guten Ansatzes bei der Abfahrt nicht glückten und wiederholt werden mußten. Da Vergleichsversuche möglichst unter gleichen Bedingungen erfolgen sollen, bestand von vornherein Klarheit darüber, daß die im Winter gewonnenen Versuchswerte nochmals im Sommer zumindest bei einer Fahrgeschwindigkeit kontrolliert und korrigiert werden mußten. (…) Zu bemerken ist noch, daß bei den Versuchsfahrten zur Erstellung des Winterwertes ein äußerst hoher und unerwünschter Unterdruck im Aschkasten festgestellt wurde, was auf zu kleine Abmessungen der im vorderen Aschkastenunterteil angebrachten Luftklappen zurückzuführen ist, eine Feststellung, die übrigens schon bei Neuanlieferung der G 12-Lokomotiven getroffen und vom Lokausschuß, der in der Zeit vom 3.–5.4.1918 in Berlin tagte, behandelt wurde. Abhilfe war damals durch Anbringen einer Jalousie-Klappe im vorderen Aschkasten-Oberteil geschaffen. Dadurch waren die Beanstandungen fast restlos beseitigt. Die FVA hat zur Beseitigung des hohen Unterdrucks im Aschkasten eine um ihre Mittel-

Erprobungsfahrten Rostlokomotive 58 1664 (Auszug aus den Messergebnissen)

Nr.	Datum (1954)	Zug-Nr.	Bremslok	Wagengewicht (t)	Strecke	mittlere Füllung (%)	Weg (km)	mittlere Steigung (‰)	Fahrzeit (min)
Reihe I mit v = 30									
1	12.1.	19013	19 017	1316	Halle–Wittenberg	20	52,5	-0,74	101,2
10	25.2.	19014	44 012 + 79 001	2760	Wittenberg–Halle	25	33,9	+0,74	65,2
Reihe II mit v = 50 km/h									
13	14.1.	19016	19 017 + 79 001	1430	Wittenberg–Halle	20	49,9	+0,58	60
19	24.2.	19015	44 012	359	Halle–Wittenberg	20	62,6	-0,74	75
20	24.2.	19016	44 012	1630	Wittenberg–Halle	20	56,5	+0,74	66,8
Reihe III mit v = 65 km/h									
21	3.3.	19022	19 017	515	Halle–Großheringen	22	46,2	+0,05	43
30	10.3.	19021	44 012	792	Camburg–Halle	22	43,1	-0,37	39,9

mittlere Geschwindigkeit (km/h)	mittlere Zugkraft am Zughaken (gemessen)(kg)	mittlere Leistung am Zughaken auf der Waagerechten (PSe)	Kessel (atü)	Schieberkasten (atü)
49,6	5610	1013	14	13
30,3	11 180	1265	13,9	12,8
49,9	3660	660	13,9	10
50,2	7150	1341	14	13
65,8	4320	1029	13,9	12
64,8	4900	1198	14	13

achse drehbare Luftklappe im vorderen Aschkastenoberteil angebracht. Diese Änderung ist vor Beginn der Sommerfahrten ausgeführt worden.«

Abschließend hielt Baumberg als Gesamturteil fest, dass »die Kohlenstaublok mit pneumatischer Staubaustragung nach den von Nationalpreisträger Wendler ausgearbeiteten Umbauplänen der brikettgefeuerten Rostlok in fast allen Betriebslagen weit überlegen ist und neben erheblichem wirtschaftlichen Nutzen in Bezug auf Brennstoffverbrauch eine wesentliche Erleichterung für das schwer arbeitende Lokpersonal mit sich bringt. Während bei der Rostlok nur Spitzenheizer für kürzere Zeit in der Lage sein werden, die in der Lokomotive installierte Leistung voll auszunützen (und das nur unter schwerster körperlicher Anstrengung), kann bei der staubgefeuerten Lokomotive mit etwas Gefühl ohne große körperliche Anstrengung das für 60 kg/m²h aufgestellte Leistungsprogramm in jeder Lage voll ausgenützt und verlangt werden. (...) Bedauerlich ist, daß der in den Abmessungen der Verbrennungsanlage (Ansaugrohr, Brennerquerschnitte, Heizgasquerschnitt im Langkessel und Saugzuganlage) sehr gut abgestimmte Kessel der Lok 58.10 wegen des allgemeinen Zustands der sehr alten Lokomotive nicht mehr

Das Bw Dre-Friedrichstadt setzte die kohlenstaubgefeuerte G12 auch im Reisezugdienst ein. Die mit einem Wannentender gekuppelte 58 1809 wartete in Dresden Hauptbahnhof 1958 auf das Abfahrsignal.
Foto: Otte, Slg. Grundmann

mittlere Geschwindigkeit (km/h)	mittlere Zugkraft am Zughaken (gemessen)(kg)	mittlere Leistung am Zughaken auf der Waagerechten (PSe)	Kessel (atü)	Schieberkasten (atü)
31	4440	498	13,2	8
31,2	9070	1045	13,4	12
49,9	4780	899	13,4	12
50,1	1318	226	13	6
50,8	5440	1040	13,7	12
64,4	1950	468	12	8
64,8	3261	770	12,8	9,9

Haupteinsatzgebiet der Dresdner G 12 war die Strecke Dresden–Flöha–Karl-Marx-Stadt. Mit einem Güterzug bezwang die 58 2131 die Steigung von Tharandt. *Foto: Slg. Stange*

Bei Krippen war 1959 die 58 430 mit einem Güterzug unterwegs. Die ehemalige sächsische 58er quittierte am 14. Juli 1967 im Bw Dresden den Dienst. *Foto: Kielstein, Slg. Grundmann*

In Dresden-Cossebaude legte die 58 1048 im Sommer 1957 einen kurzen Zwischenhalt ein. Elf Jahre später hatte die Maschine ausgedient. *Foto: Otte, Slg. Grundmann*

Vergleich der Baureihen 58 und 58 (Kst) im Bw Arnstadt.

Art	58 Rost	58 Kst
Kohlenverbrauch in t pro 1000 km		
Steinkohle	15,40	-
Brikett	15,55	-
Rohbraunkohle	-	-
Magersteinkohle	1,82	-
Kohlenstaub	-	29,30
Brennstoffkosten pro 1000 km in DM	1560	586
Brennstoffkosten umgerechnet auf BE	39,60	29,30
Brennstoffverbrauch pro 10^6 Btkm in t umgerechnet auf BE	167,50	106,20
Brennstoffeinsparung in % bezogen auf 1000 km	-	26

Einfluß auf die Gesamtwirtschaftlichkeit der gesamten Lokomotivbetriebskosten ausüben kann, daß ein weiterer Umbau dieser Lokgattung empfohlen werden könnte.«

Ein weiterer Bericht vom Kohlenstaubkollektiv Wendler im TZA liegt vom 1. Juni 1959 vor. Im Bw Arnstadt wurden die Baureihen 44, 65 und 58 untersucht. Nachfolgend die Ergebnisse über die Messungen bei der BR 58.

Mit diesen Ergebnissen war zwar die 58 Kst gegenüber der Ursprungsvariante günstiger, doch im Vergleich zu den anderen untersuchten BR schnitt sie schlechter ab. Bei dem Resultat

Während die Draisine im Vordergrund auf ihren nächsten Einsatz wartet, rangierte im Hintergrund die 58 457. Auffällig bei der Maschine ist das Dampfläutewerk der Bauart Latowski. *Foto: Slg. Stange*

Im Bahnhof Tharandt begegneten sich am 19. Mai 1961 die 58 1769 und die 58 1952. Für den Schiebedienst auf der Tharandter Steigung besaß die 58 1952 eine »Kellersche Kupplung«. Der Lokführer löste nach Beendigung des Schiebedienstes die Kupplung über ein Seil, bevor sich die Lok vom Zug absetzte. *Foto: Slg. Grundmann*

Brennstoffeinsparung in % bezogen auf 10^6 Btkm umgerechnet auf BE war das Verhältnis wie folgt:

BR 44 (1957)	44 (1958)	65 (1957)	65 (1958)	58 (1958)
49,7	43,3	23,2	38,7	36,6

Bereits im Jahre 1953 lag ein Untersuchungsbericht zu den Vergleichen zwischen den Baureihen 44 und 58 mit Kohlenstaubfeuerung vor. Bereits da wurden bei der BR 44 Kst gegenüber der rostgefeuerten (mit totem Feuerbett) gleichen Reihe und der 58 Kst höhere prozentuale Einsparungen ermittelt. Jedoch war die BR 58 Kst bis Mitte der 60er-Jahre im Gegensatz zu anderen Gattungen eine wertvolle Baureihe im schweren Güterzugdienst. Lediglich die Baureihen 44 Kst und 52 Kst überlebten sie um ein Jahrzehnt. Der geplante Umbau von über 100 Lokomotiven der G 12 kam nicht mehr zu Stande.

6. Betriebsdienst: Die Situation nach 1945

6.1 Der Verbleib

Bis 1945 schieden insgesamt 38 Lokomotiven der Baureihe 58 aus. In dieser Summe sind auch die Maschinen enthalten, die als vermisst geführt werden, sowie die kriegsbedingten Ausmusterungen bis 1945, aber auch die zuvor ausgemusterten Lokomotiven. Somit waren nach Kriegsende noch etwa 1.400 vorhanden. Der Großteil verblieb auf den deutschen Schienen, bei der Reichsbahn in den Westzonen waren es 548 Stück, bei der Reichsbahn in der Sowjetischen Besatzungszone (SBZ) 506 Exemplare. Ferner verblieben u.a. 42 Lokomotiven in Bulgarien, 50 in Jugoslawien und 110 in Polen. In diesen Zahlen sind nicht die Weitergaben, Rückgaben, Requirierungen oder Fremdlokomotiven enthalten. Nach einem Verteilerschlüssel hat Ingo Hütter die einzelnen Gattungen mit ihren zahlenmäßigen Veränderungen aufgelistet.

Nach den Abgaben verblieben in Deutschland bei der DRw (bzw. DB) 485 (davon wurden noch einmal zwei an die SNCF und vier an die CFL abgegeben) sowie 428 bei der DRo/DR (davon 20 an die PKP und zwei weitere Abgaben).

6.2 Westzone und Deutsche Bundesbahn

Für die Nachkriegszeit waren Suchmeldungen nichts außergewöhnliches. Am 2. Februar 1946 erging von der Reichsbahn-Generaldirektion in der Britischen Besatzungszone in Bielefeld ein Telegrammbrief an die Direktionen Essen, Hamburg, Hannover, Köln, Münster und Wuppertal, um gemäß der Verfügung vom 6. Dezember 1945 nach Lokomotiven der Luxemburgischen Eisenbahnen zu suchen. (Weiter ab Seite 127).

Vorgang	Preußen	Baden	Württ.	Sachsen	Elsass	Summe
DRG-Plan 1925	1.143	98	43	62	0[1]	1.346[2]
Abgabe PH an DRB	7	0	0	0	0	1.353
Abgabe PKP an DRB	1	0	0	0	0	1.354
Abgabe SNCF an DRB[3]	4	0	0	0	71	1.429
Ausmust. bis 1945, KV, verm	20	8	1	0	9	1.391
Verbleib BDZ	35	6	1	0	0	
Verbleib CFL	5	0	0	0	1	6
Verbleib CFL, an SNCF	0	0	0	0	5	
Verbleib CSD	5	0	0	1	0	
Verbleib CSD/R	9	1	0	0		
Verbleib DRw (DB)	479	30	34	0	5	
Verbleib DRw, an CFL	4	0	0	0	0	
Verbleib DRw, an SNCF	2	0	0	0	19	
Verbleib DRo (DR)	406	32	2	57	9	
Verbleib DRo, an CSD	1	0	0	0	0	
Verbleib DRo, an PKP	20	3	0	0	0	
Verbleib DRo, an SMA	1	0	0	0	8	
Verbleib JDZ	48	2	0	0	0	
Verbleib SZD	4	4	0	1	0	
Verbleib SZD, an PKP	1	0	0	0	0	
Verbleib BÖB (ÖBB)	5	0	0	0	0	
Verbleib BÖB	1	0	0	0	0	
Verbleib BÖB	0	0	0	0	2	
Verbleib BÖB, an SNCF, an CFL	0	0	0	0	1	
Verbleib BÖB/T, an SMA	1	0	0	0	0	
Verbleib PKP	87	10	3	3	7	
Verbleib PKP, an DR	13	2	0	0	0	
Verbleib SNCB, an DRw	2	0	0	0	0	
Verbleib SNCF	5	2	2	0	5	

1   118 Lokomotiven im Elsass, aber nicht im DRG-Umzeichnungsplan enthalten
2   Gesamtzahl einschließlich der elsässischen Lokomotiven 1.484
3   Abgabe als Leihlokomotive

Verbleib der ehemaligen badischen G 12

DRB-Nr.	Verbleib 1945	Umzeichnung	letztes Bw	Ausmusterung	Bemerkung
58 201	DR		Dresden	24.05.1974	keine Umzeichnung, da 1968 z
58 202	PKP	Ty 1-29			
58 203	PKP	Ty 1-3		11.04.1970	
58 204	DB		Karlsruhe Rbf	14.08.1950	
58 205	DR		Großkorbetha	06.11.1958 (?)	Kriegsschaden, 1945 z; a. Q. + 1953
58 206	DB		Karlsruhe Rbf	14.08.1950	
58 207	DR	58 1207-8	Aue	20.08.1976	
58 208	PKP	Ty 1-100			
58 209	DR	Dsp 9	Dresden-Altstadt	12.03.1968	1955–1957 vermietet als Heizlok nach Meerane
58 210	PKP	Ty 1-4			
58 211	DR	58 1211-0	Altenburg	11.10.1971	
58 212	DR		Adorf	25.03.1968	
58 213	DB		Karlsruhe Rbf	20.09.1948	
58 214	DR	58 1214-4	Zwickau	18.11.1970	
58 215	DB		Villingen	20.11.1951	
58 216	DB		Karlsruhe Rbf	12.05.1955	
58 217	DB		Villingen	1952	1945 abgst.
58 218	DR	58 1218-5	Aue	15.11.1974	15.11.1974 verkauft Heizlok Ziegelei Oberlungwitz (Neukirchen), 1976 weiter an VEB Möbelstoff- und Plüschwerk Hohenstein-Ernttthal, 1983 an VEB Trikotagen Apolda
58 219	DRG		Villingen (?)	1933	
58 220	DR	58 1220-1	Karl-Marx-Stadt	11.10.1971	keine Umz., da 22.04.1970 z
58 221	DB		Freiburg	1952	1945 abgst.
58 222	PKP	Ty 1-30	Glauchau	02.1969	01.1956 an DR, Umz. 58 2144II
58 223	DB		Villingen	20.01.1952	
58 224	DB		Villingen	14.08.1952	
58 225	PKP	Ty 1-99			
58 231	DR		Arnstadt	29.03.1968	Kohlenstaubfeuerung Wendler
58 232	PKP	Ty 1-31			
58 233	DR	58 1233-4	Karl-Marx-Stadt	17.10.1975	
58 234	PKP	Ty 1-32	Gniezno	26.04.1966	
58 235	PKP	Ty 1-33			
58 236	PKP	Ty 1-5			
58 237	BDZ	13.01		1973	
58 238	DRB			bis 1938	
58 239	DR	SDAG Nr. 10	Zwickau	01.10.1967	01.01.1967 (!) Abgabe an SD AG Wismut Gera als Werklok, a. Q. 12.01.1968 verk., ++ 1978
58 240	DB		Karlsruhe Rbf	14.08.1950	
58 241	DRB		(RBD Wien)	11.07.1944	Bombenbeschädigt von BDZ/L
58 242	DB			20.09.1948	
58 243	BDZ	13.02		1954	
58 244	DR	58 1344-9	Riesa	01.03.1973	
58 245	DRB		Wien Süd (?)	bis 1945	Kriegsschaden, von BDZ/L, als Schadlok evtl. in Riesa?
58 246	DB		Villingen	20.01.1952	
58 247	DB		Karlsruhe Rbf	14.08.1950	
58 248	DB		Jünkerath	20.01.1952	
58 249	PKP	Ty 1-66			
58 250	DB		Kornwestheim	20.09.1948	
58 251	DR		Riesa	19.06.1968	
58 252	DB		Singen	02.1951	z 08.47
58 253	DR		Altenburg	02.05.1967	
58 254	DB		Landau	02.1951	z 17.12.1945
58 255	DR	SDAG Nr. (?)	Riesa	01.10.1967	01.10.1967 an SD AG Wismut Ronneburg als Werklok, ++ ca. 1974
58 256	DRG		Villingen (?)	vor 1938	
58 257	DRG			1933	
58 258	DR		Aue	20.06.1967	
58 259	DR	(58 1259-9)	Riesa	12.10.1970	keine Umzeichnung, da 1969 z
58 260	DB		Singen	20.01.1952	
58 261	DR	58 1261-5	Dresden	02.04.1971	28.10.1971 Ums. Museumslok
58 262	DRG		Villingen	vor 1938	

DRB-Nr.	Verbleib 1945	Umzeichnung	letztes Bw	Ausmusterung	Bemerkung
58 263	DR	58 1263-1	Dresden	02.12.1970	
58 264	DB		Singen	1951	
58 265	DRG		Karlsruhe	1945	von BDŽ/L, Wien Süd
58 266	SNCF	1-150-C-266	Thionville	02.05.1952	Umz. in 1-150-C-866
58 267	DB		Karlsruhe Rbf	20.09.1948	zuvor abgst. in Kassel
58 268	SZD	T58 268			
58 269	DR	58 3052-6	Glauchau	07.11.1980	Reko 10.02.1962
58 270	DB		Villingen	14.08.1952	
58 271	DR		Dresden	01.09.1969	verkauft 01.09.1969 an Marzipanfabrik Vadossi Radebeul
58 272	PKP	Ty 1-6			
58 281	PKP	Ty 1-34			
58 282	BDŽ	13.03		1954	
58 283	DB		Karlsruhe Rbf	14.08.1950	
58 284	DR		Karl-Marx-Stadt-Hilbersdorf	15.09.1967	verkauft 15.09.1967 an VEB Getriebewerk Penig
58 285	DR	58 3025-2	Riesa	01.02.1977	Reko 23.01.1960
58 286	DRG			vor 1938	
58 287	DR		Karl-Marx-Stadt-Hilbersdorf	12.03.1968	
58 288	DB		ED Stuttgart	20.09.1948	
58 289	DB		Villingen	20.11.1951	
58 290	SZD			1947	Werklok in der UdSSR
58 291	PKP	Ty 1-1ᴵᴵ	Poznan		
58 292	BDŽ	13.04	Vakarel	1973	1993 abgst. Vakarel
58 293	PKP	Ty 1-35			
58 294	DR		Riesa	26.08.1968	
58 295	DB		Bw Karlsruhe Rbf	14.08.1950	
58 296	JDŽ	36 001			Umz. 1947 in 33-001
58 297	SNCF	1-150-C-297	Muhlhouse Nord	14.11.1953	Umz. in 1-150-C-897
58 298	DR		Dresden-Friedrichstadt	31.01.1951	1945 abgst.
58 299	DRw		Karlsruhe Rbf	20.09.1948	
58 300	DRw			20.09.1948	
58 301	DB		Ehrang	13.08.1952	
58 302	BDŽ	13.05		1953	
58 303	DB		Ehrang	13.08.1952	
58 311	DR	58 1111-2	Aue	19.03.1977	verkauft, Museumslok DDM, 1986 an UEF
58 312	DR	58 3019-5	Glauchau	04.11.1977	Reko 23.06.1959
58 313	DR		Pirna	01.08.1967	
58 314	DB		Kaiserslautern	20.11.1951	
58 315	DR		Dresden	10.06.1969	
58 316	JŽ	36-002			Umz. 1947 in 33-002
58 317	ČSD/R				
58 318	BDŽ	13.06		1960	

Verbleib der ehemaligen sächsischen G 12

DRB-Nr.	Verbleib 1945	Umzeichnung	letztes Bw	Ausmusterung	Bemerkung
58 401	DR		Est Zeitz	05.12.1968	z 12.12.1968
58 402	PKP	Ty 1-7	Zbaszynek	16.01.1966	
58 403	DR		Nossen	12.03.1968	
58 404	DR		Halle G	29.07.1968	Kohlenstaubfeuerung Wendler
58 405	DR		Gotha	13.05.1971	
58 406	DR		Riesa	09.06.1969	06.1969 Umbau Dsp, Dresden-Friedrichstadt + 1991
58 407	DR		Aue	10.10.1968	
58 408	DR		Nossen	06.10.1967	
58 409	DR		Röblingen	17.08.1967	
58 410	SZD			08.1951	30.06.1945 Dresden-Friedrichstadt abgefahren
58 411	DR		Dresden	16.02.1968	
58 412	DR	58 3056-7	Glauchau	01.09.1980	Reko 31.08.1962
58 413	DR		Glauchau	06.09.1968	
58 414	ČSD	536.0502			
58 415			Karl-Marx-Stadt	18.11.1970	keine Umzeichnung, da 1969 z
58 416	PKP	Ty 1-112		1943 bei DR (?)	

DRB-Nr.	Verbleib 1945	Umzeichnung	letztes Bw	Ausmusterung	Bemerkung
58 417	DR		Karl-Marx-Stadt-Hilbersdorf	15.09.1967	15.09.1967 verkauft an VEB Getreidewerk Penig
58 418	DR		Naumburg	28.10.1968	
58 419	DR		Est Zeitz	19.06.1968	verkauft am 01.10.1968 an Zuckerfabrik in Artern (a. Q. an Zuckerfabrik Erdeborn, BT Röblingen)
58 420	DR		Adorf	23.12.1953	
58 421	DR		Dresden-Altstadt	12.03.1968	
58 422	DR		Riesa	10.06.1969	Umbau Dsp, Dresden-Friedrichstadt + 1991
58 423	DR		Dresden	02.12.1970	Umzeichnung geplant, 04.1970 z, kurzzeitig Kst
58 424	DR		Karl-Marx-Stadt Hbf	20.04.1970	
58 425	DR		Nossen	23.07.1968	
58 426	DR		Est Werdau	10.10.1967	
58 427	DR	58 1427-2	Dresden	26.11.1974	
58 428	DR		Dresden-Friedrichstadt	14.07.1967	Heizlok VEB Starkstrommeisterei Dresden, Kst
58 429	DR	58 1329-0	Riesa	02.03.1973	
58 430	DR	1423-8	Dresden-Friedrichstadt	14.07.1967	Kohlenstaubfeuerung Wendler
58 431	PKP	Ty 1-68			30.06.1945 von SMA abgefahren
58 432	DR		Halle G	28.02.1967	Kohlenstaubfeuerung Wendler
58 433	DR	58 3005-4	Glauchau	10.02.1978	Reko 03.10.1958, verkauft 10.11.1978 Heizlok VEB Starkstrommeisterei Dresden
58 434	DR		Dresden	30.09.1970	keine Umzeichnung, da 1969 z
58 435	DR	Dsp 6	Karl-Marx-Stadt-Hilbersdorf	12.03.1968	Umbau in Dsp, + 1990
58 436	DR	Dsp 7	Riesa	09.06.1969	10.06.1969 Dampfspender Nr. 7, +
58 437	DR	Dsp 21	Adorf	31.05.1968	Umbau in Dsp, + 03.1989
58 438	DR		Zwickau	06.09.1968	
58 439	DR		Riesa	29.04.1969	
58 440	DR		Riesa	12.05.1969	
58 441	DR		Riesa	29.04.1969	
58 442	DR		Riesa	18.11.1968	
58 443	DR	58 1443-9	Halle G	14.02.1979	
58 444	DR		Halle G	28.02.1967	Kohlenstaubfeuerung Wendler
58 445	DR		Röblingen	26.07.1968	
58 446	DR		Nossen	18.08.1970	keine Umzeichnung, da 1969 z
58 447	DR	58 1447-0	Karl-Marx-Stadt	24.05.1974	verkauft 25.03.1974 Heizlok (nur Kessel) Wäschefabrik Hartmannsdorf (bei Karl-Marx-Stadt)
58 448	DR		Halle G Riesa	19.06.1968	
58 449	DR		Zwickau	01.07.1967	01.07.1967 verkauft Heizlok Pechpiering Eich bei Auerbach (Vogtl)
58 450	DR		Karl-Marx-Stadt	20.02.1969	
58 451	DR	Dsp 13	Dresden	27.03.1968	1968 Umbau Dsp 13, + 1990
58 452	DR		Zittau	01.08.1967	
58 453	DR		Est Zeitz	21.05.1968	Kurzzeitig Kohlenstaubfeuerung
58 454	DR		Dresden-Friedrichstadt	14.05.1968	Kohlenstaubfeuerung Wendler
58 455	DR		Dresden-Friedrichstadt	26.07.1968	Kohlenstaubfeuerung Wendler
58 456	DR		Dresden-Altstadt	14.05.1968	Kohlenstaubfeuerung Wendler
58 457	DR		Halle G	20.06.1967	Kohlenstaubfeuerung Wendler
58 458	DR	58 1458-7	Dresden	02.03.1973	
58 459	DR	58 1459-5	Karl-Marx-Stadt	30.11.1973	verkauft 24.05.1974 Heizlok Feinwaschmittelfabrik Mohlsdorf (bei Karl-Marx-Stadt)
58 460	DR		Engelsdorf	06.04.1946	Kriegsschaden, 1945 z
58 461	DR		Altenburg	17.08.1967	
58 462	DR		Aue	10.10.1967	

Verbleib der ehemaligen württembergischen G 12

DRB-Nr.	Verbleib 1945	Umzeichnung	letztes Bw	Ausmusterung	Bemerkung
58 501	DB		Villingen	20.11.1951	
58 502	DB		Karlsruhe	1951	Heizlok in Karlsruhe Hbf (noch 1962)
58 503	DRw		ED Stuttgart	20.09.1948	ab 1946 als Dsp in einem Aw
58 504	PKP	Ty 1-?			
58 505	DB		Villingen	14.11.1951	
58 506	PKP	Ty 1-?			

DRB-Nr.	Verbleib 1945	Umzeichnung	letztes Bw	Ausmusterung	Bemerkung
58 507	DRw			20.09.1948	
58 508	DB		Lauda	14.08.1950	
58 509	DRw			20.09.1948	
58 510	DB			20.09.1948	
58 511	DB		Villingen	08.1952	
58 512	DB		Karlsruhe Rbf	14.08.1950	1950 Heizlok in Heidelberg (noch 1954)
58 513	DB		Villingen	08.1952	
58 514	DB		Singen	14.08.1950	
58 515	DB		Haltingen	20.09.1948	a.Q. PKP (?)
58 516	DR		Engelsdorf	28.11.1953	Schadlokomotive, abgst. 1945
58 517	DB		Kaiserslautern	28.11.1953	
58 518	DB		Lauda	20.09.1948	
58 519	DB		Lauda	20.09.1948	
58 520	DB		Lauda	20.09.1948	
58 521	DB		Lauda	20.09.1948	
58 522	DB		Singen	1950	
58 523	DB		Singen	08.1952	
58 524	SNCF	1-150-C-524	Thionville-Longwy.	23.03.1955	Umz. in 1-150-C-824
58 525	DRw		Lauda	20.09.1948	
58 526	DRw (DB)		Lauda	27.05.1947	
58 527	DB		Kaiserslautern	14.11.1951	
58 528	DRw		Heilbronn	bis 1948	
58 529	DRw		Lauda	20.09.1948	
58 530	DB		Karlsruhe Rbf	14.08.1950	
58 531	DRw		Lauda	20.09.1948	
58 532	DB		Singen	1951	
58 533	DRw		Lauda	20.09.1948	
58 534	DRw			20.09.1948	
58 535	DRw			20.09.1948	
58 536	SNCF	1-150-C-536	Thionville	08.04.1954	Umz. in 1-150-C-836, 30.10.1945 von DRw
58 537	DRw		Karlruhe Rbf	20.09.1948	
58 538	DB		Lauda	14.08.1950	
58 539	DB		Villingen	14.11.1950	
58 540	DRw		Lauda	20.09.1948	
58 541	DR		Dresden-Friedrichstadt	26.07.1968	Kohlenstaubfeuerung Wendler
58 542	DB		Lauda	14.08.1950	
58 543	BDZ?			31.12.1943 SO Leihlok	

Verbleib der ehemaligen preußischen G 12

DRB-Nr.	Verbleib 1945	Umzeichnung	letztes Bw	Ausmusterung	Bemerkung
58 1002	DRw		ED Kassel (?)	20.09.1948	
58 1003	JDZ	30-103			Umz. 1947 in 36-003
58 1004	DRw		Rbd München	20.09.1948	
58 1005	DRw		Landshut	04.10.1948	a.Q. +20.09.1948
58 1006	DRw		ED Kassel (?)	20.09.1948	
58 1007	DRw		Aalen	20.09.1948	
58 1008	DRw		Aachen Hbf	20.09.1948	
58 1009	DR		Dresden	12.05.1969	
58 1010	DR		Großkorbetha	06.11.1958	
58 1011	DRw		Lauda	20.09.1948	
58 1012	JDZ	30-104			Umz. 1947 in 36-004
58 1013	DR		Glauchau	20.09.1948	abgst. 1947; a. Q. DRw 20.09.1948
58 1014	PKP	Ty 1-113			
58 1015	DR		Aschersleben	06.04.1946	
58 1016	DB		Villingen? (Offenburg)	14.11.1952	
58 1017	DR		Altenburg	05.06.1968	
58 1018	DRw		ED Köln (?)	20.09.1948	
58 1019	DRw			20.09.1948	
58 1020	DR	58 1020-5	Weißenfels	11.10.1971	
58 1021	DRw		Lauda	20.09.1948	
58 1022	DR		Berlin-Rummelsburg	31.01.1951	
58 1023	DR	58 1023-9	Riesa	15.01.1975	verkauft an VEB Ziegeleiwerke Gera, BT Caaschwitz

DRB-Nr.	Verbleib 1945	Umzeichnung	letztes Bw	Ausmusterung	Bemerkung
58 1024	PKP	Ty 1-36	Krzyz (Kreuz)	03.01.1957	
58 1025	DR		Altenburg	13.11.1968	
58 1026	JDZ	30-105			Umz. 1947 in 36-005
58 1027	DRw		Northeim	20.09.1948	
58 1028	DR	58 1028-8	Riesa	02.03.1973	
58 1029	DR		Merseburg	25.03.1953	als z-Lok 1946–1953 in Bitterfeld
58 1030	DRw		ED Wuppertal	20.09.1948	
58 1031	DRw		Fulda	20.09.1948	
58 1032	DRw		ED Hannover	20.09.1948	
58 1033	BDZ	13.07		1952	
58 1034	CSD			10.07.1956	
58 1035	DR	58 1035-3	Dresden	24.05.1974	
58 1036	DRw		Fulda (?)	20.09.1948	
58 1037	BDZ	13.08		1954	+ 04.01.1945 bei DRB
58 1038	DR	58 1038-7	Dresden	02.03.1973	
58 1039	DR			25.01.1951	
58 1040	DR	58 1040-3	Aue (Sachs)	01.07.1975	verkauft an Lederwerke Zug in Pößneck
58 1041	DR	58 1041-1	Karl-Marx-Stadt	02.03.1973	
58 1042	DR	58 1042-9	Aue (Sachs)	1976 (z 21.12.1975)	02.12.1976 Umbau in Dsp 11, ++ 06.1987 (abgst. Bf Nossen)
58 1043	DR		Merseburg	02.05.1967	
58 1044	DR		Zittau	15.07.1968	
58 1045	DRw		Kreiensen	20.09.1948	
58 1046	DRw			20.09.1948	
58 1047	DB		Singen	14.11.1952	
58 1048	DR		Arnstadt	26.07.1968	Kohlenstaubfeuerung Wendler
58 1049	DR	58 1049-4	Saalfeld	13.05.1971	
58 1050	BDZ	13.09		1957	
58 1051	DRw		ED Wuppertal	20.09.1948	
58 1052	CSD/R				
58 1053	DB		Singen	14.11.1952	
58 1054	DRw		Wetzlar	20.09.1948	
58 1055	DRw		Ingolstadt	20.09.1948	
58 1056	DR		Zeitz	26.07.1968	
58 1057	PKP	Ty 1-114			
58 1058	CSD			25.05.1961	Werklok in Huta Ostrava
58 1059	DB		Siegen	11.01.1952	
58 1060	DR	58 1060-1	Riesa	30.09.1970	
58 1061	DRw			20.09.1948	
58 1062	DB		Lauda	14.11.1951	
58 1063	DRw		Altenbeken (?)	20.09.1948	
58 1064	DRw		Soest	20.03.1948	
58 1065	DRw		Nürnberg Rbf	20.09.1948	
58 1066	DR	58 1066-8	Dresden	02.03.1973	
58 1067	DB		ED Wuppertal	20.09.1948	
58 1068	DR		Halle G	12.01.1967	Kohlenstaubfeuerung Wendler
58 1069	DB		Lauda	20.11.1951	
58 1070	PKP	Ty 1-126	Poznan (Posen)		
58 1071	DRw		Northeim	20.09.1948	
58 1072	DR		Großkorbetha	1958	abgst. 25.08.1948, ++1959; a. Q. PKP?
58 1073	DR	58 1073-4	Aue (Sachs)	15.08.1974	(27.09.1974) verkauft an den Komplexen Wohnungsbau Dresden, BT Neustadt (Sachsen)
58 1074	DB		Singen	14.11.1952	
58 1075	DR	58 1075-9	Erfurt, Est Weimar	13.05.1971	
58 1076	BDZ	13.10		1952	
58 1077	DRw		Aachen Hbf	20.09.1948	
58 1078	PKP	Ty 1-37	Riesa	20.09.1971	02.1956 an DR, Umz. in 58 2146[II], keine EDV-Nr., da 1970 z
58 1079	DRw		Soest	20.09.1948	
58 1080	BDZ	13.11		1952	
58 1081	DB		Singen	14.11.1952	
58 1082	DRw			20.09.1948	
58 1083	DB		Villingen	14.11.1952	
58 1084	DR		Dresden	04.11.1968	
58 1085	DB		Kaiserslautern	1951	abgst. 02.1948

DRB-Nr.	Verbleib 1945	Umzeichnung	letztes Bw	Ausmusterung	Bemerkung
58 1086	DRw		ED Kassel (?)	20.09.1948	1945 Mitnahme durch amerik. Alliierte aus Erfurt G
58 1087	DR	58 1087-4	Saalfeld	08.06.1972	
58 1088	DB		Villingen	14.11.1952	a. Q. CSD (?)
58 1089	DR		Nordhausen	25.06.1968	
58 1090	JDZ	30-106			Umz. 1947 in 36-006
58 1091	DR	58 1091-6	Gotha	08.06.1972	
58 1092	DRw		ED Kassel	20.09.1948	
58 1093	DB	Heizlok 1019	Schweinfurt	04.08.1949	Heizlok in Schweinfurt (noch 1964)
58 1094	DR	58 1094-0	Nossen	21.08.1974	
58 1095	DR	58 1095-7	Karl-Marx-Stadt	18.11.1970	
58 1096	DRw		ED Wuppertal	20.09.1948	
58 1097	DR		Riesa	21.05.1968	
58 1098	DRw			20.09.1948	
58 1099	PKP	Ty 1-69	Poznan		
58 1100	DB		Villingen	14.11.1951	
58 1101	BDZ	13.12		1953	
58 1102	PKP	Ty 1-70			
58 1103	DR	58 1103-9	SAALFELD	08.06.1972	
58 1104	DRw		Bw Aalen	28.06.1946	abgst. Nördlingen
58 1105	DR		Merseburg	02.10.1967	vermietet 1967 an Zuckerfabrik Lützen als Heizlok
58 1106	DRw		Holzminden	20.09.1948	
58 1107	DR	58 1107-0	Aue (Sachs)	16.01.1975	
58 1108	DRw		Nürnberg Rbf	20.09.1948	abgst. Neuenmarkt-Wirsberg
58 1109	DR	58 1109-6	Gotha	12.04.1971	keine Umz., da abgst. 10.02.1969, z 11.06.1969
58 1110	DR	(58 1110-4)	Zeitz	10.06.1969	Umzeichnung geplant, nicht ausgeführt
58 1111	DB		Ehrang	07.07.1951	
58 1112	DR		Dresden-Friedrichstadt	14.07.1967	Kohlenstaubfeuerung Wendler
58 1113	DRw			20.09.1948	
58 1114	DR	58 1114-6	Reichenbach	16.01.1975	
58 1115	DR		Dresden-Friedrichstadt	02.10.1967	Kohlenstaubfeuerung Wendler
58 1116	DB		Soest	14.11.1951	
58 1117	DRw		Ingolstadt	20.09.1948	
58 1118	DRw			20.09.1948	
58 1119	DR	58 1119-5	Saalfeld	08.06.1972	
58 1120	DB		Friedberg	20.11.1951	
58 1121	DR		Altenburg	05.06.1968	
58 1122	DRw		Nürnberg Rbf	20.09.1948	
58 1123	CSD		Cadca	1951	
58 1124	JDZ 30-107				Umz. 1947 in 36-007
58 1125	DR	58 1125-2	Saalfeld	02.03.1973	
58 1126	DR		Riesa	19.02.1969	
58 1127	DRw		Aschaffenburg	20.09.1948	
58 1128	DR		Gotha	30.11.1953	abgst. und z 12.04.1948
58 1129	JDZ 30-108				Umz. 1947 in 36-008
58 1130	PKP	Ty 1-8	Leszno (Lissa)	30.04.1951	
58 1131	DR		Aschersleben	25.11.1946	
58 1132	DR	58 1132-8	Aue (Sachs)	09.01.1976	seit 09.1975 Heizlok in Gießereikombinat Karl-Marx-Stadt (a. Q. seit 09.1974)
58 1133	DRw		ED Regensburg (?)	20.09.1948	
58 1134	DR		Sangerhausen	14.02.1968	
58 1135	DRw		ED Hannover	20.09.1948	
58 1136	BDZ	13.13	Vakarel	1973	1993 abgst. Bf Vakarel
58 1137	DB		Karlsruhe Rbf	20.11.1951	
58 1138	DRw		Kassel	11.03.1946	
58 1139	JDZ	30-109			Umz. 1947 in 36-009
58 1140	DRw		ED Kassel	20.09.1948	
58 1141	DRw	HL 10	Bielefeld	20.09.1948	Heizlok 10 im Bww Hannover
58 1142	DRw		Soest	20.09.1948	
58 1143	DR	58 1143-5	Gotha	08.06.1972	
58 1144	DB		Frankfurt (M) 2	14.11.1951	
58 1145	DB		Frankfurt (M) 2	20.11.1951	
58 1146	DRw			08.04.1948	
58 1147	DRw			20.09.1948	
58 1148	DRw		ED Hannover	20.09.1948	

DRB-Nr.	Verbleib 1945	Umzeichnung	letztes Bw	Ausmusterung	Bemerkung
58 1149	DR		Sangerhausen	07.05.1968	
58 1150	DRw		Aschaffenburg	20.09.1948	
58 1151	DR		Halle G	20.12.1951	abgst. 1945, u.a. in Bitterfeld
58 1152	DRw		Kassel	20.09.1948	
58 1153	DRw			20.09.1948	
58 1154	PKP	Ty 1-101			
58 1155	DR	58 1155-9	Aue (Sachs)	16.01.1975	
58 1156	DRw			20.09.1948	
58 1157	DB			14.11.1951	
58 1158	DRw		Northeim	20.09.1948	
58 1159	DR	58 1159-1	Dresden	24.10.1973	verkauft an VEB Technische Textilien Meerane, BT Meuselwitz
58 1160	DB		Siegen	14.11.1951	
58 1161	PKP	Ty 1-38	Poznan	07.1949	
58 1162	DRw		Soest	20.09.1948	
58 1163	DRw		Soest	20.09.1948	
58 1164	DRw		Kiel	20.09.1948	a. Q. + 30.10.1948
58 1165	DB		Siegen	11.01.1952	
58 1166	DRw		ED Kassel (?)	20.09.1948	
58 1167	DRw		Bielefeld	20.09.1948	
58 1168	DRw		Soest	20.03.1948	
58 1169	DRw			20.09.1948	
58 1170	DR	58 1170-8	Riesa	02.03.1973	
58 1171	CFL	54 41		26.01.1959	
58 1172	DB		Bestwig	13.12.1950	
58 1173	PKP				keine Umzeichnung
58 1174	PKP	Ty 1-71			
58 1175	JDZ	30-110			Umz. 1947 in 36-010
58 1176	DRw		Altenbeken (?)	20.09.1948	
58 1177	DRw			20.09.1948	
58 1178	DRw		Friedberg	20.09.1948	
58 1179	DR		Altenburg	05.06.1968	
58 1180	vermisst				31.12.1943 BDZ Leihlok
58 1181	DB		Frankfurt (M) 2	14.11.1951	
58 1182	DRw		Aalen	20.09.1948	
58 1183	DRw		Seelze	20.09.1948	
58 1184	DR		Nossen	15.07.1968	
58 1185	DR	58 1185-6	Dresden	26.09.1973	12.1973 Heizlok in Dresden
58 1186	DRw			20.09.1948	
58 1187	DR	58 1187-2	Riesa	11.10.1971	
58 1188	DB		ED Trier	07.07.1951	
58 1189	DR	(58 1189-8)	Est Weimar	11.10.1971	keine Umz., da abgst. 03.01.1969, z 25.06.1969
58 1190	DR	58 1190-6	Nordhausen	11.10.1971	
58 1191	DR		Nossen	18.11.1968	
58 1192	DR		Altenburg	06.09.1968	
58 1193	DRw (DB)		ED München	25.04.1947	
58 1194	DR	58 1194-8	Dresden	14.04.1976	
58 1195	DR	58 1195-5	Aue (Sachs)	30.07.1974	
58 1196	DR	Ty 1-39			1945 an PKP
58 1197	DRw		Plattling	20.09.1948	
58 1198	PKP	Ty 1-40	Gniezno	1969	
58 1199	DRw		Soest	20.09.1948	abgst. 1945
58 1200	ÖBB/T			14.11.1952	1946 an DRw/DB
58 1201	DR	58 1201-1	Dresden	02.03.1973	
58 1202	DR		Weimar	21.05.1968	
58 1203	DR		Riesa	29.04.1968	a. Q. BDZ 13.27 +1953 (?)
58 1204	JDZ	30-111			Umz. 1947 in 36-011
58 1205	DR		Riesa	23.12.1968	Kessel als Wärmespender in der Bezirksdirektion für Post- und Fernmeldewesen Zwickau genutzt (?)
58 1206	DR		Nossen	04.09.1968	
58 1207	DR	58 3043-5		08.1976	Reko 22.04.1961
58 1208	DR	(58 1208-6)	Altenburg	10.06.1969	keine Umz., da 1969 z, kurzzeitig Kst
58 1209	DR	(58 1209-4)	Zwickau	19.11.1970	keine Umz., da 14.02.1969 z
58 1210	PKP	Ty 1-41			

DRB-Nr.	Verbleib 1945	Umzeichnung	letztes Bw	Ausmusterung	Bemerkung
58 1211	DB		Mainz-Bischofsheim	20.11.1951	
58 1212	JDZ	30-112			Umz.1947 in 36-012
58 1213	DRw		Nürnberg Rbf	20.09.1948	
58 1214	DRw			20.09.1948	
58 1215	DR		Dresden-Friedrichstadt	14.07.1967	Kohlenstaubfeuerung Wendler
58 1216	DB			20.09.1948	
58 1217	DB			20.09.1948	
58 1218	DB		Bestwig (?)	20.09.1948	ED Wuppertal
58 1219	DR	58 3051-8	Riesa	15.01.1977	verkauft, Reko 28.12.1961
58 1220	DB		Soest	14.11.1951	
58 1221	DRw		Bayreuth	20.09.1948	abgst. Neuenmarkt-Wirsberg
58 1222	DB		Soest	14.11.1952	
58 1223	DRw		Rheine	20.09.1948	
58 1224	DRw			20.09.1948	
58 1225	DR		Riesa	19.11.1970	keine Umz., da abgst. 27.01.1969, z 29.01.1970
58 1226	JDZ	30-113			Umz. 1947 in 36-013
58 1227	DR	58 1227-6	Dresden	21.08.1974	
58 1228	DR		Gera	29.04.1969	
58 1229	DR	58 3054-2	Riesa	12.02.1980	Reko 18.05.1962
58 1230	DR	58 1230-0	Weißenfels	11.10.1971	
58 1231	PKP	Ty 1-72			
58 1232	DB		Lauda	14.11.1951	
58 1233	PKP	Ty 1-42			
58 1234	SZD			1947	Werklok UdSSR
58 1235	PKP	Ty 1-43			
58 1236	DR		Röblingen	10.05.1967	
58 1237	DB		Jünkerath	11.01.1952	
58 1238	SZD (?)			17.03.1954	Lok als Werklok in der UdSSR gemeldet; a. Q. DB (?)
58 1239	JDZ	30-114			Umz. 1947 in 36-014
58 1240	DRw			20.09.1948	
58 1241	PKP	Ty 1-73			
58 1242	DR		Altenburg	05.12.1968	
58 1243	PKP	Ty 1-44			
58 1244	DR	58 1244-1	Riesa	01.08.1972 ? (03.1973)	
58 1245	DB		Soest	14.11.1951	
58 1246	DR	58 1246-6	Aue (Sachs)	1976 (15.02.1977 Ums.)	1976 Umbau Dampfspender, Dresden-Altstadt, ++1989
58 1247	PKP	Ty 1-10	Aue (Sachs)	26.09.1973	02.1956 an DR, Umz. 58 1247-4
58 1248	DB		ED München	20.09.1948	
58 1249	DB		Wanne Eickel Hbf	14.11.1951	
58 1250	DB		Ottbergen	14.11.1951	
58 1251	PKP	Ty 1-127			
58 1252	PKP	Ty 1-11		29.10.1966	
58 1253	JDZ	30-115			Umz. 1947 in 36-015
58 1254	PKP	Ty 1-12			
58 1255	JDZ	30-116			Umz. 1947 in 36-016
58 1256	BDZ	13.14		1953	
58 1257	PKP	Ty 1-13			
58 1258	DR		Naumburg	05.06.1968	
58 1259	DB		Villingen	14.11.1952	
58 1260	PKP	Ty 1-74			
58 1261	DRw		BD München (?)	19.02.1948	
58 1262	vermisst				
58 1263	DR	58 3030-2	Rostock	16.09.1981	Reko 06.04.1960
58 1264	DRw		Bestwig (?)	20.09.1948	ED Wuppertal
58 1265	DR		Nossen	19.02.1969	
58 1266	DR		Nordhausen	09.05.1968	
58 1267	DRw		Northeim	20.09.1948	
58 1268	DB		Kaiserslautern	14.11.1952	
58 1269	DRw		Landshut	20.09.1948	
58 1270	DR	58 1270-6	Dresden	15.02.1975	verkauft 15.02.1975 an VEB Textilreinigung Riesa
58 1271	DRw		ED Kassel	20.09.1948	
58 1272	JDZ	30-117			Umz. 1947 in 36-017
58 1273	DRw		Kassel	20.09.1948	
58 1274	DB		Landau	14.11.1951	

DRB-Nr.	Verbleib 1945	Umzeichnung	letztes Bw	Ausmusterung	Bemerkung
58 1275	DRw		ED Nürnberg	20.09.1948	
58 1276	PKP	Ty 1-121			
58 1277	DB		Altenbeken	13.12.1950	
58 1278	DRw		Kassel	20.09.1948	
58 1279	DR		Riesa	10.08.1970	keine Umz., da 10.06.1969 z
58 1280	DRw			20.09.1948	
58 1281	JDZ	30-118			Umz. 1947 in 36-018
58 1282	DRw		Ingolstadt	20.09.1948	
58 1283	DR	58 1283-9	Halle G	11.10.1971	1969 (?) als Heizlok an VEB
58 1284	DB		Kaiserslautern	1950	
58 1285	PKP	Ty 1-45			
58 1286	DR		Riesa	10.05.1967	vermietet 12.1966–04.1967 an Stahl- und Walzwerk Gröditz (DR abgst. 20.11.1966, z 16.04.1967)
58 1287	DR	(58 1287-0)	Dresden-Altstadt	19.11.1970	keine Umz., da abgst. 15.04.1969, 29.01.1970 z
58 1288	PKP	Ty 1-46			
58 1289	PKP	Ty 1-75			
58 1290	SZD	Ty 1-47			1945 an PKP
58 1291	DR		Dresden-Altstadt	19.11.1970	keine Umz., da abgst. 21.07.1969, z 29.01.1970
58 1292	vermisst				
58 1293	DRw			20.09.1948	
58 1294	JDZ	30-119			Umz. 1947 in 36-019
58 1295	DR		Halle G	06.11.1958	abgst. und z 04.1948
58 1296	DR		Saalfeld	15.07.1968	
58 1297	PKP	Ty 1-76		26.09.1969	Museumslok in Wolsztyn
58 1298	BDZ	13.15		1954	
58 1299	DR	58 1299-5	Reichenbach, Est Zwickau	26.09.1973	vermietet 11.1971–03.1972 an SD AG Wismut Seelingstädt (DR abgst. 29.07.1971, z 31.05.1972)
58 1300	DR		Erfurt G	05.10.1950	
58 1301	DRw		Lauda	20.09.1948	abgst. 1945
58 1302	CSD	536.0500		10.07.1956	
58 1303	DR	(58 1303-5)	Gotha	11.10.1971	keine Umzeichnung, da 1968 abgst., 23.04.1969 z
58 1304	PKP	Ty 1-48	Krzyz (Kreuz)	20.06.1952	
58 1305	BDZ	13.16		1960	
58 1306	PKP	Ty 1-14	Poznan		
58 1307	DR		Zittau	16.09.1968	
58 1308	CSD	536.0501		10.07.1956	
58 1309	DB		Altenbeken	14.11.1951	
58 1310	JDZ	30-120		1948	keine Umzeichnung 1947 in BR 36
58 1311	DR	58 1311-8	Karl-Marx-Stadt	11.10.1975	
58 1312	JDZ	30-121			Umz. 1947 in 36-020
58 1313	PKP	Ty 1-15			
58 1314	JDZ	30-122			Umz. 1947 in 36-021
58 1315	PKP	Ty 1-16			
58 1316	PKP	Ty 1-17			
58 1317	DRw			20.09.1948	
58 1318	PKP	Ty 1-2	Riesa	19.11.1970	01.1956 an DR, Umz. in 58 1318, keine EDV-Nr, da 23.04.1970 z (abgst. 1969)
58 1319	PKP	Ty 1-78			
58 1320	DR		Aue (Sachs)	18.08.1970	
58 1321	DR		Dresden-Friedrichstadt	24.08.1967	Kohlenstaubfeuerung Wendler
58 1322	vermisst				
58 1323	DR	536.0501?	Aschersleben	25.11.1946	11.1945 an CSD?
58 1324	DR		Aue (Sachs)	16.09.1968	
58 1325	DR		Dresden-Altstadt	25.03.1968	
58 1326	BDZ	13.17		1952	
58 1327	CSD/R				
58 1328	JDZ	30-123			Umz. 1947 in 36-022
58 1329	PKP	Ty 1-50			
58 1330	DR		Altenburg	23.07.1968	
58 1331	PKP	Ty 1-79			
58 1332	PKP	Ty 1-51	Poznan		
58 1333	DB		Kaiserslautern	14.11.1951	
58 1334	PKP	Ty 1-80	Gera	24.07.1969	1955 an DR, Umz. in 58 1334
58 1335	DRw		Northeim	20.09.1948	

DRB-Nr.	Verbleib 1945	Umzeichnung	letztes Bw	Ausmusterung	Bemerkung
58 1336	DR	58 3018-7	Glauchau	15.12.1977 verkauft	Reko 30.05.1959
58 1337	DR	Dsp 28	Halle G	23.12.1968	Umbau in Dsp Nr.28, + 1985 (?)
58 1338	DRw		ED Hannover	20.09.1948	
58 1339	DR	58 3041-9		03.07.1979	Reko 11.04.1961
58 1340	DB		Villingen	14.11.1952	
58 1341	DR		Saalfeld	28.10.1968	
58 1342	CSD				
58 1343	DRw		ED Regensburg (?)	20.09.1948	
58 1344	DR		Oberröblingen	20.12.1951	20.12.1951 als Werklok an Stahlwerk Riesa, seit 1945 abgestellt
58 1345	DR	58 1345-6	Aue (Sachs)	04.11.1977	
58 1346	DR	58 1346-4	Est Merseburg	11.10.1971	Kohlenstaubfeuerung LOWA, dann Wendler
58 1347	DR		Werdau (Sachs)	06.04.1946	abgst. 1945, zerlegt 1946; a. Q. noch Heizlok Bw Güstrow
58 1348	BDZ	13.18		1968	bei DRB + 05.01.1945
58 1349	DR	58 1349-8	Berlin Ostbahnhof	17.10.1971	vermietet 1969–1970 an Milchhof Berlin, dann Heizlok Bww Berlin-Rummelsburg
58 1350	DRw		Landshut	12.10.1946	
58 1351	DRw			20.09.1948	
58 1352	DRw		Altenbeken (?)	20.09.1948	
58 1353	DR		Dresden-Friedrichstadt	06.10.1967	Kohlenstaubfeuerung STUG, dann Wendler
58 1354	DB		Soest	14.11.1951	
58 1355	DB		Northeim	20.09.1948	
58 1356	PKP	Ty 1-17			
58 1357	DR		Dresden-Altstadt	09.05.1968	
58 1358	PKP	Ty 1-102	Poznan	1968	
58 1359	DR	58 1359-7	Karl-Marx-Stadt	26.11.1974	
58 1360	DR	(58 1360-5)	Gera	22.04.1969	Umzeichnung vorgesehen, nicht ausgeführt
58 1361	DR	58 1361-3	Gotha	11.10.1971	
58 1362	DR	58 1362-1	Riesa	11.10.1971	
58 1363	DR	58 1363-9	Riesa	11.10.1971	verkauft 11.10.1971 als Heizlok an Betonwerk Greifswald
58 1364	DRw			20.09.1948	
58 1365	BDZ	13.19		1973	
58 1366	PKP				keine Umzeichnung
58 1367	DB		Frankfurt (M) 2	14.11.1951	
58 1368	DRw		Landshut	22.03.1946	
58 1369	DRw		Bestwig	20.09.1948	ED Wuppertal
58 1370	DRw		ED München (?)	20.09.1948	
58 1371	DR		Berlin-Karlshorst	25.12.1947	bereits 1946 an SMAD
58 1372	DB		Ehrang	07.07.1951	
58 1373	DB		Friedberg	14.11.1951	
58 1374	DR	58 1374-6	Dresden	26.09.1973	
58 1375	DR	58 1375-3	Karl-Marx-Stadt	11.10.1971	
58 1376	BDZ	13.20		1973	Museumslok, Dupnitza
58 1377	vermisst				
58 1378	DR	58 1378-7	Riesa	18.06.1973	
58 1379	DR	58 3001-3	Glauchau	20.08.1976	Reko 31.03.1958
58 1380	DRw		Fulda	20.09.1948	
58 1381	JDZ	30-124			Umz. 1947 in 33-023
58 1382	PKP	Ty 1-52			
58 1383	PKP	Ty 1-81			
58 1384	DR	58 1384-5	Riesa	23.03.1972	
58 1385	DR	58 3034-4	Saalfeld	17.08.1981	Reko 10.06.1960
58 1386	DR		Röblingen	02.10.1967	
58 1387	DR	58 1387-8	Riesa	01.08.1972	Kurzzeitig Kohlenstaubfeuerung
58 1388	DR	58 1388-6	Gera	02.12.1970	
58 1389	vermisst			31.12.1943	SO Leihlok
58 1390	DRw			20.09.1948	
58 1391	PKP	Ty 1-82			
58 1392	DRw	Heizlok 11		20.09.1948	Heizlok in Hannover, + 1965
58 1393	B	3400			Umz. 1946 in SNCB 83.002, 1950 an DB
58 1394	CSD/R				
58 1395	DRw		ED München	20.09.1948	
58 1396	PKP	Ty 1-53			
58 1397	DR	Ty 1-54	Pirna	17.08.1967	29.08.1945 an PKP; 1956 an DR zurück, neue Nr. 58 2145^{II}

DRB-Nr.	Verbleib 1945	Umzeichnung	letztes Bw	Ausmusterung	Bemerkung
58 1398	JDZ	30-125			Umz. 1947 in 36-024
58 1399	DB		Frankfurt (M) 2	20.11.1951	
58 1400	DB		Kaiserslautern	20.11.1951	
58 1401	PKP	Ty 1-55		12.06.1970	
58 1402	DB		Singen	02.1951	
58 1403	JDZ	30-126			Umz. 1947 in 36-025
58 1404	DB		Lauda	14.11.1951	
58 1405	DR		Altenburg	23.07.1968	
58 1406	DRw		Goslar	20.09.1948	
58 1407	DRw		ED Kassel	20.09.1948	1945 Mitnahme durch amerik. Alliierte aus Erfurt
58 1408	DR	Dsp 34	Dresden	1968	(z 23.05.1968), 10.06.1969 Umbau in Dampfspender
58 1409	DRw		Bestwig	20.09.1948	
58 1410	DB		Villingen	01.06.1953	
58 1411	DR	58 1411-6	Saalfeld	13.05.1971	
58 1412	DR	(58 1412-4)	Aue (Sachs)	19.11.1970	keine Umz., da abgst. 27.05.1969, z 29.01.1970
58 1413	DB		ED Wuppertal	13.12.1950	
58 1414	DR	58 1414-0	Saalfeld	08.06.1972	
58 1415	JDZ	30-127			Umz. 1947 in 36-026
58 1416	DR		Halle G	26.07.1968	Kohlenstaubfeuerung AEG, dann Wendler
58 1417	DR			k.A.	nach 25.07.45 von Rbd Dresden, Bw Chemnitz-Hilbersdorf nach PKP abgefahren?
58 1418	JDZ	30-128			Umz. 1947 in 36-027
58 1419	DB		Karlsruhe Rbf	20.11.1951	
58 1420	PKP	Ty 1-83			
58 1421	DR		Nossen	24.08.1967	
58 1422	DR		Altenburg	06.10.1967	
58 1423	DB		Mainz-Bischofsheim	14.11.1951	
58 1424	DR	58 1424-9	Gotha	14.10.1970	
58 1425	DRw			20.09.1948	
58 1426	DR	58 3042-7		09.1979	Reko 18.04.1961
58 1427	DR		Altenburg	05.06.1968	kurzzeitig Kohlenstaubfeuerung
58 1428	DR	58 3035-1		06.1977	Reko 09.07.1960
58 1429	DR		Nordhausen	12.05.1969	
58 1430	DR	58 3012-0	Eisenach	21.07.1981	Reko 20.02.1959
58 1431	DR		HALLE-S 09.66	17.03.1971	14.09.1966 (?) verkauft; Heizlok Raw Wittenberge, Kst
58 1432	DB		Friedberg	20.11.1951	
58 1433	BDZ	13.21		1960	
58 1434	SZD			08.1951	
58 1435	DRw		ED Hannover	20.09.1948	
58 1436	DB		Villingen	01.06.1953	
58 1437	DRw		Bestwig	20.09.1948	
58 1438	DR		Nossen	16.01.1968	a. Q. 1947 SZD (?)
58 1439	DRw		Göttingen Vbf	20.09.1948	
58 1440	DRw		Friedberg	28.10.1946	
58 1441	DR	58 1441-3	Weißenfels	30.08.1972	
58 1442	DR	58 1442-1	Saalfeld	08.06.1972	
58 1443	DB		Friedberg	14.11.1951	
58 1444	DR		Nordhausen	05.06.1968	
58 1445	DR		Dresden	12.05.1969	
58 1446	DR		Naumburg	04.09.1968	
58 1447	BDZ	13.22		1960	
58 1448	DRw		Bebra	20.09.1948	
58 1449	DRw		Gießen	20.09.1948	
58 1450	DRw		Mainz-Bischofsheim (?)	20.09.1948	
58 1451	DRw		ED Regensburg	20.09.1948	
58 1452	BDZ	13.23		1973	
58 1453	DR	(58 1453-8)	Gotha	14.10.1971	keine Umz., da abgst. und z 15.11.1968
58 1454	DR		Aue (Sachs)	23.12.1968	
58 1455	DR		Zwickau	12.03.1968	
58 1456	DR		Gotha	29.02.1968	
58 1457	DR	58 3003-9	Glauchau	30.05.1980	Reko 08.09.1958
58 1458	DR		Erfurt, Est Weimar	15.07.1968	
58 1459	DRw		Soest	20.09.1948	
58 1460	DB		ED Wuppertal	14.11.1951	

DRB-Nr.	Verbleib 1945	Umzeichnung	letztes Bw	Ausmusterung	Bemerkung
58 1461	DB		Siegen	11.01.1952	
58 1462	DB		Bestwig	14.11.1951	
58 1463	DRw		Bebra	20.09.1948	
58 1464	DB		Altenbeken	14.11.1951	
58 1465	DB		Seesen	13.12.1950	
58 1466	DRw		ED Kassel	20.09.1948	
58 1467	DRw		Bebra	20.09.1948	
58 1468	DB		Friedberg	14.11.1951	
58 1469	DRw		Bebra	20.09.1948	
58 1470	DRw		ED Hannover	20.09.1948	
58 1471	DB		Altenhundem	14.11.1951	
58 1472	DB		Frankfurt (M)	14.11.1952	
58 1473	DRw		ED Hannover	20.09.1948	
58 1474	DRw		Treysa	20.09.1948	
58 1475	DRw		ED Hannover	20.09.1948	
58 1476	DB		Mainz-Bischofsheim	14.11.1951	
58 1477	DRw		Schweinfurt	20.09.1948	
58 1478	DR	58 1478-5	Saalfeld	08.06.1972	
58 1479	DRw		ED Kassel	20.09.1948	
58 1480	DB		Singen	(+ 1949)	z 01.12.1949
58 1481	PKP	Ty 1-84			
58 1482	DR		Probstzella	18.11.1968	
58 1483	DB		Villingen	14.11.1952	
58 1484	DRw		Seesen	20.09.1948	
58 1485	DB		Bebra	13.12.1950	
58 1486	DB		Paderborn	14.11.1951	
58 1487	DRw		Schweinfurt	20.09.1948	
58 1488	DB		Altenbeken	14.11.1951	
58 1489	DRw		Dillenburg	20.09.1948	
58 1490	DRw		Northeim	20.09.1948	
58 1491	DRw		ED Hannover	20.09.1948	
58 1492	DB		Seesen	13.12.1950	
58 1493	CSD			10.07.1956	
58 1494	DR		Berlin Ostbahnhof	11.10.1971	keine Umz., da 19.06.1970 z, 1969–1970 vermietet an Milchhof Berlin
58 1495	DRw		ED Hannover	20.09.1948	
58 1496	DR	58 3044-3	Gera	03.07.1979	Reko 10.05.1961
58 1497	DRw		Landshut	20.09.1948	abgst. Regensburg Ost
58 1498	BDZ	13.24		1960	
58 1499	DB		Soest	14.11.1951	
58 1500	CSD			11.04.1951	
58 1501	JDZ	30-139			Umz. 1947 in 36-039; a. Q.: an DRw/DB, + 20.09.1948 (?)
58 1502	DR		Marl-Marx-Stadt-Hilbersdorf	26.08.1968	
58 1503	DR		Altenburg	28.11.1953	abgestellt 01.05.1945; a. Q. PKP (?)
58 1504	vermisst				31.12.1943 SO Leihlok
58 1505	DRw		ED Regensburg	20.09.1948	
58 1506	DRw		Lauda	20.09.1948	
58 1507	DR	Ty 1-56			am 31.08.1945 durch SMA an PKP
58 1508	DR	58 3048-4	Glauchau	16.06.1978	Reko 30.09.1961
58 1509	DR		Altenburg	05.06.1968	kurzzeitig Kohlenstaubfeuerung
58 1510	SNCF	1-150-C-1510	Thionville	14.11.1953	Umz. in 1-150-C-810
58 1511	DR	58 1511-3	Aue (Sachs)	01.09.1974	verkauft an Gleisbau Naumburg (Saale)
58 1512	DRw		Rottweil	21.05.1946	a. Q. PKP
58 1513	DR		Nordhausen	04.09.1968	
58 1514	SZD			1947	Werklok UdSSR
58 1515	BDZ	13.25		1953	
58 1516	DRw		Eschwege	20.09.1948	
58 1517	PKP	Ty 1-18			
58 1518	DRw		Lauda	20.09.1948	
58 1519	DR		Weißenfels	1948	abgestellt 08.04.1945
58 1520	DR	58 3022-9		29.09.1980	Reko 31.08.1959
58 1521	JDZ	30-129			Umz. 1947 in 36-028
58 1522	DR	58 1522-0	Aue (Sachs)	30.04.1977	
58 1523	DR		Glauchau	30.08.1968	Umz. geplant, Unfalllok, abgst. 28.06.1968, z 30.06.

DRB-Nr.	Verbleib 1945	Umzeichnung	letztes Bw	Ausmusterung	Bemerkung
58 1524	PKP	Ty 1-37	Riesa 09.77	17.08.1967	1955 an DR, Umz. in 58 2146^{II}; a. Q. + 25.11.1946 Aschersleben, 1945 abgst. (?)
58 1525	DR	58 1525-3	Saalfeld	11.10.1971	
58 1526	DRw		Nürnberg Rbf	20.09.1948	
58 1527	BDZ	13.26		1953	
58 1528	DRw (DB)		Schwerte	15.11.1945	
58 1529	PKP	Ty 1-85			
58 1530	DR	58 3045-0	Gera	16.05.1977	Reko 14.06.1961
58 1531	DR	(58 1531-1)	Karl-Marx-Stadt	11.10.1971	vmtl. keine Umzeichnung, da 10.10.1969 abgst., 20.08.1970 z
58 1532	DR		Weißenfels	11.10.1971	keine Umz., da 31.01.1969 abgst., 05.02.1969 z
58 1533	DB		Villingen	14.11.1952	
58 1534	DB		Ottbergen	14.11.1952	
58 1535	DR		Nossen	18.11.1970	keine Umz., da 05.07.1969 abgst., 24.07.1969 z
58 1536	DB		Arnsberg (Westf)	04.07.1952	
58 1537	DR	58 3024-5	Glauchau	13.10.1980	Reko 02.12.1959
58 1538	DRw (DB)		Rbd Regensburg	08.06.1946	
58 1539	DB		ED Kassel	20.09.1948	
58 1540	DB		Ehrang	07.07.1951	
58 1541	DB		Frankfurt (M) 2	15.11.1951	
58 1542	PKP	Ty 1-103			
58 1543	DR	58 3036-9	Glauchau	17.08.1981	Reko 08.08.1960
58 1544	JDZ	30-130			Umz. 1947 in 36-029
58 1545	DR		Röblingen	17.08.1967	
58 1546	DB		Mainz-Bischofsheim	20.11.1951	
58 1547	DR		Aue (Sachs)	11.10.1968	
58 1548	DR		Merseburg	24.07.1969	
58 1549	PKP	Ty 1-122			
58 1550	DRw		Schwandorf	20.09.1948	
58 1551	DRw		Lauda	20.09.1948	
58 1552	DRw		Northeim	20.09.1948	
58 1553	DRw		ED Kassel	20.09.1948	
58 1554	DR		Gera	12.05.1969	
58 1555	DRw		ED Kassel	20.09.1948	
58 1556	DB		Essen Hbf	01.06.1953	
58 1557	PKP	Ty 1-86			
58 1558	DRw		Soest	12.07.1948	
58 1559	DRw (DB)		Rbd Wuppertal	15.11.1945	
58 1560	DB		Essen Hbf	14.11.1951	
58 1561	DB		ED Wuppertal	20.09.1948	
58 1562	DR	58 1562-6	Aue (Sachs)	20.08.1976	
58 1563	DB		ED Wuppertal	20.09.1948	
58 1564	DR		Naumburg	05.06.1968	
58 1565	vermisst				
58 1566	DB		Villingen	14.11.1952	
58 1567	DR		Dresden-Friedrichstadt	29.07.1968	Kohlenstaubfeuerung Wendler
58 1568	DR	58 1568-3	Dresden	18.06.1973	
58 1569	DB			20.09.1948	
58 1570	DR		Nossen	05.06.1968	
58 1571	DR	58 3033-6	Glauchau	02.06.1978	Reko 10.05.1960
58 1572	DB		Kaiserslautern	14.11.1951	
58 1573	PKP	Ty 1-104			
58 1574	DB		Altenbeken	20.11.1951	
58 1575	DR		Riesa	24.07.1969	Kohlenstaubfeuerung Wendler
58 1576	DRw		Aachen Hbf	20.09.1948	
58 1577	DB		Aachen Hbf (?)	13.12.1950	
58 1578	DR	58 3039-3	Gera	verkauft 1980	Reko 25.11.1960, 1979 Heizlok an Heizkraftwerk Gera-Langenberg, ++ 1982
58 1579	PKP	Ty 1-105			
58 1580	JDZ	30-131			1947 Umz. in 36-030
58 1581	DR		Weimar	25.03.1968	
58 1582	DRw		ED Wuppertal	20.09.1948	
58 1583	DRw		ED Frankfurt (M) (?)	20.09.1948	
58 1584	JDZ	30-132			1947 Umz. in 36-031
58 1585	JDZ	30-133			1947 Umz. in 36-032

DRB-Nr.	Verbleib 1945	Umzeichnung	letztes Bw	Ausmusterung	Bemerkung
58 1586	DR		Halle G	29.07.1968	Kohlenstaubfeuerung Wendler
58 1587	DR		Nordhausen	20.11.1950	
58 1588	DB		Kaiserslautern	14.11.1951	
58 1589	DR		Eisenach	15.12.1950	
58 1590	DRB		Dresden-Friedrichstadt	13.02.1945	Kriegsschaden, a. Q. + 1946
58 1591	DR		Halle G	04.06.1968	
58 1592	DRw		Nürnberg Rbf	20.09.1948	
58 1593	DB		Altenbeken	20.11.1951	
58 1594	PKP	Ty 1-115			
58 1595	PKP	Ty 1-87			
58 1596	DR		Gera	06.10.1967	Kohlenstaubfeuerung Wendler
58 1597	BDZ	13.27			
58 1598	PKP	Ty 1-57			
58 1599	DR		Halle G	20.12.1951	a. Q. PKP
58 1600	DRw			20.09.1948	
58 1601	DR		Röblingen	12.12.1967	
58 1602	DR		Halle G	18.11.1970	keine Umzeichnung, da 05.70 z
58 1603	DR		Hoyerswerda	16.09./03.1968	1968 Umbau Dampfspender, ++1979
58 1604	DRw			20.09.1948	
58 1605	JDZ	30-134			Umz. 1947 in 36-033
58 1606	DR		Nossen	18.08.1970	keine Umzeichnung, da 1969 z
58 1607	DR		Erfurt P	29.02.1968	vermietet an VEB Wohnungsbaukombinat Erfurt 03.1967–11.1967, dann im Bw abgestellt
58 1608	JDZ	30-135			Umz. 1947 in 36-034
58 1609	PKP	Ty 1-58			
58 1610	vermisst				
58 1611	DR		Erfurt G	14.07.1951	
58 1612	DB		Nürnberg Rbf	14.11.1951	
58 1613	DB		Landau	14.11.1951	
58 1614	DRw		Nürnberg	20.09.1948	
58 1615	CSD			25.05.1961	
58 1616	DR	Dsp 107	Röblingen	1971	Umbau Dampfspender, 1991 verkauft an Museum Hermeskeil
58 1617	PKP	Ty 1-116			
58 1618	BDZ	13.28		1968	
58 1619	DR		Leipzig-Wahren	06.04.1946	Kriegsschaden
58 1620	DR	58 1620-2	Gotha	02.03.1973	
58 1621	DR	(58 1621-0)	Saalfeld	13.02.1969	Umzeichnung geplant; verkauft 01.11.1969 an VEB (?)
58 1622	DR	58 3046-8	Glauchau	07.02.1978	Reko 27.07.1961
58 1623	DR	(58 1623-6)	Weißenfels	11.10.1971	keine Umzeichnung, da 02.1970 z
58 1624	DR	58 1624-4	Saalfeld	08.08.1974	
58 1625	DRB		Dresden-Friedrichstadt	13.02.1945	Kriegsschaden
58 1626	DR		Dresden-Friedrichstadt	14.05.1968	Kohlenstaubfeuerung Wendler
58 1627	PKP	Ty 1-117			
58 1628	DB		Siegen	14.11.1951	
58 1629	DR		Gotha	12.03.1968	
58 1630	DR	58 3028-6	Glauchau	17.08.1981	Reko 07.03.1960
58 1631	DB		Frankfurt (M) 2	14.11.1951	
58 1632	DR		Weimar	24.07.1967	
58 1633	DR		Saalfeld	14.07.1951	
58 1634	DR		Glauchau	30.08.1968	
58 1635	DR		Altenburg	21.05.1968	
58 1636	DR	58 3032-8	Glauchau	17.08.1981	Reko 20.05.1960
58 1637	DR	58 1637-6	Glauchau	26.09.1973	
58 1638	DRw		ED Kassel (?)	20.09.1948	1945 Mitnahme durch amerik. Alliierte aus Erfurt
58 1639	DR	(58 1639-2)	Gotha	11.10.1971	keine Umz., da 14.04.1970 abgst., 30.06.1970 z
58 1640	DR		Altenburg	11.10.1968	Kohlenstaubfeuerung Wendler
58 1641	DR	58 1641-8	Saalfeld	02.03.1973	
58 1642	PKP	Ty 1-59			
58 1643	DR	(58 1643-4)	Aue (Sachs)	11.10.1971	Kohlenstaubfeuerung Wendler, 1966 Rückbau auf Rostfeuerung, keine Umz., da 07.08.1969 abgst., 26.02.1970 z
58 1644	DB		ED Wuppertal (Siegen)	20.11.1951	
58 1645	DR	58 1645-9	Riesa	30.07.1974	

DRB-Nr.	Verbleib 1945	Umzeichnung	letztes Bw	Ausmusterung	Bemerkung
58 1646	DB		Frankfurt (M) 2	20.11.1951	
58 1647	DRw (DB)		Friedberg	29.10.1946	
58 1648	DR		Dresden-Friedrichstadt	28.02.1958	
58 1649	DRw		Treysa	20.09.1948	
58 1650	JDZ	30-136			Umz. 1947 in 36-035
58 1651	DR	58 3055-9	Riesa	04.01.1977	Reko 30.06.1962; Originalkessel 1963 vom Raw Zwickau an Metallschlauchfabrik Zwickau als Dampfspender
58 1652	DR		Halle G	05.06.1968	Kohlenstaubfeuerung Wendler
58 1653	DRw		Neuenmarkt-Wirtsberg	20.09.1948	
58 1654	DRw		ED Kassel	20.09.1948	
58 1655	DR		Zeitz	17.11.1955	abgst. 13.03.1945, z 02.1949
58 1656	DB		Soest	20.09.1948	
58 1657	DB		Friedberg	14.11.1951	
58 1658	DR	Nr. 102	Reichenbach, TE Werdau	01.12.1969	1960 Umbau in Dampfspender 102, ++ 12.1990
58 1659	DR		Gera	05.06.1968	
58 1660	DRw			20.09.1948	
58 1661	DR		Gotha	26.08.1968	
58 1662	DR		Nossen	15.07.1968	
58 1663	DR	58 1663-2	Karl-Marx-Stadt	15.02.1977	Heizlok im Bw
58 1664	DR		Werdau	24.08.1967	
58 1665	DR	58 1665-7	Dresden	17.10.1975	
58 1666	DR	58 1666-5	Aue (Sachs)	02.03.1973	
58 1667	DRw		Soest	20.09.1948	
58 1668	DB		Nürnberg Rbf	14.11.1951	
58 1669	ÖBB		ED München	14.08.1950	26.09.1949 an DB
58 1670	BDZ	13.29	Vakarel	1973	1993 abgst. im Museum Vakarel
58 1671	DRw		Aachen Hbf	20.09.1948	
58 1672	DRw		Landshut	20.09.1948	
58 1673	DB		Friedberg	13.12.1950	
58 1674	DR	58 1674-9	Glauchau	19.11.1970	
58 1675	DR	58 3014-6	Saalfeld	01.09.1980	Reko 26.03.1959
58 1676	PKP	Ty 1-60	Saalfeld	13.05.1971	1955 an DR, 58 1676-4
58 1677	DR		Halle G	05.06.1968	Kohlenstaubfeuerung STUG, dann Wendler
58 1678	PKP	Ty 1-60	Dresden	20.04.1970	02.1956 von PKP; DR-Umzeichnung geplant
58 1679	DR	58 3002-1		15.12.1977	verkauft, Reko 26.06.1958
58 1680	PKP				keine Umzeichnung
58 1681	DR	(58 1681-4)	Altenburg	10.06.1969	
58 1682	DR	58 1682-2	Riesa	02.03.1973	
58 1683	DR		Weimar	21.05.1968	12.09.1968 als Dampfspender nach Ohrdruf
58 1684	DB		Landau	14.11.1951	
58 1685	DRw			20.09.1948	
58 1686	DRw		Plattling	20.09.1948	
58 1687	vermisst			31.12.1943	SO Leihlok
58 1688	vermisst				
58 1689	DRw		ED Wuppertal	20.09.1948	
58 1690	PKP	Ty 1-61			
58 1691	DR	58 1691-3	Dresden	24.05.1974	
58 1692	DR		Sangerhausen	20.11.1950	abgst. 03.1945; u.a. in Artern 1946–1950
58 1693	DRw		Gemünden	20.09.1948	
58 1694	DRw (DB)		Nürnberg Rbf	25.04.1947	a. Q. + 05.1947
58 1695	PKP	Ty 1-88			
58 1696	DRw		Aschaffenburg	20.09.1948	
58 1697	DRw		Nürnberg Rbf	20.09.1948	
58 1698	DRw		Nürnberg Rbf	20.09.1948	
58 1699	DRw		Eschwege West	20.09.1948	
58 1700	DRw		Nürnberg Rbf	20.09.1948	
58 1701	JDZ	30-137			1947 Umz. in 36-036
58 1702	DB		Nürnberg Rbf	20.09.1948	
58 1703	DR		Zwickau	26.08.1968	
58 1704	DB		Villingen	14.11.1952	
58 1705	DR		Altenburg	26.07.1968	
58 1706	DR		Aschersleben	31.01.1951	
58 1707	DRw		ED Wuppertal	20.09.1948	

DRB-Nr.	Verbleib 1945	Umzeichnung	letztes Bw	Ausmusterung	Bemerkung
58 1708	DR	58 3027-8	Riesa	01.09.1980	Reko 17.02.1960, zuvor Kohlenstaublok Wendler
58 1709	DRw		Nürnberg Rbf	21.05.1947	
58 1710	PKP	Ty 1-89			a. Q.: Drw, Bw Landshut, +1948
58 1711	DR		Dresden-Altstadt	30.01.1968	
58 1712	DR		Dresden-Friedrichstadt	29.07.1968	Kohlenstaubfeuerung Wendler
58 1713	DB		Aschaffenburg	04.08.1949	1957 Heizlok in Aschaffenburg
58 1714	DR		Röblingen	06.10.1967	
58 1715	DRw		Lauda	20.09.1948	
58 1716	DR	58 3013-8		30.01.1978	verkauft, Reko 03.03.1959
58 1717	JDZ	30-138			Umz. 1947 in 36-037
58 1718	DR	58 3026-1		01.09.1980	Reko 04.02.1960
58 1719	DR		Altenburg	19.07.1968	
58 1720	vermisst				
58 1721	DRw		ED Wuppertal	20.09.1948	
58 1722	DR		Engelsdorf	29.07.1968	Kohlenstaubfeuerung STUG, dann Wendler
58 1723	DR		Zeitz	21.05.1968	
58 1724	DR		Engelsdorf	21.11.1968	verkauft, Heizlok Bodenbearbeitungsgerätebau Leipzig
58 1725	DR	58 3049-2	Glauchau	12.1992	verkauft, Reko 01.11.1961, Heizlok Bw Glauchau, 1992 Umz. in 058 049-8, verkauft an VSE Schwarzenberg
58 1726	DR		Leipzig-Wahren	06.04.1946	abgst. 1945
58 1727	DR	(58 1727-5)	Riesa	19.10.1970	keine Umz., da abgst. 18.10.1969, 23.04.1970 z
58 1728	DRw			20.09.1948	
58 1729	DR	58 1729-1	Aue (Sachs)	02.03.1973	
58 1730	DRw		Gießen	20.09.1948	
58 1731	DRw			20.09.1948	
58 1732	DR	58 1732-5	Nossen	11.10.1971	
58 1733	DRw			20.09.1948	
58 1734	DB		Villingen	01.06.1953	
58 1735	DRw			20.09.1948	
58 1736	DRw		ED Hannover (?)	20.09.1948	
58 1737	DRw		Gießen	20.09.1948	
58 1738	DRw (DB)		Gießen	06.08.1946	
58 1739	DRw			20.09.1948	
58 1740	DB		Soest	14.11.1951	
58 1741	DRw (DB)		ED Wuppertal	20.09.1948	
58 1742	DRw		Fulda	20.09.1948	
58 1743	DRw			20.09.1948	
58 1744	DRw		ED Wuppertal	20.09.1948	
58 1745	DRw			20.09.1948	
58 1746	ÖBB	658.1746	Linz (Donau)	15.07.1948	02.05.1949 wieder in Dienst, ab 18.10.1961 Vz. 01033
58 1747	DRw		Ansbach	20.09.1948	
58 1748	DRw		ED Nürnberg	20.09.1948	
58 1749	DRw			20.09.1948	
58 1750	DRw		Nürnberg Rbf	20.09.1948	
58 1751	DRw		Nürnberg Rbf	20.09.1948	
58 1752	BDZ	13.30		1960	
58 1753	DR		Eisenach	20.11.1950	
58 1754	BDZ	13.31		1968	
58 1755	vermisst			1944	in Serbien
58 1756	DRw		Nürnberg Rbf	20.09.1948	
58 1757	DR	58 1757-2	Saalfeld	11.10.1971	
58 1758	DR	58 1758-0	Aue (Sachs)	25.10.1976	
58 1759	DRB			1933	
58 1760	DB		Kaiserslautern	14.11.1951	
58 1761	BDZ	13.32			
58 1762	DRw			20.09.1948	
58 1763	JDZ	30-139			Umz. 1947 in 36-038
58 1764	PKP				
58 1765	PKP	Ty 1-131	Dresden	12.1973	12.1955 an DR, Umz. 58 1765-5
58 1766	DR	58 1766-3	Dresden	15.02.1977	Umbau Dsp 15.04.1977, Bw Riesa, + 01.1991
58 1767	ÖBB	658.1767	Amstetten (Bludenz)	05.12.1966	
58 1768	PKP	Ty 1-90			
58 1769	DR		Dresden-Friedrichstadt	26.07.1968	Kohlenstaubfeuerung Wendler
58 1770	DRw		ED Karlsruhe	20.09.1948	

DRB-Nr.	Verbleib 1945	Umzeichnung	letztes Bw	Ausmusterung	Bemerkung
58 1771	DR		Saalfeld	29.02.1968	
58 1772	DR		Weimar	10.10.1967	
58 1773	DRw		ED Wuppertal	20.09.1948	
58 1774	DB		Singen	02.1951	
58 1775	DR		Gotha	23.02.1967	
58 1776	DR	58 3031-0	Glauchau	13.10.1980	Reko 20.04.1960
58 1777	DR	58 3053-4	Glauchau	05.02.1981	Reko 28.03.1962
58 1778	DR		Saalfeld	01.09.1968 (?)	(25.09.1968 z), verkauft 15.12.1968 an Wohnungsbaukombinat Gera
58 1779	JDZ	30-140			Umz. 1947 in 36-039
58 1780	DRw		Fulda	20.09.1948	
58 1781	DR		Dresden	12.02.1968	18.03.1968 Dampfspender Bw Dresden (Altstadt)
58 1782	BDZ	13.33		1953	
58 1783	DRw			20.09.1948	
58 1784	DR		Est Zeitz	29.07.1968	
58 1785	DB		Nürnberg Rbf	14.11.1951	
58 1786	DRw		Bestwig	20.09.1948	
58 1787	DRw			20.09.1948	
58 1788	DB		Soest	14.11.1951	
58 1789	DRw			20.09.1948	
58 1790	DB		Bestwig	20.09.1948	ED Wuppertal
58 1791	DR	58 1791-1	Aue (Sachs)	30.11.1975	
58 1792	DRw		Schweinfurt	20.09.1948	
58 1793	DRw		Plattling	20.09.1948	abgst. 1945
58 1794	DR		Halle G	29.07.1968	Kohlenstaubfeuerung STUG, dann Wendler
58 1795	CFL	5442		29.06.1959	
58 1796	DB		Kaiserslautern	14.11.1951	
58 1797	DR		Nossen	18.11.1970	keine Umz., da abgst. 30.09.1968, 29.01.1970 z
58 1798	DR		Dresden-Friedrichstadt	25.05.1954	abgst. 1945, 01.05.1946 z; a. Q. PKP (?)
58 1799	DB		Essen Hbf	14.11.1951	
58 1800	DR	58 1800-0	Aue (Sachs)	11.10.1982	z 29.09.1977; abgst. Est Zwickau bis 1984
58 1801	DR	58 3008-8	Glauchau	17.10.1975	Reko 29.11.1958
58 1802	DR		Probstzella	05.03.1968	
58 1803	DB		Frankfurt (M) 2	20.11.1951	
58 1804	DRw			20.09.1948	
58 1805	DRw			20.09.1948	
58 1806	DR	58 3023-7	Reichenbach	17.08.1981	Reko 09.10.1959
58 1807	DR		Gotha	25.06.1968	
58 1808	DRw		Seelze	20.09.1948	
58 1809	DR		Dresden-Friedrichstadt	29.07.1968	Kohlenstaubfeuerung Wendler
58 1810	DR	58 1810-9	Aue (Sachs)	19.11.1970	
58 1811	DR	58 3016-1	Gera	30.10.1978	verkauft; Reko 28.04.1969, verkauft 30.01.1978
58 1812	DR	58 1812-5	Riesa	29.11.1973	
58 1813	DR	58 3040-1	Glauchau	01.06.1979	Reko 27.12.1960
58 1814	DR	58 1814-1	Aue (Sachs)	24.03.1977	
58 1815	DR		Halle G	29.07.1968	Kohlenstaubfeuerung Wendler (?)
58 1816	DR		Meiningen	06.1956	++1954 (!)
58 1817	DR		Engelsdorf	28.11.1953	abgestellt 10.04.1945
58 1818	DR		Engelsdorf	03.04.1968	1967–1968 vermietet an Zuckerfabrik Lützen
58 1819	PKP	Ty 1-125			
58 1820	DRw		Nürnberg Rbf	20.09.1948	
58 1821	DR		Riesa	12.05.1969	
58 1822	DRw		Aschaffenburg	20.09.1948	
58 1823	JDZ	30-141			Umz. 1947 in 36-040
58 1824	DRw		Aschaffenburg	20.09.1948	
58 1825	DR		Dresden	12.05.1969	verkauft 28.08.1969 als Heizlok an Baukombinat Dresden
58 1826	DRw		Aschaffenburg	20.09.1948	
58 1827	PKP	Ty 1-19	Krzyz (Kreuz)	20.06.1952	
58 1828	DRw		Nürnberg Rbf	20.09.1948	
58 1829	DRw			20.09.1948	
58 1830	DRw		Aschaffenburg	20.09.1948	Heizlok Würzburg (bis ca. 1960)
58 1831	DR	58 3015-3	Glauchau	12.02.1980	Reko 03.04.1959
58 1832	DRw		Nürnberg Rbf	20.09.1948	
58 1833	DB			07.07.1951	

DRB-Nr.	Verbleib 1945	Umzeichnung	letztes Bw	Ausmusterung	Bemerkung
58 1834	DRw		Aschaffenburg	20.09.1948	
58 1835	DR		Naumburg	09.10.1968	
58 1836	DB		Singen	01.06.1953	
58 1837	DRw			20.09.1948	
58 1838	DB		Villingen	14.11.1952	
58 1839	DB		Altenhundem	14.11.1952	
58 1840	BDZ	13.34		1953	
58 1841	DRw		Bamberg	20.09.1948	
58 1842	PKP	Ty 1-62			
58 1843	DB		Kaiserslautern	01.06.1953	
58 1844	PKP	Ty 1-20			
58 1845	SZD			02.1951	
58 1846	DRw			20.09.1948	
58 1847	DR		Halle G	05.06.1968	Kohlenstaubfeuerung Wendler
58 1848	DR	58 1848-9	Aue (Sachs)	30.09.1970	keine Umzeichnung, da z 26.03.1969
58 1849	DB		Villingen	14.11.1952	
58 1850	DR		Nossen	24.08.1967	
58 1851	BDZ	13.35		1968	
58 1852	DR		Gotha	12.06.1967	
58 1853	CSD/R				
58 1854	DR	58 1854-7	Sallfeld	13.05.1971	
58 1855	DR		Nordhausen	05.06.1968	
58 1856	DR		Dresden-Altstadt	26.07.1968	abgst. 01.1967; Kohlenstaubfeuerung Wendler
58 1857	DB		Frankfurt (M) 2	20.11.1951	
58 1858	DRw			20.09.1948	
58 1859	DR				1945 an CSD/R
58 1860	DRw			20.09.1948	
58 1861	DRw		Schweinfurt	20.09.1948	
58 1862	PKP	Ty 1-128	Riesa	20.04.1977	01.1956 an DR, Umz. 58 1862, Reko 05.08.1959, Umz. 58 3021-1
58 1863	DR		Dresden-Altstadt	29.07.1968	
58 1864	DR		Naumburg	30.01.1968	
58 1865	DR		Dresden	12.05.1969	
58 1866	DR	58 3050-0	Riesa	19.04.1976	Reko 07.12.1961
58 1867	DR	58 1867-9	Halle G	11.10.1971	vmtl. verkauft (?) "Techn. Textilien" Meerane
58 1868	DB		Kaiserslautern	14.11.1951	
58 1869	DRw			20.09.1948	
58 1870	PKP	Ty 1-126	Dresden	02.12.1970	01.1956 an DR, geplante Umz. 58 1870-3 (z 26.02.1970)
58 1871	PKP	Ty 1-106			
58 1872	DRw (DB)			09.01.1946	
58 1873	DR	58 3038-5	Riesa	04.01.1977	Reko 29.10.1960
58 1874	DRw		Lauda	20.09.1948	
58 1875	PKP	Ty 1-21			
58 1876	DR		Naumburg	14.02.1968	
58 1877	DRw		Landshut	20.09.1948	
58 1878	DR		Gera	17.08.1967	
58 1879	DR	58 1879-4	Riesa	18.11.1970	abgst. 23.04.1970 ohne Umzeichnung
58 1880	DB		Ottbergen	14.11.1951	
58 1881	DRw		Schweinfurt	20.09.1948	
58 1882	JDZ	30-142			Umz. 1947 in 36-041
58 1883	BDZ	13.36			
58 1884	DRw		ED Nürnberg (?)	20.09.1948	
58 1885	DR		Dresden-Friedrichstadt	29.07.1968	Kohlenstaubfeuerung Wendler
58 1886	vermisst				31.12.1943 SO Leihlok
58 1887	JDZ	30-143			Umz. 1947 in 36-042
58 1888	CSD	Ty 1-129	Aue	02.03.1973	1945 an PKP, 04.1956 an DR, Umz. 58 1888-5
58 1889	PKP	Ty 1-63			
58 1890	DR	Dsp Nr.17	Halle G	04.06.1968	1968 Umbau Dampfspender, Leipzig-Wahren
58 1891	DB	14	Nürnberg Rbf	13.12.1950	Heizlok 14 im Bw Hannover
58 1892	DB		Frankfurt (M) 2	20.11.1951	
58 1893	DRw			20.09.1948	
58 1894	DR		Halle G	29.07.1968	Kohlenstaubfeuerung AEG, später Wendler
58 1895	DRw		Gießen	20.09.1948	
58 1896	DR		Nordhausen	01.06.1967	

DRB-Nr.	Verbleib 1945	Umzeichnung	letztes Bw	Ausmusterung	Bemerkung
58 1897	DR		Aue	17.08.1967	
58 1898	DR	58 1898-4	Gotha	13.05.1971	
58 1899	DRw		ED Wuppertal	20.09.1948	
58 1900	PKP	Ty 1-130	Zittau	01.08.1967	01.1956 an DR, Umz. 58 1900
58 1901	DB		Singen (?)	01.06.1953	a. Q.: 01.11.1945 an SNCF
58 1902	DR	58 1902-4	Nordhausen	18.11.1970	Umzeichnung, obwohl seit 1969 z
58 1903	DR	58 1903-2	Dresden	24.05.1974	
58 1904	ÖBB		Linz (Donau)	15.07.1951	
58 1905	DRw			20.09.1948	
58 1906	PKP	Ty 1-107	Dresden	12.04.1971	15.12.1955 an DR, Umz. 58 1906-5
58 1907	PKP	Ty 1-64			
58 1908	SNCF	1-150-C-1908	Thionville	14.11.1953	Umz. 1-150-C-808
58 1909	DR	58 3011-2	Gera	07.05.1976	Reko 31.01.1959
58 1910	DRw		Aachen Hbf	20.09.1948	
58 1911	DRw		ED Frankfurt (M) (?)	20.09.1948	
58 1912	DR	58 3029-4	Gera	03.07.1979	Reko 19.03.1960
58 1913	DB		Schweinfurt	01.06.1953	
58 1914	DRw		Nürnberg Rbf	20.09.1948	
58 1915	DRw		Schweinfurt	20.09.1948	
58 1916	DRw		München Hbf	20.09.1948	
58 1917	ÖBB/T		(Wien Süd)		29.01.1949 an SMA
58 1918	DR	58 1918-0	Riesa	02.03.1973	
58 1919	DB		Villingen	01.06.1953	
58 1920	DRw		Gießen	20.09.1948	
58 1921	DRw		Nürnberg Rbf	20.09.1948	
58 1922	DR		Weimar	09.05.1968	
58 1923	PKP	Ty 1-123			
58 1924	PKP	Ty 1-22		1966	
58 1925	DR		Dresden	12.05.1969	
58 1926	DR		Altenburg	10.10.1967	
58 1927	BDZ	13.37		1953	
58 1928	DB		Frankfurt (M) 2	20.11.1951	
58 1929	DRw		Soest	20.09.1948	
58 1930	DR	58 1930-5	Dresden	24.05.1974	
58 1931	DR		Weißenfels	18.07.1951	1947 von Weißenfels an SMAD
58 1932	DB		Mainz-Bischofsheim	20.11.1951	
58 1933	DR		Aue (Sachs)	26.08.1968	
58 1934	DR	58 1934-7	Aue (Sachs)	15.11.1977	
58 1935	DB		Villingen	14.11.1952	
58 1936	PKP	Ty 1-91			
58 1937	DR		Dresden	20.04.1970	
58 1938	SNCF	1-150-C-1938	Thionville	24.03.1954	Umz. in 1-150-C-838
58 1939	DRw			20.09.1948	
58 1940	DR	(58 1940-4)	Altenburg	20.04.1970	keine Umzeichnung, da 1969 abgst.
58 1941	DR		Gotha	15.07.1968	
58 1942	DR		Saalfeld	26.08.1968	31.08.1968 (03.09.1968) verkauft an Konserven- und Marmeladenfabrik Frankfurt (O) als Heizlok
58 1943	DR	58 3037-7	Riesa	01.06.1979	Reko 08.09.1960; 1958–1960 vermietet an VEB Waggonbau Bautzen
58 1944	DR		Aue (Sachs)	06.10.1967	
58 1945	DR		Gotha	25.06.1968	
58 1946	DRw		Lauda	20.09.1948	
58 1947	DRw (DB)			04.05.1946	
58 1948	BDZ	13.38		1960	
58 1949	DR	58 3006-2	Glauchau	17.08.1981	Reko 03.10.1958
58 1950	JDZ	30-144			Umz. 1947 in 36-043
58 1951	DR		Nordhausen	09.05.1968	
58 1952	DR		Dresden-Friedrichstadt	26.07.1968	Kohlenstaubfeuerung Wendler
58 1953	DRw		Freilassing	20.09.1948	
58 1954	DR	(58 1954-5)	Dresden	20.04.1970	vorgesehene Umzeichnung, 06.1969 abgst. und z
58 1955	DR	58 3047-6	Glauchau		DR/DB AG-Museumslok, Umz. in 088 585-5
58 1956	DR		Gera	18.11.1970	keine Umzeichnung, da 17.07.1969 abgst., 28.08.1969 z
58 1957	DR	(58 1957-8)	Riesa	18.11.1970	keine Umzeichnung, da z 23.04.1970
58 1958	DRw		München Hbf	20.09.1948	

DRB-Nr.	Verbleib 1945	Umzeichnung	letztes Bw	Ausmusterung	Bemerkung
58 1959	DB		Frankfurt (M) 2	20.11.1951	
58 1960	PKP	Ty 1-92			
58 1961	PKP	Ty 1-65	Saalfeld	02.03.1973	04.1956 an DR, Umz. 58 1961-0
58 1962	PKP	Ty 1-118			
58 1963	PKP	Ty 1-119			
58 1964	PKP	Ty 1-120			
58 1965	DR	58 1965-1	~~Reichenbach~~ Riesa	10.10.1971	
58 1966	DR	58 1966-9	Reichenbach, Est Zwickau	10.10.1971	
58 1967	DRw			20.09.1948	
58 1968	DR	58 1968-5	Riesa	18.11.1970	vor Umz. abgst (17.03.1970; 23.03.1970 z)
58 1969	DR		Est Zeitz	12.12.1967	
58 1970	DR	58 1970-1	Aue (Sachs)	02.03.1973	
58 1971	DB		Frankfurt (M) 2	14.11.1951	
58 1972	DRw			20.09.1948	
58 1973	DR		Weimar	14.04.1967	
58 1974	PKP	Ty 1-93			
58 1975	DR		Dresden	12.05.1969	
58 1976	DR		Röblingen	02.01.1967	
58 1977	DRw		Lauda	20.09.1948	
58 1978	PKP	Ty 1-94			
58 1979	DR		Gotha	29.03.1968	
58 1980	DR		Altenburg	26.07.1968	
58 1981	DR	58 1981-8	Weißenfels	27.09.1971	verkauft an VEB (?)
58 1982	JDZ	30-145			Umz. 1947 in 36-044, + 05.01.1945 bei RBD Nürnberg
58 1983	DRw	1023	Nürnberg Rbf	20.09.1948	Heizlok 1023 in Würzburg
58 1984	DR		Altenburg	18.01.1968	
58 1985	DRw		ED München	20.09.1948	abgst. 1944, Schadrückführlok
58 1986	DRw		Kassel	20.09.1948	
58 1987	DB		Regensburg	13.12.1950	
58 1988	DRw		Schweinfurt	20.09.1948	
58 1989	PKP	Ty 1-124			
58 1990	DR		Dresden-Friedrichstadt	29.07.1968	Kohlenstaubfeuerung Wendler
58 1991	PKP	Ty 1-108			
58 1992	DR		Leipzig-Wahren	26.07.1968	
58 1993	DR		Halle G	26.07.1968	Kohlenstaubfeuerung Wendler
58 1994	DRw		ED Wuppertal	20.09.1948	
58 1995	vermisst				
58 1996	SNCB	B 3401		1951 (?)	Umz. 1946 in SNCB 83.001, 1950 an DB
58 1997	JDZ	30-146			Umz. 1947 in 36-045
58 1998	DB		Seesen	20.11.1951	
58 1999	DB		Scherfede	20.11.1951	
58 2000	DRw		Wuppertal	20.09.1948	
58 2001	DRw			20.09.1948	
58 2002	DB		Altenbeken	20.11.1951	
58 2003	DB		Kaiserslautern	01.06.1953	
58 2004	DRw			20.09.1948	a. Q. + 1958 (?)
58 2005	DRw		ED Hannover	05.03.1946	abgst. 1945, Kriegsschadlok
58 2006	DR		Halle G	10.03.1967	Kohlenstaubfeuerung Wendler
58 2007	DB		Siegen	20.11.1951	
58 2008	DR		Zwickau	23.12.1968	
58 2009	PKP	Ty 1-109			
58 2010	DR		Chemnitz-Hilbersdorf	06.04.1946	abgst. 1945; an PKP (?)
58 2011	DRw		Nürnberg Rbf	20.09.1948	
58 2012	PKP	Ty 1-95			
58 2013	DR		Zeitz	02.05.1967	
58 2014	DRw		Soest	20.09.1948	
58 2015	DRw		ED München	20.09.1948	abgst. 1945
58 2016	DRw		ED München	20.09.1948	abgst. 1945
58 2017	CFL	54 43		29.06.1959	
58 2018	JDZ	30-147			Umz. 1947 in 36-046
58 2019	DR		Halle G	29.07.1968	Kohlenstaubfeuerung Wendler
58 2020	DR		Nossen	18.11.1968	
58 2021	DR		Dresden-Altstadt	12.03.1968	
58 2022	SNCF	1-150-C-2022	Baroncourt	25.03.1954	Umz. in 1-150-C-822

DRB-Nr.	Verbleib 1945	Umzeichnung	letztes Bw	Ausmusterung	Bemerkung
58 2023	CSD			11.04.1951	
58 2024	DRw		Aachen Hbf	20.09.1948	
58 2025	DB		Singen	20.11.1951	
58 2026	DB		Schwerte	20.11.1951	
58 2027	DB		Schwerte	20.11.1951	
58 2028	DRw		Aachen Hbf	20.09.1948	
58 2029	DR		Riesa	12.05.1969	
58 2030	DB		Soest	14.11.1951	
58 2031	DB		Seesen	14.11.1951	
58 2032	DRw		Soest	20.09.1948	
58 2033	DRw		Aachen Hbf	20.09.1948	
58 2034	DRw		ED Wuppertal	20.09.1948	
58 2035	DR		Gotha	16.01.1968	
58 2036	DRw			20.09.1948	
58 2037	DRw			20.09.1948	
58 2038	DB		Landau	11.01.1952	
58 2039	DB		ED Wuppertal	14.11.1951	
58 2040	DR		Dresden-Friedrichstadt	29.07.1968	Kohlenstaubfeuerung Wendler
58 2041	DB		Kaiserslautern	14.11.1952	
58 2042	DR	58 2042-8	Gotha	11.10.1971	Rahmen von AL 5602
58 2043	DRw		Nürnberg Rbf	20.09.1948	
58 2044	DR	58 2044-4	Riesa	22.07.1974	28.07.1974 Kessel als Dampfspender an VEB Nagema Verpackungsmaschinenbau Dresden
58 2045	DRw			20.09.1948	
58 2046	DRw		Aachen Hbf	20.09.1948	
58 2047	DRw			20.09.1948	
58 2048	DR		Saalfeld	01.11.1969	verkauft 01.11.1969 an VEB Wohnungsbaukombinat Gotha
58 2049	DR		Dresden-Friedrichstadt	01.08.1967	Kohlenstaubfeuerung Wendler
58 2050	DR		Bautzen	26.11.1968	
58 2051	DR	58 2051-9	Aue (Sachs)	15.02.1977	1977 Umbau Dampfspender in Karl-Marx-Stadt
58 2052	PKP	Ty 1-96			
58 2053	DR		Dresden	15.07.1968	
58 2054	DRw		ED Wuppertal	20.09.1948	
58 2055	DRw			20.09.1948	
58 2056	DB		Frankfurt (M) 2	13.12.1950	
58 2057	DB		ED Wuppertal	20.11.1954	
58 2058	DRw		Ansbach	20.09.1948	
58 2059	DB		Fröndenberg	01.06.1953	
58 2060	JDZ	30-148			Umz. 1947 in 36-047
58 2061	DB		Warburg (Westf)	11.01.1951	
58 2062	DRw			20.09.1948	
58 2063	DRw		ED Hannover	20.09.1948	
58 2064	DR		Naumburg	12.05.1969	
58 2065	DRw		Soest	20.09.1948	
58 2066	DRw			20.09.1948	
58 2067	BDZ	13.39		1960	
58 2068	DR	58 3007-0	Glauchau	08.02.1980	Reko 14.11.1958
58 2069	DRw		Northeim	20.09.1948	
58 2070	DR		Großkorbetha	20.12.1951	abgst. 1945, 1948 z; a. Q. 1945 an PKP (?)
58 2071	DB		Siegen	14.11.1951	
58 2072	DRw		ED Wuppertal	20.09.1948	
58 2073	DR		Dresden-Friedrichstadt	a 04.03.1945	1945 an PKP
58 2074	DB		Frankfurt (M) 2	13.12.1950	
58 2075	DRw			20.09.1948	
58 2076	DB		Frankfurt (M) 2	13.12.1950	
58 2077	DRw		Nürnberg Rbf (?)	20.09.1948	
58 2078	DRw		ED Wuppertal	20.09.1948	
58 2079	BDZ	13.40		1954	auch genannt als JZ 30-110
58 2080	DRw		Aschaffenburg	20.09.1948	
58 2081	JDZ	30-149			Umz. 1947 in 36-048
58 2082	DR		Riesa	24.08.1967	
58 2083	DR	58 2083-2	Gotha	02.08.1973	
58 2084	DRw		Aschaffenburg	20.09.1948	
58 2085	DRw		Nürnberg Rbf	20.09.1948	

DRB-Nr.	Verbleib 1945	Umzeichnung	letztes Bw	Ausmusterung	Bemerkung
58 2086	DRw		Lauda	20.09.1948	
58 2087	DRw		Aschaffenburg	20.09.1948	
58 2088	DRw		Aschaffenburg	20.09.1948	
58 2089	DRw		Gemünden	20.09.1948	
58 2090	DB		Aschaffenburg	20.09.1948	
58 2091	DB		Ottbergen	14.11.1951	
58 2092	PKP	Ty 1-110	Poznan		
58 2093	SNCF	1-150-C-2093	Muhlhouse Nord	02.05.1952	Umz. in 1-150-C-893, 01.11.1945 von DRw
58 2094	DR	58 3004-7	Glauchau	16.06.1978	Reko 25.09.1958
58 2095	DR	58 2095-6	Aue (Sachs)	30.05.1975	
58 2096	DR	Dsp 11	Dresden	28.03.1968	Dampfspender in Dresden-Friedrichstadt
58 2097	DR	58 2097-2	Karl-Marx-Stadt	24.05.1974	
58 2098	DR		Halle G	26.07.1968	Kohlenstaubfeuerung Wendler
58 2099	DR	58 2099-8	Karl-Marx-Stadt	20.09.1971	
58 2100	DR		Dresden-Altstadt	29.02.1968	
58 2101	DR		Karl-Marx-Stadt-Hilbersdorf	05.06.1968	
58 2102	DRw		Landshut	20.09.1948	
58 2103	DRw		ED Kassel	20.09.1948	
58 2104	DR		Arnstadt	10.03.1967	Kohlenstaubfeuerung Wendler
58 2105	DB		Villingen	14.11.1952	
58 2106	DR	58 2106-1	Weißenfels	30.08.1972	
58 2107	DR		Engelsdorf	04.06.1968	
58 2108	DR	58 2108-7	Berlin Ostbahnhof	11.10.1971	Heizlok 1969 im Milchhof Berlin, 1970 im Bww Berlin-Rummelsburg, abgestellt 19.06.1970
58 2109	DR		Halle G	26.07.1968	Kohlenstaubfeuerung Wendler
58 2110	DR		Riesa	17.08.1967	
58 2111	DR	58 2111-1	Aue (Sachs)	30.07.1974	
58 2112	DR		Zwickau (Sachs)	16.09.1968	
58 2113	DRw		Neuenmarkt-Wirsberg	21.06.1948	abgst. 1945
58 2114	DRw		Aachen Hbf	20.09.1948	
58 2115	DRw			20.09.1948	
58 2116	PKP	Ty 1-97	Poznan		
58 2117	PKP	Ty 1-98			
58 2118	DRw			20.09.1948	
58 2119	DRw		Aachen Hbf	20.09.1948	
58 2120	PKP	Ty 1-111			
58 2121	DB		Frankfurt (M) 2	14.11.1951	
58 2122	ÖBB	658.2122	Bludenz	1964	20.07.1964 in Vz. 01042
58 2123	DRw		Gießen	20.09.1948	
58 2124	BDZ	13.41		1968	
58 2125	DRw			20.09.1948	
58 2126	DRw			20.09.1948	
58 2127	DRw			20.09.1948	
58 2128	DB		Landau	14.11.1951	
58 2129	DR	58 2129-3	Glauchau	20.08.1976	
58 2130	DB		Karlsruhe Rbf	14.11.1951	
58 2131	DR		Dresden-Altstadt	19.06.1968	Kohlenstaubfeuerung Wendler
58 2132	ÖBB	658.2132	Attnang-Puchheim	20.01.1956	
58 2133	DR		Dresden-Friedrichstadt	19.05.1967	
58 2134	DB		Villingen	14.11.1951	
58 2135	DR		Röblingen	26.07.1968	kurzzeitig Kohlenstaubfeuerung
58 2136	BDZ	13.42		1953	
58 2137	vermisst			31.12.1943	SO Leihlok
58 2138	DR		Altenburg	05.12.1968	
58 2139	DRw		ED Regensburg	09.04.1946	
58 2140	DB		Landau	14.11.1952	
58 2141	DRw			20.09.1948	
58 2142	DR	58 2142-6	Karl-Marx-Stadt	26.09.1973	
58 2143	JDZ	30-150			Umz. 1947 in 36-049
58 2145	DRw	1946 CFL 5401		24.02.1958	1946 an CFL[1]
58 2146	CFL	5402		22.09.1958	1944 an CFL[2]
58 2147	DRw	1946 CFL 5403		19.12.1955	1946 an CFL[3]
58 2148	DRw	1946 CFL 5404		27.07.1957	1946 an CFL[4]

Anmerkung zur Tabelle: Zum Zeitpunkt der Ausmusterung bestanden einige Bahnbetriebswerke nicht mehr, waren Einsatzstelle eines anderen Bw. Dennoch wurde dieser Name genommen, da zum Tag der Ab- bzw. z-Stellung die Lok in diesem noch selbständigen Bw waren. Zum Beispiel Dresden-Altstadt statt Dresden oder Karl-Marx-Stadt-Hilbersdorf statt Karl-Marx-Stadt. Eine Ausnahme war zum Beispiel die spätere Einsatzstelle Zeitz, da diese von ihrer künftigen »Mutter«-Dienststelle Leipzig räumlich und auch organisatorisch weiter entfernt lag.

1 B 9264 Umz. 1932 in PH 0 501, 1943 in DRB 58 2145, 24.06.1946 Rückgabe an CFL
2 B 9270 Umz. 1931 in PH 0 502, 1943 in DRB 58 2146, 10.09.1944 Rückgabe an CFL
3 B 9271 Umz. 1931 in PH 0 503, 1943 in DRB 58 2147, 11.09.1946 Rückgabe an CFL
4 B 9273 Umz. 1931 in PH 0 504, 1943 in DRB 58 2148, 26.03.1946 Rückgabe an CFL

Unter der Gattung G 12 waren folgende Maschinen aufgeführt: 5588, 5603, 5606, 5608, 5627, 5633, 5635, 5638, 5639, 5652, 5653, 5658, 5659, 5661, 5662, 5666, 5667, 5671, 5672, 5676, 5678 und 5680.

»Da bei den Nachforschungen zu unserer Vfg. 21.213 Bla 7 vom 6.12.1945 bisher nur die Lok 58 601 und 58 2147 aufgefunden wurden, ist die Suchaktion nach den mit dieser Verfg. mitgeteilten Lok erneut aufzunehmen. Besonders sind die auf Nebengleisen und in den Werkstätten befindlichen Lok nachzuprüfen«, hieß es in diesem Schreiben weiter.

Nach diesem Vermerk meldete sich das Bw Betzdorf, dass u.a. die Lokomotive 5658 dort stehe. Bisher war in Betzdorf niemandem klar, dass es sich um eine luxemburgische Maschine handeln könne. Während die 58 2147 von der Direktion Frankfurt nach Luxemburg abgefahren wurde, gelangten im Mai 1946 die 5658 nur nach Hohenbudberg, die 5440 Juni 1950 nach Luxemburg und die 5688 nach Belgien.

Eine Vielzahl von Lokomotiven der BR 58 war nach dem Krieg nicht mehr einsetzbar. Viele warteten bis zu den (zentralen) Ausmusterungen 1948. Aber bis dahin wurden ganze z-Bestände von einem Bw zum anderen umbeheimatet. Nur in wenigen süddeutschen Bw standen einige G 12 unter Dampf. Vor allem im Schwarzwald war bis Anfang der 50er-Jahre noch kein Ersatz in Sicht. Nach umfangreichen Beheimatungen dominieren hier auch die jüngeren Baureihen 42, 44 und 50. Dann war auch das Feuer in Singen oder Villingen erloschen.

In den Norden, konkret in den Bereich der Rbd/BD Hamburg, verirrten sich 21 einstige polnische 58er (ex Ty 23). Sie sind in den z-Parks der Bahnbetriebswerke Flensburg, Lübeck, Kiel, Hamburg-Harburg, Hamburg-Eidelstedt, Flensburg, Lüneburg und Husum erfasst worden. Aber eine echte preußische G 12 verbarg sich hinter der Nummer 58 1164. Der Rückzug aus dem Südosten Europas brachte sie kurz vor Kriegsende in das Bw Kiel. Ob sie dort im Einsatz stand, ist sehr unwahrscheinlich. Ihre Ausmusterung ist zum 30. Oktober 1948 erfasst.

Nach dem Zweiten Weltkrieg gehörte das **Bw Altenbeken** zur britischen Zone. Das brachte auch den Wechsel zur Rbd Hannover mit sich. Im Altenbekener Schadpark weilten die 58 1277, 1309, 1464, 1488, 1574, 1592 und 2002. Die Ausmusterung erfolgte am 14. November 1951. Sieben einstige Ty 23 gehörten um 1950 zum z-Park des **Bw Börßum**, fünf weitere beim **Bw Celle**. Ferner stand in Celle auch eine einstige Ty 37.

Zum Bestand des **Bw Northeim** gehörten am 15. Juli 1945 noch neun betriebsfähige sowie drei schadhaft abgestellte 58er. Es handelte sich dabei um die 58 1027, 1071, 1158, 1267, 1473, 1490, 1495, 1552 und 2069 sowie um die z-Lokomotiven 58 1335, 1355 und 1867. Doch bereits 1950 bestimmten die BR 50 gemeinsam mit den Baureihen 44 und 52 das Bild im Güterzugdienst. Erst nach Kriegsende, im Juli 1945, sind mit 58 1148 und 1534 im **Bw Ottbergen** wieder zwei 58er registriert worden. Sie waren sogar in den nächsten Jahren im Einsatz. Fünf Jahre später standen 58 1250, 1534 und 1880 im z-Park. Das Datum der Ausmusterung ist mit dem 14. November 1951 überliefert. Nun dominierte in Ottbergen wieder die BR 44.

Lediglich nur schadhaft abgestellt war die Einzelgängerin 58 1223 des **Bw Rheine**. Die 1945 im **Bw Seelze** aufgefundenen 58 1183 und 1808 wurden als »nicht betriebsfähig« geführt. Am 20. September 1948 folgte ihre Ausmusterung.

Auch nach dem Krieg waren noch zahlreiche G 12 im **Bw Bestwig** zu finden. Elf Exemplare wurden am 15. Juli 1945 gezählt. Doch im Park hielten sich außerdem 20 Lokomotiven der BR 44, drei der BR 50 und sechs der BR 56 auf. Innerhalb der Rbd/BD Essen waren vor allem der Wegfall der West-Ost-Durchgangszüge spürbar. Die BR 58 wurde um 1948 entbehrlich. Selbst die BR 44 musste das Bw verlassen. Für die Dienste genügte die BR 50. Mit der 58 1172 bzw. der 58 1462 musterte man im Bw Bestwig die letzte G 12 am 13. Dezember 1950 bzw. am 14. November 1951 aus. Die wohl allerletzte G 12 war dort die 58 1485, die noch einige Jahre als Heizlok ihre Gnadenkohlen verdiente. Sie gehörte allerdings zum Bw Treysa.

Bestand des Bw Bestwig am 15. Juli 1945

58 1172, 1218, 1264, 1277, 1369z, 1409, 1437, 1462, 1492, 1786, 1790

Erst unmittelbar in den letzten Kriegstagen verirrten sich die 58 1081, 1274 und 2147 in das **Bw Betzdorf**. Der Lebensweg der 58 2147 ist bemerkenswert: Als »Coeln 5571« im Jahr 1918 in Dienst gestellt, kam sie im Folgejahr als Reparationsgut nach Belgien. Später als 9271 bezeichnet, gelangte sie zur Prinz-Heinrich Eisenbahn nach Luxemburg und schließlich 1943 zur Reichsbahn. Am 11. Januar 1946 kehrte die 58 2147 heim und war bei den CFL als 54.03 noch zehn Jahre im Bestand. 58 1081 und 1274 gelangten hingegen aus dem Osten nach Betzdorf. Sie erlebten noch den Wechsel des Bw von der Rbd Frankfurt zur Rbd Mainz mit. 1947 kam die 58 1081 zum Bw Landau, die 58 1274 zum Bw Kaiserslautern. In Betzdorf bestimmten nun Lokomotiven der Baureihen 50, 52 und später 57er das Bild.

Auch Strandgut des Krieges waren die 58 1141, 1167 und 2057, die am 20. Juni 1945 in den Listen des **Bw Bielefeld** in der Rbd Essen auftauchen. Da sie als nicht betriebsfähig geführt wurden, war ihre Ausmusterung nur eine Frage der Zeit.

Im **Bw Hamm** erschienen Anfang der 50er-Jahre auch einige G 12; doch es waren nur Schadlokomotiven.

Für den Güterzugdienst im **Bw Siegen** fehlten nach Kriegsende Lokomotiven. So kamen zunächst 44er dorthin. Ab 1947 setzte die DRw 58 1059, 1160, 1165, 1461, 2002 und 2007 nach Siegen um. Doch bald darauf änderte sich das Bild zugunsten der BR 57 und die BR 58 war wieder im Schubdienst in Siegen Ost zu sehen. Dort reihten sich G 12 des Bw Soest ein. Ohne offizielle Umstationierung setzte Siegen sie ein. Auch die Unterhaltung erfolgte nun dort. Doch der Stern der BR 58 sank: Die z-Stellung der 58 1059 zum 4. Oktober 1951 bestätigte das. Schließlich gab das Bw die 58 1165, 1222, 1556 und 1839 als letzte ihrer Art am 31. Oktober 1951 zum Bw Altenhunden ab.

Bei der am 15. Juli 1945 durchgeführten Lokomotivzählung waren im **Bw Soest** nur wenige altbekannte G 12 auszumachen. Insgesamt sieben waren es überhaupt noch. Dazu zählten 58 1162, 1165, 1168, 1558, 1788, 2007 und 2014. Doch schließlich musste aufgrund der abgegebenen BR 44 der Bestand der BR 58 erhöht werden. 15 Exemplare standen im März 1946 auf dem Erfassungsbogen. Soest wurde dann die nahezu letzte Station der G 12. Immer mehr 58er gelangten in das Bw und wurden dort ausgemustert. Das betraf zum 20. März 1948 die 58 1064, 1079, 1142, 1168; zum 20. September 1948 die 58 1162, 1163, 1199, 1459, 1656, 1667, 1929, 2014, 2032 und die 2065. Neben dem gewaltigen Schadpark gehörte im Jahre 1950 nur die 58 1556 zum Betriebspark des Bw Soest. Im Oktober 1952 waren es die 58 1222 und 1556. Die letzte in Soest ausgemusterte G 12 sollte allerdings die 58 2030 am 14. November 1951 sein. Die Baureihe 50 hatte seit 1948 die Leistungen der G 12 übernommen.

Trotz eines hohen Schadanteils bei der BR 44 bestimmten die Einheitslokomotiven bald zusammen mit der BR 50 das Geschehen im **Bw Dillen-**

burg. Im Juli 1945 verfügte das Bw Dillenburg über 36 Exemplare der BR 44, 12 der BR 50 und fünf der BR 58. Dies waren die 58 1489 sowie die Elsässer 5567, 5585, 5590 und 5598. Ein Jahr darauf ergänzte die 58 1059 den Bestand. Sie blieb zunächst zwei Jahre, ehe sie in Kreuztal eine neue Heimat fand. Die übrigen gingen zuvor ihren letzten Weg.

Nach Kriegsende, genauer am 15. Juli 1945, verfügte das **Bw Fulda** über elf 44er, 22 Loks der BR 50 und mit 58 503, 1380, 1742 und 1780 über vier G 12. Doch sehr schnell brachte die Rbd Frankfurt Ordnung in den Bestand. Zugunsten der Baureihen 44, 50 und auch 86 gehörte die BR 58 sehr schnell zum alten Eisen.

Neben den seit 1921 im **Bw Gießen** beheimateten 58 1737 und 1738 verfügte die Dienststelle 1945 bzw. 1946 auch noch über 58 1449, 1730, 1895, 1920 und 2123. Doch aufgrund des Überhanges an Güterzuglokomotiven konnte die G 12 bis 1948 abgestellt werden. Die Lokomotiven der Baureihen 44 und 50 reichten aus.

Geringfügig war der Bestand der G 12 im **Bw Kassel** wieder angewachsen. Am bekannten Zähltag, dem 15. Juli 1945, verfügte es über neun deutsche G 12, zwei Elsässer sowie über eine polnische Ty 23. Insgesamt 218 Lokomotiven erfasste man im Bestand des Bw. Das sind nahezu doppelt soviel wie vor dem Krieg. Über die Hälfte dürfte dort nicht betriebsfähig gewesen sein. Neben größeren Beständen der Baureihen 41, 50 und auch 52, waren es vor allem die 44er, die rasch die 58er auf das Abstellgleis schickten.

Bestand des Bw Kassel am 15. Juli 1945:

58 267
58 1138, 1152, 1273, 1278, 1479, 1485, 1553, 1986
AL 5592, 5651
58 2366z (ex PKP Ty 23)

Unmittelbar nach Kriegsende (und auch Monate später) verfügte das **Bw Landau** immer noch nicht wieder über Lokomotiven der BR 58. Erst in der Zählung vom 1. November 1946 sind die 58 1901 und die polnische 58 2724 erfasst. Inzwischen hätten gemäß der Weisung der französischen Besatzungsmacht vom 12. November 1945 die in Frankreich während des Krieges produzierten Lokomotiven der Baureihen 44, 50 und 52 zurückgegeben werden müssen. Anders als in der SBZ genügte es, auf daraus resultierende katastrophale Einschnitte in der Zugförderung hinzuweisen. Erst zwischen 1948 und 1950 mussten die Rösser abgegeben werden. Dadurch hielt sich dort auch noch die Baureihe 58. Im Februar 1948 verfügte das Bw Landau über die 58 1081, 1274, 1613, 1901, 2038, 2128 und auch noch über die 58 2724. Doch bald war die G 12 nur noch gut für den Verschub. Im Dienstplan 5 rangierte jeweils eine Lok im Bahnhof Landau, im Plan 6 vom Lokbahnhof Wörth aus. Im Herbst 1951 gelangten die letzten G 12 zu den Bw Singen bzw. Villingen; andere sind zum 15. November 1951 in Landau ausgemustert worden.

Lokzählung im Bw Aulendorf am 31. August 1945

Lok-Nr.	Heimat-Rbd	Heimat-Bw	Standort	betriebsfähig	Ausbesserungsgruppe
58 301	Karlsruhe	Villingen	Mengen	ja	
58 536	Stuttgart	Crailsheim	Durlesbach	nein	L 0
58 1480	Erfurt	Weißenfels	Aulendorf	nein	L 3
58 2105	Saarbrücken	Gerolstein	Wurzach	nein	L 3
58 2134	Stuttgart	Kornwestheim	Aulendorf	nein	L 2
5642	Saarbrücken	Haargarten	Scheer	nein	L 2 sämtl. Armaturen fehlen

Maschinen der Außenstelle Lörrach des Bw Basel

Lok-Nr.	Heimat-Rbd	Heimat-Bw	Standort	betriebsfähig	Ausbesserungsgruppe
58 224	Karlsruhe	Freiburg	Basel	nein	L 2
58 5551					L 4 umgestürzt, Schweizer Gebiet

Als am 31. August 1945 der gesamte Fahrzeugpark des **Bw Aulendorf** erfasst wurde, zählten auch sechs 58er dazu (siehe oben).

Bereits im Folgemonat war die elsässische Maschine aus den Listen verschwunden und die 58 536 weilte im RAW Offenburg. Schließlich wurde auch die 58 2105, mit fehlender vierter Kuppelachse, nach Aulendorf verbracht und die 58 301 stand noch immer in Mengen, nun nicht mehr betriebsfähig. Später kam sie nach Schussenried. Im Jahre 1946 gelangte dann auch die 58 2134 in das RAW Offenburg. Als letzte wurde im September 1946 die 58 1480 im Bahnhof Schussenried erfasst, ehe sie dann zum Folgemonat auch »gestrichen« worden ist.

Die Außenstelle **Lörrach** des **Bw Basel** meldete am 3. September 1945 an die RBD Karlsruhe, Außenstelle Radolfzell, dass auch sie über weitere Lokomotiven verfügen, die nicht im Lokverwendungsnachweis aufgeführt sind (siehe oben).

Bereits einen Monat später weilte die 58 224 zur »Ausbesserung im Bw« und im Dezember stand sie bereits wieder unter Dampf. Am 3. Februar 1946 verließ sie das Bw Basel. Basel verfügte vorrangig über Elloks, eine 52er und seit April 1946 mit den einsatzfähigen 58 501 und 1259 auch wieder über zwei Dreizylinderlokomotiven. Vier Monate später stand nur noch die 58 1259 unter Dampf. Dann folgte zum 29. Januar 1947 zugunsten der Baureihe 42 der Austrag und die Abgabe nach Villingen.

Vom **Bw Freiburg (Brsg)** liegt vom August 1945 die Meldung vor, dass die 58 215 und die 58 303 jeweils noch an zwei Tagen im Dienst waren. Nach Ausbesserungen im Bw folgte jedoch sehr schnell die Abstellung.

Bestand des Bw Freiburg am 31. August 1945:

58 215R, 221z, 303k, 524k, 1340k, 1402w, 1901k, 5578z

Die 58 524, 1340, 1402 und 1901 hielten sich in der Lokstation Neustadt auf. Im Folgemonat fuhr man die elsässische 5578 zum Zerlegen ab.

Im Oktober 1945 kam Bewegung in den 58er Park. Im Einsatz standen die 58 524, 303, 1340 und 1901. Neu im Bestand war die 58 543, die jedoch als »w«-Lok, »entgleist in Kippenheim« aufgelistet war. Sie galt als nicht transportfähig. Der Lokverwendungsnachweis des Bw Freiburg nennt dann zum 19. Mai 1946 die Ausmusterung.

Am 28. Oktober 1945 gelangten die 58 524 und 1901 zum Bw Offenburg. Der nächste Monat brachte die Zuführung der betriebsfähigen 58 1259 und 1836. Auch unter Dampf standen dann wieder einige G 12, so im Januar 1946 die 58 303, 1259 und 1340; im Februar löste die 58 1836 die 58 1340 ab. Doch neben elektrischen Lokomotiven nutzten die Freiburger Eisenbahner eher die Lokomotiven der Baureihen 52 und 75. Am 27. März 1946 stand letztmalig eine G 12 im Bw Freiburg unter Dampf – es war die 58 1836. Gleichzeitig lichteten sich die Reihen der abgestellten Lokomotiven. 58 215 wurde nach ihrer Ausbesserung im Raw zum 4. September auch nach Villingen überstellt und die unter »w« stehenden 58 221, 303, 1402 und 1836 zum 27. September 1946 ausgetragen. 58 221, 1402 und 1836 wurden allerdings später im Bw Singen, 58 303 in Jünkerath erfasst.

Zahlreiche Lokomotiven standen im August 1945 im **Bw Haltingen**. Dazu gehörten auch die 58 270 vom Bw Freiburg sowie die 58 289. Hinzu kam der Park der »Schadlokomotiven, die seit Kriegsende noch nicht in betriebsfähigen Zustand waren.« In ihm fanden sich die 58 254 aus der RBD Mainz und die 58 2771 aus Polen wieder. Erst am 15. Januar 1946 stand wieder eine Haltinger G 12 unter Dampf. Es war die gerade zugeführte 58 224. Im März kamen die 58 1100 und 514 hinzu. Aufgrund weiterer Zuführungen, teilweise direkt aus dem RAW Offenburg, erhöhte sich der Bestand, vor allem im Mai 1946, recht schnell. Und der Großteil war auch im täglichen Einsatz.

Bestand des Bw Haltingen am 30. Juni 1946

58 224, 270w, 289,
58 501, 513, 514, 515, 523
58 1100, 1566, 1704, 1849

Der Lokverwendungsnachweis des Bw Freiburg weist für den Februar 1946 noch acht G 12 aus. Lediglich vier von ihnen waren aber nur zeitweise im Einsatz.
Abbildung: Slg. Kubitzki

Im Juni 1946 setzte das Bw Haltingen noch 58er ein, wie der Lokverwendungsnachweis belegt.
Abbildung: Slg. Kubitzki

Seit dem 18. Juni liefen die 58 224, 513 und 1100 leihweise für das Bw Offenburg; 58 501 stand seit dem Vormonat im Bw Basel. Neben den Baureihen 50, 57 und 75 bestimmte die G 12 das Bild im Betriebsdienst. Doch bereits seit Juli wurden vermehrt 42er zugeführt. Im August 1946 waren es bereits zehn Exemplare. Dafür verließen die 58 224, 501, 523, 1100, 1566 und 1849 im August bzw. September Haltingen und fanden im Bw Villingen ein neues Betätigungsfeld. 58 514, als letzte ihrer Art, stand als Schadlokomotive wartend auf eine Ausbesserung. Noch im gleichen Jahr strich man sie aus den Listen des Bw Haltingen. Später gehörte sie zum Bw Singen.

Im Erfassungsbogen des **Bw Konstanz** ist nur eine 58er erwähnt. Es war die Schadlokomotive 58 1734 des Bw Freiburg. Im Dezember 1945 wechselte sie nach einer L 0-Ausbesserung in den Betriebspark des Bw Konstanz über und stand seit dem 15. Dezember sogar einige Tage unter Dampf. Am 14. Februar 1946 rollte sie zum Bw Villingen ab.

Einige Fragen wirft der Lebenslauf der 58 246 auf. In den Lokomotivverwendungsnachweisen des Bw Lindau von 1945/46 ist keine 58er vermerkt. Aber in dem vom Bw Villingen: Zugang am 14. September 1946 unter Dampf 58 246 vom Bw Lindau.

78 Lokomotiven sind im Lokomotivverwendungsnachweis des **Bw Offenburg** Ende August 1945 aufgeführt. Dazu zählten die Baureihen 01, 42, 44, 52, 57, 58, 75 und 94. Dabei profitierte das Bw von zahlreichen Zuführungen im Laufe dieses Monats. Viele Loks kamen aus Villingen, Immendorf oder Karlsruhe. Zum Monatsbeginn waren es nur neun deutsche sowie vier ausländische Lokomotiven. Zum Bestand des Bw Offenburg gehörten am 31. August 1945 die 58 223, 246, 254, 1074, 1838, 1908, 2093 und 5587z. Hinzu

kamen die Fremdlokomotiven 150 P 23 und 150 P 24, die bis zum 4. August 1945 im Einsatz standen und am 22. August nach Straßburg an die SNCF zurückgegeben wurden. Bei der elsässischen 5587 wurde vermerkt: »In Ofr eingeschlossen, schwerbeschädigt«.
Von den sieben 58er waren täglich fünf im Einsatz. Veränderungen gab es erst am 23. bzw. 24. Oktober 1945: »nach dem Saargebiet abgegeben« hieß es bei 58 223, 246 und 1074. Nach Straßburg lief am 30. Oktober noch die 58 536. Neu im Bestand war die aus Freiburg gekommene 58 1901. Doch nach vier Tagen, am 1. November 1945, überführte man auch sie zusammen mit der 58 2093 nach Straßburg-Hausbergen. Übrig blieb die im Einsatz befindliche 58 1838 und die noch immer schadhafte und noch nicht geborgene AL 5587. Das sollte sich schnell ändern, denn ebenfalls nach Straßburg rollte die 5587 am 28. Dezember 1945 ab.
Rekordverdächtig war in den nächsten Monaten, ja sogar Jahren der Einsatz der 58 1838. Trotz der Überzahl der Baureihen 42, 44 oder 52 war sie nahezu täglich im Dienst. Lediglich eine zweitägige Reparatur und die üblichen, eintägigen Waschtage sind vermerkt. Doch nach zwei Jahren Einzelgängerdasein kam auch sie zum Auslauf-Bw Villingen.
Auf mehreren Seiten waren die Schadlokomotiven des **Bw Rottweil** vom August 1945 aufgeführt. Dazu zählen auch 18 Lokomotiven der BR 58.

Schadlokpark des Bw Rottweil im August 1945

58 501, 505, 511, 513, 514, 515, 522, 523, 532
58 1047, 1053, 1088, 1100, 1512, 1704, 1774, 1849, 1919

Die Schäden waren unterschiedlich; so u.a. bei der 58 514 und 522 Fliegerschäden, bei der 58 1053 lose Radreifen oder bei der 58 1100 lose Schieberbuchsen. Das »Verzeichnis der im hiesigen Bw Bezirk abgestellten fremden Lok« nennt für den gleichen Erfassungsmonat noch die 58 260, 264 (beide vom Bw Freiburg) sowie die aus Polen stammende 58 2311 (OBD Krakau). Zum Ende des Jahres sind dann alle 58er in diesem Verzeichnis erfasst. Für die 58 1512, 1774 und 2311 wurde die Ausmusterung vorgeschlagen. Aber auch im nächsten Jahr standen die Maschinen in den Bahnhöfen Tuttlingen, Schwenningen, Talhausen oder Rottweil abgestellt. Erst seit dem 21. Februar 1946 gehörten die 58 501, 514 und 1100 wieder zum Bestand des Bw Rottweil, da diese Lokomotiven am gleichen Tag zur Aufarbeitung in das RAW Offenburg gelangten. Das betraf im Mai 1946 auch die 58 1088 und 1704. Zum Bw Haltingen überführte man die 58 513, 523 und 1047. Hingegen stand die 58 505 im gleichen Monat unter Dampf. Im Schadpark weilten noch neun weitere G 12. Die polnische Vertreterin war nicht mehr verzeichnet. Auch die 58 511 erhielt eine Aufarbeitung nach der Schadstufe L 3 im jetzigen EAW Offenburg. Im Oktober waren die 58er letztmalig aufgeführt: 58 505 am 27. und 58 511 am 15. des Monats zum Bw Villingen, 58 1047 am 15.Oktober zum Bw Singen. Übrig blieben zunächst die drei Schadlokomotiven 58 522, 532 und 1919. Zum Jahresende stand in Rottweil nur noch die 58 522, wartend auf eine L 2-Ausbesserung, abgestellt. Zwei Monate später war sie ausgetragen. Das Bw Rottweil beheimatete nun nur noch die Baureihen 50, 52, 57, 75 und 86.

Das **Bw Singen** (Hohentw.) sollte zum Auslauf-Bw der badischen G 12 werden. Doch davon war im August 1945 noch nichts festzustellen. Die 58 246 gelangte am 3. August, die 58 223 am 22. August nach Offenburg. Nach weiteren Abgaben anderer Baureihen verfügte Singen im September nur über wenige Exemplare der Baureihen 52, 57, 75, 92 und 94. Aber vom Lokbahnhof Immendingen wurden die Schadlokomotiven 58 252 (Bw Landau) und 58 1566 (Bw Offenburg) gemeldet. Ferner im Schadpark des Bw Singen die 58 217 (RBD Breslau, Bw Dittersbach).
Im September 1946 gehörten zum Schadpark bereits acht G 12. Sie alle standen im Bahnhof Immendingen.

Schadlokpark auf dem Bahnhof Immendingen

Lok	früheres Bw	warten auf Ausbesserung
58 217	Dittersbach	L 4
58 252	Landau	L 2
58 260	Rottweil	L 2
58 264	Villingen	L 3
58 301	Villingen	L 0
58 1053	Rottweil	L 2
58 1774	Rottweil ?	wartet auf Ausmusterung
58 2105	Gerolstein	L 3

Die 58 221 (Bw Freiburg), 1402 (Bw Freiburg), 1480 (Weißenfels) gehörten im nächsten Monat auch dazu. Der Monat November 1946 brachte den Zusatz: »58 532, Bw Rottweil, abgestellt Bahnhof Immendingen, warten auf L 0«.
Erst seit dem Februar 1947 waren wieder Einsätze der G 12 vom Bw Singen aus zu vermelden. Unter Dampf war die 58 301, zur Ausbesserung nach L 4 im EAW Offenburg war noch die 58 1047, die im März in Singen eintraf. Schließlich wurden dem Bw im Juli 1947 die einsatzfähigen 58 514, 523 und 1053 (einst zum Bw Rottweil gehörend) zugewiesen. Nach weiteren Zuführungen erhöhte sich der 58er-Park; doch nur die wenigsten waren einsatzbereit:

Bestand des Bw Singen im Juli 1950

58 217z, 221z, 252z, 254z, 260, 264z
58 514, 522z, 523, 532z
58 1053, 1074, 1402z, 1480z, 1628, 1774z, 1836
58 2771z (PKP)

Nur im Schadlokpark des **Bw Tübingen** sind im August 1945 fünf 58er aufgeführt.

Schadlokpark des Bw Tübingen im August 1945

Lok-Nr.	Heimat-RBD	Bw	Standort	betriebsfähig	Schadgruppe
58 502	Stuttgart	Heilbronn	Nürtingen	ja	-
58 507	Stuttgart	Lauda	Nürtingen	ja	-
58 539	Stuttgart	Kornwestheim	Horb	nein	L 0
58 1016	Stuttgart	Rottweil	Laufen	nein	L 0
58 1935	Stuttgart	Rottweil	Horb	nein	L 0

Erst im Dezember 1945 kam in den Betriebsbestand des Bw Tübingen eine G 12, die 58 1016, die dort wieder aufgearbeitet werden sollte. Doch die Schäden waren zu groß, so dass alle verbliebenen drei Schadmaschinen, die 58 539, 1016 und 1935 im Januar 1946 in das RAW Offenburg abrollten. Nach der Aufarbeitung gelangten sie zu anderen Dienststellen, zumeist nach Villingen. Wenige Tage zuvor verließen die 58 501 und 503 den Ort: Kurzzeitig trug auch die 58 1734 – bis März 1946 – ein Schild vom Bw Tübingen. Dann war die Ära der G 12 in diesem Bw beendet.
Eine erste Bestandsprüfung ergab am 1. August 1945 insgesamt 62 Triebfahrzeuge im **Bw Villingen**. Der Großteil war nicht betriebsfähig. Hinzu kamen weitere Fahrzeuge: Schadlokomotiven, die im bzw. am Bw Villingen oder »auswärts« abgestellt standen. Dadurch ermittelte man nun 164 Lokomotiven. Im Bw Villingen selbst waren die 58 314, 527, 1868 und die AL 5582. Bis September 1945 waren die drei deutschen 58er recht häufig im Einsatz. Die AL 5582 stand erst wieder am 16. August 1945 unter Dampf und fuhr am Folgetag zum Bw Mühlhausen. Als «Ostrückführlokomotive» ist die 58 217 des Bw Waldenburg-Dittersbach erfasst. Schadhaft abgestellt im Bahnhof Immendingen waren die 58 221, 246, 264, 303, 1402 und 1836[1]. Inzwischen dem Bw Aulendorf zugeordnet war die betriebsfähige 58 301 (aber von Villingen noch erfasst[1]). Damit war die G 12 nahezu in der Minderheit gegenüber den Baureihen 42 und 52. Schließlich waren in Villingen nur noch schadhafte 58er zu finden, denn die 58 314, 527 und 1868 sind im kalten Zustand am 16. Oktober 1945 zum Bw Offenburg überführt worden.

[1] nicht im Lokomotivverwendungsnachweis des Bw dokumentiert

Für den Einsatz auf der Schwarzwaldbahn hielt das Bw Villingen im September 1946 noch zahlreiche 58er vor. *Abbildung: Slg. Kubitzki*

Das Bw Rottweil verfügte im Juni 1946 über acht 58er, die auch im Plandienst Verwendung fanden. *Abbildung: Slg. Kubitzki*

Als Neuzugang waren am 14. Februar 1946 die 58 539 und 1734 zu vermelden. Im März kamen aus Tübingen die 58 1935, aus Freiburg die 58 1340 und aus Aulendorf die 58 2134 hinzu. Letztere ging aber zunächst in das RAW Offenburg. Die 58 217 stand inzwischen »z«. Neben 32 im Bestand befindlichen Lokomotiven der BR 42 waren die sechs 58er und eine 50er doch in der deutlichen Minderzahl. Immerhin waren im März 1946 drei 58er im Einsatz. Bei der BR 42 waren es 24. Weitere Zugänge sind erst im Juli bzw. im August 1946 mit den aus Haltingen zugeführten 58 289 und 513 bzw. 58 224, 501, 1100, 1566, 1704 und 1849 nieder geschrieben. Hinzu kam noch die 58 1088 mit dem Vermerk »vom Bw Rottweil ins RAW O«.

Bestand des Bw Villingen am 30. September 1946

58 215, 224w, 246w, 289w
58 501, 513w, 523r, 539w
58 1016, 1088, 1100, 1340, 1566, 1704w, 1734w, 1849, 1935, 2134w

Nach 1945 führte die französische Militärregierung den Eisenbahnbetrieb in ihrer Besatzungszone selbst durch. Dazu gehörte auch der Rbd-Bezirk Karlsruhe. Zum 1. Februar 1947 wurden dann die Südwestdeutschen Eisenbahnen (SWDE) gegründet. Die »Lokwirtschaft« war von vielen Veränderungen geprägt; so auch die Dienststellenorganisation. Künftig zählten zum Bw Villingen die Lokbahnhöfe Hausach, Neustadt (Schwarzwald) und Schramberg. Der Lokbahnhof Immendingen gehörte aber künftig (1945) zum Bw Singen, somit auch die dort abgestellten

Bestandsentwicklung im Bw Villingen

BR	1946	1948	1950	1952	1953
38	2	-	-	-	-
39	5	12	10	16	16
42	29	13	910	10	-
44	-	-	-	-	20
58²	1z	4	6	6	-
58⁵	1	5	5	5z	-
58¹⁰	4	11	10	22	5z
93	8	13	10	10	10

Lokomotiven.
Auch in den nächsten Monaten verfügte die ED Karlsruhe in der französisch besetzten Zone, so die neue Bezeichnung, weitere G 12 nach Villingen. Im Oktober kamen aus Haltingen die 58 270 sowie vom Bw Rottweil die 58 505 und 511. Die 58 514 kam aus Haltingen und 58 1053 aus Singen im Dezember dazu. Neben 13 Lokomotiven der BR 42, einer 50er und drei 52er wuchs der Bestand der BR 58 auf 24 Exemplare an. Doch gerade einmal elf Maschinen waren im Einsatz. Die übrigen standen zumeist unter »w«. Seit dem 1. Februar 1946 wurde die 58 246 als z-Lok geführt. Der nicht einsatzfähige Park wurde immer größer. Am 1. Juli 1947 standen 14 Lokomotiven »wartend« auf Aufnahme ins Raw, jeweils eine weilte zur Reparatur im Bw, zur Auswäsche, im Raw bzw. im z-Park. Gerade einmal sieben G 12 waren im Dienst. Dazu zählten an jenem Tage die 58 215, 224, 270, 1016, 1088, 1100 und 1259. Wenige Tage später sind die 58 514, 523 und 1053 zum Bw Singen überführt worden.

Bestand des Bw Villingen am 1. Januar 1948

| 58 223, 224, 246, 289 |
| 58 501, 505, 511, 513, 539 |
| 58 1016, 1088, 1100, 1259, 1340, 1566, 1704, 1734, 1849, 1935, 2134 |

Bestand des Bw Villingen am 1. Januar 1952

| 58 215z, 223z, 224, 246z, 270, 289z |
| 58 501z, 505z, 511z, 513z, 539z |
| 58 1016, 1083, 1100z, 1259, 1268, 1274z, 1340, 1410, 1436, 1483, 1533, 1566, 1704z, 1734, 1836, 1849z, 1919, 1935, 2038z, 2041, 2105, 2134z |

Bis 1950 änderten sich auch wieder die Bespannungsaufgaben in der französischen Zone. Künftig verfügte das Bw Villingen nur noch über fünf Baureihen. Zwei Jahre zuvor waren es noch neun. In diesem Jahr, beginnend im August, wurden auch vermehrt 58er ab- und z-gestellt. Ihre Ausmusterung folgte zum 14. November 1951. Für die schweren Güterzüge, darunter auch Besatzungs- und Reparationszüge, von bzw. nach Villingen bestand noch immer Bedarf. So ersetzten aus Kaiserslautern bzw. Landau zugeführte G 12 die ausgemusterten Maschinen im Bestand. Doch inzwischen standen ausreichend Dreizylinder-Maschinen der BR 44, zugeführt aus dem amerikanischen Sektor, zur Verfügung. Schließlich folgte auch hier die z-Stellung der G 12 im Jahre 1952. Als letzte ihrer Art ist die 58 1836 dokumentiert. Ihre Ausmusterung folgte am 4. Oktober 1952. Sie erhielt erst im Februar noch eine Aufarbeitung nach der Schadgruppe L 2. Bis 1953 weilten im Schadpark des Bw Villingen noch die 58 1410, 1436, 1734, 1836 und 1919 auf. Sie waren neben der 58 2059 des Bw Seesen die letzten G 12 bei der DB.
Auch zur RBD bzw. ED Karlsruhe gehörte das **Bw Waldshut**. Dort erfasste man zwar keine G 12, aber dafür eine andere 58er, die abschnittsweise sogar im Einsatz war. Die 58 2724, eine Ty 23, weilte bis zum 5. August 1945 noch im Schadpark des Bw. Nahezu den gesamten Oktober war sie unter Dampf, ehe sie am 30. des Monats zum Bw Offenburg umgesetzt wurde.
In den Wirren der letzten Kriegstage erreichten die 58 252 sowie 58 1011, 1137 und 1487 das **Bw Freudenstadt**. Nach den ersten Bereinigungen im Fahrzeugpark durch die französischen Besatzer waren die vier 58er wohl entbehrlich.
Offensichtlich war in den ersten Friedenstagen 1945 keine 58er im **Bw Heilbronn** unter Dampf. Der Überhang der Güterzuglokomotiven der Baureihen 42 und 50 ermöglichte bereits 1946 die Abgabe der G 12 an das Bw Lauda oder deren baldige Abstellung. 58 502 gelangte allerdings nach Karlsruhe und spendete dort noch 15 Jahre Dampf als Heizlokomotive.
Waren zum Jahresbeginn von 1945 18 Exemplare der BR 58 im Bestand des **Bw Lauda**, folgten bald zahlreiche Veränderungen. Lauda wurde zum Sammelort der G 12. So täuscht die Bestandserfassung vom Februar 1947 über die Gegebenheit für mögliche Einsätze. Tatsächlich waren nur vier G 12 im Einsatz (E), die übrigen waren abgestellt.

Bestand des Bw Lauda am 1. Februar 1947

| 58 503E, 507z, 508w, 509z, 510w, 512z, 518w, 519z, 520z, 521E, 525z, 526z, 529w, 530z, 531w, 533w, 535E, 538w, 540z 58 1011E, 1021z, 1301z, 1551z, |

Die Baureihe 50 konnte in Lauda nahezu alle Leistungen übernehmen, so dass im Jahr 1948 nur noch die 58 508, 512 und 530 wechselweise im Zugdienst waren. Die übrigen standen zumeist seit 1946 im z-Park. Neu im Bw war schließlich seit Juli 1947 die 58 534 aus der Rbd Nürnberg. Seit Oktober gehörten dann ebenso die 58 1182, 1506, 1795, 1874, 1946, 1977 und 2086 zum Bw Lauda. Sie kamen aus Aalen. Doch sie standen nur »z«. Zum 14. August 1950 wurden auch die verbliebenen 58er aus den Listen des Bw Lauda gestrichen. Allerdings 58 512 verdingte sich noch bis Mitte der 50er-Jahre als Heizlokomotive im Heidelberger Hauptbahnhof.
Nach Kriegsende war in der Rbd Stuttgart die BR 58 noch nicht wegzudenken – zu groß waren die Schäden im gesamten Fahrzeugpark. Im Oktober 1945 trafen aus Darmstadt die 58 503, 522 (oder 523) und 531 im Direktionsbezirk ein. Aber auch die Rückgaben der Fremdlokomotiven begannen, die bis 1950 andauerten. So gelangte u.a. die 58 2148 im März 1946 nach Frankreich. Im gleichen Monat stellte man die 58 1007 »z«. Schließlich wurde auch die 58 503 ausgereiht, ab dem Monat Mai ist sie als Gerät, als Heizlokomotive in einem Ausbesserungswerk geführt worden. Aus verschiedensten Bahnbetriebswerken liefen den Dienststellen der Rbd Stuttgart in den Monaten Juli und August 1946 die 58 206, 213, 247, 250, 295, 260, 240, 267, 299, 503, 526, 529, 288 sowie 602 zu. Weitere Zuführungen waren mit der 58 1021, 1301 und 1551 genannt. Sie erhielten in den Unterlagen den Zusatz »Schadlok, im Stand«. Es folgten weitere Abstellungen und Ausmusterungen, so u.a. von der 58 216 (14.08.1950) oder der Gruppe 58 1062, 1069, 1137, 1232, 1404, 1419 und 2130 zum 23. November 1951. Erstaunlicherweise wurden weitere Ausmusterungen in den Monatsmeldungen nicht mehr erwähnt. Jedoch war der Großteil bis zum 14.11.1952 ab- und z-gestellt.
Vom **Bw Karlsruhe Rbf** aus waren auch nur noch wenige 58er im Einsatz. Im Januar 1947 standen die 58 206, 213, 240, 283, 295, 299, 542, 1062 und 1404 dem Fahrbetrieb zur Verfügung. Bereits ab- und z-gestellt standen die 58 204, 250, 537, 1137, 1419 und 1518. Zum w/we-Bestand gehörten die 58 216, 242, 247, 267, 288, 1069, 1232 und 2130. Auch die 58 602 stand im z-Park des Bw Karlsruhe. Für die meisten folgte 1948 die Ausmusterung. Zum Jahrswechsel 1948/1949 waren immerhin die 58 204 (!), 240, 247, 283 und 1062, 1069, 1137 (!), 1419 (!) sowie 58 2130 noch im Einsatzbestand.
Neun Lokomotiven der BR 58 standen zum Jahresende von 1945 im **Bw Aalen** abgestellt. Dazu zählten die 58 1007z, 1182w, 1506r, 1715z, 1874w, 1946r, 1977w, 2086w und 2148z. Die luxemburgische 58 2148 überstellte die DRw im Folgejahr den CFL. Bis auf die 58 1506, die in den Jahren 1946/47 noch relativ oft im Einsatz war, blieben die meisten abgestellt. Lediglich 1945/46 gab es einige Veränderungen. Kurzzeitig gehörten die 58 1182, 1874 und 2086 als w-Lokomotiven zum Bw Heilbronn. Im Oktober 1948 überstellte man die Aalener Maschinen dem Bw Lauda.

Vom 4. November 1945 liegt eine Gesamtübersicht aller Dampflokomotiven des Rbd-Bezirkes Köln vor. Demnach gehörten 18 G 12-Lokomotiven zum Bestand. Doch davon galten die 58 1081, 1274, 2147 und AL 5658 als vermisst. Der Weg der 58 2147 ist im Abschnitt über das Bw Betzdorf beschrieben. Diese Maschine sowie die 58 2145 und 2146 standen an diesem Stichtag auch in den Listen der Direktionen, die nach luxemburgischen Lokomotiven suchten.

Mit dem Fernschreiben 21 H Bl 9 Bla vom 1. Juni 1946 meldete die Rbd Köln, dass u.a. für die »Fremdlok G 12 5806 Unterlagen überzählig sind«. Im gleichen Monat gab man an die Rbd Mainz die betriebsfähigen 58 1081 und 1274 ab. Damit waren nur noch schadhafte G 12 im Bw Aachen Hbf vorhanden.

Bestand des Bw Aachen Hbf am 20. Januar 1948

58 1008, 1077, 1501, 1576, 1577, 1671, 1861, 1910, 2024, 2028, 2033, 2046, 2114, 2119

Unmittelbar danach, im Oktober 1948, folgte die Ausmusterung und letztlich der letzte Weg zur Verschrottung. Lediglich eine stand noch bis 1950 in Aachen abgestellt – es war die 58 1889.

Als am 18. Juni 1947 die Rbd Nürnberg das »Verzeichnis der nicht mehr voll zu erhaltenden Lok« herausgab, waren in ihm auch 58 Exemplare der BR 58 enthalten. Aber auch andere Baureihen, die bei der DRw bzw. DB noch einige Jahre Verwendung fanden, waren aufgeführt. So traf es eine größere Anzahl von Lokomotiven der Baureihen 44, 45, 50, 52, 55, 56 oder 57.

Inzwischen nahm sich der Bestand der BR 58 in der Rbd Nürnberg eher bescheiden aus. Lediglich 58 1826, 1830, 1834, 1881 und 2080 zählten noch zum Park. Aber für eine weitere Er- bzw. Unterhaltung waren sie nicht mehr vorgesehen. Im Verzeichnis hob der Bearbeiter hervor »G 12 mit 4 achs. Tender«. Aber auch Ausmusterungen waren dokumentiert: 58 534 Bw Aschaffenburg 06.1947, 58 1694 und 1709 Bw Nürnberg Rbf 05.1947. Ferner erfasste man noch im Bezirk 20 umgezeichnete 58er, die aus Polen stammten.

Im Februar und März 1945 hatten die amerikanischen Streitkräfte zielgerichtet die Bahnanlagen von **Aschaffenburg** zerstört. Das Bahnbetriebswerk war davon auch betroffen. Der Lokschuppen II wurde völlig zertrümmert.. In ihm befanden sich noch 19 Maschinen. Die letzten davon, darunter auch zwei G 12, konnten erst im Juni 1947 mittels eines Kranes geborgen werden.

In einer ersten Zählung aus dem Jahre 1946 wurden auch gestrandete Lokomotiven erfasst. Allerdings bestimmten die Baureihen 42, 44, 50 und 94 das Bild. Hinzu kamen noch 13 Exemplare der BR 58. Zum Aschaffenburger Bestand gehörten am 1. Dezember 1946 die 58 1127, 1390, 1696z, 1713, 1822z, 1824, 1826, 1834, 1841, 2080, 2087, 2088 und 2090.

Nicht mehr voll zu erhaltende Lokomotiven der BR 58 der Rbd Nürnberg

Lok	derzeitige Verwendung	Schadgruppe	Bemerkung
58 534	z	L 3	abg. Stuttgart
58 1065	z	L 4	
58 1093	Betrieb	-	
58 1106	Betrieb	-	
58 1122	z	L 4	Kriegsschaden
58 1127	z	?	
58 1150	z	?	
58 1213	im Raw	L 0	
58 1221	z	L 0	
58 1275	w	L 0	
58 1390	Betrieb	-	
58 1477	z	L 4	
58 1487	z	L 3	
58 1526	z	L 4	
58 1592	z	L 0	
58 1612	im Raw	L 0	
58 1614	im Raw	L 0	
58 1653	z	?	
58 1668	Betrieb	-	
58 1693	z	L 0	Kriegsschaden
58 1696	z	?	
58 1697	z	L 3	
58 1698	z	L 3	
58 1700	z	L 3	
58 1702	z	L 2	
58 1713	Betrieb	-	
58 1748	z	?	
58 1750	z	?	
58 1751	w	L 4	
58 1756	w	L 2	
58 1765	Betrieb	?	
58 1792	Betrieb	?	
58 1820	z	L 4	
58 1822	z	?	
58 1824	z	L 4	
58 1826	w	L 2	
58 1828	z	L 2	
58 1830	z	?	
58 1832	z	L 4	
58 1834	Betrieb	-	
58 1841	w	L 0	
58 1881	z	L 4	
58 1913	Betrieb	-	
58 1914	Z	L 4	
58 1915	z	L 2	
58 1921	Betrieb	-	
58 1983	Betrieb	-	
58 1988	z	L 4	
58 2011	z	L 4	
58 2043	z	?	
58 2058	z	?	
58 2083	z	L 3	
58 2085	z	?	
58 2087	z	L 4	
58 2088	w	L 0	
58 2089	z	L 2	
58 2090	z	L	

Die noch jungen Lokomotiven der Baureihen 42, 44 und 50 sollten hier später dominieren. Auch in Aschaffenburg galt der Begriff »Überhang« – die G 12 war entbehrlich. Bis 1947 waren die 58er zumeist alle abgestellt und bis zum 20. September 1948 aus dem Bestand gestrichen. Lediglich die

Nicht mehr im Unterhaltungsplan geführte Lokomotiven der ED Nürnberg (10. Juli 1948)

Bw Nürnberg Hbf:
58 1065z

Bw Schweinfurt:
58 1093, 1477z, 1487z, 1792z, 1881z, 1913z, 1915z, 1988z

Bw Nürnberg Rbf:
58 1612, 1668, 1785
58 1108z, 1122z, 1213z, 1235z, 1526z, 1592z, 1614z, 1697z, 1698z, 1700z, 1702z, 1750z, 1751z, 1756z, 1820z, 1828z, 1832z, 1914z, 1921z, 1983z, 2011z, 2043z, 2085z

Bw Aschaffenburg:
58 1713
58 1127z, 1150z, 1390z, 1696z, 1822z, 1824z, 1826z, 1830z, 1834z, 2080z, 2084z, 2087z, 2088z, 2090z

Bw Bayreuth:
58 1221z

Bw Neuenmarkt-Wirsberg:
58 1653z

Bw Gemünden:
58 1693z, 2089z

Bw Ansbach:
58 1747z, 2058z

Bw Bamberg:
58 1841z

Nach der Ausmusterung der 58 1713 nutzte das Bw Aschaffenburg die Maschine noch als Heizlok. Im Oktober 1965 hatte die G 12 aber auch als Dampfspender ausgedient und wartete nun auf ihre Verschrottung.
Foto: Slg. Gutmann

58 1713 ist erst am 4. August 1949 ausgemustert worden. Als »Waschlok« fand sie im Bw noch weitere Jahre Verwendung.
Die in den letzten Kriegstagen im **Bw Coburg** aufgefundene 58 2630 (ex PKP) verschwand recht bald wieder. Neu war dann, aufgeführt in der Erfassung vom 1. Juli 1945, die ebenfalls aus Polen stammende 58 2728 (ex Ty 23). Auch sie war somit keine G 12. Inzwischen gehörte Coburg nicht mehr zum Bezirk der Rbd Erfurt sondern zur Rbd Nürnberg.
Als das **Bw Hof** aus der Rbd Regensburg zur Rbd Nürnberg wechselte, war schon lange keine G 12 mehr im Bestand. Diese wurde bis 1946/47 aus der Dienststelle abgezogen. Was nach dem Krieg noch einsatzfähig war, bleibt aufgrund des Durcheinander nach dem gewaltigen Bombenhagel kurz vor dem Kriegsende noch ungeklärt. Am 8. April 1945 um 12.15 Uhr sind die Bahnanlagen zielgerichtet bombardiert worden. Nach diesem Angriff waren von etwa 140 Lokomotiven nur noch 18 betriebsfähig. Im Ringlokschuppen 1 standen allein 29 größerer Lokomotiven, darunter einige der BR 58. Dieser Schuppen war zu über zwei Dritteln zerstört. Nach den Aufräumungsarbeiten setzte das Bw Hof im Güterzugdienst vermehrt die BR 50 ein.

Vermutlich aus dem Osten kam, da jeglicher Nachweis fehlt, im **Bw Neuenmarkt-Wirsberg** bereits um 1943/44 die 58 1653 an. Ihr folgte im Dezember 1945 die 58 1612. Sie gelangte im April des Folgejahres zum Bw Nürnberg Rbf. Die 58 1653 wurde in Neuenmarkt schließlich z-gestellt und zum 20. September 1948 ausgemustert.
Ferner rechnete man dem Bw Neuenmarkt-Wirsberg die schadhaft abgestellten 58 1108, 1221, 1653, 2113 zu, die unmittelbar im Bahnhofsbereich standen. Auch die im Bahnhof Kulmbach hinterstellten 58 2333 und 58 2921 der PKP gehörten dazu. Beide zählten noch im Jahre 1950 zum Schadpark des Bw.
Im **Bw Nürnberg Rbf** war noch nicht einmal die Hälfte aller G 12 in den ersten Friedensmonaten einsetzbar. Anders bei der BR 44: Hier waren es über zwei Drittel. Auch gehörten wieder vermehrt 57er und 54er zum Nürnberger Park.

Bestand des Bw Nürnberg Rbf am 31. Dezember 1945

58 247, 250
58 1122, 1592, 1694, 1697, 1698, 1700, 1702, 1709, 1750, 1751, 1756, 1785, 1820, 1828, 1832, 1891, 1914, 1921, 1983, 2043, 2077, 2085, 2091

Als letzte ihrer Art stellte man die 58 1668 am 2. März und die 58 1785 am 27. Mai 1949 von der Ausbesserung zurück, somit standen sie also »z«. Die Ausmusterung erfolgte dann zum 15. November 1951. Bei der Erfassung des Gesamtbestandes am 1. Juli 1950 waren im Bw Nürnberg Rbf die z-gestellten 58 1612, 1668, 1785 und 1891 aufgeführt. Hinzu kamen noch zwölf Exemplare der BR 58[23] (Ty 23), die ebenfalls »z« standen. Offenbar reichten in den letzten Kriegstagen die vorhandenen Lokomotiven im **Bw Plattling** nicht mehr aus oder die dort eingetroffenen 58er waren einfach nur Strandgut des Krieges, Rückführlokomotiven aus dem Osten. Im Jahr 1943 sollen die 58 1197, 1793 sowie die beiden polnischen 58 2519 und 2912 das Bw erreicht haben. Zwischen Weihnachten 1944 und April 1945 wurde Plattling mehrfach bombardiert. Allein am 16. April gab es über 500 Tote sowie u.a. schwer beschädigte 45 Lokomotiven und 1458 Wagen. Zum Jahresende 1945 hielten sich allerdings die 58 1197, 1451, 1686 und 1884 in Plattling auf. Im Folgejahr waren es dann die 58 1197 und 1793. Die beiden aus Polen stammenden Lokomotiven standen im Bahnhof Grafling. Weitere Schadlokomotiven waren auf der Strecke Landau (Isar)–Kröhstorf hinterstellt. Auch sie gehörten zum Bw Plattling. In dieser gigantischen Ansammlung von über 100 Lokomotiven war auch die 58 1657 auszumachen. Die Baureihe 58 kam in Plattling nicht mehr zum Einsatz. Im Schadpark des Bw sind im Dezember 1947 ebenfalls die 58 1197, 1793, 2519 und 2912 aufgelistet.
Nur als Rückführlokomotiven erreichten 1945 einige 58er wieder das **Bw Schweinfurt**. Neben dem preußischen Typ fanden sich auch viele einst polnische Maschinen in den Listen wieder. Die ausländischen Exemplare waren alle nicht betriebsfähig. Auch auf etwa die Hälfte des Bestandes der BR 58 traf diese Aussage zu. Dem Bw standen ausreichend Lokomotiven der Baureihen 44 und 50 zur Verfügung.

Bestand des Bw Schweinfurt am 1. Dezember 1946

58 1093, 1477, 1487, 1792, 1861z, 1913, 1915z, 1988
58 2301z, 2303z, 2440z, 2474z (Ty 23)

Als letzte G 12 des Bw Schweinfurt wurde schließlich die 58 1093 zum 4. August 1949 ausgemustert. Allerdings als Heizlokomotive 1019 diente sie bis 1963 in Nürnberg. Die polnischen Maschinen hatte man zumeist im Sommer 1952 nach Nürnberg-Märzfeld zur Verschrottung abgefahren.

Wie bereits erwähnt, erreichten kurz vor dem Kriegsende 58 213 und 508 das **Bw Würzburg**. Die 58 213 gelangte am 20. Juli 1946 zum Bw Karlsruhe, die 58 508 bereits am 29. Mai 1946 zu ihrem einstigen Heimat-Bw Lauda. Den Reigen der G 12 beendete schließlich in den 50er-Jahren die ehemalige 58 1983, die als Heizlokomotive nun 2086 hieß. Immerhin schloss sie so ihren Lebenslauf, den diese 58 1983 im November 1920 als »Kassel 5690« in Würzburg begonnen hatte.

Aus Polen stammte die 58 2652, die als Rückführlokomotive im Jahre 1945 im **Bw Buchloe** strandete. Es war eine Ty 23 der PKP. Diese 58er wurde zum 13. Dezember 1951 ausgemustert. Richtige G 12 waren im Bw Buchloe nicht auszumachen.

Als die ED Regensburg zum Stichtag 27. Dezember 1951 ihre Liste der ausgemusterten Lokomotiven versandte, waren in ihr auch noch einige G 12 enthalten. Im Bahnhof Regensburg Ost standen die lauffähigen 58 1451, 1497, 1710, 1877 und 1987. Bis auf die 58 1987 verfügten alle noch über einen Tender. Kurz darauf waren sie Geschichte; die 58 1451 und 1497 dies bereits bei der Herausgabe des o.g. Schreibens.

Noch acht Lokomotiven der BR 58 gehörten im August 1945 zum Betriebspark der Rbd München, weitere sieben zum Schadpark. Ferner nennt das Verzeichnis der Direktion noch vier abgestellte Loks der BR 58[5]. Dazu kamen noch zehn Rückführlokomotiven aus Polen. Das waren Ty 23 bzw. 58[23]. Bemerkenswert über Jahre die Zählweise der Direktion: Die preußischen und badischen G 12 führte man als BR 58[10], die württembergische richtig als 58[5].

Mit den bis zum Jahresende zugeführten 58 240, 247, 1117, 1248 und 1395 stieg der Anteil der Schadlokomotiven auf zwölf an. Im Februar 1946 kam 58 1870 mit dem Vermerk »Aufgefunden« hinzu. Dann folgten Abgaben: 58 1770 (an Rbd Karlsruhe), 1275 (an Nürnberg) sowie 58 240, 247 und 216 (an Rbd Stuttgart). Im Betriebspark stand offenbar nach den Unterlagen keine mehr. Die Aufzeichnungen vom Dezember 1946 bestätigen das nur bedingt: zwölf Loks BR 58[10] im z-Park. Aufgeführt aber nur die 58 759, 1117, 2015, 2016 sowie die neun Fremdlokomotiven der BR 58[23]. Bestehen bleibt die tatsächliche Anzahl. Bis 1948 war die BR 58 aus den Unterlagen verschwunden.

Zum 20. September 1948 wurde schließlich auch die 58 1953 ausgemustert. Sie gehörte nach 1945 noch zum Bestand des **Bw Freilassing**. Doch viele Einsätze soll es nicht mehr gegeben haben. Die BR 52 bestimmte nun das Güterzugbild.

Zum **Bw Garmisch** gehörten zwischen 1948 und 1952 die 58 2313, 2327, 2345, 2347, 2419, 2566, 2633, 2696, 2708 und 2730. Diese polnischen Ty 23 standen bis zu ihrer Verschrottung in den Bahnhöfen von Garmisch oder Ohlstadt schadhaft abgestellt.

Im **Bw Ingolstadt** war die Gattung G 12 schon lange bekannt. Das Bw war Wendeort für Lokomotiven anderer Dienststellen. Zum Kriegsende sind im Bw vier G 12 erfasst worden – AL 5556, AL 5633, AL 5649 und AL 5653. Diese Fremdlokomotiven aus dem Elsass gelangten im April (5556, 5649) bzw. im September 1946 (5633) zurück nach Frankreich. Allerdings kehrte offenbar die AL 5653 nicht zu den SNCF zurück. Bereits im September 1945 soll sie bei Desching zerlegt worden sein.

In einer weiteren Schadliste des Bw Ingolstadt finden sich noch 1950 die polnischen 58 2327 und 2566 wieder.

Elf Lokomotiven der Baureihe 58 waren im Dezember 1945 im **Bw Landshut (Bay)** beheimatet. Dazu kamen noch fünf der BR 57, drei der BR 54[15] sowie zwei schadhafte 44er. Zum Bestand des Bw Landshut gehörten am 31. Dezember 1945 die 58 1005, 1269, 1350, 1368, 1448, 1497, 1550, 1672, 1710, 1877 und 2102. In den ersten Nachkriegsmonaten nahm man alles, was noch fuhr. Auch der Großteil der 58er war noch im Einsatz. Doch als die elektrische Fahrleitung seit dem Frühjahr 1946 wieder funktionierte, ging deren Einsatz zurück. Hinzu kamen zugeführte Lokomotiven der BR 55 sowie andere Einzelgänger. Die letzten Leistungen im Bw Landshut sollen 1946 die 58 1497 und 1710 erbracht haben. Auch hier folgte bis 1948 die Ausmusterung. Fragen wirft die Beheimatung der 58 1710 auf. Diese Lokomotive gehörte nach 1945 zu den PKP und lief dort als Ty 1-89.

Als Schadlokomotive blieb im **Bw Mühldorf (Obb)** die 58 216 im Jahr 1945 stehen. Zum Einsatz gelangte diese badische G 12 offenbar nicht mehr, da das Bw nun 50er, 52er und 57er vorhielt. Die Ausmusterung folgte 1950.

Neben einer Vielzahl beschädigter 42er, 44er, 50er und 52er sind 1945/46 im **Bw München Hbf** auch die 58 1916, 1958 und 2077 erfasst worden. Sie stammten aus anderen bayrischen Dienststellen, u.a. Freilassing. Ihre letzte Fahrt traten sie erst im Zuge der Ausmusterung, datiert zum 20. September 1948, an.

Auch völlig fremd für die Region waren die polnischen 58er im **Bw Nördlingen**. Bereits im Herbst 1944 sind dort die 58 2342, 2364, 2382, 2700 und 2915 erfasst worden. Neben weiteren Kriegsresten folgte bald die Zerlegung.

Im Bestand der RBD Münster erfasste man zum Stichtag 30. November 1945 eine G 12. Für die Region eine untypische Baureihe. Jüngere und andere Vertreter der Güterzugära dominierten. Letztmalig ist die 58 1223 zum Jahresende 1947 im Bw Rheine registriert worden.

An die Reichsbahn-Generaldirektion in der Britischen Besatzungszone in Bielefeld war die Aufstellung der Rbd Wuppertal adressiert, die den Triebfahrzeugpark »nach dem Stande vom 1.12.45 mit den geforderten Angaben« in englischer Sprache aufzeigt. Im Gegensatz zu anderen Direktionen sei dieser als Beispiel hier vorgestellt:

Lok-Nr.	letzte L 4	Tender
58 300	23.12.43	3 T 20
58 1019	29.02.40	3 T 20
58 1030	16.09.40	3 T 20
58 1031	12.01.40	3 T 20
58 1051	27.01.43	3 T 20
58 1059	keine Angaben	
58 1067	07.05.41	3 T 20
58 1096	01.11.40	3 T 20
58 1160	07.06.44	3 T 20
58 1172	01.09.44	3 T 20
58 1218	29.07.44	3 T 20
58 1222	15.12.41	3 T 20
58 1245	15.02.44	3 T 20
58 1264	01.03.40	3 T 20
58 1277	14.07.43	3 T 20
58 1369	29.05.44	3 T 20
58 1406	11.02.42	3 T 20
58 1413	12.10.45	3 T 20
58 1437	10.11.39	3 T 20
58 1450	10.10.40	3 T 20
58 1462	18.06.44	3 T 20
58 1464	18.02.44	3 T 20
58 1492	01.03.44	3 T 20
58 1536	11.03.44	3 T 20
58 1553	15.09.44	3 T 20
58 1556	keine Angaben	3 T 20
58 1561	28.07.44	3 T 20
58 1563	keine Angaben	
58 1582	11.01.44	3 T 20
58 1689	02.07.41	4 T 31,5
58 1707	keine Angaben	
58 1721	07.07.41	3 T 20
58 1741	26.05.44	3 T 20
58 1744	keine Angaben	
58 1773	28.08.43	3 T 20
58 1790	03.06.40	3 T 20
58 1799	15.05.41	3 T 20
58 1839	05.03.43	3 T 20
58 1899	25.10.41	3 T 20
58 1994	25.03.40	3 T 20
58 1999	12.01.42	3 T 20
58 2000	14.10.40	3 T 20
58 2026	08.10.41	3 T 20
58 2027	keine Angaben	
58 2031	03.02.39	3 T 20
58 2032	21.03.40	3 T 20
58 2034	16.11.39	3 T 20
58 2039	keine Angaben	
58 2054	10.03.41	3 T 20
58 2061	22.06.44	3 T 20
58 2072	17.06.41	3 T 20
58 2078	keine Angaben	
58 2119	16.11.41	3 T 20
AL 5588		
AL 5627		

Der Großteil der preußischen Lokomotiven war nach dem Krieg noch unter Dampf. Doch anhand der teilweise vier, fünf Jahre zurückliegenden

Untersuchungsdaten war sehr schnell klar, dass die Lokomotiven, wenn sie nicht im Unterhaltungspark waren, bald abgestellt werden müssen. Das war zumeist der Fall. Ausnahmen waren eher selten. Dazu gehörte die 58 1413, die am 12. Oktober 1945 im Ausbesserungswerk war.

6.3 Sowjetische Besatzungszone und Deutsche Reichsbahn

6.3.1 Neubeginn und Bestand der DR in der sowjetischen Besatzungszone (SBZ)

Viele Zählungen im Fahrzeugpark der DR gab es in den Nachkriegsmonaten. Diese Erfassungen waren aber auch stets von unterschiedlichen Faktoren geprägt. Lokomotiven wurden von der Besatzungsmacht requiriert, andere kriegsbedingt ausgemustert oder es wurden u.a. genutzte Fremdlokomotiven mitgezählt. Stets gab es ein neues, ein anderes Ergebnis. Die Hauptverwaltung der DR in Berlin, das Referat 31, legte am 5. November 1945 folgende Übersicht vor: Die Hauptlast im Güterzugverkehr hatten die

Von der 58 516 existierte im September 1953 nur noch der Rahmen. Eine Instandsetzung der seit 1945 abgestellten Lok unterblieb und die DR musterte die Maschine am 28. November 1953 aus.
Foto: Slg. Stange

(SBZ) auch noch Fremdlokomotiven, die der G 12 und G 12^1 entsprachen bzw. in das Nummernschema der DR(B) einst als BR 58 eingeordnet wurden. Dazu zählten u.a. die 150 D 201 bis 206 (sä. XIII H, Baujahr 1917), die zwischen 1940 und

Überblick über den Bestand der BR 58 am 5. November 1945

BR	Bestand	Reparatur	im Raw	fahrbereit	Bedarf	Bestand +/-
58	355	54	187x	114	136	- 22
58 K	121	36	13	72	94	- 22

»K« steht für Kolonnenzugverkehr

Baureihen 52, 55 und 58 zu bewältigen. Die Bestände der Baureihen 44 und 50 waren zu gering.
Nach den ersten Lokzählungen und Bestandserfassungen gab es im Park der Deutschen Reichsbahn in der sowjetischen Besatzungszone

1942 als so genannte Leihlokomotiven aus Frankreich kamen. Diese standen in der Rbd Dresden bzw. Halle bis Anfang der 50er-Jahre abgestellt. In der Rbd Erfurt standen ferner die 150 P 14, 40, 49 und E 158. Auch sie kamen einst aus Frankreich. Elsässischer Herkunft waren jene 14

Maschinen der Gattung G 12, die in verschiedenen Direktion standen. Es waren die 5560, 5569, 5573, 5584, 5593, 5602, 5614, 5615, 5616, 5628, 5631, 5645, 5655 und 5673. Drei von ihnen, die 5573, 5631 und 5645, waren in den ersten Nachkriegsmonaten sogar noch betriebsfähig. Doch viele waren bereits geplündert, dienten als Ersatzteilspender. Die DR (in der SBZ) wusste zunächst nicht, ob diese Lokomotiven an die alten Eigentümer zurückgingen. Daher schied zunächst eine Aufarbeitung bzw. Ersatzinvestition aus. Aus den Schrotthaufen 5593, 5631, 5655 und 5673 entstanden nach 1958/59 die Reko-Lokomotiven 58 3017, 3009, 3010 und 3020. Da zumeist nur noch ein Rahmen mit Fahrwerk vorhanden war, boten sie zum Aufbau geradezu an. Die übrigen Elsässer wurden in den 50er-Jahren ausgemustert, die 5569 erst zum 19. November 1963. Die 5602 gab zum Ausmusterungstag 21.05.1954 ihren Rahmen an die 58 2042 ab.
Ferner gehörten zum Fremdlokpark der DR noch 114 Stück der einst polnischen Reihen Ty 23 und Ty 37, die seit 1941 als Baureihen 58^{23} und 58^{29} geführt wurden. Diese Lokomotiven gelangten zumeist 1955 zurück an die PKP.
In den letzten Kriegstagen hatten die Alliierten vorrangig Verkehrsanlagen bombardiert. So glich u.a. auch der Rundschuppen II des Bw Leipzig-Wahren einer Ruine. In ihm befanden sich noch im Februar 1946 die völlig zerstörten 58 1347, 1619 und 1726 sowie 55 4586. Für sie wurde der Antrag auf Ausmusterung mit folgender Begründung gestellt:
58 1347: Kessel abgerissen und zerstört, Rauchkammer abgerissen, Führerhaus zerstört, Achsen, Stangen, Steuerung abgerissen und zerstört, Tender zerstört.
58 1619: Kessel teilweise zerstört, Rauchkammer eingedrückt und abgerissen, Führerhaus abgerissen, Lokrahmen, Achsen, Steuerung, Bremse, Stangen stark verbogen, teilweise zerstört, Tender zerstört. (Fortsetzung Seite 145)

Einige besonders stark beschädigte G 12 musterte die DR Anfang der 50er-Jahre aus. Zu ihnen gehörte die 58 420, die im September 1953 schon weitgehend als Ersatzteilspender ausgeschlachtet war. Am 23. Dezember 1953 strich die DR die Maschine aus dem Bestand.
Foto: Slg. Stange

Im Bw Leipzig-Engelsdorf pausierte im September 1968 die 58 3023. Bemerkenswert ist das Druckluft-Läutewerk hinter dem Schornstein.
Foto: Otte, Slg. Grundmann

Letztes Rückzugsgebiet der G 12 war die Strecke Zwickau–Aue–Johanngeorgenstadt. Im Zwickauer Hauptbahnhof stand im April 1972 die 58 2111 mit ihrem Reisezug ins Erzgebirge.
Foto: Otte, Slg. Grundmann

Einige G 12 ließ die DR zu Dampfspendern umbauen. Dazu gehörte auch die 58 437, die nun als Nummer 21 im April 1982 im Bw Nossen stand.
Foto: Otte, Slg. Grundmann

Mit einem Güterzug wartete im Mai 1964 die 58 3049 im Bahnhof Dresden-Neustadt auf Weiterfahrt. Diese Maschine blieb der Nachwelt erhalten. Sie steht heute im Eisenbahnmuseum Schwarzenberg.
Foto: Otte, Slg. Grundmann

Im Frühjahr 1989 endete der Dampfspender 21 als Schrott in der Einsatzstelle Adorf. Am 18. März 1989 stand nur noch der Rahmen der ehemaligen 58 437.
Foto: Bastubbe

Der jahrelang als Dampfspender im Bw Röblingen genutzten 58 1616 blieb der Weg zum Schneidbrenner erspart. In Hermeskeil wartet die Maschine jetzt auf bessere Zeiten.
Foto: Reimer

Keine Augenweide war die 58 3010 im April 1965 im Bw Dresden-Friedrichstadt. Die Kalkablagerungen an der Pfeife und den Zylindern erwecken den Eindruck, als stünde die Ausmusterung der Maschine bald bevor. Doch Irrtum, erst im Frühjahr 1977 hatte die Reko-G 12 ausgedient.
Foto: Otte, Slg. Grundmann

Mit einem Blumenstrauß an der Rauchkammertür bespannte die 58 3006 am 27. September 1980 letztmalig den P 6075. Die vier Reko-Wagen dürften für die Maschine ein Kinderspiel gewesen sein.
Foto: Slg. Bastubbe

Als Heizlok im Bw Saalfeld verdiente sich die 58 3034 einige Monate lang ihre Gnadenkohlen. Mit ihrer Ab- und z-Stellung am 31. Juli 1981 war das vorbei.
Foto: Reimer

Auf der Drehscheibe der Einsatzstelle Zwickau stand am 25. September 1987 die nicht betriebsfähige Museumslokomotive 58 261. Bilder, die die Lok mit einer EDV-Nummer zeigen, sind selten.
Foto: Bastubbe

Auf der Lokausstellung zum 75. Jubiläum des Bw Leipzig-Engelsdorf zeigte die Deutsche Reichsbahn auch die 58 261. Im Hintergrund ist die 58 3049 zu sehen.
Foto: Bastubbe

Im April 1993 kehrte die 58 311, alias 58 1111-2 für einige Tage in ihre alte Heimat, dem Erzgebirge, zurück. Mit dem Dg 65 403 dampfte sie am 3. April 1993 am Stellwerk 2 von Schlema unterer Bahnhof vorbei.
Foto: Bastubbe

Man könnte fast meinen, das Bild sei irgendwann in den 70er-Jahren entstanden. Doch die Einheits-Tieftonpfeife in Schornsteinhöhe verrät, dass dieses Bild aus der Museumszeit der 58 311 (58 1111-2) stammen muss. Am 4. April 1993 hatte die Lok den P 8825 bei Dittersdorf am Zughaken.
Foto: Bastubbe

Wie oft mag die 58 311 (58 1111-2) auf der Drehscheibe des Bw Aue gestanden haben? Am 3. April 1993 beobachteten zahlreiche Fotofreunde das Wenden der badischen G 12 im Erzgebirge.
Foto: Bastubbe

Auf neue Einsätze wartete in den Behandlungsanlagen des Bw Aue am neblig-trüben 3. April 1993 die 58 311 (58 1111-2). Vom ehemaligen genieteten Tenderaufbau ist nicht mehr viel übrig geblieben.
Foto: Bastubbe

Mit einer herrlichen Dampfwolke war die 58 311 (58 1111-2) am 4. April 1993 mit dem P 8817 in den S-Kurven in der Nähe von Lößnitz unterwegs. Fast zwei Stunden später war Chemnitz erreicht.
Foto: Bastubbe

Einige G 12 verblieben nach dem Zweiten Weltkrieg in Österreich. In Bludenz stand im Oktober 1966 die 658.1767 (ex 58 1767). Wenige Wochen später, am 5. Dezember 1966, wurde die Lok ausgemustert.
Foto: Kügler, Slg. Grundmann

In Gniezno (Gnesen) rostete am 29. September 1989 die Ty 1-76 (ex 58 1297) vor sich hin. Die PKP ließ die Maschine wieder äußerlich aufarbeiten.
Foto: Dath

Viel Farbe und einige Zurüstteile erhielt die Ty 1-76 (ex 58 1297) im Depot Wolsztyn (Wollstein), wo die G 12 heute betreut wird.
Foto: Kubitzki

Am 27. September 1999 stand in Ljubljana die völlig verrostete 36-013 (ex 58 1226).
Foto: Broschat

58 1726: Kessel schwer beschädigt, teilweise zerstört, Führerhaus abgerissen und stark eingedrückt, Lokrahmen verbogen, hinterer Teil abgerissen, Achsen verbogen, Stangen abgerissen und stark verbogen, Steuerung, Stoßvorrichtung, Bremse verbogen und teilweise zerstört. Tenderkasten stark beschädigt, Rahmen und Achsen stark verbogen.

Für die Unterhaltung der BR 58 war über viele Jahre das Raw Zwickau zuständig. Aber auch in Meiningen wurden einzelne Ausbesserungen bzw. Aufarbeitungen durchgeführt.

Im Jahr 1954 ist das Raw Meiningen noch einmal mit der BR 58 aufgeführt worden. Das Jahr 1961 brachte in der Unterhaltung im Raw Zwickau als Neuzugang auch die BR 58^{30}. Die Hv Raw regelte neu und gab letztlich folgende Jahresübersicht über die Erhaltungswerke heraus:

Ausbesserungen der BR 58 im Raw »7. Oktober« Zwickau

Jahr	Schadgruppe L 2	L 3	L 4
1950	135	15	30[1]
1966	126	41	47
1966	22	-	18 bei BR 58^{30}

1 zusätzlich im Raw Meiningen 10 L 3 und 5 L 4 und im Raw Cottbus 14 L 3 und 36 L 4

Ausbesserungen der BR 58 im Raw »7. Oktober« Zwickau

Jahr	BR	in der Erhaltung	Bemerkung
1965	58	378	54 in Norm 1966, Bestand auf 374
	58 Kst	36	4 in Norm, auf 16
	58^{30}	56	7 in Norm, auf 56
1967	58	346	
	58 Kst	2	
	58^{30}	56	

Entwicklung des Bestandes der BR 58 bei der DR

Jahr	Gesamt	Berlin	Cottbus	Dresden	Erfurt	Greifswald	Halle	Magdeburg	Schwerin
1946	503	61	17	195	74	0	115	36	5
1948	506	13	4	181	200	0	108	0	0
1949	504	8	4	187	194	0	111	0	0
1951	476	0	0	196	171	0	109	0	0
1953	477	0	0	222	153	0	102	0	0
1955	406	0	25	222	85	0	88	0	0
1957	422	0	19	243	87	0	73	0	0
1960	428	0	15	252	86	0	75	0	0
1962	449	2	19	264	83	0	81	0	0
1964	455	0	19	273	82	0	81	0	0
1966	444	0	12	276	84	0	71	1	0
1967	408	0	12	254	83	0	58	0	1
1968	350	0	3	232	71	0	43	0	1
1969	258	0	0	189	44	0	24	0	1
1970	201	3	0	150	31	0	16	0	1
1971	155	0	0	118	32	0	5	0	0
1972	125	0	0	110	15	0	0	0	0
1973	106	0	0	94	12	0	0	0	0
1974	98	0	0	97	1	0	0	0	0
1975	79	0	0	79	0	0	0	0	0
1976	69	0	0	60	9	0	0	0	0
1977	57	0	0	49	8	0	0	0	0
1978	39	0	0	32	7	0	0	0	0

Insgesamt lässt sich abschließend für die BR 58 folgende Bestandsentwicklung, aufgeschlüsselt nach den Direktionen und ohne Berücksichtigung der z-Lokomotiven, zum jeweils 1. Januar des Jahres nachzeichnen:

In den folgenden Jahrzehnten war die Baureihe 58 vor allem in den Direktionen Dresden, Erfurt und Halle im Einsatz. Aber nicht nur während ihrer Zeit im Kolonnenzugdienst gelangte sie in andere Regionen. Vereinzelte Exemplare taten, wenn auch nur kurzzeitig ihren Dienst in den Rbd Berlin oder Cottbus.

In den Abschnitten des Betriebsdienstes sind die Bahnbetriebswerke den Reichsbahndirektionen nach dem Stand von 1945 zugeordnet. Die Rbd-Wechsel, u.a. der Bw Gera oder Zeitz (beide Rbd Erfurt zugeordnet), sind zu den neuen Direktionen Dresden bzw. Halle nicht weiter verfolgt.

Ein bewegtes Leben hatte auch die ehemalige PKP-Maschine 58 2416: Vom 10.1.1948 bis zum 11.3.1951 stand sie als Werklokomotive bei Buna im Einsatz. Seit dem 12.3.1951 gehörte sie zum Bestand des Bw Halle G, bevor die Maschine am 12.9.1955 an die polnische Staatsbahn zurückgegeben wurde. Die historische Aufnahme zeigt sie um 1949 in Diensten bei Buna, von Merseburg kommend.
Foto: Slg. Reimer

Entwicklung des Lokomotivbestandes der BR 58 in den Reichsbahndirektionen

Jahr	BR	Cottbus	Dresden	Erfurt	Halle	Gesamt Betrieb/Schadpark
1958	58	20/3	298/3	86/2	78/6	482/14
	58 Kst	-	14	1	34	49
1959	58	15	241	84	66	406/5
	58 Kst	-	14	2	33	49
	58^{30}	-	-	-	5	5[1]
1960	58	15	241	84	67	407
	58 Kst	-	14	2	33	49
	58^{30}	-	23	-	-	23
1961	58	18	234	82	57	391
	58 Kst	-	15	2	31	48
	58^{30}	-	32	-	8	40
1962	58	18	221/1	81	57	372/1
	58 Kst	2[2]	15	2	29	48
	58^{30}	-	44	-	10	54
1963	58	18	221/1	80	57	376/1
	58 Kst	2[2]	17	2	26	47
	58^{30}	-	43	-	13	56
1964	58	12	222/1	81	61	376/1
	58 Kst	-	24	2	21	47
	58^{30}	-	44	-	12	56
1965	58	12	221/1	82	63	378/1
	58 Kst	-	20/4	2	16/3	38/7
	58^{30}	-	43	-	13	56
1966	58	12/1	216/4	82	57/6	367/11
	58 Kst	-	14/12	2	10/7	26/19
	58^{30}	-	43	-	13	56
1967	58	12/2	199/16	71/9	47/13	329/40
	58 Kst	1/23	0/3	0/14	1/40	
	58^{30}	-	43	-	13	56
1966	58	2/2	165/21	53/20	24/26	243/69
	58 Kst	-	0/15	0/2	0/12	0/29
	58^{30}	-	43	-	13	56

1 Auslieferungsbestand   2 zwei 58 Kst in der Rbd Berlin

Von der PKP übernommene Lokomotiven der Baureihe 58

PKP-Nr.	DR-Nr.	Heimat-Bw	Bemerkungen
Ty 1-2	58 1318	Schandau	RAW L 2
Ty 1-10	58 1247	Dresden-Friedrichstadt	RAW L 2
Ty 1-30	58 2144^{II}	Dresden-Friedrichstadt	Betrieb (w L 4)
Ty 1-37	58 2146^{II}	Dresden-Friedrichstadt	Warten L 4
Ty 1-54	58 2145^{II}	Schandau	RAW L 2
Ty 1-60	58 1678	Dresden-Friedrichstadt	RAW L 2
Ty 1-65	58 1961	Dresden-Friedrichstadt	Warten L 3
Ty 1-67	58 285	Bautzen	Warten
Ty 1-80	58 1334	Hilbersdorf	Raw L 2
Ty 1-107	58 1906	Aue	Betrieb (w L 2)
Ty 1-126	58 1870	Schandau	Raw L 3
Ty 1-128	58 1862	Riesa	Warten L 2
Ty 1-129	58 1888	Dresden-Friedrichstadt	Warten L 2
Ty 1-131	58 1765	Döbeln	Betrieb (w L 3)
Ty 1-130	58 1900	Bautzen	Warten

Bei Ty 1-30, 54, 37 waren die deutschen Ursprungsnummern nicht mehr feststellbar, daher die Zweitbesetzung 58 2144, 2145, 2146; 58 2144^{II} war 58 222, 58 2145^{II} war 58 1397, 58 2146^{II} war 58 1524

Umzeichnungen bei der Baureihe 58

alte Nr.	EDV-Nr. ab 1970	Bemerkung
58 222	58 2144^{II}	Übernahme 1956 von PKP
58 244	58 1344-9	
58 311	58 1111-2	
58 429	58 1329-0	
58 1078	58 2146^{II}	Übernahme 1956 von PKP
58 1397	58 2145^{II}	Übernahme 1956 von PKP

6.3.2 Die Rückgabe

Bis zum Herbst 1955 gab die DR an Polen ihre Fremdlokomotiven[2] zurück. Eine Vielzahl von Lokomotiven der PKP Ty 23 (BR 58^{23}) befanden sich mit in der bereits erwähnten Ansammlung. Inhalt der Vereinbarung war ferner, dass die DR 15 Lokomotiven der BR 58 (Ty 1), neun der BR 39 (Pt 1) und den SVT 137 224 von den PKP zurück erhielt. Alle Lokomotiven sollten im warmen Zustand und bis zu ihrer nächsten Hauptuntersuchung noch mindestens 75.000 km zurücklegen können. Die Rückgabe begann mit drei Ty 1 im Dezember 1955.
Wie aus der Liste ableitbar, entsprachen die Lokomotiven keineswegs den vereinbarten Bedingungen. Der Rbd Dresden lief die Ty 1-2 als Schadlok zu, sie war mit höchstens 30 km/h zu bewegen. Ähnlich war der Zustand bei den zugeführten Ty 1-10 und Ty 1-60. Am 21. März 1956 schrieb die DR dem Eisenbahnministerium der VR Polen: *»Lok Ty 1-10 und Ty 1-60 können jedoch erst nach Ausführung einer L2-Ausbesserung mit einem Kostenaufwand von 32 000, DM in Betrieb genommen werden. Die Untersuchung nach dem Standprüfverfahren ergab Mängel in 49 Positionen. Einige hiervon werden nachstehend aufgeführt:*
Lok Ty 1-10: Steuerungsbock lose, Stehkessel rechts undicht, Lichtmaschine fehlt, rechter Zylinder undicht, Achsverbindungsstücke lose, gesamte Steuerung ausgeschlagen, Querrahmennieten lose, Ausgleichhebel am Tender ausgeschlagen, Feuerlochschoner fehlt, Dampfdom undicht, Rohrleitungen ohne Isolierungen, Prallbleche fehlen.« Nahezu alle 58er mussten zunächst dem RAW zugeführt werden.

6.3.3 Umzeichnungen bei der DR

Als 1955/56 einige G 12 von der PKP zur DR zurückkamen, war bei drei Exemplaren die einst deutsche Betriebsnummer nicht mehr zu ermitteln. Sie erhielten die Zweitbesetzung 58 2144–2146. Um bei der Einführung der EDV-Nummerierung im Jahre 1970 Doppelbesetzungen zu vermeiden, – dreistelligen Ordnungsnummern wurde eine 1 vorgesetzt – bekamen drei 58er neue Ordnungsnummern, denn die DR verfügte über die 58 1244, 1311 und 1429. Als Baureihe 58^{30} führte die DR die rekonstruierten Maschinen.

6.4 Im Dienste der Sowjetunion

6.4.1 Der Kolonnenzugdienst

Das besiegte Deutschland stand nach 1945 in der Pflicht, die im Zweiten Weltkrieg verursachten Schäden wieder gut zu machen. Die Sowjet-

---

2 siehe dazu Reimer, Michael: Fremdlokomotiven bei der Deutschen Reichsbahn, Stuttgart 2001.

union, die zweifellos die größte Last dieses verheerenden Krieges und seiner Folgen zu tragen hatte, hielt sich nun an der von ihr besetzten Zone schadlos, außerdem mussten die polnischen Ansprüche von der SBZ zufriedengestellt werden. Wirtschaft und Verkehr in der SBZ, dem ehemaligen Mitteldeutschland, waren durch die Kriegsschäden stark beeinträchtigt worden. Die politisch bedingte Aufgabe der traditionellen Lieferbeziehungen zwischen den Industriegebieten in West und Ost, die Aufnahme von fast fünf Millionen Umsiedlern aus den ehemaligen deutschen Ostgebieten, sowie ein, nach der Gründung der DDR besonders spürbarer Flüchtlingsstrom in den Westen Deutschlands belasteten die Wirtschaft zusätzlich.

Bereits vor dem Ende des Krieges begann im Rücken der auf Berlin zustrebenden Roten Armee die Beutenahme: Demontagen und eine so genannte »Trophäenaktion«, die vor allem dem Requirieren deutscher Kunstschätze galt. Die nach Kriegsende von der Sowjetunion Deutschland auferlegten Reparationsleistungen umfassten Demontagen in sämtlichen Industriebereichen und auch im Verkehrswesen. Außerdem wurden Wirtschaftsgüter aus der laufenden Produktion und gewonnene Rohstoffe entnommen. So bestand beispielsweise seitens der Sowjets großes Interesse am Abbau der deutschen Uranvorkommen im Erzgebirge und in Thüringen.

Die Abfuhr der Reparationsgüter übernahm die Rote Armee bis zum Frühjahr 1946 selbst und bediente sich auch der Hilfe kleinerer deutscher Speditionen. »Alles auf die Räder!« lautete die Parole der Demontage-Kommandos in den ersten Nachkriegsmonaten. Schon im Spätsommer 1945 stauten sich die Demontagezüge auf einer Strecke von 100 km Länge vor dem sowjetischen Grenzbahnhof Brest. Um den Warenstrom in die UdSSR zu kontrollieren und zu koordinieren, waren die Reparationstransporte in fünf Kategorien eingeteilt – Reparationszüge, Trophäen- und Beutezüge, Demontagezüge (einschließlich geschlossener Züge mit Fahrzeugen der Berliner S- und U-Bahn), Wirtschaftszüge für die Besatzungsmacht und Wirtschaftszüge für den zivilen Bedarf der UdSSR.

Zu einem Problem besonderer Art entwickelte sich die Abfuhr aller Reparationsgüter. Da seit dem 7. Mai 1945 ein Breitspurgleis von Brest über Warschau, Posen, Frankfurt nach Berlin lag, konnte ein Teil dieser Güter ohne Umladen direkt in die Sowjetunion gefahren werden. Doch die geringe Geschwindigkeit von nur 30 km/h und lediglich zwei Kreuzungsmöglichkeiten (in Deutschland: Köpenick und Fürstenwalde) waren nicht förderlich für die Abfuhr größerer Mengen. Nun sollten diese Güter in normalen Güterzügen abtransportiert werden. Vorgesehen waren die Verbindungen über Stettin, über die Ostbahn nach Küstrin (bis etwa 1948 noch zweigleisig) und über Frankfurt (zweigleisig belassen). Hinzu kamen die Grenzübergänge Forst, Horka und Guben, teilweise auch Görlitz. Aber nun zeigten sich Schwierigkeiten beim Abtransport. Die sowjetischen Feldeisenbahner konnten die anwachsenden Güterströme kaum noch allein bewältigen. Es fehlten geeignete Lokomotiven – ein Park, der für die sofortige Abfuhr von Reparations- und Beutegütern (Trophäen) bereitstand. Der Befehlshaber der Transportabteilung der Sowjetischen Militär Administration in Deutschland (SMAD), Generalmajor des technischen Militärs Kwaschnin, und der Befehlshaber der militärischen sowjetischen Okkupationszone in Deutschland, General-Leutnant Tschernjakow, gaben am 6. August 1945 den Befehl Nr. 4 zur »Formierung besonderer Kolonnen« heraus. Darin heißt es: »*Es sind für die Streckenbahnzüge (Pendelverkehr) 175 der besten Maschinen (Lokomotiven) der Serien Nr. 50, 52, 55, 56, 57 bereitzustellen. Von diesen 175 Maschinen sind von der Direktion Magdeburg 60, Direktion Erfurt 90, Direktion Halle 25 Maschinen zu entnehmen und sie bis zum 10.8.1945 der Berliner Direktion zur Verfügung zu stellen.*«

Bereits am 10. August wollte die SMAD 260 Lokomotiven im betriebsfähigen Zustand sehen. Bis zum erwähnten 15. September hatten die Direktionen folgende Fristen zu erfüllen:
Berlin 350 Lokomotiven in 11 Kolonnen
Dresden 125 Lokomotiven in 4 Kolonnen
Halle 155 Lokomotiven in 5 Kolonnen
Pasewalk 160 Lokomotiven in 5 Kolonnen
Schwerin: 160 Lokomotiven in 5 Kolonnen.
Bereits am 15. August sollten 13 dieser 30 geforderten Kolonnen[3] mit entsprechendem Personal bereitstehen. Am 14. September 1945 meldete Dr. Apel von der Hauptverwaltung der DR dem Befehlshaber der Transportabteilung der SMAD, Generalmajor Kwaschnin, dass am Tag zuvor folgende Kolonnen bereit standen:
»*In der Rbd Berlin:*
Kolonne 1 beim Bw Rummelsburg mit 25 Lok der Reihe 52
Kolonne 2 beim Bw Karlshorst 4 Lok der Reihe 44 und 13 Lok der Reihe 58. (...)
Abweichend von der Verfügung v. 9.8.45 – III.31.310.Bl.1 – sind für die Bildung der Kolonnen-Lok ausschließlich nur noch die Baureihen 41, 42, 43, 45, 50, 52, 57 und 58 vorzusehen.
26 in der Kolonne 22 Güstrow (2 der BR 41, 2 der BR 44, 3 der BR 50, 9 der BR 52, 3 der BR 57, 5 der BR 55, 2 der BR 58).
Lok-Kolonne 30 zur Hälfte MA Jena = 15 Lok und 1 Reserve-Lok
Aufstell-Bw: Gera
50 2887, 52 3539 Bw Saalfeld
52 1664, 5287, 5415, 5663, 7605 Bw Gera
58 1143, 58 1013, 1635, 1640, 1643, 2135 Bw Gera
58 1525 Bw Weimar
58 2083, 2630 Bw Meiningen
Lok-Kolonne 30 zur Hälfte MA Weißenfels = 15 Lok und 1 Reserve-Lok
Aufstell-Bw: Weißenfels
43 007, 020 Bw Weißenfels
52 1539, 1615, 1631, 1646, 3101 Bw Zeitz
52 5142, 57 2438 Bw Artern
52 407, 2634, 2765, 3318 Bw Naumburg
52 1650, 50 2677, 58 5645 Bw Vacha.«

Im Oktober 1945 wurde die Rbd Erfurt aufgefordert, durch Austausch die Kolonnen umzubilden, dass sich in jeder Kolonne »*möglichst wenige verschiedene Lokgattungen befinden.*« Am 1. Dezember 1945 befanden sich 39 Lokomotiven der BR 41, 18 der BR 42, 5 der BR 43, 36 der BR 44, 26 der BR 50, 368 der BR 52, 15 der BR 56, 6 der BR 57 und 143 der BR 58 im Kolonnenbestand. Bis zum 20. Februar 1946 erhöhte sich dieser Bestand auf insgesamt 857 Maschinen, davon waren 682 betriebsfähig und 628 im Einsatz. Für den Mai zeigte der Bedarfsplan ein Verhältnis von 2959 Lokomotiven im freien Verkehr und 939 für die Kolonnen.

Nach den gewaltigen Abgaben im Frühjahr 1947 an die SMAD waren die Lok-Kolonnen der Rbd Berlin, Dresden, Greifswald, Schwerin und Halle schnellstens wieder aufzufüllen. General des technischen Militärs Kwaschnin unterschrieb am 3. März 1947 den Befehl des Oberbefehlshabers der Transportverwaltung der SMAD Nr. 37: »*Zwecks Sicherstellung des Verkehrs in Frankfurt und Küstrin befehle ich: dem MBV der RBD Berlin, Oberst Malowitzki, ab 1.3.47 die Loks der Kolonnen 30, 9, 11, 17, 18, 19 und 12 in den Kolonnenpark zu übernehmen; den MBV's der RBD'en Erfurt, Dresden und Halle, im Laufe von 3 Tagen sämtliche Lok der oben angegebenen Kolonnen zusammen mit der Besatzung und den Verpflegungswagen zur RBD Berlin abzukommandieren. In den Lokkolonnen 2 und 7 sind die Lok der Serie 44 durch Lok der Serien 52, 58 und 50 aus dem betriebsfähigen Lokbestand der RBD'en zu ersetzen.*«

Das Schreiben TT Nr. 443 vom 17. April sah vor, dass die 58 201, 1202, 1691, 1781 und 2097 der Kolonne 32 (Rbd Halle) zur Ergänzung der Kolonne 15 überstellt werden. Direktor-Oberst Diwgun stellte im August 1947 fest, »*daß für die normale Sicherung der Durchführung der Transporte nach der UdSSR der vorhandene Bestand der Kolonnenloks überhöht ist. Andererseits fehlt es in den RBD'en an Loks zur Sicherung des Binnenverkehrs.*« In seinem Befehl Nr. 2 ordnete er demzufolge an, dass 36 betriebsfähige Lokomotiven einschließlich ihrer Personale den Direktionen übergeben werden. Um künftig nur noch zwei Baureihen zu haben, verlangte er, dass die Einzelexemplare der BR 42 aus den Berliner Kolonnen 1 und 3, die BR 41 aus der Kolonne 16, die BR 58 aus den Cottbuser Kolonnen 24 und 25 herausgenommen werden.

Lokomotiven der Baureihe 58 waren zum jeweils genannten Stichtag den folgenden Kolonnen bzw. Standorten zugewiesen. Zur Vollständigkeit sind in den erwähnten Bereichen auch die anderen Lokomotiven miterwähnt.

---

3 siehe dazu Reimer, Michael; Meyer, Lothar; Kubitzki, Volkmar: Kolonne – Die Deutsche Reichsbahn im Dienste der Sowjetunion, Stuttgart 1999.

Bestände der Lokkolonnen

Kolonne 3 Berlin-Pankow (01.12.1947)
58 214, 258, 259, 434, 442, 446, 448, 452, 1110, 1279, 1325, 1330, 1427, 1455, 1457, 1532, 1623, 1674, 1856, 2035

Kolonne 7 Berlin-Karlshorst (30.04.1946)
41 154, 155, 288, 311
43 012
44 105, 195, 221, 227, 509, 634, 1251, 1281, 1568, 1570
50 575, 769, 793, 860, 996, 1190, 1275, 1488, 1992, 2660
58 231, 263, 1189, 1682, 1912, 1918

Kolonne 9 Reichenbach (Vogtl) (10.04.1946)
58 214, 258, 434, 445, 446, 448, 452, 458, 1110, 1201, 1279, 1325, 1330, 1427, 1429, 1455, 1457, 1596, 1623, 1674, 1675, 1724, 1970, 1992, 2035, 2098, 2101, 2104, 2138

Kolonne 10 Dresden-Friedrichstadt (10.04.1946)
58 294, 403, 404, 405, 417, 418, 437, 438, 442, 444, 1035, 1041, 1159, 1187, 1206, 1225, 1263, 1530, 1586, 1601, 1648, 1679, 1719, 1778, 1812, 1821, 1933, 1984, 2044, 2111, 2112

Kolonne 15 Zwickau (Sachs) (10.04.1946)
58 201, 253, 401, 411, 423, 427, 428, 430, 451, 454, 456, 457, 459, 1068, 1105, 1109, 1179, 1202, 1283, 1362, 1602, 1639, 1681, 1691, 1712, 1714, 1781, 1856, 2006, 2095, 2096

Kolonne 15 Wustermark (01.12.1947)
58 253, 401, 411, 423, 427, 428, 445, 451, 456, 1105, 1109, 1179, 1362, 1602, 1681, 1691, 1712, 1714, 1724, 1781, 1388, 1602, 1681, 1691

Kolonne 27 Leipzig (West) (20.06.1946)
41 136, 257, 264
52 630, 1233, 1301, 1404, 2678, 2698, 3177, 4798, 5074, 5144, 5191, 7223, 7233, 7734
58 1042, 1046 (?), 1073, 1228, 1311, 1509, 1554, 1626, 1666, 1766, 1811, 1813, 1815

Kolonne 31 Magdeburg Hbf (10.03.1947)
58 294, 442, 445, 454, 1110, 1201, 1429, 1724, 1856, 1934, 1970, 2006, 2096, 2097, 2098, 2138

Kolonne 32 Halle P (20.02.1947)
43 004
44 140, 227, 454, 1281
58 201, 417, 444, 454, 1201, 1202

Nahkolonne Berlin-Schöneweide (30.04.1946)
55 1604, 1664, 1715, 2192, 2548, 2607, 3091, 4154, 4520, 5551
57 1276, 1547, 1697, 1712, 2254, 2356, 2992
58 409, 1038, 1438, 1453, 1454, 1564, 2048

Kurzzeitig waren auch den Cottbuser Kolonnen 24 und 25 Lokomotiven der BR 58 zugewiesen. Aufgrund der kurzen Einsatzzeit sind beide Bestände hier nicht dargestellt. Die Kolonnen 9, 10, 25, 27 sind 1947 aufgelöst worden. Nur 1947 existierten die Kolonnen 31 und 32. Auch die Schöneweider Nahkolonne bestand nur bis 1946. Die Baureihe 58 stand dem freien Verkehr nahezu vollständig wieder zur Verfügung. Als die Kolonne 24 neu aufgestellt wurde, ersetzte man die 58er durch Lokomotiven der BR 52. Interessant war noch der Weg der Kolonne 15: Aus Zwickau gelangte sie 1947 zum Bw Berlin Lehrter Bahnhof. Dieser Ort lag nun im Westteil der Stadt und das führte letztlich zu Spannungen zwischen den Besatzern, auch wenn die DR Betriebsführer in ganz Berlin war. Kurz darauf fand sich die Kolonne 15 in Wustermark wieder. Vermutlich standen die Lokomotiven nur abgestellt, denn bis 1949 wurde die Anzahl der G 12 in dieser Kolonne immer geringer. Andere Lokomotiven kamen nicht hinzu. Der Kolonnenzugdienst dauerte bis 1954/1955 an.

Zur Vergrößerung des Brennstoffvorrates wurden die Tender der G 12 bei der DR mit Aufsatzbrettern ausgerüstet. Der Tender der Dresdner 58 218 war am 23. November 1951 mit Briketts randvoll beladen.
Foto: Slg. Stange

Für besondere Aufgaben innerhalb der SBZ gab es den Park der so genannten Trophäenlokomotiven. In ihm waren am 1. November 1949 folgende Lokomotiven der Baureihe 58:

Trophäenlokomotiven der BR 58

Lfd.Nr.:	Lok-Nr. und Heimat-Rbd:
449–483	58 207 Dre, 209 Dre, 259 Dre, 261 Dre, 312 Hl, 407 Dre, 415 Hl, 436 Dre, 445 Hl, 461 Hl, 516 Hl, 1040 Dre, 1066 Hl, 1084 Hl, 1094 Dre, 1184 Hl, 1246 Hl, 1412 Hl, 1429 Erf, 1431 Hl, 1496 Dre, 1562 Dre, 1570 Hl, 1571 Dre, 1591 Hl, 1616 Hl, 1708 Hl, 1729 Dre, 1784 Hl, 1797 Hl, 1863 Hl, 1952 Erf, 1981 Hl, 2020 Hl

Abkürzungen: Dre Dresden   Erf Erfurt   Hl Halle

6.4.2 Statt Fahrleitung nun mit Dampf

Nicht nur, dass auf dem Schienennetz der DR die Züge der Reparation rollten, vielmehr wurde dieses auch noch demontiert. Diese großangelegte Demontage umfassten den Ausbau von Gleisen, den Abbau des Fahrleitungsnetzes (einschließlich der Kraft- und Unterwerke) und den Ausbau technischer Ausrüstungen in den Ausbesserungswerken sowie sonstiges.

Mit der Herausgabe des Befehls Nr. 95 vom 29. März 1946 durch den Stellvertreter des Obersten Chefs der SMAD und Stellvertreter des Obersten Befehlshabers der sowjetischen Besatzungstruppen in Deutschland, Armee-General Sokolowski, war das Ende des elektrischen Zugbetriebes besiegelt. Alle Strecken in Mitteldeutschland waren auf Dampfbetrieb umzustellen und die Fahrleitung abzuschalten. Als Fristen waren der 31. März bis zum 5. April angewiesen. Bei der nun folgenden Demontagewelle waren die Lokomotivkolonnen beteiligt. Neben der Abfuhr der Fahrleitungsmasten, u.a. nach Akmolinsk (bei Moskau), wurden die Maschinen schließlich auch für einen Dampf-Ersatzverkehr benötigt. Eine Tabelle über die Lasten und Fahrzeiten für die »auf Dampfbetrieb umgestellten Strecken« stellte die Deutsche Zentralverwaltung des Verkehrs zum 5. April 1946 zusammen.

6.4.3 Abgabe von Dampflokomotiven

Nicht nur Lokomotiven der Baureihen 52 oder 86 nahmen die sowjetischen Besatzungstruppen mit in die UdSSR, auch eine kleine Anzahl der BR 58 rollte gen Osten. Warum nur wenige G 12 davon betroffen waren, darüber lässt sich heute nur noch spekulieren. Offensichtlich war die G 12 bereits zu alt. Vielleicht lag es aber auch am komplizierteren Dreizylindertriebwerk, denn die BR 44 wurde überhaupt nicht requiriert.

Einen interessanten Laufweg weist die 58 1507 des Bw Cottbus auf: Am 31. August 1945 requirierten SMAD-Offiziere die G 12 und brachten sie nach Osten. Sie verblieb bei den PKP. Im Bw Cottbus folgte die nachträgliche Ausbuchung zum 17. Mai 1946. Bereits am 29. August 1945 überführte man von Görlitz-Schlauroth die 58 1397 nach Polen.

Nicht nur die sowjetischen Offiziere requirierten Fahrzeuge, sondern ebenso die amerikanische Besatzungsmacht. Dem Verzeichnis der Rbd Halle ist folgender Vermerk zu entnehmen: »Am 27. Mai 1945 an Rbd Frankfurt (Main), Bw Hanau, Befehl von Captain Speer, Militärregierung: 58 2601 und 58 5329 Rückführlok.«[4] Im Lokomotivverzeichnis der RBD Erfurt von 1945 steht hinter den Erfurtern 58 1086, 1407 und 1638 der Vermerk »an USA«.

Von der SMAD requirierte G 12

Lok	letztes Bw	Abgefahren
58 234	Riesa	12.06.1945
58 410	Dresden-Friedrichstadt	30.06.1945
58 431	Chemnitz-Hilbersdorf	30.06.1945
58 1358	Cottbus	08.1945
58 1382	Dresden-Friedrichstadt	08.1945
58 1771	Naumburg	10.08.1945[1]
58 1974	Dresden-Friedrichstadt	.08.1945

[1] 58 1771: Unter »Aufgefundene Lokomotiven im Reichsbahnbestand« meldete Bw Naumburg (Saale), dass die »genannte am 10.8.1945 von Naumburg zum Einsatz nach dem Osten abgerollt und am 28.11.1945 im Bw Naumburg von Tempelhof wieder eingetroffen« ist.

[4] 58 2601 ehemalige PKP Ty 23 (BR 58[23]); »58« 5329 - AL 5329 entspricht der pr. G 8[1]

Lasten und Fahrzeiten für die BR 58

Strecken	E-Baureihe	Lok-Belastung Gz/Pz	Dampflok	Belastung Gz/Pz	Höchste Fahrgeschwindigkeit Gz/Pz
RBD Halle	E 44	1400/600	44	1440	55/75
			58/	1265/	55/
	E 77	1600	52	1050	55/75
Leipzig–Halle–Weißenfels–Köthen–Zerbst	E 04	/600			/75
	E 18	/600	/38	/350	/75
RBD Magdeburg					
Magdeburg–Dessau–Köthen	E 04	1000/500	03	600/400	55/75
	E 06	900/400	38	/350	/75
	E 50	1200/500	52	100/500	55/75
			56	800/480	55/75
			57	900/	55/
			58	1000/500	55/75
RBD Erfurt					
Weißenfels–Saalfeld	E 18	/800	38	/400	/60
	E 44	1400/	44	1300/	55/
	E 94	1600/	56	800/	55/
			58	1100/	55/
Saalfeld–Probstzella	E 18	/600	38	/350	60/40
	E 44	900/	44	1000/	55/
	E 94	1300/	56	600/	55/
			58	900/	55/

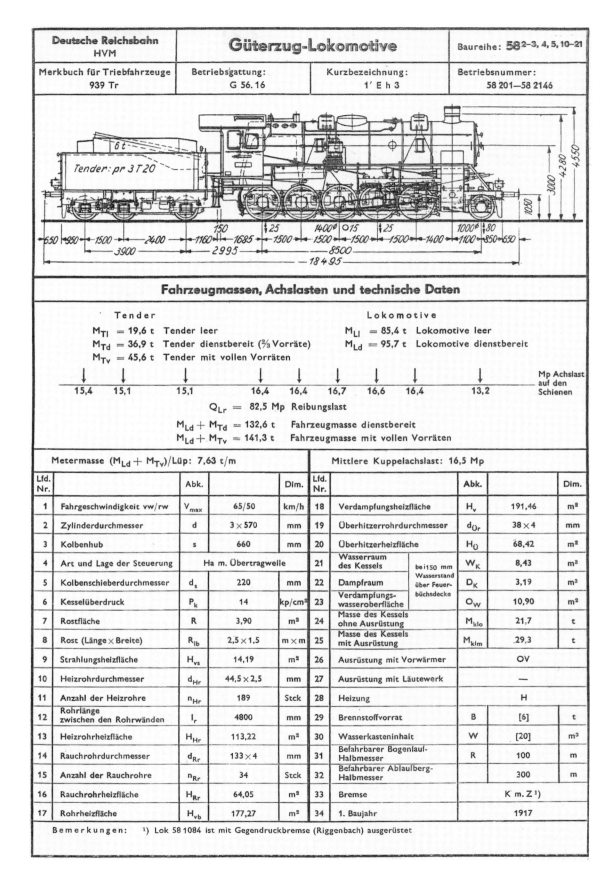

Da die Deutsche Reichsbahn auf absehbare Zeit nicht auf die G 12 verzichten konnte, fand die Baureihe 58 auch Eingang in das neue, 1962 herausgegebene »Merkbuch für Triebfahrzeuge«.
Abbildung: Slg. Reimer

Die Umstellung der Lokomotivfeuerung auf Braunkohle zwang die DR auch zur Berechnung neuer Schlepplastentafeln. Im Vergleich zu der Schlepplastentafel der DRG (S. 39/40) sank die Höchstlast in der Ebene bei 50 km/h auf 1.810 t.
Abbildung: Slg. Reimer

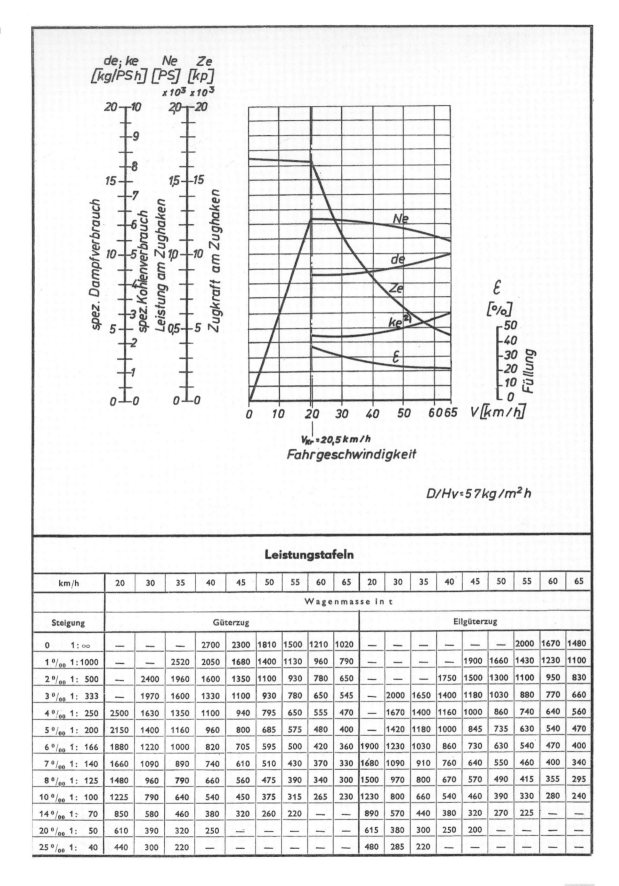

Leistungstafeln

km/h	20	30	35	40	45	50	55	60	65	20	30	35	40	45	50	55	60	65
	Wagenmasse in t																	
Steigung	Güterzug									Eilgüterzug								
0 1:∞	—	—	—	2700	2300	1810	1500	1210	1020	—	—	—	—	—	—	2000	1670	1480
1 ‰ 1:1000	—	—	2520	2050	1680	1400	1130	960	790	—	—	—	—	1900	1660	1430	1230	1100
2 ‰ 1: 500	—	2400	1960	1600	1350	1100	930	780	650	—	—	—	1750	1500	1300	1100	950	830
3 ‰ 1: 333	—	1970	1600	1330	1100	930	780	650	545	—	2000	1650	1400	1180	1030	880	770	660
4 ‰ 1: 250	2500	1630	1350	1100	940	795	650	555	470	—	1670	1400	1160	1000	860	740	640	560
5 ‰ 1: 200	2150	1400	1160	960	800	685	575	480	400	—	1420	1180	1000	845	735	630	540	470
6 ‰ 1: 166	1880	1220	1000	820	705	595	500	420	360	1900	1230	1030	860	730	630	540	470	400
7 ‰ 1: 140	1660	1090	890	740	610	510	430	370	330	1680	1090	910	760	640	550	460	400	340
8 ‰ 1: 125	1480	960	790	660	560	475	390	340	300	1500	970	800	670	570	490	415	355	295
10 ‰ 1: 100	1225	790	640	540	450	375	315	265	230	1230	800	660	540	460	390	330	280	240
14 ‰ 1: 70	850	580	460	380	320	260	220	—	—	890	570	440	380	320	270	225	—	—
20 ‰ 1: 50	610	390	320	250	—	—	—	—	—	615	380	300	250	200	—	—	—	—
25 ‰ 1: 40	440	300	220	—	—	—	—	—	—	480	285	220	—	—	—	—	—	—

7. Die BR 58 bei der Deutschen Reichsbahn in der DDR

7.1 Generalreparatur

Die Hauptverwaltung der Ausbesserungswerke der DR im Ministerium für Verkehrswesen legte am 17. September 1956 den »Bericht der Hv Raw zur Beschlussfassung über die Durchführung eines umfassenden Rekonstruktions- und Generalreparaturplanes bis 1960 zur Gesundung des Dampflokparkes der Deutschen Reichsbahn« vor. Der Leiter der Hv Raw, Dr. Hörstel, stellte fest, dass »der Lokpark der DR stark überaltert ist«. Er »befindet sich außerdem durch die Abwirtschaftung, die ab den Jahren 1935 bis 1945 an diesem Park getrieben wurde, in einem sehr schlechten Zustand«, so Dr. Hörstel weiter. Das Durchschnittsalter lag bei über 3.500 Lokomotiven bei 35 bis 50 Jahren. Die Baureihe 58 gehörte mit zu jener Generation jüngerer Länderbahnvertreter, die nun auch zwischen 35 und 40 Jahren alt waren. Lediglich etwa 1.000 Lokomotiven waren zwischen 20 und 35 Jahren alt. Hinzu kamen 1.240 Exemplare aus den Kriegsjahren sowie 53 Neubauten. »Zugänge an Neubaulok kamen erst im Jahre 1955 in einer so geringen Stückzahl, daß von einer Entlastung der übrigen eingesetzten Lok nichts zu spüren war, bzw. daß ein Teil der bereits überalterten Lok hätte ausgemustert werden können«, so Dr. Hörstel. »Eine weitere Folge des hohen Alters des größten Teils unseres Lokparks, sowie der Ausbesserung mit der unzureichenden Materiallieferung, war ein stetes Steigen der Ausbesserungskosten. Die Entwicklung der Ausbesserungskosten in einer Gegenüberstellung der Jahre 1952 und 1955 zeigt für einige der wichtigsten Baureihen nachstehendes Ergebnis in TDM.«

In seinem Bericht zählte der Hv-Leiter die zahlreichen Schwierigkeiten, die bei der Ausbesserung auftraten, auf. Vor allem Materialschwierigkeiten beeinflussten nachhaltig die steigenden Ausbesserungskosten. Besonders hob er bevorstehende Feuerbuchswechsel, Teilerneuerungen an Stehkesselseitenwänden, Erneuerungen von Ein- und Ausströmrohren, Überhitzereinheiten, Bremsteilen, Dampfzylindern, Achswellen bis hin zu Problemen mit Treib- und Kuppelstangen hervor. Hinzu kamen die Probleme mit dem Kesselbaustoff St 47 K bei den Baureihen 03[10], 41 und 50. Weiter führte er aus: »Im Betriebspark der DR befinden sich jedoch mehrere Lok-BR, die sich im Betriebe sehr gut bewährt haben und deren Lebenszeitraum durch eine Rekonstruktion bzw. eine Generalreparatur, bei welcher ebenfalls entsprechende Verbesserungen insbesondere aber die Erneuerung von Teilen in größerem Umfange, wie bisher durchgeführt wird, soweit verlängert werden kann, daß mit dem vorhandenen überalterten Lokpark bei Einhaltung der geplanten Rekonstruktionen und Generalreparaturen, Neubaukessel für die BR 03.10, 39, 41, 50 und 58, die im Perspektivplan vorgesehenen Transportleistungen erfüllt werden können.«

Nachstehend stellte Dr. Hörstel die Übersicht der zu erhaltenden Lokomotivbaureihen vor:

Reko	GR	Stückzahl vsl. 1956	1960	1965
58	58	458	438	398

Im Abschnitt »Konstruktive Einzelheiten der Rekonstruktion GR und Ausbesserungen mit Überplanarbeiten« war über die Baureihe 58 beim Unterpunkt Rekonstruktion folgendes zu lesen: »Für die Lok BR 50 sind 3 Kessel als Baumuster und für die Lok BR 58 2 Kessel als Baumuster noch im Jahre 1957 zu fertigen (...) Der Ersatz der Kessel für die BR 58 beginnt ebenfalls mit dem Jahre 1958. (...) Als weitere Verbesserungen der Lok werden vorgesehen: Das Öffnen und Schließen der Feuertür dahingehend zu mechanisieren, daß die Bewegungen der Feuertür durch Druckluft betätigt werden. Die Schmierung der Fahrgestelle ist zur Verkürzung der Vorbereitungs- und Abschlusszeiten sowie zur Ölersparung dahingehend zu mechanisieren, daß eine Ölung der Triebwerksteile und des Laufwerkes durch Zentralölung erfolgt. Ferner ist der Einbau von Klarsichtscheiben und Spurkranz-Schmierungen vorzusehen. Über die Verwendung bzw. Einbau von der Stokerfeuerung, der Einführung des Trofimoff-Kolbenschiebers sowie der Ausrüstung der Achsen von Drehgestellen, Lenkgestellen und Einstellachsen mit Wälzlagern, sind die Versuchsergebnisse bzw. Erprobungen noch abzuwarten. (...) Bei den Lok der BR 58 sind am Fahrgestell nur die bereits stark verbrauchten Teile, insbesondere Dampfzylinder, Kropfachswellen, Treib- und Kuppelstangen zu erneuern. Die Herstellung der Neubaukessel wurde bereits vorstehend geschildert. (...) Auf Grund des schlechten Zustandes der Tender sind diese Lok mit einem neuen Einheitstender auszurüsten, um damit den Aktionsradius dieser Lok zu vergrößern und ihren Einsatz in Schwerlastzügen zu verbessern.«

Besonders ging der Hv-Leiter noch einmal auf die »völlig verbrauchten« Tender der Lokomotivbaureihen 38, 56 und 58 ein: »Außerdem bereiten die Tender der letztgenannten BR auf Grund ihres geringen Kohlen- und Wasservorrates für die Bespannung dahin Schwierigkeiten, dass der Aktionsradius dieser Lok aus diesem Grunde eingeengt wird. Aus Gründen der Wirtschaftlichkeit

Entwicklung der Ausbesserungskosten bei der DR (in TDM)

Lok-BR	L 4		L 3		L 2	
	1952	1955	1952	1955	1952	1955
38	62,53	80,29	53,38	62,57	24,48	25,14
		+ 28 %		+ 17 %		+ 7 %
41	67,09	98,17	52,36	64,34	34,59	41,61
		+ 47 %		+ 23%		+ 20 %
52	37,73	55,16	30,51	47,51	20,13	25,33
		+ 47%		+ 55 %		+ 25 %
58	63,14	87,74	48,27	68,24	25,23	32,46
		+ 39%		+ 41 %		+ 30 %

Nach der Rekonstruktion im Raw Zwickau untersuchte die LVA Halle die 58 3001 (Halle, 12. April 1958). Die Reko-G 12 war den Altbaumaschinen in Leistung und Verbrauch deutlich überlegen.
Foto: Slg. Reimer

Die 58 3018 gehörte 1963 zum Bestand des Bw Gera. Zum Zeitpunkt der Aufnahme besaß die Maschine noch Windleitbleche ohne vordere Abschrägung.
Foto: Slg. Stange

Im Raw Zwickau wartete die 58 3011 am 26. Januar 1960 auf ihre Abholung. Entgegen den Gepflogenheiten der DR besaß die Maschine farblich abgesetzte Radreifen.
Foto: Slg. Garn

ist es daher zweckmässiger für diese Lok einen neuen Einheitstender zu verwenden, welcher für alle BR verwendet werden kann. Hierbei ist zu untersuchen, ob gegebenenfalls der Tender der Neubaulok BR 23 hierfür geeignet ist. (…) Die Durchführung der Rekonstruktion und GR für den Zeitraum des 2. Fünfjahrplanes, aufgeschlüsselt auf die einzelnen Jahre, zeigt die nachstehende Zusammenstellung.
Die Kosten für eine Lok mit Rekonstruktion werden sich voraussichtlich auf etwa 220 bis 250 TDM und die Kosten für eine GR etwa 180 bis 200 TDM belaufen.«
Abschließend führte Dr. Hörstel noch aus, dass »zur weiteren Gesundung des Lokparks es notwendig ist, dass die kupfernen Feuerbüchsen durch Stahl-Feuerbüchsen ersetzt werden, welche noch im Jahre 1960 in grösserer Stückzahl vorhanden sind.« Bei der Baureihe 58 waren es noch 180 Stück.

BR	1957 Reko	GR	1958 Reko	GR	1959 Reko	GR	1960 Reko	GR
58	2	11	60	-	60	-	60	-
Ges. DR	70	65	271	167	210	157	110	187

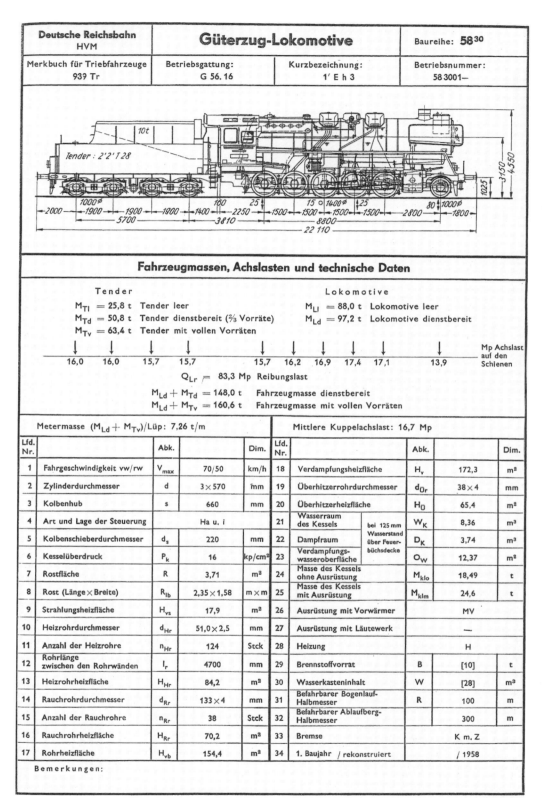

Das Leergewicht der Reko-G 12 war aufgrund des neuen Kessels höher als bei den Altbau-Maschinen.

Abbildung: Slg. Reimer

Die Baumusterlok 58 3001 unterschied sich von den Serienmaschinen in einigen Details. So war bei der 58 3001 zum Beispiel der Umlauf noch tiefer angeordnet und die Hauptluftbehälter saßen auf dem Umlauf in Höhe des ersten Sandkastens. Weiterhin war die Maschine mit einem Einheitstender der Bauart 2'2'T26 gekuppelt.

Foto: Slg. Garn

7.2 Die Rekonstruktion der BR 58

Am 8. Dezember 1956 unterrichtete das Ministerium für Verkehrswesen, Hv der Ausbesserungswerke der DR, unter dem Zeichen Raw Tr 2 Ful 25/56, den Werkdirektor des Raw »7. Oktober« Zwickau über die »Rekonstruktion Lok BR 58«. In dem Schreiben heißt es: »Der Lokausschuß hat in seiner Tagung am 5.12.1956 eingehend über die Rekonstruktion der Lok BR 58 beraten. Die erarbeiteten Vorschläge sahen insbesondere folgende Änderungen an der bisherigen Bauart vor: Die Lok behält das 3-Zylinder-Triebwerk. Die Steuerung soll so umgebaut werden, daß der Antrieb der mittleren Dampfmaschine über eine Schwinge erfolgt. Die Bewegung der Schwinge erfolgt durch eine Gegenkurbel von einer Kuppelachse, ähnlich wie bei der BR 39.
Einbau eines neuen mittleren Zylinders in geschweißter Ausführung und Einbau von Trofimoff-Schiebern.
Anstelle der Bisselachse soll die Lok mit einem Krauß-Helmholtz-Lenkgestell ausgerüstet werden.
Aufbau eines neuen Kessels nach Entwurf der FVA Halle. Ausrüstung mit Mischvorwärmer-Anlage.
Einem weiteren Vorschlag, Umbau auf 2-Zylinder-Triebwerk, wurde nicht zugestimmt.
Die von der FVA Halle bis jetzt erarbeiteten Unterlagen wurden dem Raw durch Herrn Titscher zur Verfügung gestellt.
Wir erteilen Ihnen hiermit den Auftrag, aufgrund der vorstehenden Ausführungen und der Ihnen übergebenen Unterlagen uns die Stellungnahme des Erhaltungswerkes sowie die voraussichtlichen Kosten für:

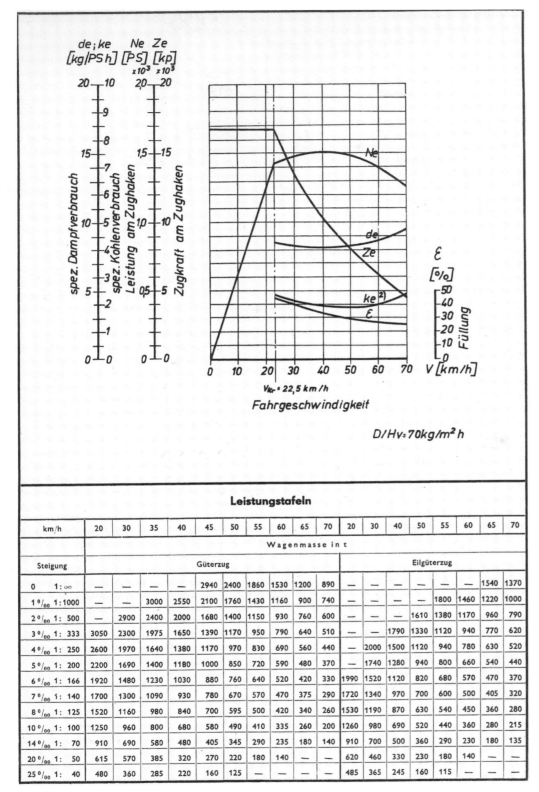

Dank des Verbrennungskammer-Kessels drang die Reko-G 12 in den Leistungsbereich der BR 44 ein, wie die Schlepplastentafel belegt.

Abbildung: Slg. Reimer

a) Änderung der Steuerung
b) Einbau des Krauß-Helmholtz-Lenkgestells
c) Kosten der Rekonstruktion mit und ohne der unter a) und b) genannten Änderungen.
Vorgesehen ist vorläufig eine Rekonstruktion von 60 Lok/Jahr. Die vorstehend angeforderten Unterlagen bitten wir uns in doppelter Ausfertigung umgehend zuzustellen.«
In einer weiteren Arbeitsbesprechung der DR am 11. Februar 1959 *»über die Rekonstruktion der BR 01, 03, 03.10, 39, 41, 50, 44, 58, (18, 61)«* informierte der Leiter der Hauptverwaltung für Maschinenwirtschaft Wagner auch über den Traktionswandel: *»Mit Rücksicht darauf, daß in den nächsten Jahren von der Dampfloktraktion zur Diesel- und Elloktraktion übergegangen wird, muß für die nächsten 15–20 Jahre zur Erhaltung der sich stets vermindernden Zahl der Dampflok der Erhaltungsplan der noch am längsten im Betrieb bleibenden Lok grundsätzlich geregelt werden.«* Bezogen auf das geringe Alter der BR 44 und den dennoch zahlreichen Schäden an dieser Gattung sowie ihrem hohen Achsdruck von 20 Tonnen, *»wurde hier auf die bereits angelaufene Rekonstruktion der Lok BR 58 hingewiesen, die leistungsmäßig nach der Rekonstruktion die BR 44 ersetzen kann, zumal der niedrige Achsdruck dieser Lok die Gewähr für einen breiten Einsatz bietet. Herr Frieser von der FVA Halle hob besonders hervor, daß die Beschickung des Rostes von Hand bei der BR 58 noch möglich ist, während sie bei der ev. Rekonstruktion der BR 44 auf Schwierigkeiten stoßen wird.«*. Weiter heißt es: *»Für die Rekonstruktion der BR 58 waren keine Beschlüsse zu fassen, da diese bereits in Ausführung ist. (10 Lok der BR 58 wurden im Jahre 1958 ausgeliefert.)«*
Bereits im Mai 1960 stoppte die Hv M die Rekonstruktion der BR 58. Nur 56 Lokomotiven wurden rekonstruiert. Vorausgegangen waren seit Jahresbeginn Diskussionen zwischen den Verfechtern der Schnellzugmaschinen, der Dieseltraktion und derjenigen, die für die Rekonstruktion verantwortlich zeichneten. In einem Arbeitsgespräch bei der Hv M am 11. Januar 1960 brachte Wolfgang Petznick bei Abteilungsleiter Rose den Fall ein. Wenn die DR im laufenden Rekoprozeß finanzielle Kürzungen hinnehmen müsse, dürfe nicht die geplante 01^5 darunter fallen.[1] Vielmehr wären die BR 58 und 39/22 zu opfern. Schließlich war es so.
Diese Rekonstruktion stellte für einige Lokomotiven einen Wieder- bzw. Neuaufbau dar. Die vier AL-Maschinen waren vor der Rekonstruktion kaum als Lokomotiven erkennbar. Einerseits durch den Krieg, andererseits durch den Abbau brauchbarer Teile bestanden sie nur noch aus Achsen mit Rahmen. Ebenso waren einige 58er im Schad- bzw. z-Park. Dazu zählten u.a. die 58 312 (z 1948, 1958 ins Raw, 1959 Reko), 58 1430

---

[1] siehe dazu Endisch, Dirk: Baureihe 01.5, Stuttgart 2001.

Umbau und Verbleib der Baureihe 58[30]

Lok	aus Lok	Reko von bis	erstes Bw	letztes Bw	z	+
58 3001	58 1379	–31.03.1958	Halle P	Glauchau	10.08.1976	20.08.1976
58 3002	58 1679	17.04.1958–26.06.1958	Dresden-Friedrichstadt	Glauchau	-	verkauft 15.12.1977 an VEB »Fortschritt« Neustadt (Sa), BT Pommritz, Kessel bei LPG ab 1980 weiterverwendet
58 3003	58 1457	06.12.1957–08.09.1958	Dresden-Friedrichstadt	Glauchau	05.11.1979	30.05.1980
58 3004	58 2094	01.04.1958–25.09.1958	Riesa	Glauchau	10.02.1973	16.06.1978
58 3005	58 433	04.1958–03.10.1958	Riesa	Glauchau	10.02.1973	verkauft 10.11.1978 an VEB Star Kstromanlagenbau Dresden-Briesnitz, BT Isoplast
58 3006	58 1949	13.08.1958–03.10.1958	Riesa	Glauchau	31.05.1981	17.08.1981
58 3007	58 2068	12.09.1958–14.11.1958	Dresden-Friedrichstadt	Glauchau	04.10.1979	08.02.1980
58 3008	58 1801	01.10.1958–29.11.1958	Dresden-Friedrichstadt	Glauchau	29.07.1975	17.10.1975
58 3009	AL 5631	08.10.1958–20.12.1958	Dresden-Friedrichstadt	Glauchau	08.02.1979	01.06.1979
58 3010	AL 5655	16.10.1958–20.12.1958	Dresden-Friedrichstadt	Riesa	19.02.1977	20.04.1977
58 3011	58 1909	04.12.1958–31.01.1959	Dresden-Friedrichstadt	Gera	05.04.1976	07.05.1976
58 3012	58 1430	19.12.1958–20.02.1959	Dresden-Friedrichstadt	Eisenach	27.05.1981	21.07.1981
58 3013	58 1716	18.02.1958–03.03.1959	Dresden-Friedrichstadt	Gera	-	verkauft 30.01.1978 an VEB Energiekombinat Nord Güstrow-Rövertannen
58 3014	58 1675	08.01.1959–19.03.1959	Dresden-Friedrichstadt	Saalfeld	31.05.1980	01.09.1980
58 3015	58 1831	16.02.1959–02.04.1959	Dresden-Friedrichstadt	Glauchau	11.08.1979	12.02.1980
58 3016	58 1811	02.03.1959–28.04.1959	Döbeln	Gera	-	verkauft 30.10.1978 an Wohnungsbaukombinat Triebsees
58 3017	AL 5593	09.03.1959–16.05.1959	Döbeln	Rostock	30.03.1931	16.09.1981 vermietet
58 3018	58 1336	07.04.1959–30.05.1959	Döbeln	Glauchau	-	verkauft 15.12.1977 an VEB »Fortschritt« Neustadt (Sa), BT Pommritz, Kessel bei LPG ab 1980 weiterverwendet
58 3019	58 312	1958–23.06.1959	Dresden-Friedrichstadt	Glauchau	26.09.1977	04.11.1977
58 3020	AL 5673	27.05.1959–02.07.1959	Döbeln	Elsterwerda	31.05.1981	17.08.1981
58 3021	58 1862	08.06.1959–31.07.1959	Dresden-Friedrichstadt	Riesa	20.02.1977	20.04.1977
58 3022	58 1520	26.06.1959–31.08.1959	Engelsdorf	Glauchau	14.07.1980	29.09.1980
58 3023	58 1806	30.07.1959–09.10.1959	Engelsdorf	Reichenbach	01.02.1981	17.08.1981
58 3024	58 1537	17.09.1959–02.12.1959	Engelsdorf	Glauchau	01.08.1980	13.10.1980
58 3025	58 285	26.11.1959–23.01.1960	Engelsdorf	Riesa	02.11.1976	01.02.1977
58 3026	58 1718	09.12.1959–30.01.1960	Dresden-Friedrichstadt	Riesa	06.11.1979	01.09.1980
58 3027	58 1708	08.01.1960–17.02.1960	Engelsdorf	Riesa	05.11.1979	01.09.1980 Kessel 1981 als Dampfspender an VEB Uhrenwerk Weimar
58 3028	58 1630	12.01.1960–07.03.1960	Halle P	Glauchau	01.04.1981	17.08.1981
58 3029	58 1912	02.02.1960–19.03.1960	Riesa	Gera	01.08.1978	03.07.1979
58 3030	58 1263	17.02.1960–06.04.1960	Gera	Rostock	27.08.1981	16.09.1981
58 3031	58 1776	27.02.1960–20.04.1960	Gera	Glauchau	02.08.1980	13.10.1980
58 3032	58 1636	31.03.1960–20.05.1960	Engelsdorf	Glauchau	02.07.1981	17.08.1981
58 3033	58 1571	15.03.1960–10.05.1960	Gera	Glauchau	27.09.1977	02.03.1978
58 3034	58 1385	08.04.1960–10.06.1960	Döbeln	Saalfeld	31.07.1981	17.08.1981
58 3035	58 1428	20.05.1960–09.07.1960	Engelsdorf	Riesa	15.12.1976	20.04.1977
58 3036	58 1543	18.06.1960–08.08.1960	Gera	Glauchau	01.07.1981	17.08.1981
58 3037	58 1943	15.07.1960–08.09.1960	Gera	Riesa	26.03.1979	01.06.1979 11.1978–02.1979 vermietet an Reifenwerk Finsterwalde Süd, dann im Bw abgestellt
58 3038	58 1873	14.09.1960–29.10.1960	Gera	Riesa	02.09.1976	04.01.1977
58 3039	58 1578	27.09.1960–25.11.1960	Riesa	Gera	-	verkauft 01.04.1980 an VEB Wohnungsbaukombinat Gera-Langenberg
58 3040	58 1813	08.11.1960–27.12.1960	Gera	Glauchau	27.03.1979	01.06.1979
58 3041	58 1339	28.11.1960–10.04.1961	Gera	Gera	29.03.1978	03.07.1979
58 3042	58 1426	1961–13.04.1961	Gera	Gera	01.09.1978	03.07.1979
58 3043	58 1207	20.02.1961–20.04.1961	Gera	Gera	28.01.1978	03.04.1978
58 3044	58 1496	20.03.1961–10.05.1961	Dresden-Friedrichstadt	Gera	21.02.1978	03.07.1979

Lok	aus Lok	Reko von bis	erstes Bw	letztes Bw	z	+
58 3045	58 1530	20.04.1961–14.06.1961	Dresden-Friedrichstadt	Gera	07.05.1977	16.05.1977
58 3046	58 1622	18.05.1961–27.07.1961	Gera	Glauchau	27.10.1977	07.02.1978
58 3047	58 1955	04.07.1961–22.08.1961	Gera	Glauchau	DR/DB AG-Museumslok	
58 3048	58 1508	18.08.1961–30.09.1961	Gera	Glauchau	16.03.1978	16.06.1978
58 3049	58 1725	06.09.1961–31.10.1961	Riesa	Glauchau	18.10.1976 Umsetzung TA Dsp	
58 3050	58 1866	13.10.1961–07.12.1961	Engelsdorf	Riesa	09.03.1976	19.04.1976
58 3051	58 1219	02.11.1961–28.12.1961	Gera	Riesa	-	verkauft 04.01.1977 an VEB »Fortschritt« Neustadt (Sa), BT Pommritz
58 3052	58 269	22.12.1961–10.02.1962	Gera	Glauchau	07.11.1980	verkauft 07.01.1981 an VEB Baustoffwerke Malchin
58 3053	58 1777	30.01.1962–28.03.1962	Gera	Glauchau	02.08.1980	05.02.1981
58 3054	58 1229	22.03.1962–18.05.1962	Gera	Riesa	22.06.1979	12.02.1980
58 3055	58 1651	26.04.1962–30.06.1962	Gera	Riesa	02.07.1976	04.01.1977
58 3056	58 412	12.07.1962–31.08.1962	Gera	Glauchau	05.10.1979	01.09.1980

Skizze für das Fabrikschild für die Reko-G 12.
Abbildung: Slg. Kubitzki

(1958/59), 58 1675 (a 1948, z 1949), 1708 Kst (z 1953), 1716 (z 1948), 1801, 1811 (z 1950), 1831 (z 1953), 1909, 1949 (z 1957) und 58 2094.
Nach der Rekonstruktion konzentrierte sich die Beheimatung zunächst auf die Bahnbetriebswerke Dresden-Friedrichstadt (16), Döbeln (5), Engelsdorf (8), Gera (19), Halle P (2) und Riesa (6). Nachdem die Probelokomotiven die VES-M Halle (und somit das Bw Halle P) verließen, folgte bald der nächste Stationierungswechsel. In den 60er-Jahren wurden die Reko 58er ausschließlich von den Bw Dresden (24), Gera (19) und Engelsdorf (13) aus eingesetzt. In Dresden war die BR 58^{30} nicht nur im BT Friedrichstadt zu sehen, auch Altstadt setzte sie nachweislich ein! Ab 1970 gab es neue Heimat-Bw. So zunächst Glauchau sowie mit vereinzelten Stationierun-

Die HvRaw beauftragte am 1. Mai 1957 die Ausbesserungswerke in Karl-Marx-Stadt, Zwickau, Meiningen und Stendal mit der Anfertigung einheitlicher Fabrikschilder für die Reko-Loks.
Abbildung: Slg. Kubitzki

Die Entwicklung des Bestandes der BR 58³⁰ (zum 1. Januar des Jahres)

Jahr	Gesamt	Cottbus	Dresden	Erfurt	Halle	Schwerin
1957	1	-	-	-	1	-
1959	10	-	10	-	-	-
1960	20	-	15	-	5	-
1961	35	-	27	-	8	-
1962	46	-	36	-	10	-
1963	56	-	44	-	12	-
1965	56	-	44	-	12	-
1966	56	-	43	-	13	-
1970	56	-	44	-	12	-
1971	56	-	44	12	-	-
1973	56	-	44	12	-	-
1974	56	-	55	1	-	-
1975	56	-	56	-	-	-
1976	55	-	46	9	-	-
1977	48	-	40	8	-	-
1978	39	-	32	7	-	-
1979	29	-	28	1	-	-
1980	19	1	14	4	-	-
1981	12	1	7	2	-	2
1982	2	-	2	-	-	-
1986	2	-	2	-	-	-

Der Betriebspark der BR 58³⁰ im Juni 1979

Rbd	Bw	Lok	Verwendung
Cottbus	Elsterwerda	58 3020	Heizlok
Dresden	Glauchau	58 3003	arbeitender Park
		58 3006	arbeitender Park
		58 3007	Reserve
		58 3012	Reserve
		58 3015	Heizlok
		58 3017	arbeitender Park
		58 3024	arbeitender Park
		58 3028	Reserve
		58 3030	arbeitender Park
		58 3031	arbeitender Park
		58 3032	w
		58 3040	Reserve
		58 3047	w
		58 3049	arbeitender Park
		58 3053	w
Dresden	Riesa	58 3022	Reserve
		58 3023	arbeitender Park
		58 3026	Reserve
		58 3027	Reserve
		58 3034	arbeitender Park
		58 3036	Reserve
		58 3037	Reserve
		58 3039	Reserve
		58 3052	arbeitender Park
		58 3054	Reserve
		58 3056	Reserve
Erfurt	Saalfeld	58 3014	vermietet

gen Saalfeld, Gotha, Nordhausen, Sangerhausen, Meiningen und Röblingen. Im Bw Riesa sollte die Reko BR die alte G 12 ablösen. Nach 1974 waren alle Rekos im Bezirk der Rbd Dresden stationiert: Bw Gera und Glauchau (jeweils 18) sowie Riesa (20). Ab 1976 gehörte das Bw Gera zur Rbd Erfurt. Dieser Wechsel ist auch in der genannten Statistik ersichtlich. Neben Heizeinsätzen in Saalfeld, Vacha, Elsterwerda und später Rostock kamen die letzten Reko-58er in Riesa (bis 1979) und Glauchau (bis 1981) zum Einsatz. Weitere Stationierungsdetails sind den Abschnitten der einzelnen Bw zu entnehmen. Unterhaltungs-Raw war bis 1968 Zwickau, dann Meiningen.

7.3 Beschreibung der BR 58³⁰

Die Lokomotiven erhielten im Raw Zwickau einen neuen Kessel in Schweißkonstruktion. Er entstand nach den Konstruktionsplänen der Neubaulokomotiven[2] der Baureihen 23¹⁰ und 50⁴⁰, war aber mit ihnen nicht tauschbar. Zu dem Kessel gehörte eine Verbrennungskammer und eine Mischvorwärmeranlage der Bauart IfS/DR mit einer Verbundmischpumpe VMP 15-20. Die zweite Speiseeinrichtung war eine saugende Dampfstrahlpumpe. Da der neue Kessel länger war als der der G 12, musste der Barrenrahmen durch einen Blechrahmen vorgeschuht werden. Neu war ebenso der Pumpenträger für Luft- und Speisepumpe, der in der Fahrzeugmitte lag. Der Aschkasten der Bauart Stühren war nun statt am Stehkessel am Rahmen befestigt. Auf Seitenzugbetätigung stellte man den Nassdampfregler der Bauart Schmidt & Wagner um. Der Kesseldruck betrug nun 16 kp/cm².

Neu waren ebenfalls die Führerhäuser, die denen der BR 23¹⁰ bzw. 50⁴⁰ entsprachen, die Witte-Windleitbleche oder die Trofimoff-Schieber. Während der Steuerungsantrieb für die Außenzylinder unverändert blieb, wurde künftig der Antrieb der Innensteuerung von der fünften Kuppelachse abgenommen und zwischen dritter und vierter Kuppelachse auf die Innenschwinge übertragen.

Ein kleines Durcheinander gab es bei den Tendern. Neben den alten (preußischen) Tendern der Bauart 2'2'T31,5 und den Einheitsbauarten 2'2'T26 oder 2'2'T34, gab es einmal auch den Wannentender 2'2'T30 und vielfach den DR-Neubautender der Bauart 2'2'T 28. Dabei war festzustellen, dass im Bw Gera die BR 58³⁰ stets mit den Neubautendern ausgerüstet war. In den anderen Bw gab es mehrere Varianten.

Bei den ersten Probefahrten traten Probleme an den Trofimoff-Schiebern sowie an verschiedenen Lagern und Buchsen auf. Diese Hemmnisse waren rasch behoben. Die Versuchsfahrten mit

---

[2] siehe dazu Endisch, Dirk: Neubau-Dampfloks der Deutschen Reichsbahn, Die Baureihen 23.10, 25, 50.40, 65.10 und 83.10, Stuttgart 2000.

Leistungsvergleich bei den Kesselgrenzleistungen

v (km/h)	58 1664 (D/Hv = 57 kg/m²h)	58 3001 (= 75 kg/m²h)
30	1.240 PSe	1.600 PSe
50	1.180	1.600
65	1.090	1.345 (bei 70km/h)

Zahlreiche Reko-G 12 waren mit dem Neubau-Tender der Bauart 2´2´T28 gekuppelt. Zu diesen Maschinen gehörte auch die 58 3017, die am 8. Juni 1980 vor dem Verwaltungsgebäude des Bw Glauchau stand. *Foto: Heym*

Es gab wohl kaum eine Baureihe, die eine derartige Tendervielfalt aufweisen konnte wie die 58^{30}. Auf Grund fehlender Einheits- und Neubautender besaßen mehrere Reko-G 12 auch umgebaute preußische 2´2´T31,5-Tender, wie hier die 58 3009 (Glauchau, 20. Mai 1978). *Foto: Heym*

Eine Sonderstellung bei der BR 58^{30} nahm die 58 3003 ein. Sie besaß als einzige ihrer Baureihe einen Wannentender. Im Februar 1968 stand die Lok im Bw Dresden-Friedrichstadt. *Foto: Lehmann, Slg. Dath*

der 58 3001 im Vergleich zur 58 1664 bescheinigten der Reko-Variante einen um 15–25-prozentigen geringeren Kohlenverbrauch. Der Dampfverbrauch war bei der 58 3001 um 8–14 Prozent günstiger. Ein Ergebnis der besseren Dampfqualität durch die Erhöhung des Drucks.

Die Kesselgrenzleistungen (70–75 kg/m²h) wurden von der 58 3001 gehalten. Mit der Reko-58 hatte die DR eine der BR 44 ebenbürtigen Lokomotive, die aufgrund ihrer Achslast von 18 t auf Strecken einsetzbar war, wo die BR 44 mit ihrer Achsfahrmasse von 20 t zu schwer

war. Etwa 15 bis 17 Jahre bewährte sich die Reko-58 bestens. Um den Traktionswechsel Ende der 70er-Jahre verstärkt durchzuführen, mussten sogar für die Dieselokomotiven der BR 118.6 die Lasten herabgesetzt werden. Im Bw Glauchau wurde dies im Jahre 1977 unter

Die steile Frontschürze und die beiden festangebauten Signallaternen gaben der Reko-G 12 ihr charakteristisches »Gesicht« (Gera, 11. April 1976).
Foto: Heym

Für den Einsatz auf Nebenbahnen besaßen einige, wenige Reko-G 12 ein Druckluftläutewerk der Bauart Knorr. Zu diesen Lokomotiven gehörte auch die 58 3032. Das Läutewerk saß bei ihr hinter dem Schornstein (Zella-Mehlis 16. Oktober 1971)
Foto: Heym

dem Begriff der 1.030-Tonnen-Technologie bekannt.

7.4 Weitere Änderungen bei der DR

Für die Korrosionsforschung an Lokkesseln sah die Hv Raw der DR im September 1960 u.a. die 58 209 und 1384 des Bw Glauchau vor. Hinzu kamen noch vier 52er, zwei 44er und zwei gerade rekonstruierte 50er.
Die Hv M wies am 17. Juli 1962 an, dass bei einer Vielzahl von Dampflokomotiven Rußbläser der Bauart IfS eingebaut werden. Vorgesehen war, dass das Raw »7. Oktober« Zwickau noch 1962 bei 40 Exemplaren der BR 58 (mit Unterbaureihen) den Durchbruch am Kessel vornimmt und den Rußbläser einbaut. Im Folgejahr waren 50 weitere Lokomotiven der BR 58 vorgesehen.
Im Jahr 1962 sah sich die Abteilung Materialwirtschaft im MfV in der Lage, für weitere 1000 Lokomotiven Geschwindigkeitsmesser zu beschaffen. Die Hv M wies am 3. September 1962 an, dass »alle Lok, außer Rangierlok, im Rahmen von L 2 bis L 5 mit einem Geschwindigkeitsmesser auszurüsten« sind. Dem Raw Zwickau wurden jedoch gerade einmal sechs Stück zur Verfügung gestellt, um jeweils drei Lokomotiven der BR 58 und 86 damit auszurüsten.

Ab 1964 wurden die Dampflokomotiven mit der Spurkranzschmierung der Bauart Heyder ausgerüstet. Das Raw Zwickau musste diese Arbeiten bei 26 Exemplaren der BR 58 vornehmen. Die Ausrüstung vieler Lokomotiven im Park dauerte bis in die 70er-Jahre. Jedoch nicht alle Dampfrösser erhielten noch diese Zusatzeinrichtung. Bei den einzelnen Baureihen ist folgender Prozentsatz mit dieser Spurkranzschmierung innerhalb des Rbd-Bezirkes Dresden im Oktober 1973 ermittelt worden:

Mit einer Spurkranzschmierung der Bauart Heyder ausgerüstete Lokomotiven in der Rbd Dresden (Oktober 1973)

BR	Anzahl
50.1	60,8 %
52.1	3,9 %
58.1	31,0 %
58.3	96,5 %

Die Rbd Dresden schrieb ferner »Die Spurkranzschmiervorrichtungen sind wegen der bekannten Mängel, wie z.B. gebrochene Rückstellfeder, verbogene Steuerstangen, verstopfte Steuerblöcke und Rohrleitungen, sehr störanfällig. Diese Vorrichtungen werden deshalb von den Lokpersonalen zum Teil nicht bedient.«
Aber aus den zur Zerlegung abgefahrenen Lokomotiven, so die 58 1247 des Bw Aue (12. Oktober 1973 an Raw Karl-Marx-Stadt), wurden die brauchbaren Teile ausgebaut, um sie bei anderen noch zu nutzen.
Fünf Lokomotiven der BR 58 waren im Bezirk der Rbd Cottbus, Bw Zittau, damit ausgestattet. Die Direktion Halle meldete 1973 zum gleichen Thema für den gesamten Dampflokomotivpark »Fehlanzeige«. Sechs Jahre zuvor, als König Dampf noch dominierte, schrieb Herr Eidner, Leiter der Verwaltung Maschinenwirtschaft der Rbd Halle, den Bestand von Tfz mit Spurkranzschmierung nieder (siehe Tabelle):

Bw Altenburg	7 der BR 58 zum Teil in Ordnung
Bw Engelsdorf	13 der BR 58[30] zum Teil in Ordnung
Bw Zeitz	1 der BR 58 in Ordnung

»Die Bw führen darüber Klage, daß die Spurkranzschmierungen sehr störanfällig sind und das Beschaffen von Ersatzteilen schwierig ist. (…) In der Rbd Halle sind nach unseren Ermittlungen bei folgenden D-Tfz Spurkranzschmierungen notwendig:
Im Bw Engelsdorf: BR 52 und BR 58 Reko sind bis 1970 auf der Strecke Leipzig–Döbeln–Dresden im Einsatz.« In den Folgejahren nahm der Anteil, wie erwähnt, rapide ab. Stets fehlten Teile. Schließlich regte das Raw »Helmut Scholz« Meiningen am 22. August 1973 an, dass »die Spurkranzschmierungen von den BR 58.1, 44.1, 44.0 und 65.1 abzubauen und als Ersatzteile für die BR 58[30], 41.1 und 95.0 zu verwenden« sind.
»Wir sehen zur Zeit keine andere Möglichkeit, die Spurkranzschmierungen an den noch länger im Betriebspark verbleibenden Lok-BR zu erhalten und bitten um Zustimmung«, schrieb Reichsbahn-Hauptrat Wagner, der Werkdirektor des Raw, weiter.
Im Oktober listete die Rbd Dresden erneut ihre mit Spurkranzschmierung ausgerüsteten Lokomotiven auf. Es waren noch 14 Lokomotiven der BR 58, davon acht als betriebsfähig gemeldet, sowie 51 der Reko-58er, wovon alle noch im Betriebspark waren.

7.4.1 Der Tendertausch

In mehreren Schreiben wies die Hauptverwaltung der Maschinenwirtschaft (Hv M) in den Jahren 1959 und 1960 die Direktionen und Ausbesserungswerke auf die entsprechende Handhabung bei »Tenderentgleisungen bei den Tendern 3 T 20 und 3 T 16,5« hin. Nach einem Vorfall war der Tender entsprechend zu vermessen und

Die Rbd Erfurt ließ einige G 12 für den Einsatz auf der Strecke Weimar–Bad Berka mit vierachsigen Tendern der Bauart 2´2´T21,5 ausrüsten. Zu diesen Lokomotiven gehörte auch die 58 1190, die 1969 in Kranichfeld von besseren Zeiten träumte.
Foto: Heym

Das Raw Zwickau war bis zur Aufgabe der Dampflok-Unterhaltung für die Instandsetzung der G 12 bei der DR zuständig. Im Dezember 1961 war die Hauptuntersuchung der 58 1979 fast abgeschlossen.
Foto: Slg. Stange

auch zu verwiegen. Ferner sollten die Dienststellen der Hv M Unfallmeldungen in Kurzform vorlegen. Als Ursachen vermutete man verschiedene Tragfedern an einem Fahrwerk oder Bearbeitungs- und Materialfehler bei Federspannbrüchen. »Seit 1. Januar 1960 sind bereits 12 Tender 3 T 20 mit der 1. Tenderachse entgleist,« schrieb die Rbd Dresden der Hv M am 6. Juli 1950. »Der Abruf derartiger Tender erfolgt vom Raw »7. Oktober« Zwickau sehr schleppend. Es treten dadurch erhebliche Schwierigkeiten auf. Um die Lok nicht zu lange dem Betrieb zu entziehen, schlagen wir der Hv M vor, drei 3 T 20 Tender von zurückgestellten Lokomotiven der BR 56 als L 4 aufarbeiten zu lassen und den Bw zuzuleiten, die in den Entgleisungsschwerpunkten liegen.«

Zwei Unfallberichte übersandte die Rbd Erfurt am 18. Juli 1960 nach Berlin an die Hv M:
»Entgleisung am 16.6.1960:
Lok 58 1525, Bw Saalfeld (Saale), 1. Tenderachse, Lok entgleiste bei Vorwärtsfahrt Strecke Unterlemnitz–Hockeroda, km 12,5. Tenderachse rechts stieg auf ca. 2 m vor einem Schienenstoß (Knickstoß an Innenschiene) und glitt ca. 2 m hinter dem Stoß der Schiene nach links außen ab. Ursache noch ungeklärt. Die Überhöhungsänderung betrug abweichend von der Oberbauvorschrift 15,5 mm/m, zulässig sind 9,5 mm/m.«
Im zweiten Bericht heißt es: »Entgleisung am 13.7.1960:
Lok 58 1941, Bw Gotha, 1. Tenderachse, Vorwärtsfahrt, Einfahrt Bf Leinefelde. Ursache: Bruch der hinteren Federspannschraube (rechts).«

Auch die Rbd Dresden übersandte derartige Meldungen: »Entgleisung am 13.6.60: Lok-Nr 58 1035, Bw Karl-Marx-Stadt-Hilbersdorf, 1. Tenderachse, Vorwärtsfahrt, Bf Zwickau. Ursache: Entgleisung innerhalb eines Lokzuges, Lok wurde kalt zugeführt (Tender ohne Wasser). Verwiegeergebnis der Achsbelastung

Rechts	Links
4700 kp	3700 kp
2700 kp	3200 kp
2900 kp	3200 kp

»Entgleisung am 17.6.60: Lok-Nr 58 1094, Bw Annaberg-Buchholz, 1. Tenderachse, Vorwärtsfahrt, Bf Zschopau. Ursache: Ungleiche Radbelastung, Gratbildung am Spurkranz, Verwiegeergebnis der Achsbelastung

Rechts	Links
8900 kp	4650 kp
5450 kp	8050 kp
6750 kp	7950 kp

Die Hv M sah sich zum raschen Handeln gezwungen und wies am 25. August 1960 die Direktionen und das Raw in Zwickau wie folgt an:
»Betr.: Tendertausch Baureihe 58 (Steifrahmen- gegen Drehgestelltender)
Bezugnehmend auf die Verfügung **Erfassung von Einzeltendern** (…) sind ab sofort alle Tender 4 T 21,5 und 4 T 31,5 mit Drehgestellen sowie Einheitstender nur noch für Reichsbahnzwecke zu verwenden. Vordringlich ist der Austausch der Steifrahmentender der Baureihe 58 gegen solche mit Drehgestellen. Den Rbd wird gestattet, nicht nur Einzeltender für den Tausch vorzusehen, sondern auch Tender von zurückgestellten Lok. Hierunter sind nur solche Lok mit Tender zu verstehen, die betrieblich <u>nicht mehr</u> benötigt werden.«

»Im Laufe des Jahres hat die Rbd Erfurt verfügt, daß 4achsige Tender mit Lok´s der BR 58.10 gekuppelt werden,« schrieb der Werkdirektor vom Raw Zwickau am 14. Dezember 1960 der Hv Ausbesserungswerke. »Durch diese Maßnahme entstehen uns zusätzliche Kosten, die nicht in den Planpreisen einkalkuliert sind. In der beigefügten Gegenüberstellung haben wir die Mehrkosten ermittelt, die sich je Tender und Schadgruppe ergeben. Im Jahr 1960 haben wir 6 vierachsige Tender der Schadgr. L 3 und L 4 und 2 der Schadgr. L 2 aufgearbeitet. Dadurch entstehen uns rund 12 226,- DM überplanmäßige Kosten. Wir bitten um Anerkennung dieser Mehrkosten aus Sondermitteln. (…)
Kostenvoranschlag für Mehrarbeit an Tender 4 T 21,5 gegenüber 3 T 20:
Der Mehraufwand je Tender der Schadgruppe L 3 und L 4 beträgt 1.825,- DM; bei der Schadgruppe L 2 beträgt er 638,- DM.«

Aufwand	bei L 3/L 4		bei L 2	
	Tender 3 T 20	4 T 21,5	Tender 3 T 20	4 T 21,5
Lohnkosten	2.305,-	2.717,-	461,-	626,-
Lohngemeinkosten	3.492,-	4.110,-	698,-	948,-
Material	2.117,-	2.880,-	660,-	875,-
Materialgemeinkosten	88,-	120,-	28,-	36,-
Summe	8.002,-DM	9.827,-DM	1.847,-DM	2.485,-DM

Die DR ließ mehrere G 12 zu Dampfspendern umbauen. Die 58 1042 sollte sich ihre Gnadenkohlen im Bw Nossen verdienen, wo dieses Bild im Oktober 1980 entstand.
Foto: Reimer

Im Bw Gera stand am 6. März 1977 die zu einem Dampfspender umgebaute 58 1766. Alle nicht benötigten Teile hatte das Raw Meiningen entfernt.
Foto: Heym

Mehrere Bahndiensttelegramme sandte die Rbd Erfurt an das Raw Zwickau. Die Antworten standen aus. »Aufarbeitung Lok 58 1757 mit vierachsigem Tender dringend. Lok wird für Strecke Weimar–Bad Berka benötigt. (…) Unser Telegramm Nr. 29 vom 1.9.60 ist bisher ohne Antwort geblieben. Lok mit 4 achs. Tender werden wegen Entgleisungsgefahr der 3 T 16,5 und 3 T 20 Tender im Bezirk Rbd Erfurt dringend gebraucht. Lok steht seit 28.6.60 im Raw. Fertigstellungstermin umgehend mitteilen.«, mahnte die Rbd Erfurt an.

Unter der Überschrift »Kohlenaufsatz für Tender« unterrichtete die Hv M am 19. April 1960 alle technischen Dienststellen über den genehmigten Umbau: »Nachdem festgelegt worden ist, daß die Tender der Lok BR 38, 55, 56 und 58 (Länderbauarten) den Kohlenaufsatz erhalten können, kommen die Tender-Bauarten 4 T 21,5, 3 T 16,5 und 3 T 20 in Betracht. Um die Art der Aufsätze einheitlich zu gestalten, haben wir je 1 Prinzipskizze (…) beigefügt. (…) Wir weisen besonders darauf hin, daß das grundsätzliche Maß von 3,8 m von SO und die Begrenzung I eingehalten werden müssen.«

Weitere Änderungen oder Umbauten bei der BR 58, ohne detailliert alle hier vorzustellen, waren u.a. der Einbau der Aschkastenspritze Bauart Gera (Raw Zwickau, um 1950), die Gleitbahn mit Radreifenstahl plattiert (Zwickau, 1951), die Ölpresse nach »vorn versetzt« (Zwickau, 1949), die Ausrüstung mit dem dritten Spitzenlicht (Zwickau, 1960/61), der Einbau zweier luftgesteuerter Abschlammventile (Zwickau, 1965) oder bei einigen Lokomotiven die Verschweißung der Vorder- und Rückwand, der Feuerbuchsecken mit dem Bodenring (Zwickau, 1959) sowie der Einbau von Trofimoff-Schiebern (Zwickau, 1967).

7.4.2 Dampfspender

Den Abschluss der Ära der Baureihe 58 bildete der Umbau zum Dampfspender. Aller wichtiger Teile zum Fahren beraubt, sollten sie nun in den Bw und Bww der DR eine Schwachstelle, die Wärmeversorgung für Diensträume oder Duschwasser, schließen. Fortan unterstanden sie als technische Anlage der gleichnamigen Abteilung in den Bahnbetriebswerken. Der folgende Zeitraum war von unterschiedlicher Dauer geprägt,

Zu Dampfspendern umgebaute Lokomotiven der BR 58

Lok	Dsp-Nr.	Einsatzort	Umsetzung an TA
58 209	9	Bw Dresden-Altstadt	1968
58 315	7	Bw Dresden	10.06.1969
58 406	-	Bw Dresden	09.06.1969
58 422	2	Bw Dresden	10.06.1969
58 435	6	Bw Karl-Marx-Stadt-Hilbersdorf	1968
58 436	-	(?)	10.06.1969
58 437	21	Bw Adorf	31.05.1968
58 451	13	Bw Riesa	27.03.1968
58 1042	11	Bw Nossen	08.12.1976
58 1246	-	Bw Riesa	15.02.1977
58 1337	28	Bw Zeitz	31.12.1968
58 1408	34	Bw Nossen (n. Gera)	10.06.1969
58 1431	-	Raw Wittenberge	13.09.1966[1]
58 1522	-	Bw Aue	30.06.1977
58 1616	107	Bw Röblingen	01.03.1970
58 1658	102	Bw Leipzig-Wahren	01.12.1969
58 1663	-	Karl-Marx-St./Reichenbach	14.02.1977
58 1716	-	Altenburg	?
58 1724	-	Bww Falkenberg (Elster)	21.11.1968
58 1766	-	Gera	15.04.1977
58 1740	-	Bww Falkenberg (Elster)	?
58 1791	-	Bw Wustermark	30.11.1975
58 1800	-	kein Einsatz	11.10.1982
58 1890	17	Bw Halle G	1968
58 2051	-	Bw Karl-Marx-Stadt	15.02.1977
58 2096	11	Bw Dresden	28.03.1968
58 3049	-	Bw Glauchau	18.10.1986

1 vom Bw Dresden-Friedrichstadt als Kohlenstaublok (+ 17.03.1971),   2 Umsetzung früher erfolgt

während einige über ein Jahrzehnt dienten, heizten andere nur selten oder gar. Die letzten Exemplare wurden um 1990 abgestellt und kurz darauf verschrottet. Lediglich die (einstigen) 58 1616 und 58 3049 blieben museal erhalten.

7.5 Der Betriebsdienst bei der DR

7.5.1 Einsatz in der Rbd Berlin

Nicht nur in den Berliner Kolonnen war die BR 58 zu finden, sondern auch in den Bw der Stadt. Doch allzu oft waren es sozusagen aussortierte Lokomotiven aus den Kolonnen, Tauschlokomotiven für diese oder nach Kriegsende stehen gebliebene Exemplare. Zumeist mit der Gattungsbereinigung im Jahre 1947 fuhr die DR sie in Richtung Rbd Dresden ab.
Die 1969 zugeführten 58 1349, 1494 und 2108 verdingten sich als Heizlokomotiven im Milchhof, dann kurzzeitig noch im Bww Rummelsburg. Mit der Zusammenlegung der Bahnbetriebswerke in Berlin-Lichtenberg kam zum **Bw Ostbahnhof**, wurde sogar die 58 1349 noch dorthin umbeheimatet. Die beiden anderen standen als Schadlokomotiven bereits abgestellt und warteten auf ihre Ausmusterung im Oktober 1971. Auch am 10. Oktober 1971 ist die 58 1349 ausgemustert worden. Erwähnenswert ist, dass im **Bw Lichtenberg** mit der 58 1115 auch eine kohlenstaubgefeuerte G 12 beheimatet war.
Maximal zwei Jahre betrug die Beheimatungszeit einiger G 12 im **Bw Berlin-Karlshorst**. Vornehmlich für den Kolonnenzugdienst waren sie zwischen 1945 und 1947 dort zu finden. Die hohe Anzahl von Lokomotiven für den freien Verkehr deutet darauf hin, dass zunächst mehr Loks, als für den Kolonnendienst erforderlich, nach Berlin überstellt worden waren. Nach ersten Abgaben 1946 an andere Berliner Bw, rollten die verbliebenen 58er zumeist im Juni 1947 zum Bw Dresden-Friedrichstadt. Als letzte, als Schadlokomotive, trug man die 58 1645 zum 29. Juli 1948 nach Riesa aus.
Vorrangig das Bw Karlshorst gab an das **Bw Berlin-Schöneweide**, beginnend im Januar 1946, Lokomotiven der BR 58 ab. Neun davon fanden sich in der so genannten Nahkolonne wieder. Die 58 1966 war seit Jahresbeginn 1946 fünf Wochen lang der Kolonne 5 zugeordnet. Ferner gehörten zum Bw Schöneweide die 58 1725, 1758, 1854, 1952, 1966a, 2020 und 2042. Nach ihren Betriebsbögen standen sie alle nur kalt abgestellt. Im Mai 1947 rollten die meisten 58er nach Artern ab. Die letzte G 12 war die Schadlokomotive 58 1966 am 15. April 1948.
Aus Zeitz, Erfurt und Saalfeld trafen im August 1945 die ersten 58er im **Bw Berlin-Tempelhof Rbf** ein. Rasch erhöhte sich aufgrund weiterer Zuführungen die Anzahl dieser Exemplare. Allerdings bleibt unklar, was diese Lokomotiven in Tempelhof taten. Vermutlich sollte dort 1947 eine neue Kolonne 8 gebildet werden. 58 442, 1110, 1856, 1934, 2096 und 2138 tragen in ihren Unterlagen einen derartigen Vermerk. Anfang Juni 1947 in Tempelhof eingetroffen, wurden sie wenige Tage später an das Bw Pankow überstellt. Die übrigen waren zuvor ausgetragen worden. Tempelhof hatte jetzt keine G 12 mehr. Zum Bestand des Bw Berlin-Tempelhof gehörten am 1. Januar 1947 die 58 251a, 269, 1189, 1703, 1732, 1865 und 1949.
Die beiden G 12 des **Bw Seddin** standen dem freien DR-Verkehr in der SBZ zur Verfügung. Direkt der SMAD waren in der Kolonne 13, Seddin zugeordnet, die 58 445, 454, 1429, 1724 und 2006 im Sommer 1947 unterstellt.

Stationierungen der BR 58 im Bw Berlin-Lichtenberg

Lok	von Bw	von	bis	zum Bw
58 218	unbekannt	05.1945	27.06.1947	Dresden-Friedrichstadt
58 231	Kolonne 7 (Karlshorst)	01.05.1946	28.04.1947	Zwickau
58 251	Berlin-Tempelhof	19.11.1945	19.06.1947	Zwickau
58 263	Berlin-Karlshorst	1946	20.05.1947	Görlitz
58 449	Reichenbach	12.1945	01.05.1947	Zwickau
58 1013	Gera	15.11.1945	30.04.1947	Glauchau
58 1056	Roßlau	11.07.1945	24.09.1945	Dresden-Friedrichstadt
58 1115	Halle G	14.09.1961	20.11.1963	Dresden-Friedrichstadt
58 1349	Aue (Sachs)	03.10.1969	31.07.1970	Berlin Ostbahnhof
58 1384	Wittenberg	12.1945	30.05.1948	Zwickau
58 1388	Saalfeld	11.08.1945	16.05.1947	Kolonne 4 (Lichtenberg)
58 1494	Glauchau	03.10.1969	10.10.1971	+
58 1626	Halle G	14.09.1961	27.09.1963	Dresden-Friedrichstadt
58 1636	Berlin-Karlshorst	06.1946	11.1946	Berlin-Pankow
58 2108	Glauchau	03.10.1969	10.1971	+

Bestand des Bw Berlin-Karlshorst zum 31. Dezember 1945

freier Verkehr:	58 239, 1028a, 1056, 1229, 1296, 1339, 1371a, 1496a, 1632, 1637, 1645, 1800, 1909, 1942, 1944, 1949, 1952, 2042
Kolonne 7	58 231, 263, 409, 439, 1028, 1038, 1438, 1453, 1454, 1502, 1564, 1581, 1682, 1758, 1885, 1897, 1912, 1918, 2142
Kolonne 2	58 1195, 1775

Nur kurze Zeit war die G 12 in der Rbd Berlin stationiert. Am 21. Februar 1946 stand die 58 413 mit einem Kohlenzug im Raw Revaler Straße in Berlin.
Foto: Landesbildstelle Berlin, Slg. Garn

Das Bw Berlin-Lichtenberg übernahm am 3. Oktober 1969 vom Bw Glauchau die 59 1494 und die 58 2108. Beide Maschinen wurden allerdings bis zu ihrer Ausmusterung 1971 nur noch als Heizloks genutzt und dann in Berlin-Rummelsburg abgestellt.
Foto: Kubitzki

Stationierungen der BR 58 im Bw Berlin-Rummelsburg

Lok	vom Bw	vom	bis	zum Bw
58 413	Zwickau	01.11.1945	07.05.1947	Werdau
58 1022	Aschersleben	31.03.1946	28.07.1947	Dresden-Friedrichstadt
58 1189	?	09.1945	12.1945	Berlin-Tempelhof
58 1339	Karlshorst	08.1946	27.04.1947	Glauchau
58 1634	Roßlau Gbf	11.1945	06.1946	Dessau
58 1682	Karlshorst	18.06.1946	07.05.1947	Bautzen
58 1800	Karlshorst	30.01.1947	30.04.1947	Dresden-Friedrichstadt

Stationierungen der BR 58 im Bw Frankfurt (Oder) Vbf

Lok	vom Bw	vom	bis	zum Bw
58 1119¹	Zeitz	15.11.1945	00.05.1946	Weimar
58 1219	?	05.1946	30.04.1947	Bautzen
58 1361	Karlshorst	12.05.1946	19.05.1947	Artern
58 1885	Karlshorst	01.08.1946	20.05.1947	Saalfeld
58 1942	Karlshorst	10.1946	18.05.1947	Eisenach
58 1944	Karlshorst	01.08.1946	00.02.1947	Lichtenberg (?)
58 1966	Altenburg	12.1945	31.12.1945	Schöneweide

1 im Bw Frankfurt Pbf

Stationierungen der BR 58 im Bw Berlin-Grunewald

Lok	vom Bw	vom	bis	zum Bw
58 1132	Bw Halle G	25.04.1946	28.04.1947	zum Bw Riesa

Stationierungen der BR 58 im Bw Berlin Potsdamer Gbf

Lok	vom Bw	vom	bis	zum Bw
58 269	Berlin-Tempelhof	08.1946	10.1946	Tempelhof

Stationierungen der BR 58 im Bw Jüterbog

Lok	vom Bw	vom	bis	zum Bw
58 426	Zwickau	12.04.1946	27.04.1947	Karl-Marx-Stadt-Hilbersdorf
58 1307	Reichenbach	18.11.1945	04.05.1947	Erfurt G

Stationierungen der BR 58 im Bw Seddin

Lok	vom Bw	vom	bis	zum Bw
58 1296	Karlshorst	27.04.1946	20.05.1947	Naumburg
58 1632	Karlshorst	28.04.1946	04.05.1947	Vacha

Dem **Bw Lehrter Bahnhof** in Berlin war zwischen dem 20. Januar 1947 und dem 19. August 1947 die Kolonne 15 zugeordnet. Bis auf wenige Änderungen gilt der Bestand, der bei der Kolonne 15 in Zwickau dargestellt ist. Neuzugänge waren die 58 408 und 2042, vorzeitige Abgänge die 58 454 und 58 2006.

Ebenfalls für Kolonnenzugdienste wies die Hauptverwaltung DR dem **Bw Berlin-Pankow** Lokomotiven der BR 58 zu. Der Großteil löste im März 1947 die BR 52 in der Kolonne 3 ab. Bereits im Dezember des gleichen Jahres verließen nahezu alle G 12 das Bw. Fünf von ihnen waren noch 1948 im Bestand. Nun waren Maschinen der BR 50 in der Kolonne 3. In der Übergangszeit waren einige Exemplare, wie die 58 1422 oder 58 1636, frei verfügbar. Ob sie im Einsatz standen, ist unbekannt.

Am 20. August 1947 zog die Kolonne 15 von Berlin Lehrter Bf nach **Wustermark** um. Die Lokomotiven der BR 58 blieben bis Dezember 1947 im Bestand. Einsätze gab es vermutlich keine mehr. Bereits zuvor, 1946, sind Lokomotiven dieser Baureihe im Bw Wustermark erfasst worden. Das betraf die Schadlokomotiven 58 002, 005 sowie die 58 1195, 1571z, 1855z und 1949. Sie gelangten 1947 an andere Dienststellen. Die Schlosser im Bw richteten die 58 1855 wieder betriebsfähig her.

7.5.2 Einsatz in der Rbd Cottbus

Die BR 58 spielte im Bezirk der Rbd Cottbus eher eine untergeordnete Rolle. Lediglich in den oberlausitzer und schlesischen Bahnbetriebswerken Bautzen, Zittau und Görlitz betätigte sie sich längere Zeit im Güterzugdienst. Die weiteren Stationierungen zeigen wiederum Einzelbeheimatungen bei der BR 58 auf, die für den Kolonnenzugdienst kurzzeitig dem Bw Cottbus zugeordnet waren.

Noch im Sommer 1945 waren 58 411, 1225, 1421, 1711, 1714, 1814, 1873, 1879 und 2094 im **Bw Bautzen** beheimatet. Nach zahlreichen Abgängen gehörten zum Jahresende von 1945 nur noch die 58 1203, 1711, 1873 und 2129 zum Bestand. Weitere Zuführungen, aber auch Abgaben, sollten folgen. Etwas Ruhe kehrte erst Anfang/Mitte der 50er-Jahre ein – die Stationierungszeiten wurden länger.

In den nächsten Jahren gab es zwar Veränderungen bei den Ordnungsnummern, aber die Gesamtzahl blieb etwa gleich. Das Bw Bautzen erhielt u.a. 1956 auch zwei aus Polen zugeführte Maschinen, die 58 285 und 1900, musste aber später auch zwei Vertreter für die laufende Rekonstruktion stellen (58 285 und 1943). Noch bis etwa 1960 sollte die BR 58 zwischen Löbau (Sachs)–Bautzen–Arnsdorf–Dresden im schweren Güterzugdienst dominieren. Auch auf anderen Routen war die G 12 eingesetzt. Doch in Bautzen wurde ein Generationswechsel vollzogen. Zunächst kam die Baureihe 52, dann die 52⁸⁰. Bis zum Sommer 1964 zog man die BR 58 aus Bautzen ab. Zum Bestande des Bw Bautzen gehörten am 1. Januar 1964 die 58 271, 409,

In der Rbd Cottbus spielte die G 12 lediglich in den Bahnbetriebswerken Bautzen, Görlitz und Zittau eine größere Rolle. Als die 58 1246 am 17. Juni 1973 mit einem Sonderzug in Löbau Station machte, war die Zeit der Baureihe 58 in der Oberlausitz schon längst vorbei. *Foto: Stange*

411Hzl, 1114, 1601 und 1930. Als letzte G 12 ist die 58 2050 vom 29.02.–29.09.1968 als Heizlokomotive (im Dienst bis 20.09.1968) im Bw Bautzen vermerkt.

Im Herbst 1945 erhielt das **Bw Cottbus** vermehrt Lokomotiven der BR 58. Eine weitere Zuteilung gab es im März 1947. Doch die Zugehörigkeit währte nicht lange. Aus der ersten Serie kamen die meisten noch im gleichen Jahr zu anderen Dienststellen, aus der zweiten zumeist in den Kolonnenzugdienst. Lediglich 58 294, 1228, 1311 und 1970 blieben nach den Unterlagen bis 1949 im Bw Cottbus.

Als Lokhilfe für nicht nutzbare Lokomotiven der BR 43 erhielt Cottbus am 10. Juni 1959 die 58 1421 und 1900 aus Bautzen. Allerdings nach fünf bzw. acht Wochen endete dieser Einsatz.

Einen kleinen Park von der BR 58 hatte das **Bw Görlitz** vorzuweisen. Glaubt man den Aufzeichnungen, standen im Mai 1945 die 58 253, 1131, 1397, 1456, 1639, 1817 und 1933 alle in Schlauroth, dem einstigen Ellok-Bw in Richtung Schlesien abgestellt. Des weiteren ist seit Juli 1945 die 58 1621 im Bestand. Doch bis zum nächsten Jahr waren alle G 12 ausgetragen worden. Erst im Mai und Juni 1947 kamen aus Berliner Gefilden wieder 58er nach Görlitz. Dazu zählten die 58 263, 1291, 1430, 1496 (11.1947 aus Zittau), 1502 und 1801. Schließlich sollte eine kleine Anzahl von Lokomotiven dieser BR für etwas längere Zeit im Bw verweilen. Am 1. Januar 1955 gehörten zum Bw die 58 1430, 1801 und 1909. Mit der Abgabe dieser drei Lokomotiven an das Raw Zwickau zur Rekonstruktion in den Jahren 1958/59 war der Abschnitt der BR 58 in der östlichsten Stadt der DDR fast beendet. Vom 30. Juli bis 20. Oktober 1966 war die 58 1044 vom Bw Pirna als letzte G 12 im Bw Görlitz stationiert.

Die Reichsbahner versuchten im Frühjahr 1945 vieles von Ost nach West zu verbringen. So verließen die u.a. 58 1149, 1416, 1636, 1722 Kst und 1894 Kst das **Bw Senftenberg**, um kurz darauf in Aschersleben oder Altenburg zu stranden. Schließlich kamen im Herbst 1945 mit den 58 1299, 1417 und 2106 wieder G 12 nach Senftenberg. Weitere Zuführungen erhöhten die Anzahl. Im April 1947 mussten jedoch alle 58er wieder abgegeben werden. Zwar kamen noch kurz die 58 294, 1201, 1970 und 2098, doch diese Beheimatung dauerte nur bis zum Dezember 1947. Zum Bestand des Bw Senftenberg zählten am 1. Januar 1947 die 58 311, 315, 1112, 1265, 1299, 1417, 1547, 1606, 1718 und 2106. Zwischen 1953 und 1955 war die BR 58 noch einmal im Bw Senftenberg zuhause. Dazu gehörten auch die kohlenstaubgefeuerten 58 1048, 1112, 1353, 1952 und 1990.

Das **Bw Zittau** besaß im Jahre 1946 einen bunten Fahrzeugpark. Die wenigen Exemplare der BR 52, 55 oder 56 übernahmen den Güterzugdienst. Am 21. Juni 1947 gesellte sich die 58 1496

Bestand des Bw Bautzen am 1. Januar 1955

58 271, 403, 409, 1094, 1192, 1270, 1291, 1421, 1601, 1603, 1630, 1637, 1711, 1930, 1943, 2106, 2129

Gesamtbestand der BR 58 des Bw Cottbus 1945–1947 (einschließlich zugeordneter Kolonnen)

Freier Verkehr	58 424z, 1038, 1040, 1042, 1244, 1445, 1523, 2083z
Kolonne 9	58 294, 1970
Kolonne 10	58 1228, 1311
Kolonne 24	58 1073, 1311, 1509, 1554, 1626, 1666, 1705, 1766, 1811, 1813
Kolonne 25	58 415, 417, 421, 433, 444, 1155, 1562, 1719, 1778, 1984, 1993
Abgang	58 1358 an SMA, 58 1507 an PKP

Im Bahnhof Zittau stand 1964 die 58 1900. Anstelle des Rauchkammer-Zentralverschlusses trug die Lok eine Sowjet-Stern. *Foto: Otte, Slg. Grundmann*

hinzu. Sie blieb bis zum 3. November. Bereits 1945 gab es mit der 58 1421 eine kurze Beheimatungsphase. Die ab April 1948 zugeführten 58er sollten etwas länger im Dreiländereck eingesetzt sein.

Bestand des Bw Zittau am 30. Juni 1948

58 201, 261, 269, 501, 536, 543, 556, 581, 1496, 1682

Einige jedoch musste man bereits 1949 wieder abgeben. Vermehrte Zuführungen gab es ab 1953 wieder. Neben der seit 1936 beheimateten Baureihe 94[20] liefen nun für das Bw Zittau auch Lokomotiven der BR 75[10] und ab 1951 die BR 50. Vier Jahre später kam die BR 52 nach Zittau zurück.
Das Bw bediente alle umliegenden Strecken, so nach Görlitz, Löbau, Ebersbach–Wilthen–Bischofswerda. Bis zum 30. Juni 1955 reduzierte sich der Zittauer Bestand auf 58 403, 1094, 1114, 1363, 1797 und 2008. Die Lokomotiven der Baureihen 50 und 52 hatte die Rbd Cottbus wieder abgezogen. Die kurze G 12, die man auf der Drehscheibe im Bw Zittau auch drehen konnte, bewährte sich (noch) besser.

Bestand des Bw Zittau am 30. Juni 1965:

58 427, 452, 1056, 1192, 1270, 1307, 1311, 1603, 1624, 1797, 1900, 2129

Bereits 1965 gab es die ersten Abstellungen bei der BR 58. Diese und die Abgaben bis 1967/68 setzten sich fort. 1968 verfügte das Bw Zittau noch über folgende G 12:

58 1044	a 29.01.1968	z 24.06.1968
58 1307	a 02.09.1968	z 02.09.1968
58 1603	a 11.04.1968 Hzl	z 26.06.1968

Stationierungen der BR 58 im Finsterwalde, Lokbf des Bw Doberlug-Kirchhain

Lok	vom Bw	vom	bis	zum Bw
58 441	Lübbenau	30.01.1947	20.04.1947	Zwickau
58 443	Elsterwerda	12.03.1947	13.04.1947	Döbeln

Stationierungen der BR 58 im Bw Elsterwerda

Lok	vom Bw	vom	bis	zum Bw
58 407	Reichenbach	09.03.1946	11.04.1947	Dresden-Friedrichstadt
58 443	Karl-Marx-Stadt-Hilbersdorf	01.08.1945	11.03.1947	Finsterwalde
58 1040	Riesa	21.04.1945	31.08.1945	Cottbus
58 1729	Dresden-Friedrichstadt	08.03.1946	30.04.1947	Döbeln
58 3020	Riesa	16.12.1978	30.05.1981	z, Heizlok bis 30.05.1981

Stationierungen der BR 58 im Bw Forst (Lausitz)

Lok	vom Bw	vom	bis	zum Bw
58 209	?	11.1945	23.05.1946	Hoyerswerda

Stationierungen der BR 58 im Bw Hoyerswerda

Lok	vom Bw	vom	bis	zum Bw
58 209	Forst	24.05.1946	17.12.1946	Kamenz
58 1206	Adorf	28.01.1957	01.03.1957	Zwickau
58 1603	Zittau	07.03.1968	24.06.1968	Zittau

Stationierungen der BR 58 im Bw Kamenz

Lok	vom Bw	vom	bis	zum Bw
58 209	Hoyerswerda	18.12.1946	01.01.1947	Senftenberg
58 2094	Bautzen	28.08.1945	19.09.1945	Dresden-Friedrichstadt

Stationierungen der BR 58 im Bw Lübbenau (Spreew)

Lok	vom Bw	vom	bis	zum Bw
58 422	Zwickau	03.1946	17.04.1947	Karl-Marx-Stadt-Hilbersdorf
58 441	Karl-Marx-Stadt-Hilbersdorf	09.03.1946	29.01.1947	Finsterwalde
58 1040	Cottbus	08.01.1947	10.03.1947	Cottbus
58 1865	?	01.1945	01.05.1946	Berlin Tempelhof
58 1900	Cottbus	18.07.1959	27.07.1959	Bautzen

7.5.3 Einsatz in der Rbd Dresden

Mit den ständig wachsenden Zugaufgaben im Wismut-Verkehr im oberen Erzgebirge waren die Lokomotiven der Baureihen 52 und 86 des Bw Annaberg-Buchholz überfordert. Mit der 58 426 traf am 16. April 1948 die erste G 12 im dortigen Bw ein, um Abhilfe zu schaffen. Ohne Beheimatungsnachweis soll bereits ein Jahr zuvor die 58 1766 dort gewesen sein. Wenn das auch nur kurzzeitig war, kamen aber weitere 58er nach Buchholz. Etwa im Mai 1949 begann dann aber das richtige Zeitalter der BR 58 im Bw Annaberg-Buchholz, das über 20 Jahre andauern sollte, aber von einem ständigen Auf und Ab gekennzeichnet war.

Eine Hochburg der G 12 war die Rbd Dresden, zu deren Bestand auch die 58 1035 gehörte. Erst 1974 beendete die Maschine ihre Laufbahn im Bw Dresden.
Foto: Slg. Reimer

Bestandsentwicklung im Bw Annaberg-Buchholz

BR	1945	1952	1959	1966
52	2	-	-	-
58	-	3	9	5
86	10	9	9	7

Am 1. Januar 1952 gehörten lediglich 58 201, 1040 und 1903 zum Bestand des Bw Annaberg-Buchholz. Bis etwa 1953 zog die DR die G 12 aus Annaberg wieder ab. Lediglich zwischen 1952 und 1955 weilte die 58 1339 als einzige dort. Die Ablösung folgte mit der 58 407 (1955–1961). Einzelne Exemplare, wie 58 212, 251, 1454, 1554, 1562, 1821 oder 1934 ergänzten zwischen 1956 und 1959 den Fahrzeugpark. Erst Ende der 50er- bis Anfang der 60er-Jahre wurde die Anzahl wieder erhöht und die Lokomotiven verblieben längere Zeit am Standort. Dazu zählten die 58 1094, 1246 (beide 1956–1966), 1570 (1958–1966), 1637 (1958–1965).

Bestand des Bw Annaberg-Buchholz am 1. Januar 1965

58 1094, 1246, 1287, 1547, 1570, 1637, 1643, 1791

Auch wenn zum 1. Januar 1967 das Bw Annaberg-Buchholz eine Einsatzstelle des Bw Aue wurde, blieben u.a. die 58 1094, 1246, 1637 und 1970 dort bis 1970/71 Stammlokomotiven. Einschränkungen im Betrieb gab es bereits Jahre zuvor, da die BR 58 nicht über das Markersdorfer Viadukt zwischen Buchholz und Schwarzenberg fahren durfte. So wurden die Zuglokomotiven der Bw Aue bzw. TE Buchholz im Wende-Bw Karl-Marx-Stadt-Hilbersdorf ausgetauscht. Nach 1969 gehörte diese Prozedur der Vergangenheit an, da das Bw Aue künftig Vertreter der BR 52 und letztlich der BR 50 einsetzte.

Relativ unbekannt war über viele Jahre das **Bw Adorf (Volgtl)**. Nahezu 100 verschiedene Vertreter der G 12 trugen sich allein nach 1945 dort ein. Bereits zuvor waren dort die 58er beheimatet.

Bestand des Bw Adorf am 31. Juli 1945

58 420, 436, 1201, 1279, 1330, 1429, 1455, 1457, 1675, 1729, 1831, 2006, 2111, 2142

Bis Oktober 1945 gelangten die meisten G 12 an andere Dienststellen. Vereinzelt erschienen in den nächsten Jahren einige 58er im Bw, doch längere Beheimatungen sind nicht mehr nachgewiesen. Von 1948 bis 1949 kam die 58 005 hinzu. Sie gelangte nach Schwerin. Ab 1951/52 kamen wieder einige Maschinen nach Adorf. Der Park war auch in den nächsten Jahren von vielen Veränderungen gekennzeichnet. Auf den Routen des oberen Vogtlandes konnten sich die Lokomotiven zwischen Adorf–Falkenstein, Plauen, Bad Brambach und Klingenthal aber auch bis nach Aue, Zwickau oder Reichenbach über Jahre beweisen.

Bestand des Bw Adorf am 1. Juli 1955

58 442, 1041, 1206, 1219, 1651, 1903, 1968

Veränderungen waren nur bei den Ordnungsnummern auszumachen. Ferner bei den Strecken: Aue–Muldenberg wurde wegen eines Talsperrenbaus unterbrochen.

Bestand des Bw Adorf am 1. Juli 1965

58 258, 437, 1195, 1455, 1903, 1933, 2044, 2099

Bestandsentwicklung im Bw Aue

BR	1950	1955	1960	1965	1970	1975
58	-	17	18	15	14	12
86	11	12	24	28	41	22
94	15	11	11	10	3	3

Auch in den nächsten zwei Jahren waren noch einige Änderungen bei den Ordnungsnummern feststellbar. Doch die Anzahl dieser Baureihe schmolz rasch zusammen. Zwischen Juli und Oktober 1967 gelangten die Lokomotiven zu anderen Bw der Rbd Dresden. Lediglich die 58 437 verblieb am Standort. Sie kam als Dampfspender am 31. Mai 1968 zur TA-Gruppe des Bw. 21 Jahre später wurde sie an Ort und Stelle zerlegt. Nach dem Krieg erhielt sie erstmals am 3. Januar 1952 das Bw-Schild von Adorf.

Im wohl bekanntesten 58er-Bahnbetriebswerk, im **Bw Aue (Sachs)** sollte die G 12 erst recht spät heimisch werden. Unmittelbar nach Kriegsende dominierten dort fünf Exemplare der BR 50 und 13 der BR 52. Nach vielen Wechseln und der Gattungsbereinigung 1947 verfügte Aue fast nur noch über Lokomotiven der Baureihen 75, 86 und 94[20]. Für den Verkehr der SDAG Wismut reichten die elf 86er und 15 94er im Juni 1950 nicht mehr. Aus Zwickau und Buchholz kam die BR 58 nach Aue. Als erste ihrer Art trug sich am 16. Juli 1950 die 58 201 in die Listen des Bw Aue

Das Bw Aue setzte als letzte Dienststelle der DR die G 12 im Zugdienst ein. Zahlreiche Eisenbahnfreunde reisten in der ersten Hälfte der 70er-Jahre ins Erzgebirge, um die Baureihe 58 in Bild und Ton zu dokumentieren. Die 58 1562, die ab Juli 1973 zum Bw Aue gehörte, bestach durch ihren hervorragenden Pflegezustand.
Foto: Slg. Reimer

Vor dem Verwaltungsgebäude des Bw Aue stand im Sommer 1971 die 58 1345. Im Mai 1971 gab das Bw Aue die Lok nach Gera ab, wo sie im Mai 1977 aus dem Betriebspark ausschied.
Foto: Slg. Reimer

Haupteinsatzgebiet der Auer 58er war der schwere Güterzugdienst auf der Strecke Zwickau–Johanngeorgenstadt. Am 24. August 1976 überquerte die 58 1800 die Sehma-Brücke zwischen Schlema und Aue. *Foto: Stertz, Slg. Reimer*

Mit einer mächtigen Rauchwolke donnerte die 58 1934 am 24. August 1976 durch den Bahnhof Lauter. Wenige Minuten später hatte der Zug den Bahnhof Aue erreicht. *Foto: Stertz, Slg. Reimer*

ein. Im nächsten Monat folgten 58 255, 437, 1229, 1263, 1265, 1339, 1494, 1567 und 2068. Mit weiteren Zuführungen, vor allem durch das Bw Schwarzenberg, pendelte sich der Bestand auf rund 15 G 12 ein. Die 1952 zugeführten Lokomotiven der BR 56 waren nur bedingt eine Ergänzung der dreizylindrigen Variante. Sie verließen das Bw wieder.

Mit der Übernahme des Schwarzenberger Lokomotivbestandes zum 1. Januar 1956 erhöhte sich der des Bw Aue um drei Maschinen der BR 84 und jeweils sechs der Baureihen 58 und 86. Doch der Wismut-Verkehr verlor etwas an Bedeutung, künftig dominierte die BR 86 rund um Aue. Aber auch der Bestand der BR 58 wurde wieder erhöht. 1961 waren von den 19 vorhandenen Lokomotiven 14 im Einsatz; zwei weilten im Raw und die übrigen drei standen »w« bzw. als Reserve kalt abgestellt. Acht Jahre später gestaltete sich das Verhältnis wie folgt: 21 Loks insgesamt, davon neun im Einsatz. Der Anteil einsatzfähiger 58er sollte sich in den nächsten Jahren wieder auf 12 Maschinen einpegeln, doch Lokomotiven der Baureihen 52 (4) und 86 (24) sowie ab 1970 Exemplare der BR 50 mussten immer mit aushelfen. Bis Ende 1971 fehlte stets mindestens eine Planlokomotive der BR 58. Ein Grund war, dass das Raw Zwickau seine Lokomotivausbesserung beendete und letzten Endes zahlreiche G 12 unter »w« standen. Ersatz kam von anderen Dienststellen; aber auch andere Typen, wie die BR 83^10, kamen nach Aue.

Noch immer lief die BR 58 vor den schweren Güterzügen nach Karl-Marx-Stadt, Zwickau oder Schwarzenberg. Interessant waren die Füllleistungen mit dem P 3603 nach Johanngeorgenstadt oder mit dem D 560, gebildet aus einem Doppelstockgliederzug, nach Zwickau.

Inzwischen weilten die ersten Dieselloks der BR V

Stationierungen der BR 58 im Bw Aue

Lok	vom Bw	vom	bis	zum Bw
58 201	Zwickau	16.07.1950	12.11.1951	Buchholz
	Buchholz	12.03.1953	29.03.1953	Senftenberg
	Dresden-Friedrichstadt	22.06.1957	18.02.1961	Dresden-Friedrichstadt
58 207	Adorf	25.03.1965	13.03.1966	Buchholz
	Buchholz	01.12.1966	04.10.1968	Riesa
	Reichenbach	25.05.1972	29.09.1976	z
58 212	Nossen	05.10.1958	26.04.1962	Karl-Marx-Stadt-Hilbersdorf
	Pockau-Lengefeld	29.06.1962	25.03.1963	Freiberg
58 218	Riesa	11.08.1971	15.11.1974	v VEB Neuenkirchen
58 233	Dresden	21.06.1969	30.09.1969	Zwickau
58 251	Zwickau	04.07.1957	07.09.1957	Buchholz
58 255	Dresden-Friedrichstadt	12.08.1950	04.12.1950	Dresden-Friedrichstadt
58 258	Adorf	09.06.1966	06.01.1967	z
58 269	Karl-Marx-Stadt-Hilbersdorf	1959	29.05.1961	Freiberg
58 284	Zwickau	26.02.1952	21.11.1953	Adorf
	Adorf	13.12.1953	24.08.1967	Karl-Marx-Stadt-Hilbersdorf
58 311	Karl-Marx-Stadt	25.09.1973	19.03.1977	v DDM Neuenmarkt-Wirsberg als 58 1111
58 406	Weimar	29.07.1953	10.08.1955	Dresden-Friedrichstadt
58 407	Dresden-Friedrichstadt	30.05.1962	20.09.1965	Glauchau
	Glauchau	23.03.1966	16.09.1966	Adorf
	Adorf	28.09.1966	16.07.1967	Gera
58 413	Zwickau	03.09.1950	24.03.1956	Riesa
58 423	Schandau	01.04.1953	31.08.1961	Dresden-Friedrichstadt
	Adorf	03.08.1967	28.01.1970	Friedrichstadt
58 427	Dresden	21.07.1971	04.12.1972	Dresden
58 437	Werdau	01.08.1950	02.01.1952	Adorf
	Adorf	05.10.1952	17.03.1955	Schwarzenberg
	Schwarzenberg	01.01.1956	29.03.1957	Adorf
58 441	Zwickau	10.08.1950	14.03.1952	Zwickau
58 462	Glauchau	08.03.1958	09.08.1967	z
58 1028	Dresden	01.09.1967	25.09.1969	Zwickau
58 1038	Dresden-Altstadt	01.04.1969	09.05.1969	Dresden
58 1040	Buchholz	23.08.1953	02.09.1953	Buchholz
	Riesa	15.08.1972	27.03.1975	z
58 1042	Buchholz	20.09.1950	19.10.1951	Bautzen
	Karl-Marx-Stadt	26.06.1973	20.12.1975	z

(weiter S. 169)

Der Lgo 59362 war ab 1975 die letzte Leistung der Auer G 12 über Zwickau hinaus. Am 20. April 1976 brachte die 58 1207 den Leergüterzug nach Werdau. Foto: Heinrich

100 in Aue. Zur Unterstützung der letzten 58er kam 1972 kurzzeitig eine Reko-G 12, die 58 3036 in das Bw. Aber erst 1976 gelangte die leistungsstarke BR 118 hinzu, die der G 12 den Todesstoß brachte. Am 24. September 1976 erlosch in den 58 1111, 1522 und 2051 das Feuer, am Folgetag in den 58 1800 und 1934. Lediglich 58 1800 fungierte in den nächsten zwei Monaten noch zeitweise als Dispo-Reserve. Dann standen alle 58er abgestellt. Im nächsten Jahr folgten z-Stellungen oder der Verkauf der 58 1111.

Dass sich neben der BR 86 die G 12 derart lange in Aue hielt, lag an der zu kurzen Drehscheibe vor dem Lokomotivschuppen. Die Wartung längerer Maschinen, so auch der Reko-58, war deshalb nicht möglich. Auf der zweiten Drehscheibe war allerdings das Drehen der »Langen« möglich, doch dort gab es nur Abstellgleise.

Die im Juni 1945 im **Bw Bad Schandau** erfassten 58 1812, 1850 und 1968 – im Juli kam 58 1648 hinzu – sollten zunächst den Zugbetrieb im Elbtal wieder ins Rollen bringen. Die Lokomotiven wurden aus Bautzen oder Dresden-Friedrichstadt überstellt. Doch der Einsatz dauerte nur bis 1946. Zwei Jahre später, am 16. Januar 1948, kam aus Dresden die 58 1229. Der Einsatz der BR 58 sollte wieder beginnen. Doch zunächst musste die 58 1229 am 3./4. April 1948 gegen die 58 1206 ausgetauscht werden. Doch es blieb künftig bei Einzelstationierungen. Für die Dienste auf dem sächsischen Semmering nach Neustadt (Sa) war

Lok	vom Bw	vom	bis	zum Bw
58 1066	Werdau	07.06.1966	09.06.1966	Werdau
58 1073	Karl-Marx-Stadt	16.07.1972	15.08.1974	v WBK Neustadt (Sa)
58 1094	Buchholz	01.01.1967	24.11.1971	Dresden
58 1095	Suhl	13.08.1953	04.06.1956	Karl-Marx-Stadt-Hilbersdorf
58 1097	Schwarzenberg	01.11.1952	10.08.1953	Döbeln
58 1107	Adorf	14.06.1964	22.07.1964	Riesa
	Riesa	29.07.1964	09.12.1974	z
58 1109	Zwickau	22.11.1955	28.11.1955	Zwickau
58 1114	Riesa	29.09.1972	04.12.1972	Karl-Marx-Stadt
	Karl-Marx-Stadt	26.06.1973	13.10.1973	Reichenbach
58 1132	Reichenbach	25.05.1972	09.12.1974	z
58 1155	Adorf	29.11.1952	12.12.1953	Adorf
	Adorf	05.01.1954	11.08.1954	Adorf
	Adorf	17.09.1954	29.09.1956	Reichenbach
	Riesa	31.08.1972	01.11.1973	Glauchau
58 1185	Dresden	17.06.1969	21.06.1969	Dresden
58 1195	Glauchau	23.05.1969	22.05.1974	z
58 1209	Karl-Marx-Stadt-Hilbersdorf	05.09.1967	22.06.1969	Karl-Marx-Stadt
	Karl-Marx-Stadt	27.06.1969	13.07.1969	z
58 1219	Adorf	01.11.1952	00.00.1953	Adorf
58 1227	Adorf	24.05.1962	29.06.1963	Adorf
	Adorf	05.07.1963	12.10.1965	Adorf
	Adorf	27.10.1965	12.01.1970	Dresden
	Dresden	13.05.1970	22.11.1970	Riesa
58 1229	Dresden-Friedrichstadt	12.08.1950	27.02.1952	Zwickau
58 1244	Zwickau	07.03.1952	19.08.1957	Karl-Marx-Stadt-Hilbersdorf
58 1246	Buchholz	01.01.1967	12.03.1970	Dresden
	Dresden	18.10.1974	15.02.1977	Ums. Dsp Riesa
58 1247	Nossen	02.08.1969	30.08.1971	z
58 1263	Karl-Marx-Stadt-Hilbersdorf	11.08.1950	06.04.1960	Reko 58 3030
58 1265	Dresden-Friedrichstadt	10.08.1950	11.10.1957	Adorf
	Adorf	06.01.1958	08.03.1958	Glauchau
58 1286	Döbeln	10.08.1950	10.12.1950	Döbeln
58 1291	Pockau-Lengefeld	28.07.1961	16.12.1961	Döbeln
58 1299	Riesa	23.03.1971	14.07.1971	Reichenbach
58 1320	Werdau	29.08.1960	16.04.1969	z
58 1324	Schwarzenberg	01.01.1956	26.07.1956	Riesa

(weiter S. 170)

Für die Bergfahrt von Lauter hinauf nach Aue hatte der Heizer der 58 2051 am 25. August 1976 mächtig »eingekachelt«. Nun kann er sich entspannt aus dem Fenster lehnen. Foto: Slg. Reimer

Das Bw Aue bespannte mit seinen 58ern nicht nur Güterzüge. Auch vor einigen Reisezügen machten sich die Maschinen nützlich. Mit dem P 9627 verließ die 58 2051 am 12. Juni 1976 den Bahnhof Zwickau. Der Zug bestand nur aus zwei- und dreiachsigen Reisezugwagen. *Foto: Heinrich*

Auch Schnellzüge waren in den Dienstplänen der Baureihe 58 des Bw Aue enthalten. Mit dem D-Zug Annaberg-Buchholz–Leipzig stand die 58 1195 am 1. April 1973 im Bahnhof Aue. *Foto: R. Preuß*

die G 12 ungeeignet, auf der Magistrale Dresden–Schandau–Grenze CSD bestimmten die Dresdner G 12 das Bild. Allerdings waren nach 1956 vermehrt 58er im Bw zu sichten. Dazu zählten auch die beiden einst polnischen 58 1318 und 1870, die sofort dem Bw Bad Schandau zugeteilt wurden. Weitere Veränderungen waren um 1961/62 festzustellen. Zum Bestand des Bw Bad Schandau gehörten am 1. Januar 1962 die 58 418, 1318, 1375, 1870, 1906 und 2145. Bis zum Jahresende 1963 mussten nahezu alle 58er das Bw verlassen. Einige kamen nach Dresden, andere zum übergeordneten Bw Pirna. Dazu zählten die 58 1247, 1318 und 1870. Doch 58 418 trug man erst im Januar 1964 (nach Sangerhausen) und die 58 313 zum 18. Oktober 1964 (nach Dresden) aus.

Über Jahrzehnte hatte das **Bw Chemnitz-Hilbersdorf**, später Karl-Marx-Stadt-Hilbersdorf, wohl die größte Anzahl von Lokomotiven der BR 58. Noch im Mai 1945 hielten sich dort Maschinen auf, die bereits durch die Reichsbahn 1927 erstmals erfasst wurden. Doch sehr rasch folgten Abgaben nach Dresden, Zwickau oder an die SMAD. Dazu zählten die 58 410 via Dresden und die 58 431. Die Gesamtzahl sank auf etwa ein Drittel des Bestandes vom Mai 1945 ab. Die sächsischen Vertreter haben zumeist das Bw verlassen; neu waren die preußischen Varianten. Das Bw Chemnitz-Hilbersdorf besaß am 1. Dezember 1945 nur noch die 58 212a, 409, 430, 441, 462, 1624a, 1626, 1952 und 2010a.

Erst mit den Zuführungen seit dem April 1947 erhöhte sich wieder die Anzahl der G 12. Kamen im Frühjahr zumeist Lokomotiven aus den Direktionen Berlin oder Cottbus nach Chemnitz, waren es im Herbst Loks aus dem eigenen Rbd-Bezirk. Vor allem kehrten aus den nördlichen Gefilden die sächsischen Maschinen verstärkt zurück. Waren u.a. im Jahre 1941 acht 43er an der Seite der G 12, änderte sich das künftig auf die BR 44. Im Jahr 1945 besaß das Bw elf, acht Jahre darauf 14 Exemplare dieser BR 44.

Lok	vom Bw	vom	bis	zum Bw
	Riesa	10.05.1966	14.07.1968	z
58 1339	Glauchau	01.08.1950	1952	Buchholz
58 1345	Riesa	20.07.1973	01.05.1977	z
58 1349	Dresden	26.11.1968	02.10.1969	Berlin-Lichtenberg
58 1357	Schwarzenberg	01.08.1951	26.03.1953	Senftenberg
58 1359	Dresden-Friedrichstadt	14.07.1964	05.08.1964	Riesa
58 1412	Karl-Marx-Stadt-Hilbersdorf	14.08.1957	28.01.1970	z
58 1438	Schwarzenberg	11.10.1952	06.03.1954	Schwarzenberg
	Schwarzenberg	01.01.1956	14.03.1956	Werdau
	Werdau	09.12.1956	16.12.1956	Zwickau
58 1454	Zwickau	01.04.1959	14.11.1968	z
58 1494	Karl-Marx-Stadt-Hilbersdorf	10.08.1950	09.11.1963	Karl-Marx-Stadt Hbf
58 1502	Schwarzenberg	01.01.1956	24.11.1956	Reichenbach
	Döbeln	30.04.1959	05.04.1960	Karl-Marx-Stadt-Hilbersdorf
58 1511	Zwickau	21.10.1955	10.05.1969	Adorf
	Nossen	08.08.1970	25.07.1971	Riesa
	Riesa	15.08.1971	30.06.1974	z (Unfall)
58 1522	Karl-Marx-Stadt	31.07.1973	01.05.1977	z
58 1530	Schwarzenberg	01.01.1956	14.06.1961	Reko 58 3045
58 1532	Schwarzenberg	15.09.1952	13.12.1957	Gera
58 1547	Buchholz	26.11.1966	27.08.1968	z
58 1554	Greiz	15.12.1956	30.12.1957	Karl-Marx-Stadt-Hilbersdorf
	Karl-Marx-Stadt-Hilbersdorf	27.04.1962	12.02.1965	Dresden-Friedrichstadt
	Dresden-Friedrichstadt	17.02.1965	24.04.1965	Gera
58 1562	Karl-Marx-Stadt	15.07.1973	09.08.1976	z
58 1567	Glauchau	01.08.1950	04.04.1951	Buchholz
	Buchholz	22.05.1951	17.10.1951	Umbau Kst., Friedrichst.
58 1568	Döbeln	08.06.1957	13.11.1964	Dresden-Friedrichstadt
	Dresden-Friedrichstadt	19.11.1964	31.05.1966	Zwickau
58 1637	Nossen	30.06.1970	12.10.1971	Glauchau
58 1643	Buchholz	11.06.1964	28.07.1964	Buchholz

(weiter S. 171)

Lok	vom Bw	vom	bis	zum Bw
	Gera	28.07.1969	25.02.1970	z
58 1664	Großkorbetha	19.07.1953	22.03.1954	Halle P
58 1665	Buchholz	01.01.1967	03.09.1968	Zwickau
	Zwickau	07.09.1968	12.03.1970	Dresden
58 1666	Schwarzenberg	01.11.1952	14.11.1963	Werdau
	Werdau	01.07.1964	31.07.1972	z
58 1679	Schwarzenberg	15.09.1952	28.08.1958	Reko 58 3002
58 1729	Glauchau	29.08.1969	30.08.1971	z
58 1758	Karl-Marx-Stadt	01.10.1974	29.07.1976	z
58 1791	Gera	14.02.1969	10.09.1969	Riesa
	Riesa	05.09.1972	24.02.1975	z
58 1800	Gera	20.06.1970	28.09.1977	z
58 1810	Altenburg	01.10.1954	28.01.1970	z
58 1814	Dresden	19.06.1971	14.07.1971	Reichenbach
	Karl-Marx-Stadt	08.11.1974	29.09.1976	Karl-Marx-Stadt
58 1848	Zwickau	17.01.1969	26.03.1969	z
58 1888	Dresden	03.09.1969	19.06.1972	z
58 1903	Buchholz	11.10.1952	08.02.1953	Adorf
58 1906	PKP Ty 1-107	15.12.1955	08.09.1956	Greiz
58 1933	Adorf	11.08.1967	30.06.1968	z
58 1934	Schwarzenberg	01.01.1956	05.11.1957	Karl-Marx-Stadt-Hilbersdorf
	Dresden-Friedrichstadt	23.01.1960	12.10.1965	Riesa
	Karl-Marx-Stadt	06.05.1969	05.04.1970	Riesa
	Riesa	16.04.1970	15.12.1971	Riesa
	Riesa	07.01.1972	20.11.1972	Dresden
	Dresden	28.11.1973	06.06.1977	z
58 1944	Dresden-Friedrichstadt	29.03.1953	09.08.1967	z
58 1968	Reichenbach	17.10.1959	08.06.1961	Werdau
58 1970	Buchholz	01.01.1967	30.07.1972	z
58 2020	Reichenbach	06.06.1957	07.06.1957	Reichenbach
58 2042	Schwarzenberg	19.10.1955	01.10.1957	Nossen
58 2044	Pockau-Lengefeld	22.06.1963	19.11.1964	Adorf
58 2051	Riesa	29.08.1973	15.02.1977	Ums. Dsp Karl-Marx-Stadt
58 2068	Werdau	01.08.1950	25.01.1952	Pirna
	Dresden-Friedrichstadt	25.07.1952	14.11.1958	Reko 58 3007
58 2095	Gera	31.05.1971	17.01.1972	Reichenbach
	Karl-Marx-Stadt	23.06.1972	09.12.1974	z
58 2097	Zwickau	03.09.1950	10.10.1968	Dresden
	Dresden	16.11.1968	20.08.1970	Karl-Marx-Stadt
58 2111	Riesa	03.12.1969	22.05.1974	z
58 2129	Riesa	15.08.1973	26.11.1974	Glauchau
58 2133	Riesa	31.01.1960	21.04.1962	Döbeln
58 3036	Glauchau	29.07.1972	29.09.1972	Riesa

Auf den Behandlungsgleisen des Bw Hilbersdorf stand Mitte der 60er-Jahre die 58 1665. Nach der Elektrifizierung der Strecke Dresden–Karl-Marx-Stadt–Reichenbach verlor die G 12 zahlreiche Leistungen in der Rbd Dresden.
Foto: Saby, Slg. Heinrich

Bestand des Bw Chemnitz-Hilbersdorf am 1. Dezember 1950:

58 005, 269, 403, 408, 411, 422, 424, 433, 435, 447, 459, 462, 1028, 1035, 1311, 1359, 1388, 1417z, 1445, 1457, 1494, 1502, 1530, 1547, 1571, 1622, 1624, 1675, 1798, 1831, 1934, 1966

Rund 30 Lokomotiven der BR 58 sollten in den nächsten Jahren stets in Hilbersdorf beheimatet sein. Auf allen von Chemnitz bzw. Karl-Marx-Stadt abgehenden Strecken war die G 12 zu sehen. Da aber die Last der Züge zunahm, suchte die Rbd Dresden nach neuen Rangierlokomotiven für den Ablaufberg. Trotz der Seilanlage am Rangierbahnhof mussten 58er mithelfen. Die Anzahl der bisher eingesetzten BR 94[20] ging zurück.

Bestand des Bw Karl-Marx-Stadt-Hilbersdorf am 1. Dezember 1960:

58 233, 251, 258, 311, 411, 412, 415, 424, 435, 446, 447, 450, 1028, 1035, 1114, 1187, 1209, 1244, 1299, 1359, 1502, 1531, 1547, 1554, 1664, 1781, 1812, 1879, 1966, 2101

Neben den normalen Veränderungen im Park, einige Zu- und Abgänge, waren nun geringfügigere Gesamtzahlen festzustellen. Nach einigen Abgaben zwischen 1961 und 1963, so an das Nachbar-Bw Karl-Marx-Stadt Hbf oder in das Raw Zwickau zum Rekoprogramm, waren immer weniger G 12 in Hilbersdorf zu erfassen. Dafür kamen immer mehr 44er nach Hilbersdorf. Im Jahr 1962 gehörten bereits 38 Stück zum Bw. 1963 begannen die Elektrifizierungsarbeiten in Karl-Marx-Stadt. Nach einzelnen Teilabschnitten war 1966 die gesamte Strecke nach Dresden für elektrische Lokomotiven nutzbar. Die Anzahl der Hilbersdorfer 44er und 58er nahm ab. Noch 1967 folgten Ausreihungen und Verkäufe.

Bestand des Karl-Marx-Stadt-Hilbersdorf am 31. Dezember 1967:

58 220, 233, 259, 287, 311, 315, 424, 450, 1042, 1073, 1095, 1244, 1299, 1311, 1375, 1870, 1934, 2101, 2129, 2142

Seit dem 1. Januar 1968 firmierten beide Betriebsteile, Hilbersdorf und Hbf, als Bw Karl-Marx-Stadt. Zugunsten der Unterhaltung der modernen Traktion waren künftig alle Dampflokomotiven im Betriebsteil Hilbersdorf untergebracht.
Fast gegenüber von Hilbersdorf, im **Bw Chemnitz Hbf**, hielten sich im Juli 1945 die 58 1606 und 1718 auf. Am 10. März 1946 verließ die 58 1718 Chemnitz nach Senftenberg. Neu war nun die 58 1114 im Bw Hbf. Auch sie verblieb dort nur wenige Monate. Die Einzelbeheimatung sollte in den nächsten Jahren andauern. Lediglich die

58 1494 gehörte vom 10. November 1963 bis zum 9. August 1965 zum Bestand des Bw Karl-Marx-Stadt Hbf. Ferner sind folgende Kurzbeheimatungen nachgewiesen:

Jahr	Lok
1947	58 1564
1955	58 1246
1956	58 1522
1957	58 2029
1958	58 2021, 2029
1961	58 424, 435, 2100
1962	58 415
1963	58 1531
1964	58 1187, 1879, 2101
1965	58 435, 1291Hzl, 1879
1966	58 1791

Auf der Strecke Dresden–Karl-Marx-Stadt mussten die 58er zeigen, was sie konnten. Im Juli 1963 schleppten 58 1095 und 58 434 gemeinsam einen schweren Güterzug die Tharandter Steigung hinauf. *Foto: Slg. Stange*

Bis 1969/1970 sollte sich nur wenig bei den Dampflokomotiven im Bw Karl-Marx Stadt, Betriebsteil Hilbersdorf, ändern. Doch die Lücken durch die ersten Abstellungen konnten nur teilweise durch Zuführungen aus anderen Dienststellen geschlossen werden. Das Aus für die BR 58 war eingeläutet.

Bestand des Bw Karl-Marx-Stadt am 31. Dezember 1970:

58 1220z, 1111, 1447, 1459
58 1038, 1042, 1073, 1132, 1311, 1375z, 1522, 1531z, 1562, 2097, 2099z, 2129z, 2142z

Für einzelne Tage im Juli, im September, im Oktober und im Dezember 1970 waren mit den 58 3003, 3007, 3015, 3019 und 3020 die ersten Reko-58er im Bw. Weitere kurze Beheimatungen dieser Reihe gab es 1971 und 1972. Lediglich die 58 3001 weist einen längeren Zeitabschnitt vor – vom 28.09.1971 bis zum 24.05.1972.
Für die Original-G 12 gab es noch immer zu tun, wenn auch nur in einem kleinen Dienstplan. Vermehrt in den Jahren 1972/73 folgten die z-Stellungen. Einige verdingten sich noch als Heizlokomotive.

Die letzten G 12 des Bw Karl-Marx-Stadt

Lok	Abgabe
58 1233	Heizlok bis 01.05., 10.06.1975 z
58 1311	Heizlok bis 30.05., 09.06.1975 z
58 1359	abgst. 12.07.1974, 22.10.1974 z
58 1663	Umsetzung als Dsp 14.02.1977
58 1578	zum Bw Aue am 30.09.1974
58 1814	abgst. 03.12.1976, 19.02.1977 z
58 2097	Heizlok bis 03.01., 12.02.1974 z

Schnellzuglokomotiven waren typisch für das **Bw Dresden-Altstadt** – aber 58er? Mehrfach waren einzelne Exemplare dort beheimatet. So u.a. 1946 die 58 440, zwischen 1951 und 1953 bzw. 1954 die 58 1897 und 58 005. Aber erst durch Umbauten im Bw Friedrichstadt für die moderne Traktion gelangten vermehrt G 12 nach Altstadt. Darunter waren auch kohlenstaubgefeuerte Maschinen. Ein Teil kehrte zum neuen Bw Dresden zurück. Die Dampflokunterhaltung (nicht der Einsatz der Güterzuglokomotiven) geschah künftig nur noch im einstigen Bw Altstadt.

Bestand des Bw Dresden-Altstadt am 31. Dezember 1966

58 201, 209, 271, 411, 421, 434, 439, 456, 458 1038, 1084, 1159, 1170, 1185, 1194, 1287, 1291, 1325, 1357, 1374, 1408, 1445, 1711, 1825, 1863, 1865, 1870, 1888, 1925, 1930, 1934, 1937, 1975, 2021, 2053, 2096, 2100, 2131
58 3003, 3006, 3009

Obwohl seit dem 1. Januar 1967 alle Dresdner Bahnbetriebswerke als Bw Dresden firmierten, trugen einige Lokomotiven detailliert den Hinweis: »Bw Altstadt«. Offenbar vernachlässigte man es, sie kurz vor ihrer Ausmusterung 1968 noch formell um zu beheimaten (u.a. 58 209, 421, 456, 1325, 1357, 1711, 1856 Kst, 2021, 2100, 2131 Kst. Als letzte wurden 1970 die 58 3006 nach Glauchau und die 58 1937 (+) ausgetragen.
Nach der ersten Zählung des Lokomotivparks vom 10. April 1946, in der korrigierten Fassung vom 18.Mai, verfügte das **Bw Dresden-Friedrichstadt** über eine badische, vier sächsische und 29 preußische 58er sowie über zwei polnischer Herkunft. Hinzu kamen noch andere Reihen sowie eine Anzahl ausländischer Vertreter. Dort fand sich auch die 5561 der SNCB wieder, die der Reihe 58 »ähnlich« war, wie es in den DR-Unterlagen hieß. Dieser gewaltige Bestand der BR 58 war erst in den Tagen des Juni und Juli 1945 derart angewachsen. Insgesamt 31 Lokomotiven der BR 58 wurden zugeführt – davon zwei badische, sieben sächsische und 20 preußische sowie ferner die 58 002 und 005. Aber bereits in den nächsten Tagen waren auch wieder Abgänge zu verzeichnen.

Bestand des Bw Dresden-Friedrichstadt am 18. Mai 1946

58 298
58 435, 440
58 1039, 1185, 1359, 1375, 1378, 1408, 1421, 1578, 1590, 1603, 1622, 1625, 1630, 1791, 1798, 1850, 1879, 1925, 1957, 1965, 1968, 1975, 2021, 2050, 2053, 2094, 2097, 2108, 2133
58 2718, 2763

Über Jahrzehnte beheimatete das Bw Dresden-Friedrichstadt die Baureihe 58. Im Sommer 1969 – inzwischen war das Bw Friedrichstadt im neuen Groß-Bw Dresden aufgegangen – ölten Lokführer und Heizer ihre 58 1038 ab. *Foto: Otte, Slg. Grundmann*

Kurz vor der Aufnahme des elektrischen Zugbetriebes zwischen Dresden und Freiberg entstand diese Aufnahme. Die 58 1494 ist mit einem Güterzug in der Nähe der Blockstelle Seeventeich unterwegs. *Foto: Slg. Heym*

Eine weitere Stammstrecke der Dresdner 58er war die Elbtalstrecke nach Bad Schandau. Im Sommer 1964 setzte dort die 58 271 um. *Foto: Saby, Slg. Heinrich*

Neben diesem Bestand gehörten auf dem Papier noch jene 31 Lokomotiven der BR 58 hinzu, die in der Kolonne 10 ihren Dienst taten. Bereits 1945 mussten 52 Dampfrösser direkt der SMAD überstellt werden. Einige wurden schlichtweg auf dem Bahnhof requiriert, dem Bw Friedrichstadt noch zugeordnet und dann in die UdSSR abgefahren. Das betraf vorrangig Lokomotiven der BR 86. Abgefahren wurden aber auch die 58 1382 und 1974.

Das Jahr 1947 brachte die Zuführung nicht mehr benötigter Kolonnenlokomotiven. Zwei Jahre später kamen die gerade umgebauten Kohlenstaub-58er nach Dresden.

Für die bevorstehende Abfahrt sammelte die 58 1374 in Dresden neue Kräfte. Für den Rangierdienst besaß die Maschine eine Rangierfunk-Einrichtung, wie die Antenne auf dem Führerhausdach zeigt.
Foto: Slg. Stange

Die Dresdner G 12 kamen auch im Reisezugdienst zum Einsatz. Mit einem Personenzug nach Arnsdorf überquerte im Juli 1968 eine G 12 mit nicht erkennbarer Nummer die Marienbrücke in Dresden.
Foto: Dahlström, Slg. Heym

Die Dresdner Reko-G 12 bespannten in erster Linie Güterzüge in Richtung Leipzig. Die 58 3013 passierte im Juli 1968 den Dresdner Hauptbahnhof.
Foto: Dahlström, Slg. Heym

Bestand des Bw Dresden-Friedrichstadt am 30. Juni 1950

58 218, 231 Kst, 255, 298
58 405, 418, 438
58 1022, 1049, 1114, 1159, 1185, 1187, 1228, 1229, 1265, 1270, 1279, 1287, 1375, 1378, 1408, 1586 Kst, 1603, 1606, 1630, 1637, 1652, 1718, 1791, 1800, 1821, 1850, 1855, 1897, 1925, 1937, 1957, 1970, 2020, 2021, 2053, 2096, 2111, 2123, 2142

Da inzwischen weitere 58 Kst nach Friedrichstadt gekommen waren, musste bis 1952 eine entsprechende Bunkeranlage gebaut werden. Bis dahin nutzte man den aus Halle mitgeführten Kohlenstaubwagen. Doch zahlreiche Probleme mit den Staubern ließen sie erst ab 1952 in den Plandienst gelangen. Zugdienste nach Bad Schandau, Karl-Marx-Stadt, Döbeln, Engelsdorf, Riesa waren der G 12 nicht fremd. Hinzu kamen Schiebe- und Vorspanndienste in Richtung Klotzsche und Tharandt. In der Einsatzstelle Tharandt waren stets einige 58er anzutreffen.

Bestand des Bw Dresden-Friedrichstadt am 30. Juni 1955

58 201, 218, 220, 255, 261, 263, 405, 418, 434, 458, 1042, 1084, 1159, 1215, 1228, 1287, 1357, 1388, 1408, 1496, 1606, 1622, 1648, 1665, 1718, 1791, 1800, 1821, 1825, 1848, 1863, 1865, 1897, 1925, 1957, 1970, 1981, 2020, 2021, 2053, 2082, 2096, 2111, 2142
58 Kst 430, 455, 541, 1048, 1112, 1567, 1769, 1809, 1885, 1952, 1990, 2049

Neben der BR 58 verdingten sich ferner 50er, 56er und vereinzelte 44er. Zwischen dem 21. Dezember 1955 und dem 20. April 1956 überstellte die DR sieben einstige Ty 1 der PKP. Es waren dies die 58 1247, 1678, 1765, 1888, 1961, 2144[II] und 2146[II]. Am 29. Juni 1958 kam aus dem Raw Zwickau die gerade umgebaute 58 3002. Bis zum 4. April 1959 folgten die 58 3003 sowie 58 3007–3015. Hinzu kamen weitere Reko-G 12, so u.a. die 58 3001 aus Halle. Friedrichstadt selbst gab nur zwei G 12 zum Umbauprogramm ab. Dazu zählte auch die 58 1718, die als 58 3026 sogar in ihr Heimat-Bw zurückkehrte.

Zum Stichtag 30. Juni 1960 verfügte Friedrichstadt über sechs badische, acht sächsische und 39 preußische G 12 sowie über 13 Reko-58er. Mit Zuführungen aus Gera und Riesa stieg die Anzahl der Reko-58er sogar auf 24 Exemplare im Jahr 1964 an. Im gleichen Jahr begann die Abstellung der Stauber. Die schwefelhaltigen Abgase sollen die Korrosion der Fahrleitungen im Raum Leipzig sowie zwischen Freiberg und Karl-Marx-Stadt beschleunigt haben. Hinzu kam die aufwendige Unterhaltung der Feuerungstechnik. Inzwischen dominieren die Rost-58er, vor allem im Kreislaufverfahren von Dresden nach Engelsdorf und Leipzig-Wahren. Von Karl-Marx-Stadt kam zumeist die BR 44. Am 1. Juni 1965 wechselte der Lokbahnhof Tharandt nach Dresden-Altstadt; aber mit der bald durchgehenden Elektrifizierung war dort die BR 58 beschäftigungslos.

Bestand des Bw Dresden-Friedrichstadt am 30. Juni 1965

58 201, 218, 263
58 413, 428 Kst a, 430 Kst a, 434, 454 Kst a, 455, 456, 458, 541 Kst
58 1048, 1084, 1115, 1159, 1194, 1215 Kst, 1321, 1325, 1357, 1408, 1431, 1445, 1596, 1626 Kst, 1645, 1665, 1678, 1769 Kst a, 1825, 1863, 1865, 1885 Kst, 1888, 1925, 1930, 1952 Kst, 1954, 1990 Kst a, 2040 Kst, 2042, 2049 Kst, 2053, 2096, 2131 Kst, 2133
58 3001–3011, 3013, 3015–3021, 3026, 3028, 3029, 3044, 3045

Am 31. Dezember 1966 endete die eigene Geschichte des Bw Friedrichstadt, denn am folgenden 1. Januar gab es nur noch das Groß-Bw Dresden. Für den Betriebsdienst hielt der Teil Hamburger Straße (Friedrichstadt) jeweils 15 Exemplare der BR 58 und 58[30] vor, um die Züge nach Leipzig, Engelsdorf, Bautzen, Bad Schandau zu ziehen bzw. Schiebedienst, Übergabedienste und die Arbeiten am Ablaufberg in Friedrichstadt zu übernehmen. In Altstadt, dem BT Zwickauer Straße, genügte eine 58er für Dispodienste.

Bestand des BT Dresden-Friedrichstadt am 30. Juni 1970

58 1261, 1263, 1427, 1458
58 1035, 1038, 1066, 1159, 1185, 1201, 1246, 1374, 1568, 1665, 1765, 1906, 1930, 2051
58 3020, 3051

Im Bw Dresden standen nun die Lokomotiven der Baureihen 50, 52, 58 sowie 118 und 120 nebeneinander. Die Rekos überstellte man im Mai/Juni 1970 nach Glauchau. Die beiden letzten bis Oktober/November 1970. Es folgte aber ebenso eine rasche Ausmusterung der G 12 bis 1973. Im Jahr 1974 schieden als letzte die 58 1201 (ex 58 201), 1427 (ex 58 427), 1035, 1227, 1691, 1903, 1930, 2044 (nach Riesa) und 1975 schließlich die 58 1270 und 1665 aus. Den Abschluss bildete 1976 die 58 1194. Schließlich führte man in den TU-Unterlagen (1976–1980) die 58 1042, die später zum richtigen Dampfspender umgebaut wurde, und die Museumslokomotive 58 1261 (ex 58 261).

Mehrere Wellen prägten auch den Einsatz der BR 58 im **Bw Döbeln**. Die noch 1945 vorgefundenen Maschinen wurden zumeist 1945/46 abgezogen. Erst einzelne Zuführungen um 1948 und dann um 1953/55 erbrachten wieder eine größere Anzahl von G 12-Lokomotiven im Bw Döbeln. Zum Bestand des Bw Döbeln zählten am 31. Juli 1945 die 58 1066, 1073, 1209, 1286, 1509, 1727 und 2042. Die 50er-Jahre waren noch von der Eingleisigkeit der Hauptstrecke Leipzig–Dresden geprägt. Zahlreiche Güterzüge liefen im Kreisverfahren, über Nossen–Döbeln nach Leipzig. Das Bw übernahm dort viele Leistungen, auch für Vorspanndienste. Natürlich liefen Döbelner Lokomotiven nach Riesa sowie Mittweida–Chemnitz/Karl-Marx-Stadt.

Bestand des Bw Döbeln am 31. Juli 1955

58 1044, 1097, 1286, 1339, 1729, 1812, 1850, 1855, 1933, 1937, 2100

Veränderungen im Park waren typisch für die weiteren Jahre. Am 30. April 1959 kam direkt vom Raw Zwickau die rekonstruierte 58 3016 nach Döbeln. Ihr folgten bis 1960 die 58 3017, 3018, 3020 und 3034. Doch bereits 1962 rollten die Reko-G 12 nach Gera oder Engelsdorf. Am 31. Januar 1964 löste die Rbd Dresden das Bw

Stationierungen der BR 58 im Bw Falkenstein (Volgtl)

Lok	vom Bw	vom	bis	zum Bw
58 269	Karl-Marx-Stadt-Hilbersdorf	1956	1957	Reichenbach
58 1918	Zwickau	07.06.1960	03.10.1960	Greiz
58 2008	Zwickau	01.9.1960	14.09.1960	Zwickau

Döbeln als eigenständige Dienststelle auf. Fortan war es eine Einsatzstelle von Riesa. Auf Papier zogen um: 58 406, 442, 1060, 1073, 1286, 1291, 1363, 1663, 1729, 1800, 2021 und 2029. Die angestammten Leistungen blieben noch 15 Jahre bestehen, in den 70er-Jahren mit der Reko 58er.

Nur kurz war die Beheimatungszeit der BR 58 im **Bw Freiberg (Sachsen)**. Nach den Einzelstationierungen von 1945 und 1947 mit der 58 1438 waren erst wieder Einsätze ab 1960 dokumentiert. Damals waren die 58 261, 429, 1023 und 1659 nach Freiberg gekommen. Das Bw Freiberg, an der Hauptstrecke Dresden–Karl-Marx-Stadt gelegen, dürfte vor allem den Güterzugdienst zwischen Klingenberg-Colmnitz und Tharandt unterstützt haben. Hinzu kamen Dienste nach Nossen oder in Richtung Berthelsdorf auf den Nebenbahnen. Dem Bw Freiberg gehörten am 1. Juli 1963 die 58 209, 411, 429, 1023, 1042 und 1659. In den nächsten Jahren kamen wieder andere G 12, bisher bekannte verließen Freiberg. Noch bevor die erwähnte Hauptstrecke bis September 1966 vollständig elektrifiziert war, sind nahezu alle 58er aus Freiberg abgezogen worden. Offensichtlich als Reserve verblieben für eine begrenzte Zeit die 58 429 (bis 25.10.1966), 1023 (21.11.1966), 1095 (24.10.1966), 1535 (28.09.1966) und schließlich die 58 1494 (bis 12. September 1967).

Insgesamt über 250 Einzelstationierungen der BR 58 sind für das **Bw Glauchau (Sachs)** zwischen 1945 und 1991 nachgewiesen. Bis Anfang der 70er-Jahre dominierte dort die 58er in ihrer Ursprungsausführung, erst danach waren mehr Reko-Lokomotiven dort beheimatet. Zahlreiche G 12 waren noch vom Vorkriegsbestand im Bw Glauchau zu finden. Andere Lokomotiven sind erstmals im Juli 1945, ohne genauen Tag, in den Dokumenten niedergeschrieben worden.

Zum Auslauf-Bw der Baureihe 58^{30} wurde das Bw Glauchau. Für die letzte Fahrt mit dem Dg 56354 hatte das Personal am 27. September 1980 die 58 3028 entsprechend geschmückt. Das Bild entstand bei einem Zwischenhalt in Gößnitz.
Foto: Heinrich, Slg. Reimer

Bestand des Bw Glauchau am 1. August 1945

58 434, 437, 442, 1110, 1591, 1863, 1324, 1494, 1596, 1856, 2035

Es folgten wie in anderen Dienststellen häufige Maschinen-Wechsel. Vorrangig wurde mit Bw der eigenen Direktion getauscht. Durch die Gattungsbereinigung erhielt Glauchau lediglich die 58 1013 aus Berlin-Lichtenberg, 1339 (Berlin-Rummelsburg) und die 58 1417 (Senftenberg). Weitere Zuführungen sind für 1948 dokumentiert. Doch es gab mehr Abgänge, wie nachfolgende Übersicht zeigt. Bis zum 1. August 1950 schrumpfte der Glauchauer Bestand auf 58 212, 239, 407, 426, 440, 1384, 1523 und 1814.

In den Jahren 1953/54 gab es wieder vermehrt Zuführungen. Rasch stieg die Anzahl der G 12 in allen Varianten wieder an. Zahlreiche Güterzüge nach Chemnitz/Karl-Marx-Stadt, Zwickau, Gößnitz–Gera/Altenburg waren zu bespannen. Die schweren Sandzüge auf der Muldentalbahn waren u.a. den 86ern des Bw Rochlitz vorbehalten.

Bestand des Bw Glauchau am 1. August 1955

58 005, 209, 212, 239, 407, 439, 440, 1384, 1457, 1523, 1634, 1664, 1777, 1814

Weitere Veränderungen waren vermehrt erst zu Beginn der 60er-Jahre nachvollziehbar. Neben Abgängen für das Rekoprogramm kamen wiederum andere G 12 in das Bw.

Scheinbar keine Mühe hatte die 58 3017 am 6. August 1979 mit ihrem Durchgangsgüterzug bei Ronneburg. Kein Wunder, denn der Reko-Kessel lieferte genügend Dampf.
Foto: Heym

Bestand des Bw Glauchau am 1. August 1965:

58 212, 315, 440, 459, 1318, 1349, 1384, 1511, 1522, 1523, 1562, 1634, 1637, 1674, 2050, 2108, 2144

Selbst die Elektrifizierung rund um Glauchau erbrachte nicht den Traktionswechsel. Zahlreiche Dienste nach Gößnitz–Gera, Oelsnitz oder auf-

Zur Einsparung einer Leerfahrt hatte man die 58 1194 des Bw Riesa am 1. März 1970 einfach an den Schluss eines Reisezuges angehängt. Noch sechs Jahre sollte die Lok im Bestand der Reichsbahn verbleiben.
Foto: Slg. Reimer

Auf der Überführungsfahrt vom Bw Riesa in das Raw Meiningen machte die 58 1691 am 27. Dezember 1971 in Erfurt Hbf Station. Von hier aus ging es vor dem P 1294 weiter nach Meiningen. Vor der G 12 ist die 41 1276 zu erkennen.
Foto: Heym

grund des Fehlens ausreichender Ellok auch unter dem Fahrdraht waren zu erbringen. Doch rasch kamen die Auswirkungen. Beginnend 1966, verstärkt dann 1968/69 folgten Abgaben nach Nossen, Riesa oder Aue. Mit 58 1523, 1634 und 1674 gab es auch erste Abstellungen im Jahr 1968. Ein Jahr darauf dann die 58 2144, abgestellt am 14. Januar, z-gestellt am 22. Januar 1969. Die BR 58 war fast Geschichte. Kurzzeitig versuchte die Rbd Dresden den Generationswechsel mit Diesellokomotiven oder der BR 50 durchzuführen. Man brauchte in Glauchau aber starke Lokomotiven. Vorrangig aus Dresden kam deshalb im Sommer 1970 nun die Reko-G 12 nach Glauchau.

Bestand des Bw Glauchau am 30. Juni 1970:

58 459, 1674z
58 3001, 3002, 3003, 3004, 3005, 3006, 3007, 3008, 3009, 3010, 3011, 3015, 3016, 3017, 3018, 3019, 3021

Weitere Rekos gelangten ab 1971/73 aus den Bw Gera oder Karl-Marx-Stadt. Zur Unterstützung der 58^{30} kamen noch einmal Original-G 12 nach Glauchau: 58 2051 (1971–1972), 58 1155 (1973–1974z) und als Heizlokomotive die 58 2129 (1974–1976z). Die BR 58^{30} hatte die Zugleistungen der G 12 übernommen. Als erste Reko-58er wurde die 58 3008 am 16. Juli 1975 (z 28.07.1975) abgestellt. Ihr folgte nach einem Unfall die 58 3001 am 8. Juli 1976 (z 09.08.1976). Der Traktionswechsel bescherte ab 1977 weiteren Maschinen das aus.

Bestand des Bw Glauchau am 30. Juni 1978:

58 3003, 3006, 3007, 3009, 3015 Hzl, 3024, 3028, 3030, 3031, 3032, 3032

Aufgrund von Zuführungen aus Riesa, war es möglich, bis 1980 einen einsatzfähigen Bestand vorzuhalten. 1981 stellten die Eisenbahner die 58 3006, 3028, 3032 (als letzte am 4. Juni) und 58 3036 ab. Übrig blieben zunächst die 58 3047 und 3049, die spätere Heizlokomotive. Beide Lokomotiven überlebten als Museumsstücke die Ausmusterungen.
Mit der 58 1934 erreichte am 1. November 1944 erstmalig eine G 12 das **Bw Greiz**. Sie blieb bis zum Dezember 1945. Weitere Beheimatungen dieser Reihe folgten ab 1947. Nur wenige blieben längere Zeit in Greiz. Zum Bestand des Bw Greiz gehörten am 1. Januar 1948 die 58 436, 1040, 1170, 1244, 1357, 1438, 1357, 1438, 1564 und 1866. Bis auf wenige Ausnahmen war der Großteil 1949 wieder abgezogen worden. Greiz, gelegen an der Hauptstrecke Plauen–Gera, übernahm dort wie auf der Verbindung nach Reichenbach die Zugdienste. Die in den 50er-Jahren nach Greiz gekommenen G 12 blieben zumeist auch nicht länger dort stationiert. Das Bw Greiz hielt am 1. Januar 1956 die 58 294, 438, 1191, 1554, 1578, 2044, 2083 und 2095 vor. Bis 1960 war dann Schluss. Fünf 58er übernahm zum Jahresende das Bw Reichenbach, das künftig übergeordnete Bw. Die letzten Ausbuchungen gab es mit der 58 1126 am 5. Januar 1961 und mit der 58 415 am 18. September 1962.
Mit der Zuführung der 58 1049, 1375, 1378 und 1850 im Januar 1953 erreichten die ersten G 12 nach 1945 das **Bw Nossen**. Bereits im Herbst haben sie diesen Ort wieder verlassen. Im nächsten Jahr trugen sich wieder einige 58er dort ein. Erst die Ende der 50er-Jahre überstellten Exemplare blieben längere Zeit in Nossen. Doch die Gesamtzahl blieb stets gering. Mehr als fünf bis sieben Stück waren nicht zu ermitteln. Insgesamt besaß das Bw Nossen nur eine geringe Anzahl von Lokomotiven der Baureihen 38^2, 56^1 und 58. Doch in den 60er-Jahre kamen vermehrt G 12 dorthin.

Bestand des Bw Nossen am 31. Dezember 1965

58 403, 408, 425, 446, 451, 1040, 1132, 1206, 1265, 1421, 1438, 1732, 1850, 2051, 2145^{II}

Die BR 50 sollte der 58 den Todesstoß bringen. Vermehrt gab es 1967/68 Ausmusterungen. Zu den letzten G 12 in Nossen zählten 1970 die 58 1446 (ex 58 446, nach Karl-Marx-Stadt), 1132 (Reichenbach), 1359 (Zwickau), 1535 (+), 1606 (+), 1637 (Aue), 1797 (+). Die letzte sollte von 1973 bis zum 20. August 1974 die 58 1094 sein. Der jahrelang in Nossen abgestellte Dampfspender, entstanden aus 58 1042, gehörte nicht zum TU-Inventar.
Im **Bw Pirna** erfasste man im Juli 1945 die 58 1185 und 1630. Wenige Monate später rollten sie nach Dresden-Friedrichstadt ab. Neben der Einzelstationierung der 58 1944 Ende des Jahres 1951 sollten weitere G 12-Lokomotiven erst ab 1961 wieder in Pirna beheimatet werden. Doch kaum eine Lokomotive verblieb über einen längeren Abschnitt. Dieses Kommen und Gehen, Beheimatungszeiten von etwa zwei Monaten,

sollte konstant in den nächsten Jahren bis 1965/66 anhalten. Erst dann zugeführte 58er verblieben etwas länger in Pirna. Am 1. Januar 1966 besaß das Bw Pirna 58 271, 313 , 1038, 1044, 1126, 1247 und 1494. Im Laufe des Jahres 1968 gab es dann die letzten Austragungen der BR 58 aus den Unterlagen des Bw Pirna.

Noch 14 Lokomotiven der BR 58 waren im Juni 1945 im **Bw Riesa** zu erfassen – 58 234, 245, 311, 447, 1038, 1040, 1044, 1106, 1109, 1291, 1358, 1507, 1930 und 1964. Am 10., 11. und 12. Juni rollten in Lokzügen die 58 234, 1038, 1358 und 1507 nach Cottbus ab. Dort ging es mit den 58 234, 1358 weiter an die SMAD. Nach weiteren Abgängen, auch zu Kolonnendiensten, hielt im April 1946 das Bw lediglich noch die 58 1044 und 1930 vor. Erst nach der Gattungsbereinigung bei der DR im Jahre 1947 war Riesa wieder für den Einsatz der G 12 vorgesehen. Doch das war ein zeitlich langes Unterfangen. Die Splittergattungen und die acht 52er zog die DR rasch aus Riesa ab. Als Übergang verdingten sich einige 44er im Bw. Bis zum November 1947 waren dann die 58er in Riesa eingetroffen. Dazu zählten die 58 207, 233, 443, 1132, 1225, 1287, 1511, 1648, 1812, 1879, 2108 (beide bereits 1946), 2112 sowie noch 58 1044 und 1930. Der Großteil stammte aus den veränderten Kolonnen 10 des Standortes Dresden-Friedrichstadt bzw. der Kolonne 15 (Zwickau). In den nächsten Jahren wurde nach und nach der Bestand vergrößert.

Im Bahnhof Lommatzsch rangierte am 28. Oktober 1972 die 58 2129. Vier Jahre später wurde die Lok im Bw Glauchau ausgemustert. *Foto: Slg. Heym*

Stationierungen der BR 58 im Bw Riesa (ab Mai 1945)

Lok	vom Bw	vom	bis	zum Bw
58 201	Dresden-Friedrichstadt	10.04.1964	23.04.1964	Freiberg
58 207	Stendal	03.06.1947	30.10.1947	Glauchau
	Glauchau	17.02.1948	15.07.1949	Döbeln
	Aue (Sachs)	05.10.1968	15.11.1971	Reichenbach
58 214	Dresden-Friedrichstadt	20.08.1960	01.10.1960	Dresden-Friedrichstadt
58 218	Dresden	01.03.1968	10.08.1971	Aue (Sachs)
58 220	Dresden-Friedrichstadt	27.07.1962	13.11.1964	Nossen
	Nossen	17.11.1964	22.11.1964	Karl-Marx-Stadt-Hilbersdorf
58 233	Kolonne 10 (Dre-Frie)	26.11.1947	11.1950	Döbeln
	Döbeln	08.02.1951	24.06.1954	Karl-Marx-Stadt-Hilbersdorf
	Zwickau	20.03.1970	30.09.1972	Karl-Marx-Stadt
58 234	Heydebreck (OS)	08.01.1944	11.06.1945	Cottbus
58 244	Reichenbach	29.06.1955	01.03.1973	+
58 251	Dresden Altstadt	28.09.1966	18.06.1968	+
58 255	Döbeln	13.07.1963	30.09.1967	+
58 259	Karl-Marx-Stadt-Hilbersdorf	20.02.1968	11.10.1970	+
58 263	Dresden-Friedrichstadt	17.07.1965	22.07.1965	Dresden-Friedrichstadt
58 294	Zwickau	23.06.1967	25.08.1968	+
58 311	Groschowitz	13.01.1944	03.1946	Senftenberg
58 315	Görlitz	19.02.1953	1958	Zwickau
58 406	Dresden-Friedrichstadt	01.04.1962	05.04.1962	Döbeln
	Döbeln	06.10.1962	06.12.1962	Dresden-Friedrichstadt
	Döbeln	01.02.1964	30.09.1964	Gera
	Gera	24.10.1964	09.06.1969	+
58 407	Gera	21.11.1967	09.10.1969	+
58 413	Aue (Sachs)	21.11.1967	09.10.1968	+
58 417	Pockau-Lengefeld	15.05.1964	23.05.1964	Pockau-Lengefeld
58 422	Pockau-Lengefeld	1955	09.06.1969	+
58 429	Glauchau	06.01.1969	01.03.1973	+
58 435	Karl-Marx-Stadt-Hilbersdorf	09.10.1965	31.10.1965	Karl-Marx-Stadt-Hilbersdorf

Lok	vom Bw	vom	bis	zum Bw
58 436	Annaberg-Buchholz	25.11.1960	09.12.1965	Karl-Marx-Stadt-Hilbersdorf
	Dresden-Friedrichstadt	15.07.1962	09.06.1969	+
58 439	Dresden Altstadt	19.01.1967	16.01.1968	Dresden
	Dresden	26.01.1968	28.04.1969	+
58 440	Werdau	27.01.1967	11.05.1969	+
58 441	Aue (Sachs)	11.09.1955	24.07.1969	+
58 442	Döbeln	01.01.1964	17.11.1968	+
58 443	Zwickau	11.07.1947	31.05.1951	Zwickau
58 447	Chemnitz-Hilbersdorf	23.04.1945	02.04.1946	Chemnitz-Hilbersdorf
58 448	Nossen	01.01.1959	18.06.1968	+
58 1009	Karl-Marx-Stadt-Hilbersdorf	15.11.1960	08.11.1961	Karl-Marx-Stadt-Hilbersdorf
58 1023	Nossen	28.05.1970	01.1975	+
58 1028	Karl-Marx-Stadt-Hilbersdorf	26.09.1963	27.05.1966	Pirna
	Gera	12.12.1970	01.03.1973	+
58 1038	Dresden-Friedrichstadt	09.06.1941	10.06.1945	Cottbus
	Gera	16.10.1962	26.10.1962	Dresden-Friedrichstadt
58 1039	Dresden-Friedrichstadt	02.04.1949	24.01.1951	+
58 1040	WVD Südost (BDZ)	03.06.1944	20.04.1945	Elsterwerda
	Annaberg-Buchholz	01.10.1955	03.12.1956	Werda
	Werdau	03.01.1957	27.03.1961	Nossen
	Nossen	12.02.1969	14.08.1972	Aue (Sachs)
58 1044	Neuanlieferung	1918	14.01.1948	Döbeln
58 1049	Chemnitz-Hilbersdorf	16.07.1952	31.12.1952	Nossen
	Nossen	04.09.1953	18.08.1956	Zwickau
	Zwickau	23.09.1956	04.09.1959	Dresden-Friedrichstadt
58 1056	Dresden-Friedrichstadt	01.1949	07.1952	Dresden-Friedrichstadt
	Dresden-Friedrichstadt	12.1952	04.10.1958 Gera	
58 1060	Döbeln	01.02.1964	29.09.1970	+
58 1073	Döbeln	01.02.1964	13.08.1964	?
	Zwickau	02.09.1965	27.10.1966	?
58 1097	Döbeln	04.10.1961	15.11.1961	Dresden-Friedrichstadt
	Dresden-Friedrichstadt	23.11.1961	06.12.1962	Dresden-Friedrichstadt
	Dresden-Friedrichstadt	15.11.1963	20.05.1968	+
58 1109	Engelsdorf	09.12.1930	13.11.1945	Kolonne 15 (Zwickau)
58 1114	Bautzen	16.07.1964	30.09.1972	Aue (Sachs)
58 1126	Adorf	23.07.1964	01.08.1964	Pirna
	Dresden-Friedrichstadt	20.04.1966	18.02.1969	+
58 1132	Berlin-Grunewald	29.05.1947	03.02.1956	Dresden-Friedrichstadt
58 1155	Nossen	14.10.1961	12.08.1969	Glauchau
	Glauchau	12.09.1969	29.08.1972	Aue (Sachs)
58 1170	Dresden	24.02.1969	01.03.1973	+
58 1184	Dresden-Friedrichstadt	31.03.1962	07.04.1962	Freiberg (Sachs)
58 1185	Karl-Marx-Stadt-Hilbersdorf	22.10.1964	29.10.1964	Dresden Altstadt
58 1187	Gera	02.08.1969	10.10.1971	+
58 1194	Nossen	29.12.1969	02.07.1973	Dresden
58 1203	Annaberg-Buchholz	30.12.1962	28.04.1969	+
58 1205	Bad Schandau	06.12.1962	22.12.1968	+
58 1225	Kolonne 10 (Dre-Frie)	26.11.1947	09.10.1947	Dresden-Friedrichstadt
	Nossen	17.02.1967	22.08.1968	Nossen
	Nossen	29.09.1968	18.11.1979	+
58 1227	Aue (Sachs)	23.11.1970	07.06.1972	Dresden
58 1229	Zwickau	23.12.1960	16.01.1961	Bad Schandau
58 1244	Zwickau	11.01.1969	31.07.1972	+
58 1279	Gera	05.01.1961	14.02.1961	Dresden-Friedrichstadt
	Dresden-Friedrichstadt	14.07.1962	15.06.1963	Dresden-Friedrichstadt
	Annaberg-Buchholz	01.05.1964	17.08.1970	+
58 1286	Döbeln	09.02.1964	09.05.1967	+
58 1287	Kolonne 15 (Zwickau)	06.02.1947	05.09.1949	Dresden-Friedrichstadt
	Annaberg-Buchholz	27.07.1965	27.07.1966	Dresden-Friedrichstadt
58 1291	Engelsdorf	08.11.1930	24.12.1945	Berlin-Karlshorst
	Döbeln	01.02.1964	29.04.1965	Karl-Marx-Stadt Hbf
58 1299	Dresden-Friedrichstadt	02.08.1949	04.07.1952	Zwickau
	Zwickau	01.1956	08.08.1956	Karl-Marx-Stadt-Hilbersdorf
	Karl-Marx-Stadt	30.09.1970	22.03.1971	Aue (Sachs)

Lok	vom Bw	vom	bis	zum Bw
58 1311	Karl-Marx-Stadt-Hilbersdorf	21.10.1950	02.03.1960	Döbeln
	Karl-Marx-Stadt	29.07.1971	14.08.1971	Karl-Marx-Stadt
58 1318	Glauchau	23.03.1967	18.11.1970	+
58 1324	Aue (Sachs)	27.07.1956	09.05.1963	Zwickau
	Zwickau	28.05.1963	09.05.1966	Aue (Sachs)
58 1358	Freiberg (Sachs)	04.09.1941	11.06.1945	SMAD (via Cottbus)
58 1359	Aue (Sachs)	06.08.1964	16.07.1967	Glauchau
58 1362	Zwickau	23.01.1962	04.09.1963	Dresden-Friedrichstadt
	Dresden-Friedrichstadt	07.09.1963	16.10.1967	Zwickau
	Zwickau	04.01.1969	10.10.1971	+
58 1363	Döbeln	01.02.1964	10.10.1971	+
58 1375	Döbeln	18.09.1953	02.08.1957	Bad Schandau
	Bautzen	13.12.1952	31.12.1952	Nossen
	Nossen	26.09.1953	09.03.1960	Döbeln
	Döbeln	18.03.1960	17.06.1973	+
58 1384	Gera	29.01.1971	22.03.1972	+
58 1387	Dresden	13.02.1970	31.07.1972	+
58 1421	Nossen	23.07.1964	25.07.1964	Nossen
58 1496	Zittau	1949	20.10.1949	Döbeln
	Döbeln	02.12.1951	1954	Dresden-Friedrichstadt
58 1507	Dresden-Friedrichstadt	21.07.1940	10.06.1945	Cottbus
58 1511	Kolonne 15 (Zwickau)	14.06.1947	28.09.1951	Zwickau
	Aue (Sachs)	26.07.1971	14.08.1971	Aue (Sachs)
58 1531	Karl-Marx-Stadt-Hilbersdorf	11.10.1961	25.10.1961	Dresden-Friedrichstadt
58 1562	Kolonne 25 (Cottbus)	04.06.1947	25.06.1947	?
	Döbeln	07.01.1949	17.01.1959	Annaberg-Buchholz
	Karl-Marx-Stadt-Hilbersdorf	08.01.1965	19.01.1965	Karl-Marx-Stadt-Hilbersdorf
58 1568	Weißenfels	12.03.1956	19.12.1956	Döbeln
58 1575	Halle G	01.08.1962	26.08.1965	Adorf (Vogtl)
	Adorf(Vogtl)	07.10.1965	23.07.1969	+
58 1578	Reichenbach	1954	1955	Greiz
58 1606	Nossen	15.04.1964	19.04.1964	Nossen
58 1645	Berlin-Karlshorst	21.09.1948	19.10.1963	Dresden-Friedrichstadt
	Dresden-Friedrichstadt	21.11.1965	29.07.1974	+
58 1648	Kolonne 10 (Dre-Friedr.)	25.11.1947	1953	Dresden-Friedrichstadt
58 1659	Freiberg (Sachsen)	23.10.1963	20.11.1963	Freiberg (Sachsen)
	Freiberg (Sachsen)	14.05.1964	22.05.1964	Freiberg (Sachsen)
	Freiberg (Sachsen)	22.07.1964	23.10.1964	Gera
58 1663	Döbeln	01.02.1964	16.11.1971	Reichenbach (Vogtl)
58 1664	Nossen	03.09.1965	09.10.1965	Nossen
58 1665	Dresden	13.07.1971	07.06.1972	Dresden
58 1682	Zittau	28.08.1953	01.03.1973	+
58 1691	Nossen	24.04.1955	05.10.1956	Dresden-Friedrichstadt
	Dresden-Friedrichstadt	29.12.1957	09.01.1973	Dresden
58 1727	Döbeln	03.09.1949	09.09.1949	Döbeln
	Döbeln	21.09.1954	18.02.1959	Karl-Marx-Stadt-Hilbersdorf
	Karl-Marx-Stadt-Hilbersdorf	07.11.1967	18.10.1970	+
58 1729	Döbeln	16.03.1955	11.05.1955	Döbeln
	Döbeln	01.02.1964	23.05.1966	Gera
58 1732	Nossen	27.02.1969	10.03.1969	Nossen
58 1758	Nordhausen	13.09.1952	18.12.1952	Döbeln
	Nossen	12.12.1953	25.11.1954	Döbeln
		24.02.1955	22.06.1971	Karl-Marx-Stadt
58 1766	Dresden-Friedrichstadt	28.12.1954	14.06.1972	Dresden
58 1781	Dresden-Friedrichstadt	01.10.1964	07.11.1964	Glauchau
	Glauchau	13.11.1964	26.11.1964	Dresden-Altstadt
58 1791	annaberg-Buchholz	15.04.1966	22.04.1966	Karl-Marx-Stadt-Hilbersdorf
58 1800	Nossen	27.11.1955	31.05.1956	Bad Schandau
	Döbeln	01.02.1964	01.11.1967	Gera
58 1812	Kolonne 10 (Dre-Friedr.)	25.11.1947	01.08.1951	Zwickau
	Annaberg-Buchholz	29.06.1963	28.11.1973	+
58 1814	Zwickau	10.12.1969	20.11.1970	Dresden
58 1821	Annaberg-Buchholz	03.11.1959	15.07.1960	Döbeln
	Döbeln	25.09.1960	11.05.1969	+

Lok	vom Bw	vom	bis	zum Bw
58 1850	Döbeln	20.09.1956	29.09.1956	Nossen
58 1879	Dresden-Friedrichstadt	20.05.1946	08.08.1956	Karl-Marx-Stadt-Hilbersdorf
	Karl-Marx-Stadt Hbf	14.01.1965	18.01.1965	Karl-Marx-Stadt-Hilbersdorf
	Werdau (Sachs)	22.02.1967	17.11.1970	+
58 1897	Dresden-Friedrichstadt	15.12.1962	20.03.1963	Dresden-Altstadt
58 1903	Nossen	12.03.1969	29.09.1973	Dresden
58 1906	Dresden-Friedrichstadt	16.07.1962	06.02.1963	Gera
58 1918	Greiz	15.12.1960	01.03.1973	+
58 1930	Dresden-Friedrichstadt	17.02.1945	12.11.1953	Bautzen
58 1934	Aue (Sachs)	13.10.1965	21.04.1966	Dresden-Altstadt
	Aue (Sachs)	16.12.1971	06.01.1972	Aue (Sachs)
58 1957	Dresden-Friedrichstadt	28.10.1962	17.11.1970	+
58 1965	Dresden-Friedrichstadt	19.11.1949	08.04.1960	Nossen
	Nossen	07.05.1960	10.10.1971	+
58 1968	Döbeln	01.07.1962	17.11.1970	+
58 1981	Greiz	1954	1955	Dresden-Friedrichstadt
58 2021	Döbeln	01.02.1964	15.02.1966	Nossen
	Nossen	01.03.1966	04.05.1966	Pirna
58 2029	Döbeln	01.02.1964	11.05.1969	+
58 2044	Dresden	31.03.1970	29.11.1973	Dresden
	Dresden	15.02.1974	27.07.1974	+
58 2051	Glauchau	18.02.1972	30.08.1973	Aue (Sachs)
58 2082	Dresden-Friedrichstadt	02.09.1966	23.08.1967	+
58 2100	Altenburg	24.09.1954	11.11.1964 ?	Döbeln
	Döbeln	14.06.1961	15.06.1961	Zwickau
58 2106		14.12.1926	30.09.1945	Senftenberg
58 2108	Dresden-Friedrichstadt	20.05.1946	08.11.1957	Reichenbach (Vogtl)
58 2110	Zwickau	28.09.1955	02.04.1959	Adorf (Vogtl)
	Adorf (Vogtl)	01.05.1959	02.02.1967	Nossen
58 2111	Dresden-Friedrichstadt	23.06.1957	02.12.1969	Aue (Sachs)
58 2112	Kolonne 10 (Dre-Friedr.)	27.11.1947	14.10.1958	Zwickau
58 2129	Karl-Marx-Stadt	26.11.1971	14.08.1973	Aue (Sachs) 58 2129-3
58 2133	Annaberg-Buchholz	03.11.1959	30.01.1960	Aue (Sachs)
	Pirna	14.01.1965	16.01.1965	Dresden-Friedrichstadt
58 2142	Adorf (Vogtl)	10.12.1960	25.01.1961	Lokbf. Greiz
58 2146[II]	Döbeln	18.12.1963	19.09.1971	+
Ty 1-128	PKP	07.04.1956	1958	Glauchau Umz. 58 1862, Reko 1959 in 58 3021

Stationierungen der BR 5830 im Riesa

Lok	vom Bw	vom	bis	zum Bw
58 3004	Reko	27.09.1958	03.09.1959	Engelsdorf
	Engelsdorf	29.01.1960[2]	13.07.1962	Dresden-Friedrichstadt
58 3005	Reko	04.10.1958	14.07.1962	Dresden-Friedrichstadt
58 3006	Reko	04.10.1958	14.07.1962	Dresden-Friedrichstadt
58 3010	Dresden	14.02.1971	22.02.1971	Glauchau
	Glauchau	21.06.1973	19.04.1977	+
58 3012	Saalfeld	14.08.1973	09.09.1978	Glauchau
58 3014	Saalfeld	18.09.1973	20.06.1978	Döbeln
58 3017	Glauchau	07.02.1973	09.09.1978	Glauchau
58 3020	Gera	29.09.1972	15.12.1978	Elsterwerda
58 3021	Gera	09.01.1974	19.04.1977	+
58 3022	Saalfeld	18.05.1973	24.01.1980	Glauchau
58 3023	Gotha	25.01.1973	28.02.1980	Glauchau
58 3025	Gera	30.10.1973	31.01.1977	+
58 3026	Gera	20.03.1974	31.08.1980	+
58 3027	Gotha	16.01.1974	31.08.1980	+
58 3028	Halle P	30.06.1960	01.08.1962	Dresden-Friedrichstadt
58 3029	Reko	20.03.1960	26.07.1962	Dresden-Friedrichstadt
58 3032	Saalfeld	22.05.1973	14.05.1978	Glauchau
58 3034	Nordhausen	21.09.1973	18.07.1979	Glauchau
58 3035	Gera	09.01.1974	19.04.1977	+

2 im Bw Engelsdorf am 13.02.1960 ausgetragen

Bestandsentwicklung im Bw Riesa

Jahr	52	56	58	58[30]
1945	8	-	9	-
1946	4	2	2	-
1954	-	4	18	-
1956	-	5	23	-
1965	-	6	42[1]	-
1975	-	-	-	24

1 einschließlich Einsatzstelle Döbeln

Die letzten Original 58er mussten Riesa zumeist im Jahre 1973 verlassen. Dann folgten 1974 die 58 1645 und 2044, schließlich im Jahre 1975 die Heizlok 58 1023. Die Elektrifizierung im sächsischen Dreieck setzte zunächst Diesellokomotiven frei, 1973 dann die Reko-58er. Bald waren auch diese Maschinen nur noch auf den nicht elektrifizierten Abschnitten nach Gröditz–Elsterwerda, Döbeln und Falkenberg zu finden. Die einstigen Dienste nach Leipzig und Dresden gehörten der Vergangenheit an. Schließlich endete am 24.

Lok	vom Bw	vom	bis	zum Bw
58 3036	Aue (Sachs)	30.09.1972	31.08.1979	Glauchau
58 3037	Glauchau	06.02.1973	31.05.1979	+
58 3038	Gotha	27.04.1973	03.01.1977	+
58 3039	Reko	26.11.1960	21.06.1962	Dresden-Friedrichstadt
	Glauchau	24.02.1973	09.1979	Gera
58 3049	Reko	01.11.1961	01.12.1961	Engelsdorf
58 3050	Sangerhausen	31.01.1973	18.04.1976	+
58 3051	Gera	25.06.1974	14.01.1977	+
58 3052	Gera	25.06.1974	31.10.1979	Glauchau
58 3054	Gera	30.10.1973	11.02.1980	+
58 3055	Gera	20.03.1974	03.01.1977	+
58 3056	Gera	19.12.1972	16.04.1979	Glauchau

September 1977 der Einsatz der Reko G 12 im Bw Riesa – 58 3014 traf aus Engelsdorf ein – und am 25. Mai 1979 in der unterstellten Est Döbeln. Zum Abschied zogen 58 3039 und 3052 einen Sonderzug von Wülknitz nach Nossen im Juni 1979.

Seit April 1945 gehörten zum **Bw Rochlitz** 58 1049, 1203 und 1325. Im Oktober und November 1945 bzw. am 21. September 1946 gelangten die drei G 12 jeweils zu anderen Dienststellen in der Rbd Dresden. Als spätere Einsatzstelle des Bw Glauchau (Sachs) waren dort auch wieder 58er zu beobachten; zuletzt auch Reko-G 12.

Vom 23. August bis zum 27. November 1949 gehörte die 58 1523 zum **Bw Pockau-Lengefeld**. Nach dieser ersten G 12 im Bw waren erst 1950/51 vier kurzzeitige Beheimatungen zu vermelden. Erst ab 1959/60 blieben die G 12 für einige Jahre in dieser Region. Das Bw Pockau-Lengefeld hielt am 1. Januar 1961 die 58 239, 459, 1184, 1185, 1334, 1547, 1765 und 1970 vor. Das Bw Lengefeld bediente die Strecken nach Marienberg, Neuhausen (Erzgeb) und nach Flöha–Karl-Marx-Stadt. Im Jahr 1964 gab es noch einmal zahlreiche Umstationierungen. Nur wenige G 12 blieben bis 1965/66. Mit der Auflösung des Bw zum 30. September 1966, künftig als Einsatzstelle von Karl-Marx-Stadt-Hilbersdorf, buchte man auch die 58 417, 437, 1375, 1562 und 2142 um. Ihr einstiges Einsatzgebiet blieb bis 1970 bestehen, wenn bis dahin auch die Anzahl der BR 58 stetig abnahm.

Als im Herbst 1945 die Rbd Dresden nach wiederholten Lokzählungen einen endgültigen Überblick über ihren Fahrzeugpark hatte, mussten die Lokomotiven für den Kolonnenzugdienst gestellt werden. Das traf auch auf das **Bw Reichenbach (Vogtl)** zu. Rasch verringerte sich die Anzahl der frei verfügbaren Maschinen.

Bestand des Bw Reichenbach am 1. September 1945

58 214, 258, 259, 315, 407, 434, 445, 446, 448, 449, 450, 458, 459, 1307, 1427, 1532, 1623, 1724, 2098, 2101

In der Einsatzstelle Werdau stand am 18. August 1973 die 58 1107 des Bw Reichenbach. Sie gehörte zu den letzten Reichenbacher G 12. *Foto: Slg. Reimer*

Weitere 58er führte man im Oktober 1945 zu. Neben der Kolonne 9 fanden sich Reichenbacher Lokomotiven in Berliner Gefilden wieder. Nach diesen ersten Abgaben folgten weitere im März 1947, als der Bestand der Kolonne 9 zur Kolonne 3 nach Berlin-Pankow wechselte. Bis zum 1. September 1950 schmolz der Reichenbacher Bestand auf 58 420, 450a, 1246 und 1578 zusammen.

Erst ab etwa 1954 kamen wieder vermehrt 58er nach Reichenbach. Die Zugaufgaben nach Zwickau, Werdau, Greiz oder Plauen mussten von starken Lokomotiven übernommen werden. Da in der Rbd Dresden die Gattungsbereinigung nicht mit letzter Konsequenz durchgeführt wurde, dauerte der Austausch bis in die 50er-Jahre an. Der Bestand der BR 58 des Bw Reichenbach wuchs bis zum 1. September 1955 auf 58 005, 214, 426, 433, 443, 1637 und 1831 an.

Diese geringe Anzahl sollte in den nächsten Jahren genügen. Nur selten wurden Lücken wieder aufgefüllt, so etwa, als das Bw vier Lokomotiven für die laufende Rekonstruktion abgab. Neben vielen Baureihen bildete im Bw Reichenbach die BR 44 das Rückgrat im schweren Zugdienst. Die G 12 konnte nur ergänzen, war zumeist schon in die Einsatzstelle Adorf verdrängt worden. Mit den 58 426 und 1873 verfügte das Bw 1960 nur noch über zwei Exemplare. Eine theoretische Aufstockung gab es am 1. Januar 1961, als die Lokomotiven aus Greiz übernommen wurden. Doch zum 30. September 1962 musste man diese Maschinen an das Bw Gera überstellen, denn Greiz unterstand nun diesem Bw.

Nur selten kam noch eine 58er in das Bw Reichenbach. Die Zwickauer Lokomotiven, die seit dem 1. Juli 1970 ebenso dem Groß-Bw Reichenbach unterstellt wurden, sahen ihr neues Bw auch nur beim Wenden. 1971 kamen für einzelne Tage die 58 3002, 3008, 3015, 3036, 3037 und 3039 in den Bestand des Bw Reichenbach. Ihr Aufgabengebiet ist unbekannt. In welchem Betriebsteil mögen sie gewesen sein? Die 58 3008 diente vom 8. bis zum 18. Februar 1971 in der Est Adorf. Diese Tageszuweisungen waren 1972 und 1973 noch einmal zu erleben. Lediglich die 58 3023 gehörte vom 27. August 1980 bis zum 31. Januar 1981 zum Bw. Bis zum 12. Januar 1981 heizte sie. Die letzte G 12 war die Heizlokomotive 58 1114, abgestellt 28. September, zgestellt am 9. Dezember 1974.

Für den Abtransport des Uranerzes im Auftrage der SDAG Wismut aus dem oberen Erzgebirge erhielt das **Bw Schwarzenberg (Erzgeb)** seit Jahresbeginn 1950 mehrere G 12 zugewiesen.

Bestand des Bw Schwarzenberg am 1. Januar 1951

58 421, 434, 436, 458, 1094, 1097, 1170, 1357, 1438, 1532, 1666, 1679, 1703, 1766, 1863, 1903, 1968, 2101

Trotz einiger Wechsel hielt sich in den nächsten fünf Jahren eine nahezu konstante Anzahl. Zum 31. Dezember 1955 löste die Rbd Dresden das Bw Schwarzenberg auf und unterstellte es Aue. Der Wechsel betraf u.a. 58 437, 1324, 1438, 1502, 1530 und 1934. Die Einsatzstelle schickte in den nächsten Jahren weiterhin die Lokomotiven der BR 58 auf die Strecken nach Annaberg, Aue oder Johanngeorgenstadt. Künftig waren aber die 58er mit einem Bw-Schild von Aue beschriftet. Anfang/Mitte der 70er-Jahre glich Schwarzenberg eher einem Abstellort für ausgediente Dampfrösser der BR 58 und 86.

Am so genannten sächsischen Bogendreieck befanden sich der Bahnhof und das **Bw Werdau (Sachs)**. Für die Zugdienste nach Gößnitz–Altenburg, Zwickau, Reichenbach oder Greiz und Wünschendorf überstellte die Rbd Dresden dem Bw im Herbst 1945 einige G 12.

Bestand des Bw Werdau am 31. Juli 1945

58 1191, 1347, 1674, 1890, 1970, 1992, 2096, 2104

Noch in der zweiten Jahreshälfte zog die Direktion die G 12 ab. Empfänger waren vorrangig die benachbarten Bahnbetriebswerke Zwickau und Reichenbach. Selbst nach dem bekannten Jahr 1947 gab es nur wenige Veränderungen. Die Gattungsbereinigung zog sich im Bereich der Rbd Dresden bis in die 50er-Jahre hin. So auch beim Bw Werdau. Nach einigen Zuführungen in den Jahren 1947/48 kamen erst 1950 vermehrt 58er nach Werdau. Aber nur wenige Lokomotiven blieben über einen längeren Zeitraum.

Bestand des Bw Werdau am 31. Juli 1950

58 244, 251, 258, 271, 437, 458, 1041, 1421, 1703, 1727, 2068, 2083

Trotz einiger Veränderungen und Schwankungen sollte in den nächsten Jahren das Bw Werdau einen zahlenmäßig annähernd gleichgroßen G 12-Park vorhalten. 1954 mussten wieder einige 58er das Bw verlassen; vermehrt kamen 1956 wieder mehrere Maschinen nach Werdau. Aber nur wenige blieben über das Jahresende hinaus. Künftig waren weniger G 12 im Bw zuhause. Bis zum 31. Juli 1960 schrumpfte der Bestand auf 58 1023, 1320, 1349, 1624 und 2021 zusammen

Erst in den 60er-Jahren gab es wieder vermehrt Zuführungen. Vor allem die Jahre 1965/66 waren davon geprägt. Einige waren wieder nur kurz im Fahrzeugpark aufgelistet. Der Traktionswechsel kam langsam voran – die Elektrifizierung machte deutliche Fortschritte. Zum Bestand des Bw Werdau zählten am 31. Juli 1966 die 58 214, 440, 1009, 1066, 1664a, 1678 und 1848. Das nächste Jahr brachte das Aus für das Bw Werdau. Seit dem 1. April 1967 unterstand Werdau dem Bw Zwickau. Dorthin wechselten die 58 214, 294 und 1066. Die 58 1678 überstellte man zum gleichen Stichtag zum Bw Dresden.

Viele Lokomotiven der BR 58 waren bereits seit über zwei Jahrzehnten, teilweise seit ihrer Anlieferung im **Bw Zwickau (Sachs)** zuhause. Aber im Herbst gelangten fast alle Maschinen in andere Orte; zumeist genutzt für die Kolonnen.

Bestand des Bw Zwickau am 1. Juli 1945:

58 201, 207, 233, 261, 404, 412?, 413, 417, 426?, 427, 428, 429, 439, 453, 455, 456, 461, 1041, 1068?, 1105, 1511?, 1567?, 1624, 1681, 1806?, 1912?, 2095

Nach den ersten Auflösungen der Kolonnenbestände kamen ab 1947, vermehrt ab 1948 wieder G 12 nach Zwickau. Doch nun überwogen die preußischen Exemplare. Eingesetzt wurden sie vor Güterzügen nach Aue, Glauchau–Chemnitz, Werdau–Gößnitz oder Reichenbach und Falkenstein.

Bestand des Bw Zwickau am 1. Juli 1955:

58 251, 259, 287, 412, 436, 1109, 1126, 1170, 1209, 1229, 1299, 1511, 1624, 1866, 1975, 2094, 2099, 2110

Aus Jüterbog im Jahre 1958 kommend, erreichte eine besondere G 12 das Bw Zwickau – die AL 5569. Ob sie im Einsatz war, ist unbekannt. Bis zum 18. November 1963 gehörte sie zum Betriebspark. Insgesamt verringerte sich die Anzahl der Lokomotiven der BR 58 in Zwickau. Andere Reihen machten ihr Anfang/Mitte der 60er-Jahre das Revier streitig. Vermehrt gelangten die 58er an andere Dienststellen, ehe 1967/68 die Außerdienststellungen begannen.

Bestand des Bw Zwickau am 1. Juli 1965:

58 259, 287, 449, 1073, 1191, 1562, 1703, 1848, 1975, 2008, 2112

Zu den letzten Zwickauer G 12 zählten die 58 1041 (1971 nach Karl-Marx-Stadt), 1132 (1972 nach Aue), 1299 (1973 +), 1359 und 1814 (beide 1972 nach Karl-Marx-Stadt). Trotz künftigem Groß-Bw Reichenbach mit Est Zwickau, wies man dort seine eigenen Lokomotiven aus. So ist 1980 die einstige Glauchauer 58 3023 dort eingetragen worden (zurück nach Glauchau).

7.5.4 Einsatz in der Rbd Erfurt

Verfügte die Direktion zum Jahresbeginn 1945 über 88 Exemplare der BR 58, war es im zweiten Halbjahr etwa die Hälfte. Trotz vereinzelter Zugänge überwogen die Abgaben. Der Sachbearbeiter Schleif der Rbd Erfurt notierte im amtlichen Lokomotivverzeichnis der Rbd rasch die Veränderungen. Häufig waren Begriffe wie

Im September 1965 stand die 58 2008 noch im Einsatz. Doch ihre Tage waren gezählt: Die DR musterte die Maschine im Dezember 1968 aus.
Foto: Slg. Heym

»Ostgebiete« oder »Westgebiete« zu lesen. Die Loks waren also irgendwo stehen geblieben. Aber auch Abgaben »nach dem Osten« oder nach Berlin dokumentierte Schleif. Neben den drei bereits erwähnten Mitnahmen durch die amerikanischen Besatzungstruppen (siehe Bw Erfurt G) überwog vor allem der Hinweis »Osten 10.8.«. Das traf für 29 G 12 zu. Sie wurden in anderen Bahnbetriebswerken der DR in der SBZ benötigt. Von den elf zugeführten 58ern mussten auch einige das Bw sofort wieder verlassen. Acht Maschinen sind dann letztlich im Oktober 1945 zur Kolonnenzugbildung der Rbd Berlin überstellt worden.

Nachdem zum 1. Juli 1945 die amerikanischen Truppen aus Thüringen abzogen waren, gehörte nun die Rbd Erfurt zur Reichsbahn in der SBZ. Neu waren im Bezirk die Bw Nordhausen und Sangerhausen, nicht mehr dazu gehörte Coburg. Künftig sollte es auch 58er Beheimatungen in Weimar, Naumburg, Suhl oder Artern geben.

Neben den Einzelbeheimatungen in Arnstadt (elsässische Schadlokomotive), Gerstungen, Suhl oder Meiningen wurde das Bw Arten erst am 6. November 1946 mit der Zuführung der 58 1349 und 1692 bedacht. Das Bw Sangerhausen wies nun ebenso wieder 58er vor.

Offizielle Listen stehen oft im Gegensatz zu den Eintragungen im Betriebsbuch oder anderen offiziellen Dokumenten. Für die 58 284 ist vom 1. Januar 1945 bis zum 30. Dezember 1948 auch

Bestand der Rbd Erfurt am 1. Januar 1946

Bw	Lok
Arnstadt	AL 5655
Eisenach	58 1020, 1336, 1753, 1945, AL5602
Erfurt G	58 1374, 1478, 1520, 1545, 1568, 1676, 1757, 1954, AL5573
Gera	58 1087, 1143, 1194, 1207, 1230, 1360, 1442, 1482, 1629, 1643, 1651, 1723, 1777, 1835, 1898, 1902, 1956, 2135
Gerstungen	58 1089, AL 5593
Meiningen	58 2029
Naumburg	58 1405, 1620, 1641, 1771, 1926, 1955, AL5645
Nordhausen	58 1215, 1349, 1513, 1587, 1607, 1692, 2131
Saalfeld	58 1023, 1091, 1300, 1633, AL5614
Suhl	58 1266
Weimar	58 1009, 1387, 1446, 1525, 1776, 2082
Weißenfels	58 1190, 1303, 1772, 1941
Zeitz	58 1119, 1519, 1635, 1655, 1825, 1940, AL5584, AL5615

Auf der Drehscheibe des Lokbahnhofs Schmalkalden stand 1959 die 58 1429. Die Maschiene passte gerade so auf die Scheibe – da war Fingerspitzengefühl beim bedienen von Regler und Bremse gefragt.
Foto: Slg. Stange

das **Bw Arnstadt** als Heimstätte verzeichnet. Offenbar stand sie dort nur abgestellt. Arnstadt profitierte von der Gattungsbereinigung bei der DR. Aus den verschiedensten Orten kamen 1947 die 58 201, 220, 419, 1227, 1456, 1683, 1778 und 1979 nach Arnstadt. Doch bereits wenige Monate später waren zahlreiche Abgänge zu verzeichnen. Neuzugänge gab es nur vereinzelt. Das Bw Arnstadt hielt am 1. Januar 1949 die 58 419, 1134, 1227, 1683, 1732 und 1979 vor. Weitere sollten folgen, aber die Anzahl im Bestand blieb nahezu gleich. Offenbar genügten die Maschinen, um die Dienste nach Neudietendorf–Erfurt oder über den Rennsteig nach Meiningen zu übernehmen. Die benachbarten Bw Erfurt G und Meiningen bestimmten das Geschehen. Für Arnstadt blieben vermehrt Schiebedienste bis nach Oberhof. Selbst die einheimische BR 44 war zunächst aus Arnstadt verschwunden. Bis zum 1. Januar 1956 wurde der Bestand des Bw Arnstadt auf 58 231, 419, 1353, 1586 und 1683 reduziert.

Das Bw Arnstadt ist auch zu einem der Standorte der Kohlenstaubfeuerung geworden. Im Jahr 1955 kamen die umgebauten 58 1353 (aus Senftenberg), 1586 (Halle G) sowie 1959 die 58 2104 (Halle G) und 1966 die 58 1048 sowie 1856 (Dresden-Friedrichstadt) nach Thüringen. Jedoch blieben 58 1353 und 1586 gerade einmal anderthalb Jahre in Arnstadt. Hingegen war die 58 2104 bis zu ihrer z-Stellung am 23. November 1966 (abgestellt am 24. Juli 1966) und die 58 1048 bis zum 24. Mai 1967 (abgestellt am 1. April 1967) dem Bw treu. Die 58 1856 rollte 1967 zurück nach Dresden. Aber diese Daten lassen erkennen, dass den Staub-58ern in Arnstadt (im Gegensatz zu der dort beheimateten BR 44 Kst) keine große Ära zuteil wurde. Damit war ebenso der Abschnitt BR 58 im Bw Arnstadt beendet, denn die übrigen G 12 hatten bis 1966 den Ort verlassen. Das Bw Arnstadt besaß zuvor am 1. Januar 1965 nur noch 58 231, 1091 und 2104.

Keinen sonderlich gepflegten Eindruck machte die 58 1266, die am 1. April 1965 als Leerfahrt durch den Bahnhof Eisenach rollte. Foto: Slg. Stange

Neben den bereits erwähnten G 12 im **Bw Artern** trafen vermehrt die Lokomotiven dieser Gattung ein. Abgabe-Bw, wiederum durch die Gattungsbereinigung, waren u.a. Berlin-Schöneweide oder Berlin-Pankow. Andere Absender waren u.a. Sangerhausen, Nordhausen und Weißenfels. Neu waren somit die 58 214, 244, 313, 1207, 1361, 1385, 1453, 1607, 1725, 1758 und 1951. Zahlreiche Änderungen waren in den nächsten zwei bis drei Jahren festzustellen. Zum 1. Dezember 1950 wurde der Bestand aufgelöst und dem Bw Sangerhausen unterstellt. Den buchmäßigen Austrag zum 30. November bekamen die 58 313z, 1385z, 1426, 1607z und 1723. Als Nachzügler zum 5. Dezember 1950 ist die Schadlokomotive 58 1453 verzeichnet. Nicht mehr dabei war die am 20. November 1950 z-gestellte 58 1692.

Wie auch in anderen Dienststellen erfuhr das **Bw Eisenach** 1947 einen Zuwachs an Vertretern der BR 58. Aber es wurde stets weiter ausgetauscht – einige Lokomotiven blieben nur Wochen, andere, die bereits 1945 im Bw waren, rollten ebenso ab, wieder andere kamen hinzu.

Im Bauzugdienst zwischen Förtha und Gerstungen war im Winter 1962 die 58 1942 des Bw Eisenach im Einsatz.
Foto: Slg. Stange

Erst etwa ab 1949 festigte sich ein kleiner Stamm. Dazu zählten am 1. Januar 1950 die 58 1363, 1508, 1753a und 1942. Weitere Zu- und Abgänge folgten. Die 58er kamen aus Gerstungen, Vacha, Roßlau, andere gelangten nach Gera, Weimar oder Gotha.

Bestand des Bw Eisenach am 1. Januar 1955

58 1607, 1623, 1629, 1632, 1639, 1641, 1778, 1807, 1942

Der Zuwachs war aufgrund der steigenden Zugzahlen nach Gerstungen, Meiningen und vereinzelt auch in Richtung Gotha–Erfurt erforderlich. Doch im schweren Kaliverkehr bewährte sich die BR 44, von der das Bw Eisenach stets etwa 16 Stück besaß. Nach weiteren Zuführungen von Lokomotiven der Baureihen 41 und 93, verlor die G 12 nach und nach, vor allem gegenüber der BR 44, ihre Aufgaben. Der Großteil gelangte 1965 zu benachbarten Dienststellen. Am 14. April 1966 schraubten die Schlosser an der letzten G 12, der 58 1864, die Bw-Schilder ab. Ihr neues zuhause war fortan Gotha.

Bestand des Bw Eisenach am 1. Januar 1965

58 1266, 1639, 1864, 1942, 1945, 1961

Einen Eintrag im Betriebsbuch mit «Bw Eisenach» erhielt vom 27. September 1979 bis zum 26. Mai 1981, dann z, die 58 3012. Sie war bis zum 13. Mai 1981 Heizlokomotive im Betriebsteil Vacha.

Trotz der Wirren des Kriegens und der ersten Nachkriegswochen, der Abfuhrbemühungen in Richtung Westen, hatte das **Bw Erfurt G** auch nach Kriegsende noch einen bedeutenden Fahrzeugpark, in dem sich auch viele 58er befanden.

Bestand des Bw Erfurt G am 1. August 1945:

58 269, 425, 432[1], 1339, 1374, 1445, 1520, 1545, 1568, 1641, 1676, 1757, 1909, 1922, 1954, 2020

[1] 58 432 stand in Bebra, kam zur DRo zurück

Obwohl diese Aufstellung nichts über den Zustand der Maschinen verrät, ist anzunehmen, dass auch rund um Erfurt nach den notwendigen Reparaturen an Strecken und Fahrzeugen der Zugbetrieb wieder einsetzte und zunahm. Das Bw Erfurt G war noch immer für die Bespannung der Güterzüge auf den Hauptstrecken nach Weimar–Naumburg, aber ebenso nach Arnstadt, Gotha oder Bad Langensalza zuständig. Zunächst, in den Jahren 1947/48 sowie noch einmal verstärkt 1953 waren umfangreiche Lokwechsel festzustellen. Erst dann verfügte Erfurt G neben Lokomotiven der BR 44 wieder über einen kleinen Stamm der BR 58. Dazu gehörten am 1. August 1955 die 58 452, 1075, 1091, 1429 und 1676. Mehr und mehr wurde die BR 58 verdrängt. Auf den Hauptstrecken dominierte ausschließlich die BR 44. Weitere G 12 verließen das Bw. Zum Jahreswechsel 1956/57 gab es im Bw Erfurt G keine 58er mehr. Erst am 16. Juni 1957 kam mit der 58 2064 wieder eine G 12 dorthin. Weitere folgten 1958 (58 1258, 1075, 1446). Auch diese Beheimatungen sollten nicht lange andauern. Das Bw war wiederum ohne 58er. Nur vereinzelt kamen wieder einige. Die letzte »echte« Erfurter sollte im Oktober 1964 die 58 1446 sein. Hinzu kamen noch die Heizlokomotiven 58 1607 (1967) und 1458 (1967–1968). Zuwachs erhielt Erfurt erst, als das Bw Weimar unterstellt wurde. Die Lokomotiven verblieben aber in ihrer alten Einsatzstelle. Doch hier spielt uns die Statistik einen Streich. Bei den Umbeheimatungen gibt es zwei Daten – einmal den 1. Januar 1968 mit 58 1049, 1414, 1581z, 1676 und 1757 sowie den 1. Januar 1969 mit 58 1075, 1087, 1143, 1189a, 1190 und 1361. Die Ära war kurz, denn noch 1969 und schließlich 1970 kamen alle verbliebenen G 12 zu anderen Dienststellen. 58 1143, 1361, 1757 und 1961 waren die letzten Vertreter.

Nach den vorhandenen Lokomotiven zu urteilen, war im **Bw Gera** offenbar keine »Hektik« ausgebrochen. Viele Maschinen aus dem Vorkriegsbestand, teilweise noch aus den 30er-Jahren, wie auch andere, die in den Kriegsjahren nach Thüringen kamen, hielten sich noch in Gera auf. Selbst die Leistungen blieben nahezu konstant.

Bestand des Bw Gera am 1. August 1945:

58 1013, 1023, 1087, 1194, 1195, 1230, 1296, 1360, 1387, 1442, 1482, 1502, 1530, 1596?, 1606, 1629, 1635, 1640, 1643, 1645, 1703, 1723, 1758 1775, 1777, 1885, 1898, 1944, 2135

Leider verrät diese Erfassung nichts über den Zustand der Lokomotiven. Wie wohl in anderen Dienststellen auch, wird nur ein Teil einsatzfähig gewesen sein. Dann folgten Abgaben für die Kolonnenzugdienste nach Weißenfels und Berlin. Aber zum Bw Gera kamen wiederum andere G 12, so dass die Anzahl in den nächsten Jahren etwa konstant blieb. Hinzu kamen bereits 1947/48 aus den Kolonnen zurückkehrende 58er. Somit besaß Gera jetzt auch sächsische und badische G 12 sowie zwischen 1955 und 1957 (+) die 58 005.

Bestand des Bw Gera am 1. Dezember 1955:

58 005
58 311, 313, 417, 446, 1023, 1038, 1060, 1073, 1107, 1184, 1203, 1205, 1207, 1227, 1320, 1325, 1360, 1374, 1379, 1522, 1531, 1570, 1596?, 1636, 1659, 1674, 1725, 1732, 1818, 1878, 1912, 1918, 1954, 1956, 2029

In den nächsten Jahren sollte es wiederum nur wenige Veränderungen geben. Nach einzelnen Abgaben zum Umbau zur BR 58[30] profitierte Gera

Das Bw Gera setzte ab April 1960 neben der G 12 auch die Baureihe 58[30] ein. Die 58 3020 übernahm Gera vom Bw Döbeln. Im Mai 1973 sammelte die Lok in ihrem Heimat-Bw neue Kräfte.
Foto: Slg. Reimer

Ebenfalls zum Bestand des Bw Gera gehörte die 58 3044. Am 27. Mai 1973 wartete sie mit ihrem Güterzug auf das Signal zur Abfahrt. Foto: Slg. Reimer

sogar von zahleichen Zuführungen der Reko-Variante. Direkt aus dem Raw Zwickau trafen im April 1960 die 58 3030 und 3031 ein. Weitere folgten bis 1962. Dazu gehörten auch die 58 3016, 3017, 3018 und 3020, die vom Bw Döbeln kamen, aber bereits 1964 zum Bw Dresden-Friedrichstadt überstellt wurden. Ebenfalls 1962, genau am 1. Oktober, unterstellte man den Lokbahnhof Greiz dem Bw Gera. Damit erhielten die 58 294, 1095, 1334, 2083 und 2095 auch die Bw-Schilder von Gera.

Bestand des Bw Gera am 1. Dezember 1965

58 294, 411, 438, 1187, 1334, 1360, 1388, 1554, 1596, 1643, 1659, 1665, 1878, 1906, 1956, 2083, 2095

58 3030, 3031, 3033, 3036, 3037, 3039, 3040, 3041, 3042, 3043, 3046, 3047, 3048, 3051, 3052, 3053, 3054, 3055, 3056

Zugunsten der Reko-Lokomotiven zog man bis auf die G 12 in Greiz den Großteil der alten Maschinen ab. Diese Entwicklung sollte in den nächsten Jahren anhalten. Das Jahr 1969 brachte vermehrt die Ausmusterung der Original-G 12. Zu den letzten zählten dann 1971 die 58 1345 (18.05.1971 nach Aue), 1384 (28.01.1971 nach Riesa) und 2095 (30.05.1971 nach Aue). Übrig blieb die BR 58³⁰. Viele der in Gera beheimateten Lokomotiven erhielten zwischen dem Umbau und der Ausmusterung nur den Eintrag vom Bw Gera. Bahnhof und Bw wechselten wieder einmal die übergeordnete Rbd. Einst Erfurt, dann Dresden, nun wieder Erfurt (01.01.1976).

Bestand des Bw Gera am 1. Dezember 1975

58 3011, 3013, 3016, 3029, 3039, 3041, 3042, 3043, 3044, 3045

Bereits im Jahre 1974/75 wurde das Aus für die Reko-G 12 eingeläutet. Zunächst gab es Abgaben nach Riesa, dann nach Glauchau. Die noch verbliebenen Maschinen wurden aufgrund des Traktionswechsels nicht mehr benötigt die Ausmusterung fand zwischen 1977 und 1979 ihren Höhepunkt. Als letzte folgte 1980 die 59 3039, die ein Jahr zuvor erst aus Riesa gekommen war.

Am 1. Juni 1945 standen neben anderen Lokomotiven auch die 58 1089 und 1545 im **Bw Gerstungen**. Dieser Ort war nun gleichzeitig auch Grenzbahnhof zu den Westzonen. Künftig waren nur Zugdienste in Richtung Osten, also nach Eisenach, zu erbringen. Im Jahr 1949 setzte die Rbd Erfurt die 58 1325 (Eisenach) sowie die 58 1629, 1639 und 1942 (aus Vacha) nach Bw Gerstungen um. Die 58 1089, erstmalig 1927 in Eisenach offiziell erfasst, verließ im Mai 1947 das Bw. Die nächsten Jahre waren von weiteren Änderungen geprägt. Oft gehörten nur drei 58er zum Gerstunger Bestand. 1952 soll das Bw Gerstungen aufgelöst, der Fahrzeugpark dem Bw Eisenach überstellt worden sein. Im Februar bzw. Juli 1952 wechselten die 58 1641 und 1629 dorthin. Mit dem Austrag der 58 1639 am 26. März 1954 (!), ebenso nach Eisenach, endet die Beheimatung der BR 58 im einstigen Bw Gerstungen. Erst nach Zuführungen im Jahr 1947 machte das **Bw Gotha** die unmittelbare Bekanntschaft mit der G 12. Das neue Bw-Schild erhielten nun die 58 1128, 1258, 1444, 1568, 1634, 1716 und 1864. Weitere 58er folgten im nächsten Jahr. Künftig waren wenige Veränderungen im Fahrzeugpark spürbar.

Bestand des Bw Gotha am 1. Januar 1950

58 1128, 1266, 1444, 1568, 1634, 1716, 1852, 1864, 1878, 1954, 1955

Erst das Jahr 1953 wies aufgrund von Verschiebungen innerhalb der Rbd Erfurt Neuzugänge, vermehrt aber auch Abgänge auf. Gotha, unmittelbar an der Hauptstrecke Erfurt–Eisenach gelegen, übernahm nicht nur dort Aufgaben, sondern auch nach Bad Langensalza und Leinefelde. Neu im Bw war die kohlenstaubgefeuerte 58 1427 (1949–1951). Offen bleibt, warum die Einzelgängerin nach ihrem Umbau am 10. November 1949 dort war. Zum Bestand des Bw Gotha gehörten am 1. Januar 1955 die 58 448, 1478, 1716, 1757, 1941, 1955 und 2035. Zugunsten andere Baureihen verringerte sich die Anzahl der BR 58 weiter. Vereinzelt waren nur zwei bis drei G 12 im Bw Gotha beheimatet. Erst ab 1959 kamen wieder einige Lokomotiven dieser Gattung hinzu.

Bestand des Bw Gotha am 1. Januar 1960

58 1453, 1508, 1543, 1629, 1632, 1775, 1864, 1902, 1955, 1979

Das Karussell der Ab- und Zugänge drehte sich weiter: Allein vier Lokomotiven gelangten 1959/1960 zur Rekonstruktion in das Raw Zwickau. Doch Gotha sollte zunächst keine Reko-58er er-

Einen bunt zusammengewürfelten Reisezug hatte im Sommer 1968 die 58 1639 des Bw Gotha bei Neudietendorf am Haken. Am Zugschluss liefen zwei dreiachsige Reko-Wagen mit. Foto: Slg. Stange

halten. Bis Ende der 60er-Jahre konnte im Bw Gotha eine hohe Anzahl von Lokomotiven der BR 58 einsatzbereit gehalten werden. Dann folgten erste Ausmusterungen. Bis zum 1. Januar 1970 verringerte sich der Bestand auf 58 1424, 1441, 1620, 1639 und 2042. Weitere Zuführungen schlossen kurzzeitig Löcher im Park. 58 1143 war vier Wochen im Herbst 1971 im Einsatz. Schließlich wurden im Oktober 1971 die 58 2083, im November die 58 1143 und im Dezember 1971 die 58 1091 abgestellt. Die letzte G 12 war die 58 1620, die am 6. März 1972 letztmalig im Einsatz war und zum 28. März 1972 in den z-Park kam.

Der Generationswechsel kam nicht so zum Tragen, wie die Rbd Erfurt hoffte. Am 22. Dezember 1971 führte man aus Saalfeld die 58 3034 und 3038 zu. Weitere Reko-G 12 waren dann 1972 die 58 3023, 3027, 3035, 3038 und 3049. Bis 1973 zog man die meisten wieder ab; am 15. Januar 1974 verließ als letzte Reko-G 12 die 58 3027 Gotha.

Das **Bw Meiningen** verlor noch 1945 seinen gesamten Bestand der BR 58 an die Bw Gera, Gerstungen sowie für den Kolonnendienst nach Berlin. Bedingt durch die bereits erwähnte Gattungsbereinigung erhielt Meiningen seit Mai 1947 aber wieder 58er. Diese kamen zumeist aus Berliner Bahnbetriebswerken. Zum Bestand des Bw Meiningen gehörten am 1. Januar 1948 die 58 220, 1300, 1775, 1816a, 1854, 1865 und 2029. Doch nach dieser für das Bw Meiningen großen Anzahl folgten noch im gleichen Jahr zahlreiche Abgaben. So waren 1951 lediglich die 58 1816 (als Schadlok) und die 58 1865 im Bw Meiningen stationiert. Trotz vereinzelter Zuführungen stand die G 12 in Meiningen stets im Schatten der BR 44. Nach 1956 gab es nur noch Einzelbeheimatungen, die eher als Lokhilfe zu verstehen sind:

An der vorbildlich gepflegten Blockstelle Geschling bei Sondershausen rollte im Sommer 1958 die 58 419 des Bw Nordhausen mit einem Personenzug vorbei.
Foto: Slg. Stange

Stationierungen der BR 58 im Bw Meiningen

Lok	vom Bw	vom	bis	zum Bw
58 1091	Suhl	31.03.1961	10.06.1961	Suhl
58 2083	Gotha	30.10.1970	27.11.1970	Gotha
58 1143	Gotha	09.09.1971	15.10.1971	Gotha
58 3032	Saalfeld	18.09.1971	21.10.1971	Saalfeld
58 1442	Saalfeld	01.11.1971	30.11.1971	Saalfeld
58 3035	Saalfeld	03.11.1971	30.11.1971	Saalfeld

Neu im Bezirk der Rbd Erfurt war das **Bw Nordhausen**. Die BR 58 war bereits dort bekannt, als Nordhausen noch zur RBD Kassel gehörte. Veränderungen gab es wenige; viele 58er gab es selten zu ermitteln.

Bestand des Bw Nordhausen am 1. Dezember 1945

58 244, 287, 1215, 1349, 1513, 1587, 1607, 1692, 2131

Vorrangig mit den benachbarten Dienststellen Artern und Sangerhausen tauschte Nordhausen Lokomotiven aus. Ende 1949/1950 hatte sich die Anzahl der G 12 in Nordhausen etwa halbiert, doch kurz darauf gab es wieder Zuführungen. Im Bw Nordhausen überwog aber der Anteil der BR 44. Teilweise waren doppelt so viele 44er im Bw Nordhausen stationiert wie 58er. Diese Situation sollte über zwanzig Jahre andauern.

Bestände der Baureihen 44 und 58 im Bw Nordhausen

Jahr	Baureihe 44	Baureihe 58
1945	15	5[1]
1946	13	10
1950	12	9
1955	17	9
1960	20	8
1965	22	8
1970	15	6
1975	18	0

1 Oktober 1945

Bestand des Bw Nordhausen am 1. Dezember 1955

58 448, 1143, 1426, 1453, 1513, 1661, 1896, 1902, 1951

Die 44er bestimmten auf der Hauptstrecke Leinefelde–Nordhausen–Sangerhausen–Halle das Geschehen im schweren Güterzugdienst. Die G 12 wich auf andere Strecken aus. Drei Lokomotiven waren u.a. in der Est Ebeleben beheimatet.

Bestand des Bw Nordhausen am 1. Dezember 1965

58 1089, 1149, 1513, 1661, 1855, 1896, 1951

Inzwischen verdingte sich der Öl-Jumbo, die umgebaute BR 44, im Bw Nordhausen. Im Jahr 1967 waren nur sechs 58er im Bestand. Aber im Gegensatz zur BR 44 standen alle Maschinen im Einsatz. Bei der BR 44 waren es 13 von 18 Exemplaren. Inzwischen stellte Nordhausen die ersten G 12 ab. Ersatz kam von anderen Dienststellen der Rbd Erfurt. Bis zum Sommer sollte dann das Aus dieser Reihe besiegelt sein. 58 1190 wurde im Bw am 11. August 1970 z-gestellt, die übrigen gelangten nach Weißenfels, Saalfeld und Dresden. Mit dem Austrag am 3. Dezember 1970 bei der 58 1441 war dann endgültig Schluss.

Endgültig? Eine Ausnahme machte die 58 3034 vom 2. Mai bis 18. September 1973. Sie sollte zunächst im Zugdienst ersatzweise aushelfen, musste schließlich ihre Dämpfe als Wärmespender im Bww Nordhausen abgeben. Angeblich soll 58 3012 dort auch geheizt haben. Einen offiziellen Vermerk in den Unterlagen gibt es aber nicht. Allerdings kam sie als Schadlokomotive (z-Park) vom Bw Eisenach (Est Vacha) zur Zerlegung nach Nordhausen.

Das **Bw Probstzella** ist vielen Eisenbahnfreunden als die Heimstätte der BR 95 bekannt. Aber dort waren auch Lokomotiven der BR 58 beheimatet. Seit April 1947 führte man diesem Bw zehn G 12 zu. Ein Teil verließ Probstzella bereits im Herbst 1947 wieder, die restlichen in den ersten zwei Monaten des Jahres 1948. Zum Bestand des Bw Probstzella zählten am 1. August 1947 die 58 432, 1089, 1134, 1230, 1320, 1441, 1442 und 1732. Vom 7. März bis zum 20. April 1948 gab es dann die Einzelbeheimatung der 58 1581 zu vermelden. Ob die Rbd Erfurt mit der BR 58 versuchte, die Leistungen für die abgefahrenen Elloks zu übernehmen, kann nur vermutet werden. Aber offenbar war die G 12 dort ungeeignet. Künftig hielt das Bw Lokomotiven der Baureihen 55, 93 und 95 vor. Im Jahr 1961 gelangten die Saalfelder 58 1441, 1778 und 1989 dorthin. Weitere G 12-Beheimatungen gab es nur für die Heizlokomotiven 58 1802, 1482 (beide bis 1968), 405 (bis 1970) und 58 1075, 1478 (beide bis 1971). Einzelgängerin war schließlich die 58 3022, die am 27. Juli 1970 vom Bw Saalfeld kam und einen Monat später wieder dorthin wechselte.

Durch den Bahnhof Saalfeld fuhr am 13. April 1969 die 58 1854. Zum Zeitpunkt der Aufnahme gehörte die Maschine zum Bestand des bekannten Thüringer Bahnbetriebswerks.
Foto: Friedrich, Slg. Heym

Am 10. September 1971 war der Kessel der in Saalfeld abgestellten 58 1103 seit zwei Monaten kalt. Doch am 11. Oktober 1971 wurde sie nach Sangerhausen umstationiert um dort am 28. Oktober in den z-Park überstellt zu werden. *Foto: Slg. Reimer*

Stets wies das **Bw Saalfeld (Saale)** eine größere Anzahl von Lokomotiven der BR 58 vor. Die noch im Sommer 1945 im Bw erfassten G 12 mussten jedoch fast alle im August 1945 nach Berlin abgegeben werden. Den Jahreswechsel in das Jahr 1946 erfuhren in Saalfeld die 58 271, 1023, 1091, 1300, 1633. Erst durch Zuführungen in den Jahren 1947/48 erholte sich der 58er-Park wieder. Am 1. Januar 1950 waren in Saalfeld 58 425, 430, 1089a, 1441, 1581, 1633, 1885 und 1945 stationiert.

Bestände der Baureihen 44 und 58 im Bw Saalfeld

Jahr	BR 44	BR 58
1945	2	10
1949	11	11
1953	8	8
1960	13	11
1965	14	9
1969	23	12

Bestand des Bw Saalfeld am 1. Januar 1955

58 425, 427, 1103, 1125, 1341, 1411, 1441, 1442, 1581, 1898, 1945

Bestand des Bw Saalfeld am 1. Januar 1960

58 1103, 1202, 1341, 1411, 1441, 1442, 1525, 1778, 1802, 1898

Im Bw Saalfeld war ebenso die Baureihe 44 beheimatet. Die schweren Güterzüge auf der Rampe nach Unterwellenborn zur Maxhütte gehörten mit zu den herausragendsten Leistungen der Jumbos. Natürlich ferner die Dienste auf der Saalebahn nach Göschwitz–Naumburg oder bis nach Gera. Die 58er musste sich schon die Leistungen mit der BR 44 auf der Saalebahn teilen. Hinzu kamen Übergabedienste sowie Züge nach Probstzella.

Da die Güterzugleistungen zunahmen, musste wiederholt der Bestand angepasst werden. Ein stetes Manko beim Dampfeinsatz war, dass oft nur die Hälfte der Maschinen zur unmittelbaren Verfügung stand. Aufgrund der Beanspruchung waren viele zur Reparatur, andere zum Auswaschen. Wegen der Unterhaltung sowie schlechten Kohlen dauerten Dienstschichten oft sehr lange – gerade einmal die Strecke wurde hin und zurück bewältigt.

Innerhalb der Direktion Erfurt wurde fleißig getauscht. Das sollte sich mit der neuen Zugordnung der Est Göschwitz, von Weimar übernommen, fortsetzen. Bis 1970 war es wichtig, dass im Bw Saalfeld die annähernd gleiche Anzahl von G 12 gehalten wurde. Zugänge waren dadurch aus Erfurt oder Dresden zu verzeichnen. Obwohl die Anzahl der BR 44 zunahm und einige Jumbos mit Ölfeuerung ausgerüstet waren, blieb die BR 58 bis etwa 1971 ein fester Bestandteil im schweren Güterzugdienst.

Bestand des Bw Saalfeld am 1. Januar 1971

58 1119, 1125, 1411z, 1414, 1442, 1478, 1641, 1676z, 1854z

58 3012, 3014, 3022, 3023, 3024, 3027, 3032, 3034, 3035, 3038, 3049, 3050

Seit dem Juni 1970 waren in Saalfeld auch Reko-58er beheimatet. Ihre Einsatzzeit dauerte bis 1973. Ausnahmen bildeten die Heizlokomotiven 58 3014 (06.02.1979–30.05.1980, z) sowie die 58 3034 (25.09.1979–30.07.1981, z). Ebenfalls als Wärmespender verdingte sich die 58 1757 in der Est Lobenstein in den Jahren 1970/71. Das Abstellen der G 12 sollte 1971 seinen Höhepunkt erreichen. Die letzten Exemplare waren die 58 1442, abgestellt am 29.12.1971, z-gestellt am 27.01.1972, und die 58 1125 (a 11.05.1972; z 29.05.1972).

Wie Nordhausen gehörte nun auch das **Bw Sangerhausen** seit 1945 zur Rbd Erfurt. Bis zum November 1945 zählten dort die 58 1339, 1346, 1513, 1562, 1692 und 2040 zum Bestand. Das Aussondern begann bereits im Juni. Empfänger waren u.a. die benachbarten Bw Nordhausen und Röblingen. Erst 1947 kamen mit 58 258, 259, 313, 1190, 1195, 1429, 1458, 1623, 1663, 1723 und 1725 wieder G 12 nach Sangerhausen. Ein Teil stammte aus den Berliner Dienststellen, die wegen der Gattungsbereinigung sich von der G 12 trennten. Aber einige Maschinen verblieben nur Monate im Bw Sangerhausen, andere wurden wieder zugesetzt. An der Aufgabenteilung mit der BR 44 im Bw änderte sich nichts. Neben dem Schubdienst nach Blankenheim gab es u.a. Umläufe nach Artern, Stolberg oder in Richtung Hettstedt. Am 1. Januar 1950 gehörten zum Bw Sangerhausen 58 1020, 1190, 1195, 1307, 1349, 1623, 1663 und 1951.

Bestände der Baureihen 44 und 58 im Bw Sangerhausen

Jahr	BR 44	BR 58
1944	27	6
1945	11	6
1946	12	0
1947	12	9
1953	13	9
1958	15	0

Inzwischen reifte der Entschluss, die BR 58 gänzlich aus dem Bw Sangerhausen abzuziehen. Im Jahr 1953 begannen die Abgaben, die 1954 ihren Abschluss fanden. Zu den (zunächst) letzten G 12 gehörten die 58 313a, 1453, 1607a und 1663. Nur vereinzelt kam in den nächsten Jahren eine 58er nach Sangerhausen. Neben der BR 44 bewährte sich zunächst die BR 55[0] (G 7[1]), dann die G 8[2] (BR 56[20]). Doch 14 Maschinen der BR 44 und sechs der 56er genügten 1965 nicht, so dass seit 1965, verstärkt ab 1966, die BR 58 nach Sangerhausen zurückkehrte. Zum Bestand des Bw Sangerhausen zählten am 30. Oktober 1966 die 58 1089, 1091, 1125, 1134, 1478 und 1607. Aber bereits 1967 zog die Rbd Erfurt die G 12 wieder ab. Vor allem das Bw Nordhausen profitierte davon. Es gab ebenso die ersten z-Stellungen. Die letzte war dann die 58 1103. Aus Saalfeld am 12. Oktober 1971 kommend, blieb sie bis zum 12. Oktober 1971 in Sangerhausen beheimatet. Ob sie im Einsatz war, ist fraglich, denn der letzte Betriebstag ist mit dem 12. August datiert.

Seit dem Mai bzw. Juni 1972 waren mit 58 3024 und 3050 noch einmal Lokomotiven dieser Bauart in Sangerhausen stationiert. 58 3024 verließ das Bw bereits am 10. Juli 1972, die 58 3050 nach einen Intermezzo in Röblingen erst am 30. Januar 1973 nach Riesa.

Nur gelegentlich war eine G 12 im **Bw Suhl** beheimatet. Die benachbarten Bw Meiningen und Arnstadt übernahmen fast den gesamten Zugdienst. Suhl konnte oft nur den Schiebedienst zum Rennsteig übernehmen. Hinzu kamen Überführungen nach Zella-Mehlis. So gehörten am 1. Dezember 1947 lediglich 58 1266, 1522 und 1852 zum Bw Suhl. Von 1949 bis 1953 war keine G 12 in Bw stationiert. Dann folgten Einzelbeheimatungen bis 1966. 58 1641 und 1876 beendeten im April 1966 den kleinen Abschnitt der BR 58 in Suhl.

Das **Bw Vacha** konnte im Naschkriegsbestand auf keine 58er mehr verweisen. Stattdessen hielt man dort die BR 50 vor. Erst die Gattungsbereinigung brachte den Wechsel – die BR 50 ging, die BR 58 kam. Im Werratal bewährte sich die BR 58. Günstig war, dass sie aufgrund ihrer kürzen Abmaße gegenüber der BR 50 auch in Kaltennordheim und Bad Salzungen gedreht werden konnte. Die Wechsel im Park hielten an; weitere G 12 kamen im Jahre 1948, einige verblieben nur Monate.

Bestand des Vacha am 1. Januar 1950

58 1320, 1336, 1520, 1621, 1632, 1636, 1807, 1896, 1949, 2035

Allerdings waren drei G 12 aus dieser Aufzählung nicht betriebsfähig. Seit dem 1. Juli 1952 war bei Vacha die Eisenbahn nach Westen unterbrochen. Die schweren Kalizüge über den einstigen Korridor von Philippsthal nach Gerstungen fuhren künftig über den Berg nach Gerstungen. Sehr rasch wurde innerhalb des Jahres 1952 die neue Strecke Vacha–Unterbreizbach über den Sünnaer-Berg gebaut, um den Kaliverkehr weiterhin aufrecht zu erhalten. Die schweren Züge mussten mehrfach geteilt werden, um sie zu befördern. Die 1' E-Lokomotiven der BR 58 war dafür nur bedingt geeignet, sie neigten zum Schleudern. Die Baureihe 95 bewährte sich besser. Künftig gehörten auch wieder Lokomotiven der BR 44 zum Bestand. Die Anzahl der G 12 wurde verringert. Der Bestand des Bw Vacha umfasste am 1. Januar 1955 die 58 1266, 1336, 1520, 1621 und 1949. Bis 1956 war die G 12 weitgehend aus Vacha verschwunden. Nur vereinzelt, als Lokhilfe, gab es in den nächsten Jahren Einzelbeheimatungen der BR 58 im Bw Vacha. Die 44er zogen alle Kalizüge. 58 1864 und 1942 waren 1963 die letzten ihrer Gattung im Bestand des Bw Vacha.

Durch die Kriegswirren waren vom einstigen Bestand der BR 58 im **Bw Weißenfels** nur wenige Maschinen übrig geblieben. Im Juni 1945 überstellte die Direktion diese Exemplare an andere Dienststellen. Erst im Herbst 1947 war die Gattung G 12 wieder in Weißenfels zuhause. Viele von den Zuführungen blieben nur bis zum Frühjahr des folgenden Jahres.

Bestand des Bw Weißenfels am 1. Januar 1948

58 1048, 1202, 1230, 1345a, 1411, 1414, 1456, 1522, 1802, 1809, 1931, 2064

Diese Anzahl sollte zunächst den letzten Höhepunkt in der Geschichte der BR 58 im Bw Weißenfels darstellen. Vermehrt verfügte die Rbd Erfurt Lokomotiven der BR 44 nach Weißenfels. Anfänglich waren etwa 20 Jumbos dort stationiert. Demzufolge nahm die Anzahl der G 12 rasch ab.

Bestände der Baureihen 44 und 58 im Bw Weißenfels

Jahr	BR 44	BR 58
1945	1	16
1947	20	12
1949	34	10
1953	33	7
1957	28	1

In den 50er-Jahren gab es nur Einzelbeheimatungen. 1951 war die kohlenstaubgefeuerte

Zu den letzten G 12 des Bw Weißenfels gehörte die 58 1441, die im Juli 1968 mit einem ansehnlichen Güterzug durch den Erfurter Hauptbahnhof stampfte. Schließlich wurde sie am 21. Mai abge- und am 28. Juni 1971 z-gestellt.
Foto: Dahlström, Slg. Garn

Zur Einsatzstelle Göschwitz gehörte 1962 die 58 1134 des Bw Weimar. Eine Rangierpause im Bahnhof Jena West nutzten das Lokpersonal und der Rangierleiter für ein Erinnerungsbild.
Foto: Slg. Garn

Die 58 2048 diente Schlossern des Bw Weimar 1965 als Kulisse für dieses Gruppenbild.
Foto: Slg. Garn

Bestand des Bw Weimar am 1. Juli 1955

58 1087, 1089, 1119, 1189, 1190, 1296, 1303, 1307, 1361, 1414, 1424, 1444, 1454, 1458 1482, 1525, 1543, 1564, 1778, 1835, 1876, 1922, 2048

Viele dieser Lokomotiven gehörten nun rund zehn Jahre zum Bw Weimar. Erst 1967 begannen verstärkt die Abgaben an andere Dienststellen der Rbd Erfurt. Mit dem Austrag zum 31. Dezember 1968 wechselten nicht nur die Lokomotiven, darunter einige G 12, nach Erfurt, sondern Weimar wurde zur Einsatzstelle des Bw Erfurt erklärt.

Bestand des Bw Weimar am 31. Dezember 1967

58 1049, 1075, 1087, 1143, 1189, 1190, 1230, 1361, 1414, 1676, 1757, 1922z[2], 2042[1]

1 58 2042 am 28.06.1968 zum Bw Gotha
2 58 1922 z 22.11.1967

Bis etwa 1969 standen die 58er der Est Weimar noch unter Dampf. Einige gelangten im Mai 1969 zum Beispiel zum Bw Saalfeld.
Zwischen Juni und Oktober 1945 liefen dem **Bw Zeitz** einige G 12 zu. So waren dort neben zwei 44er, fünf 50er, 18 Stück der BR 52, neun 55ern und sieben Loks der BR 57[10] auch acht Maschinen der BR 58 und zwei AL G 12 stationiert.

Bestand des Bw Zeitz am 27. November 1945

58 1119, 1519, 1635, 1640, 1655, 1825, 1940, 2901
AL 5584, 5615

Nach der Gattungsbereinigung 1947 – die Vertreter der BR 50, 52 und 57 hatten Zeitz verlassen – kamen vermehrt Dreizylindermaschinen der Baureihen 44 und 58 dorthin. Doch zugunsten weiterer G 12 zog die Rbd Erfurt 1948 die BR 44 weitgehend wieder ab.

Bestand des Bw Zeitz am 1. Januar 1949

58 452, 454, 541, 1023, 1110, 1119, 1192, 1205, 1266, 1321, 1330, 1341a, 1405a, 1458 1519z, 1655a, 1777, 1809, 1811, 1813a, 1825, 1926, 1940, 1941, 1969, 1980, 2107a, 2109z

Der Lebensweg der 58 1655 zeigt auf, wie schwierig es war, in der Nachkriegszeit die Lokomotiven wieder zum Dampfen zu bekommen. Als Schadlok kam sie am 7. Juni 1945 aus Weißenfels, am 14. September 1946 rollte sie von Zeitz in das Raw Meiningen ab. Dort erfolgte zum 5. Dezember 1955 die z-Stellung.
Für das Jahr 1955 lagen folgende Zahlen vor: Neben fünf 44er standen im Betriebspark 16 preußische G 12. Im Schadpark befanden sich

58 1048 dort stationiert, ehe sie nach ihrem Umbau im Juli 1951 am 23. August 1951 zum Bw Halle G wechselte.
Nach Versuchen mit Lokomotiven der BR 55 orientierte man sich Mitte der 50er-Jahre am Einsatz der BR 56[20]. Zum Bestand des Bw Weißenfels gehörten am 1. Januar 1956 lediglich 58 1230, 1456, 1508, 1568 und 2064. Die 58 2064 verließ als vorerst letzte G 12 am 16. Mai 1957 das Bw Weißenfels. Nach 1964 kamen wieder einige 58er in dieses Bw. Trotz z-Stellungen 1969 blieben die Exemplare bis in das Jahr 1970 im Einsatz. Im Jahre 1970 trug sich die 58 3022 in die Listen des Bw ein – vom 26. Juni bis zum 1. Juli 1970. Das Bw Weißenfels war am 1. Januar 1971 Heimat der 58 1020a, 1091, 1230a, 1441, 1623z, 1961, 1981z und 2106. Als die letzten G 12 stellte man die 58 1441 am 21. Mai 1971 ab, am 27. Juni z, und die 58 2106 wurde am 27. September ab- und genau einen Monat darauf z-gestellt.
Vier Lokomotiven der BR 58 rollten im Jahre 1944 dem **Bw Weimar** zu. Weitere kamen 1945 hinzu. Neben wenigen Diensten auf der Hauptstrecke zwischen Naumburg–Apolda–Weimar–Erfurt verdingten sich Lokomotiven des Bw Weimar vor allem auf den Strecken nach Bad Berka–Kranichfeld und Göschwitz. Der Bestand des Bw Weimar umfasste am 1. Juli 1945 die 58 1009, 1446, 1525, 1543, 1800, 1942 und 2082. Nach einigen Veränderungen im Herbst des Jahres sowie im Folgejahr, waren gravierende Änderungen im Fahrzeugpark wiederum nach der Bereinigung im Jahre 1947 festzustellen. Doch nur wenige blieben über das Jahr 1948 hinaus. Erst die Zuführungen Anfang bis Mitte der 50er-Jahre führten wieder zu einer über einen längeren Zeitabschnitt konstanten Anzahl.

Wahrscheinlich im Bw Altenburg entstand dieses Bild von der 58 1017, die gerade ihre Vorräte ergänzte. Das Bw Altenburg setzte die 58 1017 bis zu ihrer Ausmusterung am 5. Juni 1968 ein.
Foto: Slg. Stange

zwei DR 58er, zwei AL G 12 sowie zwei polnische 58er. Das Bw Zeitz war vor allem für die Zugdienste zwischen Leipzig–Zeitz und Gera zuständig. Ebenso waren die Lokomotiven nach Deuben–Weißenfels, Naumburg, Großkorbetha oder nach Altenburg im Einsatz.

Bestand des Bw Zeitz am 1. Januar 1964

58 443, 1110, 1345, 1346, 1405, 1422, 1658, 1723, 1867, 1926, 1940, 1969, 2013, 2138

Inzwischen liefen seit 1961 Exemplare der BR 52 in den Zeitzer Umläufen mit. Sieben Jahre später sollten die Reko-52er die BR 58 ablösen. Zeitz, seit dem 1. Juni 1967 dem Bw Leipzig Hbf West unterstellt, behielt seinen eigenen Fahrzeugpark. Die Jahre 1967–1969 brachten die vermehrte Abstellung und Abgabe (u.a. nach Altenburg). Zu den letzten G 12 gehörten die 58 401 (a 07.12.; z 12.12.1968) und die 58 1867, die am 24. August 1970 zum Bw Engelsdorf abfuhr. Als Leihlok war 1970 noch kurz die 58 1443 im Park.

7.5.5 Einsatz in der Rbd Halle

Im halleschen Bezirk spielte die Baureihe 58 zu verschiedensten Jahren eine wichtige Rolle im schweren Güterzugdienst. Doch auch hier prägten unterschiedliche Zeitabschnitte den Einsatz. Während in den Bahnbetriebswerken Halle G, Weißenfels, Engelsdorf oder Altenburg die G 12 bereits seit Indienststellung zuhause war, stellte sie anderen Dienststellen eine Splittergattung dar. Die bereits erwähnte Gattungsbereinigung brachte dann auch in der Rbd Halle die Veränderung.

Der Großteil der 58er war zum Jahresbeginn 1945 aus dem **Bw Altenburg** bereits abgezogen worden. Vom Vorkriegsbestand waren lediglich noch 58 1095, 1149 (seit 02.45), 1444, 1665 (mit Unterbrechung), 1878, 1969, 1973, 1980 und 2049 im Sommer 1945 in Altenburg stationiert. Im Oktober und im November 1945 kamen weitere G 12 nach Altenburg, allerdings einige der genannten mussten gehen.

Bestand des Bw Altenburg am 1. Januar 1946

58 211, 1115, 1128, 1149, 1716, 1852, 1878, 1969, 1973, 1980, 2049

Bereits das Jahr 1946 brachte die nächsten Veränderungen. Zunächst waren zahlreiche Abgänge zu verzeichnen. Im nächsten Jahr folgten die Zuführungen von 58 415, 427, 428, 1109, 1179, 1554, 1666, 1705, 1781, 2006 und 2042. Sie kamen aus den Bw Wustermark sowie Cottbus. Lokomotiven, die bereits 1945/46 im Bw Altenburg waren, standen nun auf den Abgabelisten; die »neuen« blieben die nächsten Jahre im Bw. Der Austausch sollte die nächsten Jahre andauern. Ferner machten auch andere Baureihen im Bw Station. Künftig dominierte im Bw Altenburg aber die BR 44.

Bestand des Bw Altenburg am 1. Januar 1955

58 211, 1105, 1179, 1242, 1545, 1602, 1705, 1724a

Nach dieser offensichtlichen Flaute im Park, kamen besonders seit 1957 wieder einige G 12 nach Altenburg. Mit der Elektrifizierung 1962/63 verloren die Dampflokomotiven einige ihrer Leistungen zwischen Leipzig–Altenburg–Werdau–Zwickau. Doch noch fehlten elektrische Lokomotiven, so dass noch in den 60er-Jahren Dampflokomotiven unter dem Fahrdraht angetroffen wurden. Auch die Dienste nach Gera oder Glauchau blieben noch eine Dampfdomäne. Neu im Bw waren auch vier 58er, die zuvor von der Kohlenstaubfeuerung System Wendler auf die Rostfeuerung zurückgebaut wurden. Es waren die 58 453, 1387, 1586 und 1643.

Bestand des Bw Altenburg am 1. Januar 1965

58 253, 1017, 1121, 1179, 1387, 1427, 1509, 1586, 1635, 1705, 1784, 1926, 1980, 2107, 2138

Doch das Ende der BR 58 war absehbar, da nach und nach Diesellokomotiven das Revier ihr streitig machten. Die ersten Ausmusterungen folgten ab 1966. Der Höhepunkt der Abstellungen war 1968 zu verzeichnen. Im Gegensatz zu anderen Baureihen und Dienststellen folgte oft unmittelbar nach dem letzten Betriebstag die z-Stellung. Das traf für neun Lokomotiven zu. Schließlich folgten 1969 die z-Stellungen der 58 1208, 1681 und 1940. Auch 58 1940 war ihr letzter Tag im Betriebsdienst und am gleichen Tage, der 14. Mai, gab es die z-Markierung. 58 1201 gelangte 1969 nach Dresden, so dass als letztes Exemplar die 58 211 bis zum 4. Januar 1970 in Altenburg verblieb.

Die 58 1029 und 1151 gehörten 1946 zum Fahrzeugpark des **Bw Bitterfeld**. Aber erst weitere Zuführungen, zumeist am 15. August 1947 aus Halle, brachten den deutlichen Zugewinn. Damit war auch das Bw Bitterfeld in der Lage, nach dem Abbau der elektrischen Fahrleitung (wenn auch ein Jahr verspätet), mit zugkräftigen Maschinen die Lasten im Chemiedreieck zu befördern. Darunter waren auch die Kohlenstaublokomotiven 58 1416, 1677, 1794 und 1894. Doch ihr Einsatz war nicht lange, bereits 1949 standen sie abgestellt und kamen zurück nach Halle G.

Bestand des Bw Bitterfeld am 1. Januar 1950

58 1029Hzl, 1121, 1126, 1151a, 1295, 1386, 1503, 1665, 1810, 1848

Bis 1952 waren nahezu alle G 12 des Bw Bitterfeld schadhaft abgestellt. Lediglich die 58 1075, 1202 und 1325 heizten in einem VEB. 1953 war die BR 58 Geschichte im Bw Bitterfeld zu Ende.

Nach den verheerenden Angriffen auf die Verkehrsanlagen der Stadt Leipzig, stand im Vorort Engelsdorf am 10. April 1945 auch kein Stein mehr auf dem anderen, lagen zahlreiche Lokomotiven umgekippt. Das **Bw Engelsdorf** hatte einige Lokomotiven der BR 58 vorzuweisen. Einen Bombentreffer wies die 58 1817 vor. Bei weiteren

Durch den verschneiten Bahnhof Weißenfels rollte am 29. Januar 1968 die 58 2064. Rückwärtsfahrten mit der G 12 waren aufgrund der fehlenden Tenderrückwand bei den Personalen unbeliebt.
Foto: Slg. Stange

Lokomotiven folgte bis 1947 die Ausmusterung, bei der Schadlokomotive 58 1817 erst 1953.

Bestand des Bw Engelsdorf am 1. September 1945

58 460z, 516a, 1095, 1705, 1797z, 1817z, 1976a, 2100a, 2110a

Die 58 1705 aus Halle G, 1095 aus Altenburg oder 58 1066 aus Döbeln brachten bis zum Jahresende mit anderen Lokomotiven den Zugdienst wieder ins Rollen. Weitere folgten im Jahr darauf. Bis 1947 waren jedoch die meisten G 12 aus Engelsdorf abgezogen, fanden sich zum Teil in der Kolonne 27 des Bw Leipzig West wieder. Übrig blieben nur die Schadlokomotiven 58 516, 1817 und 2110, deren Ausmusterung absehbar war. Erst am 1. September 1959 war wieder eine 58er im Bw Engelsdorf beheimatet. Es war die 58 3022, die direkt vom Umbau aus Zwickau kam. Weitere kamen vom Werk oder aus Riesa und Dresden. Bis zum 1. September 1960 versammelten sich 58 3012, 3022, 3023, 3024, 3025, 3027, 3032 und 3035 im Bw Engelsdorf. Trotz einzelner Abgaben und Zuführungen blieb bis zum Juni 1970 ein Stamm von elf Reko-G 12 erhalten. Die letzte, die wie die anderen auch nach Saalfeld abfuhr, war die 58 3023 am 3. August 1970. Zwischen 1968 und 1970 kamen noch einige Original G 12 nach Engelsdorf. Zu den letzten gehörten die 58 1283 (Heizlok bis Oktober 1969), 58 211 (bis 30.06.1970) und 58 1867 (bis 11.10.1970).

In Großkorbetha trennen sich die Schienwege nach Halle bzw. Leipzig. Vorrangig für die Güterzüge von und nach Leuna, ebenso in Richtung Weißenfels, stellte über viele Jahre das **Bw Großkorbetha** die Lokomotiven bereit. Nach einigen Zuführungen aus benachbarten Orten standen Ende 1945 u.a. wieder ausreichend G 12 zur Verfügung. Zum Bestand des Bw Großkorbetha zählten am 1. Dezember 1945 die 58 205, 1010, 1017, 1184, 1537, 1591, 1863 und 2070. Lokaustausche veränderten rasch den kleinen Stamm. Erst mit der Gattungsbereinigung kamen im Spätherbst 1947, vornehmlich aus Cottbus, Wustermark oder Berlin-Pankow, 58er in das Bw. Weitere stammten u.a. vom Bw Halle G.

Bestand des Bw Großkorbetha am 1. Dezember 1950

58 205, 461, 1010, 1017, 1072, 1283, 1362, 1428, 1548, 1591, 1664, 1769, 1784, 1984, 2070, 2138

Der verdoppelte G 12-Bestand spiegelt die erhöhten Zugdienste im Chemiedreieck wieder. Der Großteil der Lokomotiven verblieb in den nächsten Jahren in Großkorbetha. Als zum Jahresende 1960 das Bw seine Selbständigkeit verlor und dem Bw Merseburg unterstellt wurde, wechselten auf dem Papier die 58 461, 1043, 1208, 1283, 1509, 1548, 1640 und 2013. Bis etwa 1966/67 blieben die Dienste bestehen, wenn auch an den Maschinen »Bw Merseburg« stand. Seit dem November 1944 erreichten mehrere G 12 das **Bw Roßlau Gbf**. Der Großteil verließ bis zum August 1945 das Bw. Viele gelangten zum Bw Berlin-Karlshorst. Als letzte dieser Reihe trug man im November 1945 die 58 1028, 1581 und 1634 aus, die auch nach Berlin abrollten.

Bestand des Bw Roßlau Gbf am 1. August 1945

58 1028, 1056, 1384, 1422, 1430, 1581, 1634, 1636, 1665, 1683, 1725

Die am 1. November 1952 aus Eisenach überführte 58 1807 diente bis zum 23. April 1953 im Hydrierwerk in Rodleben als Heizlokomotive.

Etwa 200 Einzelbeheimatungen der BR 58 gab es zwischen 1945 und 1971 im **Bw Halle G**. Die Mehrzahl der dort beheimateten Lokomotiven verblieb auch eine längere Zeit in diesem Ort. Selbst in der Nachkriegszeit blieb das Bw Halle G nahezu von eiligen Ab- und Zugängen verschont.

Bestand des Bw Halle G am 1. Dezember 1945

58 312, 1048, 1084, 1097, 1107, 1126, 1132, 1242, 1295, 1337, 1345, 1379, 1411, 1548, 1575, 1809, 1848, 1867, 1990, 2040, 2064, 2109

Lokomotiven des Bw Halle G übernahmen über Jahrzehnte die Güterzugleistungen rund um die Saalestadt. Zu den Zielen gehörten u.a. Bitterfeld, Köthen, Röblingen–Sangerhausen oder Merseburg–Leuna–Großkorbetha. Beginnend in den Jahren 1948/49 gelangten die ersten Kohlenstaublokomotiven des Systems Wendler nach Halle. Doch nur wenige kamen direkt nach dem Umbau, denn aufgrund von Problemen gab es noch Nacharbeiten im Raw, so dass sich die Übernahme bis zu einem Jahr verzögerte.

Verzögerungen bei der Übernahme der BR 58 Kst

Lok	Abnahme	Übernahme nach NA im Bw
58 432	10.09.1949	13.10.1950
58 454	30.09.1949	29.11.1950
58 456	31.08.1949	08.08.1950
58 1112	20.09.1949	17.05.1950
58 1353	30.06.1948	10.04.1949
58 1640	09.12.1949	26.07.1950

In den nächsten Jahren folgten einige Lokwechsel mit den benachbarten Dienststellen, aber ebenso mit den anderen Kohlenstaub-Bw. Neben Dresden, Senftenberg oder Leipzig-Wahren gehörten dazu auch die nicht typischen Kohlenstaub-Bw Berlin-Lichtenberg oder Röblingen. Der Großteil der »Stauber« blieb aber in Halle G bis zur Abstellung.

Bestand des Bw Halle G am 1. Dezember 1952:

58 231, 312, 404 Kst, 428 Kst, 432 Kst, 444 Kst, 453 Kst, 454 Kst, 456 Kst, 457 Kst, 1048 Kst, 1068, 1112 Kst, 1115 Kst, 1201, 1208 Kst, 1215 Kst, 1321 Kst, 1324, 1346 Kst, 1349 Kst, 1353 Kst, 1387 Kst, 1416 Kst, 1427 R, 1431 R, 1537, 1575 Kst, 1794 Kst, 1847 Kst, 1856 Kst, 1894 Kst, 1952 Kst, 1990 Kst, 2040 Kst, 2051v, 2098 Kst, 2104 Kst, 2109 Kst, 2131 Kst, 2135

R Rückbau von Kohlestaubfeuerung auf Rostfeuerung
v vermietet an Buna

Trotz einiger Umstationierungen blieb der Park nahezu gleich. Erste z-Stellungen gab es ab 1964. Dazu zählten u.a. die 58 432 (a 24.07.1963, z 24.12.1964), 58 457 (a 30.10.1964, z 25.03.1965) oder die verunglückte 58 1068 (a 23.02.1965, z 23.09.1965). Die große Ausmusterungswelle begann dann 1966. Bereits zwei, drei Jahre zuvor stellte man die BR 58 Kst ab. Die Entscheidung fiel zunächst zu Gunsten der ebenfalls im Bw Halle G beheimateten und jüngeren BR 44. Hinzu kamen die Elektrifizierung einzelner Abschnitte rund um Halle in den Jahren 1961/63.

Bestand des Bw Halle G am 1. Dezember 1965

58 401, 404 Kst z, 432 Kst z, 444 Kst z, 457 Kst a, 1025, 1068z, 1416 Kst, 1794 Kst a, 1815a, 1847 Kst z, 1856 Kst, 1894 Kst a, 1993 Kst, 2006z, 2019a, 2098 Kst, 2109 Kst

Von den kohlenstaubgefeuerten Maschinen waren lediglich die 58 1416, 1856, 1993, 2098 und 2109 einsatzfähig. Ihre Abgaben nach Dresden oder die Abstellung folgte 1966. Als letzte wurde 58 1416 am 24. November ab- und z-gestellt. Die letzten G 12 waren die 58 1283 und 1346, die als Heizlok bis zum 10. Dezember 1970 dienten und danach zum Nachbar-Bw P wechselten, sowie

Interessante Einzelbeheimatungen in den Jahren 1952 und 1953 im Bw Halle P

Lok	vom	bis	Bemerkungen
58 1346	21.03.1953	08.01.1958	vom Umbau Kohlenstaub am 20.03.1953
58 1353	06.05.1953	15.12.1954	vom Bw Halle G, Versuchslok; nach Senftenberg
58 1664	23.03.1954	01.09.1954	der VES-M überstellt
58 1664	24.01.1955	23.03.1955	der VES-M überstellt
58 3001	01.04.1958	11.12.1958	der VES-M überstellt
58 3028	08.03.1960	29.06.1960	der VES-M überstellt
58 1346	11.12.1970	28.02.1971	Heizlok
58 1283	11.12.1970	25.05.1971	Heizlok bis 25.05., dann z

Im Bw Halle G dampfte am 8. August 1953 die kohlenstaubgefeuerte 58 1112 vor sich hin. Letztes Heimat-Bw der 58 1112 war Dresden-Friedrichstadt, wo die Lok am 14. Juli 1967 ausgemustert wurde.
Foto: Slg. Stange

die 58 1443, die am 9. Januar 1971 ab- und z-abgestellt wurde.
Nach dem Abgang der Lokomotiven der Kolonne 32 waren seit dem Dezember 1947 im **Bw Halle P** auch wieder einige Lokomotiven der BR 58 für den freien Verkehr vorhanden. Dazu gehörten 58 445, 1295, 1324, 1575 und 2040 (seit Dezember 1947). Zur Kolonne 32 zählten 58 201, 417, 444, 454, 1201 und 1202 (bis zum Frühjahr 1947). Auch wenn 1948 einige weitere G 12 in das Bw kamen, waren noch im gleichen Jahr fast alle an das Bw Halle G überstellt worden. Bis 1950 blieb die 58 1591; im Oktober wurde sie durch die 58 1724 abgelöst, die bis zum 11. Dezember 1950 dem Bw Halle P zugehörig war. Die Erprobungsmaschinen der Versuchs- und Entwicklungsstelle der Maschinenwirtschaft der DR (VES-M) waren ebenfalls im Bw Halle P beheimatet.
Zahlreiche 58er »strandeten« offenbar im **Bw Merseburg**, denn die Stationierungsdaten beginnen dort teilweise Ende 1944, Anfang 1945. Vermutlich kamen sie aus den Ostgebieten. Einige waren aber bereits seit 1940/42 im Bw. Weitere Zugänge sind im Herbst 1945 erfasst worden.

Bestand des Bw Merseburg am 1. Dezember 1945

58 220, 406, 419, 1025, 1029, 1042, 1121, 1228, 1320, 1321, 1385, 1386, 1414, 1428, 1508, 1531, 1535, 1570, 1769, 1802, 1810, 1864, 1931, 1943, 2019, 2099

Bis zum Jahresende 1947 verlor Merseburg fast alle seine G 12. Den Jahreswechsel 1947/48 als Merseburger Maschinen erlebten die 58 444, 1025, 1283, 1362, 1602, 1681, 1691. Im nächsten Jahr waren lediglich die 58 1017 und 1025 vorhanden. Einzelstationierungen in den 50er-Jahren waren insgesamt bedeutungslos; das Bw Merseburg setzte andere Baureihen ein. Mit der Übernahme der Lokomotiven aus dem aufgelösten Bw Großkorbetha erhielten zwar einige G 12 wieder die Anschrift von Merseburg, doch zuhause waren sie dort nicht. Ende der 60er-Jahren erhielten weitere 58er diese Anschrift. Offen bleibt, ob sie in Merseburg oder in Großkorbetha waren. Die letzten Merseburger G 12 waren ausnahmslos Heizlokomotiven. Das traf auf die 58 1548 (bis 25.03.1969), 1602 (15.05.1970), 1867 (27.02.1971) und 58 1346 (bis 25.05.1971) zu.
Erst in den letzten Kriegsmonaten konnte das **Bw Naumburg (Saale)** Bekanntschaft mit der BR 58 schließen. Die 58 1771 und 269 liefen dem Bw, aus dem Osten kommend, zu. In den ersten Friedenswochen überstellte die Rbd Halle weitere dorthin. Zum Bestand des Bw Naumburg gehörten am 1. Dezember 1945 die 58 541, 1405, 1620, 1641, 1771, 1926 und 1955.
Weitere Veränderungen im Fahrzeugpark sind dokumentiert. Jedoch erst 1953 erhielt Naumburg eine größere Anzahl von Lokomotiven der BR 58 zugewiesen. Doch das Hin und Her sollte andauern. Naumburger Lokomotiven bespannten Züge auf der Hauptstrecke zwischen Weißenfels und Apolda–Weimar und darüber hinaus waren sie ebenso nach Deuben–Zeitz oder nach Vitzenburg zu sehen.

Bestand des Bw Naumburg am 1. Dezember 1955

58 1020, 1134, 1202, 1385, 1771, 1772, 1775, 1802, 1854, 1973

Die Wechsel sollten andauern. Bestes Zeugnis dafür war der Bestand am 1. Dezember 1965.

Bestand des Bw Naumburg am 1. Dezember 1965

58 418, 1020, 1134, 1429, 1532, 1607, 1623, 1854, 1876, 1898, 1981, 2064

Doch bald darauf, in den Jahren 1967/68 gab es vermehrt Abgaben und Abstellungen. Schließlich wurde zum 31. Dezember 1968 das Bw Naumburg aufgelöst und Weißenfels unterstellt. Der Umzug auf dem Papier, denn die Anlage blieb erhalten, galt für die 58 1020, 1230, 1532, 1623, 1981, 2064 und 2083. Die einstigen Naumburger 58er waren noch bis 1969/1970 im Einsatz.
Bereits in den letzten Kriegsmonaten liefen dem **Bw Röblingen am See** (bis 1952/53 Oberröblingen) Lokomotiven der BR 58 zu. Einige sollten nach ersten Wechseln in den Jahren 1945/46 im Bw verbleiben. Der Bestand des Bw Oberröblingen umfasste am 1. September 1945 die 58 313, 1236, 1346, 1412, 1658 1815, 2008 und 2013. Aus Halle, Merseburg oder Schwerin kamen 1947 weitere G 12 nach Oberröblingen. Neben Diensten auf der Hauptstrecke Halle–Sangerhausen waren Röblingener Lokomotiven ebenso nach Querfurt, Vitzenburg sowie im Geiseltal eingesetzt.

Bestand des Bw Röblingen am 1. September 1955

58 445, 1066, 1201, 1236, 1337, 1386, 1455, 1616, 1658, 1890, 1976, 1992, 2013

Viele Lokomotiven weisen längere Beheimatungszeiträume auf. Ersatz, gerade auf der kurvigen und etwas bergigen Strecke nach Querfurt–Vitzenburg, war nicht in Sicht. Konstant, trotz einiger Wechsel, hielt sich die Anzahl der G 12. Die ablösende BR 52 sollte erst später kommen.

Bestand des Bw Röblingen am 1. September 1965

58 211, 409, 445, 1201, 1236, 1386a, 1545, 1591, 1616, 1640, 1719, 1890, 1976a, 1984, 1992, 2135

Die Jahre 1965/66 waren von vielen Unfällen geprägt. Die geschädigten 58 1386, 1545 und 1976 wurden danach nicht mehr aufgebaut. Weitere Ab- und z-Stellungen folgten 1967, einige 58er gelangten noch zu anderen Bw. Nachdem Röblingen 1968 die letzten G 12 abgegeben hatte, kam im Oktober 1969 die 58 1283 als Heizlok. Sie blieb dort bis zum 26. August 1970. Künftig heizte der Dampfspender 58 1616. Den Abschluss der BR 58 bildeten die 58 3022, 3038 und 3050 (zugeführt 19.–21.09.1972), die für Sonderaufgaben bis zum 3. bzw. 6. Oktober 1972 zum Bw Röblingen gehörten.

Neben Engelsdorf östlich der sächsischen Messestadt war das **Bw Leipzig-Wahren** über Jahrzehnte für den westlichen Güterverkehr zuständig. Auch hier fand sich die BR 58 wieder. Der Bestand des Bw Leipzig-Wahren fiel am 1. Dezember 1945 mit 58 1208, 1347z, 1357, 1619, 1726z, 1854 und 1903 recht bescheiden aus. Die Kriegsschadlokomotiven 58 1347 und 1619 musterte man bis 25. November 1946 aus. Stimmen die Unterlagen, erfolgte die Ausmusterung aber erst nach der Verschrottung im Februar 1946. Inzwischen drehte sich das Beheimatungskarussell. Vor allem 1947 kamen weitere G 12 nach Wahren.

Bestand des Bw Leipzig-Wahren am 1. Dezember 1950

58 253, 1073, 1155, 1201, 1455, 1596, 1616, 1815, 1992

Interessante Neuzugänge, teilweise auch nur für kurze Beheimatungszeiten, waren die kohlenstaubgefeuerten 58 1427 (1951–1952), 58 1677 (1951–1959), 58 1708 (1952), 58 1815 (1949–1959, Umbau 1951), 58 1894 (1955–1956), 58 1993 (1951–1959), 58 2006 (1951–1959), 58 2019 (1951–1959) und 58 2098 (1956–1958). Einige kamen direkt vom Umbau. Dem Bw Leipzig-Wahren gehörten am 1. Dezember 1955 die 58 432, 1677 Kst, 1815 Kst, 1894 Kst, 1993 Kst, 2006 Kst und 2019 Kst. Vorrangig im April 1959 zog die Rbd Halle die BR 58 aus dem Bw Wahren ab. Die BR 44 hatte deren Aufgaben übernommen. Nur vereinzelt kamen G 12 in das Leipziger Güterzug-Bw: 58 1509 (1961), 1818 (1967) und 58 1992 (1966–19.06.1968 z, im Einsatz bis zum 1. Juni).

Im **Bw Leipzig Nord** waren im Dezember 1945 folgende G 12 stationiert: 58 1075, 1431, 1503, 1616. Sie waren erst kurz zuvor dort eingetroffen. 58 1431 und 1503 verließen noch im gleichen Monat das Bw nach Altenburg. Am 5. April 1946 folgte 58 1075 dorthin. Mit dem Austrag der 58 1616 am 27.12.1946 zum Nachbar-Bw Wahren endete die 58er Stationierung im Bw Nord.

Das große **Bw Leipzig West** hielt zwischen 1945 und 1947 die 58 1311, 1363, 1544, 1666, 1766, 1811 und 1813 im Park vor. Doch sie dienten alle in der Leipziger Kolonne 27.

Offensichtlich eine irrtümliche Beheimatung, wenn vielleicht nur auf dem Papier, weist die 58 1781 im **Bw Leipzig-Plagwitz** aus: 19.–20. Januar 1954. Sie kam vom Leipzig Bayerischen Bf und gelangte schließlich nach Altenburg.

7.5.6 Einsatz in der Rbd Magdeburg

Nur wenige G 12 taten im neuen Bezirk der Rbd Magdeburg, entstanden aus Teilen der Direktionen Hannover und Halle, ihren Dienst. Viele blieben durch die Wirren des Krieges in der Rbd Magdeburg stehen. Die Gattungsbereinigung 1947 verfehlte das Ziel nicht. Die als Einzelgänger zählenden G 12 in den Bahnbetriebswerken der Rbd Magdeburg kamen zumeist in die Bezirke der Rbd Dresden, Halle und Erfurt.

Im **Bw Aschersleben** war die BR 58 bereits seit über zwei Jahrzehnten im Betrieb. Einige von ihnen erlebten dort den Neubeginn 1945 und liefen, soweit sie wieder hergestellt waren, vor Güterzügen u.a. nach Halberstadt, Güsten, Sandersleben und weiter nach Sangerhausen.

Bestand des Aschersleben am 1. Januar 1946

58 1015, 1022, 1125, 1131, 1134, 1227, 1323, 1341, 1353, 1416 Kst, 1424, 1426, 1441, 1524, 1661, 1677 Kst, 1706, 1722 Kst, 1794 Kst, 1807, 1816, 1818, 1894 Kst, 1896, 1951, 1979

Stationierungen der BR 58 im Bw Dessau

Lok	vom Bw	vom	bis	zum Bw
58 1634	Berlin-Rummelsburg	00.06.1946	24.04.1947	Gotha
58 1969	Altenburg	01.04.1946	07.11.1946	Merseburg

Stationierungen der BR 58 im Bw Eilenburg

Lok	vom Bw	vom	bis	zum Bw
58 1121	Großkorbetha	10.12.1952	30.11.1953	Altenburg z

Stationierungen der BR 58 im Bw Falkenberg (Elster)

Lok	vom Bw	vom	bis	zum Bw
58 211	Engelsdorf	01.07.1970	06.06.1971	z, Heizlok bis 06.06.1971
58 408	Karl-Marx-Stadt-Hilbersdorf	08.08.1945	20.03.1947	Berlin Lehrter Bf, von Kolonne 19

Stationierungen der BR 58 im Bw Leipzig Bayerischer Bf

Lok	vom Bw	vom	bis	zum Bw
58 1105	Altenburg	04.10.1953	18.12.1953	Altenburg
58 1781	Altenburg	04.10.1953	18.01.1954	Plagwitz

Stationierungen der BR 58 im Bw Wittenberg

Lok	vom Bw	vom	bis	zum Bw
58 453	Leipzig-Wahren	17.01.1949	21.02.1949	Leipzig-Wahren
58 1545	Röblingen	13.12.1958	09.01.1959	Röblingen

Stationierungen der BR 58 im Bw Bernburg

Lok	vom Bw	vom	bis	zum Bw
58 255	?	00.11.1945	14.08.1947	Dresden-Friedrichstadt z
58 1236[1]	Röblingen	29.10.1965	02.05.1966	Röblingen

1 Heizlok in einem Betrieb

Viele Lokomotiven waren jedoch nicht einsetzbar. Dazu zählten die im Bw hinterstellten Kohlenstaublokomotiven 58 1416 (AEG) sowie 58 1677, 1722, 1794 und 1894 (STUG). Offensichtlich sollten diese Exemplare in den Westen gelangen, denn im April 1945 hatten die 58 1722 und 1894 ihr Heimat-Bw Senftenberg verlassen.

In den nächsten Monaten folgten Abgaben zur Kolonne 28 sowie Ausmusterungen. So von den 58 1015, 1131 und 1524. Die 58 1015 und 1524 standen noch bis April 1948 in Aschersleben und wurden dort auch zerlegt. Die übrigen verließen Aschersleben zumeist im Mai und Juni 1947.

7.5.7 Einsatz in der Rbd Schwerin

Die Beheimatungen im Bereich der Rbd Schwerin sind eher untypisch für diese Gattung. Doch neben Heizdiensten und sicher einigen Abstelltagen stand die eine oder andere G 12 dort bestimmt auch als Lokhilfe unter Dampf.

Stationierungen der BR 58 im Bw Brandenburg (Havel)

Lok	vom Bw	vom	bis	zum Bw	
58 002	Bstb	01.09.1944	31.03.1946	Wustermark	z
58 005	Bstb	01.09.1944	31.03.1946	Wustermark	z
58 1571	Bstb	25.05.1944	31.03.1946	Wustermark	z
58 1855	Bstb	16.11.1944	07.04.1946	Wustermark	z

Bstb Brandenburgische Städtebahn, Einsätze wegen Lokmangel

Stationierungen der BR 58 im Bw Güsten

Lok	vom Bw	vom	bis	zum Bw
58 1095	Engelsdorf	03.1947	14.05.1947	Suhl
58 1208	Magdeburg Hbf	04.1946	17.06.1947	Halle G
58 1357	Staßfurt	01.05.1946	23.05.1947	Greiz
58 1522	Staßfurt	19.01.1946	14.05.1947	Suhl
58 1852	Altenburg	01.1946	14.05.1947	Suhl
58 1973	Köthen	29.03.1946	14.05.1947	Suhl

Stationierungen der BR 58 im Bw Halberstadt

Lok	vom Bw	vom	bis	zum Bw
58 1094	Aschersleben	07.04.1945	11.07.1947	Dresden-Friedrichstadt z
58 1456	Görlitz	03.06.1946	20.05.1947	Erfurt G
58 1980	Köthen	26.03.1946	14.05.1947	Zeitz

Stationierungen der BR 58 im Bw Köthen

Lok	vom Bw	vom	bis	zum Bw
58 1103	?	10.1945	14.05.1947	Nordhausen
58 1201	Senftenberg	08.1945	30.08.1945	Magdeburg Hbf K 31
	Halle P	?	30.08.1947	Magdeburg Hbf
58 1208	Aschersleben	12.03.1946	26.03.1946	Magdeburg Hbf
58 1876	Staßfurt	03.1946	20.04.1947	Gera z
58 1973	Aschersleben	12.03.1946	28.03.1946	Güsten
58 1980	Aschersleben	12.03.1946	25.03.1946	Halberstadt

Stationierungen der BR 58 im Bw Staßfurt

Lok	vom Bw	vom	bis	zum Bw
58 1208	Leipzig-Wahren	24.12.1945	02.1946	Aschersleben
58 1357	Leipzig-Wahren	16.01.1946	30.04.1946	Güsten, Kolonne 28
58 1522	Aschersleben	01.08.1945	18.01.1946	Güsten
58 1659	?	03.1945	03.1946	Aschersleben
58 1663	?	02.10.1945	03.1946	Aschersleben, Kolonne 28
58 1866	?	01.1946	24.04.1947	Greiz
58 1876	?	12.1945	03.1946	Köthen, Kolonne 28

Stationierungen der BR 58 im Bw Stendal

Lok	von Bw	von	bis	zum Bw
58 207	Wittenberge	09.02.1947	02.06.1947	Riesa

Stationierungen der BR 58 im Bw Magdeburg Hbf (ohne Kolonne 31)

Lok	vom Bw	vom	bis	zum Bw
58 1201	Köthen	31.08.1947	20.10.1947	Leipzig-Wahren
58 1208	Köthen	27.03.1946	04.1946	Güsten

Stationierungen der BR 58 im Bw Rostock

Lok	vom Bw	vom	bis	zum Bw
58 207	Zwickau	25.09.1945	00.11.1945	Waren
58 3017	Glauchau	11.11.1980	29.03.1981	z, Heizlok bis 20.02.1981
58 3030	Glauchau	07.10.1980	26.08.1981	z, Heizlok bis 17.12.1980

Mit einem bunt zusammengewürfelten Personenzug dampfte die 58 1852 am 20. Mai 1959 durch Thüringen. Die 1921 bei Schichau gebaute Maschine stand noch gut sieben Jahre im Einsatz. Die Reichsbahn musste sie nach einem Unfall am 12. Dezember 1966 ab- und zum 23. März 1967 z-stellen. Drei Monate später folgte die Ausmusterung.

Stationierungen der BR 58 im Bw Wismar

Lok	vom Bw	vom	bis	zum Bw
58 429	Zwickau	25.09.1945	20.12.1945	Wittenberge

Stationierungen der BR 58 im Bw Wittenberge

Lok	vom Bw	vom	bis	zum Bw
58 207	Waren	21.12.1945	08.02.1947	Stendal
58 429	Wismar	21.12.1945	03.04.1946	Weißenfels
58 1384	Roßlau	09.1945	12.1945	Berlin-Lichtenberg
58 1431	Dresden-Friedrichstadt	14.09.1966	19.06.1970	z, als Dampfspender im Raw

Stationierungen der BR 58 im Bw Waren (Müritz)

Lok	vom Bw	vom	bis	zum Bw
58 207	Rostock	00.11.1945	20.12.1945	Wittenberge

Stationierungen der BR 58 im Bw Schwerin (Meckl)

Lok	vom Bw	vom	bis	zum Bw
58 461	Zwickau	25.09.1945	03.03.1947	Röblingen
58 1640	Zeitz	15.12.1945	26.02.1947	Großkorbetha
58 1784	Eisenach	14.12.1945	19.12.1946	Röblingen

Im Bahnhof Antonsthal stand am 19. April 1975 die 58 1522. Noch fast zwei Jahre war die Preußin unter Dampf. Der letzte Betriebstag war am 20. Februar 1977 und die z-Stellung am 1. Mai 1977. Am 30. April 1977 schied die Lok im Bw Aue aus dem Betriebspark aus. Diese 58 1522 gehörte zu jenen Exemplaren, die in anderen Bw frei wurden, aber in Aue (Sachsen) dringend benötigt wurden. Vom Bw Karl-Marx-Stadt traf sie am 31. Juli 1973 ein.

8. Einsätze im Ausland

Ihr Dreizylindertriebwerk machte die Baureihe 58 in vielen Ländern unbeliebt. Das beweisen auch die frühen Ausmusterungen. Aufgrund des langen Zeitabschnittes, aber vor allem, weil das Sammeln von Lokdaten und Fotos in den einst sozialistischen Staaten sehr schwierig war, liegen heute nur sehr wenige Daten vor.

Die Umzeichnungspläne sind meist bekannt und im folgenden abgedruckt. Im Gegensatz zu anderen einst deutschen Baureihen bestehen bei der G 12 nur sehr wenige Widersprüche bei der Angabe der Herkunftsnummer. Ursachen sind dabei, dass sich einige Länder nicht an den Fabriknummern der Lokomotive (Rahmen) orientierten, sondern die des Kessels wählten oder schlichtweg beim Vorfinden einer Lokomotive die erst beste erkennbare Ordnungsnummer, vielleicht am Tender, wählten.

Um den Rahmen dieses Buches nicht zu sprengen, werden die Auslandseinsätze nur kurz vorgestellt. Etwas ausführlicher ist die Geschichte allerdings bei Bahnen, die bereits vor 1945 zahlreiche G 12 einsetzten.

8.1 Polen

Die Polnischen Staatsbahnen (PKP) erhielten im Jahr 1918 die bei Henschel unter der Fabriknummer 15756 gefertigte G 12. Bei den PKP war sie künftig als Ty 1-1 bezeichnet. Nach den

Umzeichnung der in Polen verbliebenen G 12

PKP	ex DR	Direktion PKP	Bemerkung
Ty 1-1	58 291	Poznan	
Ty 1-2	58 1318	Poznan	an DR zurück, 58 1318
Ty 1-3	58 203	Poznan	
Ty 1-4	58 210	Poznan	
Ty 1-5	58 236	Poznan	
Ty 1-6	58 272	Poznan	
Ty 1-7	58 402	Poznan	
Ty 1-8	58 1130	Poznan	
Ty 1-9	58 1173	Poznan	
Ty 1-10	58 1247	Poznan	an DR zurück, 58 1247
Ty 1-11	58 1252	Poznan	
Ty 1-12	58 1254	Poznan	
Ty 1-13	58 1257	Wroclaw[1]	
Ty 1-14	58 1306	Poznan	
Ty 1-15	58 1313	Poznan	
Ty 1-16	58 1315	Wroclaw	
Ty 1-17	58 1356	Poznan	
Ty 1-18	58 1517	Poznan	
Ty 1-19	58 1827	Poznan	
Ty 1-20	58 1844	Wroclaw	
Ty 1-21	58 1875	Poznan	
Ty 1-22	58 1924	Poznan	
Ty 1-23	58 2144	Poznan	
Ty 1-24	AL 5596	Poznan	
Ty 1-25	AL 5601	Poznan	
Ty 1-26	AL 5611	Poznan	
Ty 1-27	AL 5619	?	

Plänen der Gedob und der DRB von 1940/1941 kam diese Lokomotive zur DRB – dort bezeichnet als 58 2144.

Nach dem Zweiten Weltkrieg verblieben auf dem Territorium Polens 110 Lokomotiven der BR 58. Durch Abgaben der DR kamen 23 weitere hinzu. Ferner baute die PKP AL G 12 wieder auf, so dass schließlich im Umzeichnungsplan 134 Ty 1 enthalten waren. Die PKP setzte die Ty 1 in den Depots Katowice, Poznan, Jarocin, Wagrowiec, Zbaszynek, Krzyz und Lazy ein. Ein Großteil wurde bereits in den 50er-Jahren abgestellt. Der Konkurrenz der polnischen Ty 23 war die Ty 1 nur bedingt gewachsen. Nach dem Austausch mit der DR gelangten 13 Ty 1 zur DR. Bis Anfang der 60er-Jahre waren die meisten Ty 1 in den Depots von Zbaszynek (Neubentschen) oder Gniezno (Gnesen) ausgemustert. Die bis zum 6. Dezember 1961 in Gniezno eingesetzte Ty 1-76 blieb als Museumslokomotive erhalten.

Die PKP reihte in ihren Bestand insgesamt 134 G 12 als Ty 1 ein. Einige Maschinen, darunter auch die hier abgebildete Ty 1-107 gab die PKP 1956 an die Deutsche Reichsbahn zurück.
Foto: Slg. Dath

PKP	ex DR	Direktion PKP	Bemerkung
Ty 1-28	AL 5659	Poznan	
Ty 1-29	58 202	Poznan	
Ty 1-30	58 222	Wroclaw	an DR zurück, 58 2144[II]
Ty 1-31	58 232	Poznan	
Ty 1-32	58 234	Poznan	
Ty 1-33	58 235	Poznan	
Ty 1-34	58 273 281	Poznan	58 281 auch möglich
Ty 1-35	58 293	Poznan	
Ty 1-36	58 1024	Poznan	
Ty 1-37	58 1078	Poznan	an DR zurück, 58 2146[II]
Ty 1-38	58 1161	Poznan[1]	
Ty 1-39	58 1196	Wroclaw	
Ty 1-40	58 1198	Poznan	
Ty 1-41	58 1210	Poznan	
Ty 1-42	58 1233	Poznan	
Ty 1-43	58 1235	Wroclaw	
Ty 1-44	58 1243	Wroclaw[1]	
Ty 1-45	58 1285	Poznan	
Ty 1-46	58 1288	Poznan	
Ty 1-47	58 1290	Poznan	
Ty 1-48	58 1304	Poznan	
Ty 1-49	58 1310	Poznan	
Ty 1-50	58 1329	Wroclaw	
Ty 1-51	58 1332	Poznan	
Ty 1-52	58 1382	Poznan	
Ty 1-53	58 1396	Poznan	
Ty 1-54	58 1397	Poznan	zurück an DR, 58 2145[II]
Ty 1-55	58 1401	Poznan	
Ty 1-56	58 1507	Poznan	
Ty 1-57	58 1598	Poznan	
Ty 1-58	58 1609	Poznan	
Ty 1-59	58 1642	Poznan	
Ty 1-60	58 1678	Poznan	zurück an DR, 58 1678
Ty 1-61	58 1690	Poznan	
Ty 1-62	58 1842	Poznan	
Ty 1-63	58 1889	Poznan	
Ty 1-64	58 1907	Poznan	
Ty 1-65	58 1961	Poznan	zurück an DR, 58 1961
Ty 1-66	58 249	Poznan	
Ty 1-67	58 285	Poznan	zurück an DR, 58 285, 58 3025
Ty 1-68	58 431	Poznan	
Ty 1-69	58 1099	Poznan	
Ty 1-70	58 1102	Poznan	
Ty 1-71	58 1174	Poznan	
Ty 1-72	58 1231	Poznan	
Ty 1-73	58 1241	Poznan	
Ty 1-74	58 1260	Poznan	
Ty 1-75	58 1289	Poznan	
Ty 1-76	58 1297	Poznan	Museumslok
Ty 1-77	58 1316	Wroclaw	
Ty 1-78	58 1319	Wroclaw	
Ty 1-79	58 1331	Poznan	
Ty 1-80	58 1334	Poznan	zurück an DR, 58 1334
Ty 1-81	58 1383	Wroclaw	
Ty 1-82	58 1391	Poznan	
Ty 1-83	58 1420	Poznan	
Ty 1-84	58 1481	Wroclaw	
Ty 1-85	58 1529	Poznan	
Ty 1-86	58 1557	Poznan	
Ty 1-87	58 1595	Poznan	
Ty 1-88	58 1695	Poznan	
Ty 1-89	58 1710	Wroclaw	
Ty 1-90	58 1768	Poznan	
Ty 1-91	58 1936	Poznan	

8.2 Bulgarien

Erstmalig im März 1941 wurden durch die Bulgarischen Eisenbahnen (BDZ) Lokomotiven der BR 58 eingesetzt. Doch aus verschiedensten Gründen, vor allem durch kriegerische Einwirkungen bei den Zuführungen, verzögerten sich die Lieferungen aus Deutschland. Dazu gehörten auch andere deutsche Lokomotivtypen. Bei der BDZ hieß es umgangssprachlich, »*eine zweite Geschichte von Lokomotiven anzufangen.*«

An den Reichsverkehrsminister in Berlin schrieb Ingenieur Chr. Petrov, Minister der Eisenbahn, Post und Telegraphen in Bulgarien. »*Euer Excellenz, Laut Sondergeschäft 1914 hat die Generaldirektion der Bulgarischen Staatseisenbahnen den Firmen*

1. Fried. Krupp A.G. Essen, mit Verträge vom 10. u. 18.12.1941
2. Henschel & Sohn Kassel, mit Vertrag vom 10.1.1942
3. Berliner Maschinenbau A.G. vorm. L. Schwarzkopff, mit Vertrag vom 16.12.1941

die Lieferung von 92 Lokomotiven, verschiedener Reihen, zugesprochen. Infolge der bestehenden Kriegsverhältnisse wurde jedoch die Lieferung dieser Lokomotiven für günstigere Zeiten, während welchen die deutsche Industrie nicht so sehr in Anspruch genommen sein wird, zurückgelegt, um dann, die bei den bulgarischen Staatsbahnen eingeführten Loktypen, bauen zu können. Für diese Lieferung haben die bulgarischen Staatsbahnen den Firmen eine Anzahlung von 9.132.029 RM geleistet.« Weiter berichtete Petrov, dass von der DR 30 Lokomotiven der BR 50 angekauft wurden »*und auf diese Weise ein Teil der geleisteten Anzahlung gedeckt wurde. In Anbetracht dessen, dass unser Bedarf an Lokomotiven sehr gross ist und anderseits, die seitens den obenerwähnten Firmen übernommene Verpflichtung für die Lieferung von 92 Lokomotiven nach dem Sondergeschäft von 1941 als vollkommen ausgeführt zu betrachten, erlauben wir uns, sehr geehrter Herr Minister, das höfliche Ersuchen zu unterbreiten, Ihre gefl. Zustimmung gefl. geben zu wollen, dass uns noch weitere 62 Lokomotiven der Reihe 50 verkauft werden. (...)*

Im Jahre 1941 wurden uns von der Deutschen Reichsbahn 30 Lok G 12 zur Deckung unseres Bedarfes für die Durchführung der Deutschen und unserer Wehrmachtstransporte mietweise zur Verfügung gestellt, jedoch ist diese Zahl später infolge der dringenden Wehrmachtstransporte in Alt- und Neubulgarien beträchtlich erhöht worden, und zwar insgesamt 132 Stück – 94 Lok G 12 und 38 Lok G 10. (...) Die schwere Unterhaltung dieser Lokomotiven und deren erhöhte Anzahl hat die Lage unserer nicht gut eingerichteten Betriebswerke sehr belastet. Unabhängig vom Obenerwähnten können die Lokomotiven G 12 nicht auf allen Streckenabschnitten unserer Eisenbahnlinien im Einsatz gebraucht werden, da der Oberbau etwa 40% von den gesamten Eisenbahnstrecken in Altbulgarien nur bis 14 t

PKP	ex DR	Direktion PKP	Bemerkung
Ty 1-92	58 1960	Poznan	
Ty 1-93	58 1974	Poznan	
Ty 1-94	58 1978	Poznan	
Ty 1-95	58 2012	Poznan	
Ty 1-96	58 2052	Poznan	
Ty 1-97	58 2116	Poznan	
Ty 1-98	58 2117	Poznan	
Ty 1-99	58 225	Poznan	
Ty 1-100	58 208	Poznan	
Ty 1-101	58 1154	Poznan	
Ty 1-102	58 1358	Poznan (?)	
Ty 1-103	58 1542	Poznan	
Ty 1-104	58 1573	Poznan	
Ty 1-105	58 1579	Poznan	
Ty 1-106	58 1817	Wroclaw	
Ty 1-107	58 1906	Poznan	zurück an DR, 58 1906
Ty 1-108	58 1991	Wroclaw	
Ty 1-109	58 2009	Poznan	
Ty 1-110	58 2092	Poznan	
Ty 1-111	58 2120	Poznan	
Ty 1-112	58 416	Wroclaw	
Ty 1-113	58 1014	Poznan	
Ty 1-114	58 1057	Poznan	
Ty 1-115	58 1594	Wroclaw	
Ty 1-116	58 1617	Poznan	
Ty 1-117	58 1627	Poznan	
Ty 1-118	58 1962	Wroclaw	
Ty 1-119	58 1963	Wroclaw	
Ty 1-120	58 1964	Poznan	
Ty 1-121	58 1276	Poznan	
Ty 1-122	58 1549	Poznan	
Ty 1-123	58 1923	Poznan	
Ty 1-124	58 1989	Poznan	
Ty 1-125	58 1819	Szczecin	
Ty 1-126	58 1070 (?)	Poznan	zurück an DR, 58 1870
Ty 1-127	58 1215	Wroclaw	
Ty 1-128	58 1862	Poznan	zurück an DR, 58 1862, 58 3021
Ty 1-129	58 1888	Poznan	zurück an DR, 58 1888
Ty 1-130	58 1900	Warszawa	zurück an DR, 58 1900
Ty 1-131	58 1765	Poznan	zurück an DR, 58 1765
Ty 1-132	AL 5686	?	
Ty 1-133	AL 5612	?	
Ty 1-134	AL 5617	?	

1 1949 gestrichen

keit in Anspruch zu nehmen und wiederholt zu ersuchen, unserer Bitte gefl. Folge leisten zu wollen.«

Entgegen den Wünschen sollten die Baureihen 58 und 57 lange in Bulgarien bleiben. Zusätzlich erhielt das Land noch einige jüngere Lokomotiven.

Doch der 58er Einsatz stand lange in Frage, wie der umfangreiche Schriftverkehr des Reichsverkehrsministers mit seinem bulgarischen Amtskollegen bestätigt. So hieß es am 20. Dezember 1941, dass die schweren Güterzuglokomotiven zurückzugeben sind, »*die an die Bulgarischen Staatseisenbahnen seinerzeit zur Durchführung besonderer Aufgaben vermietet worden sind.*«

Fand dieser Brief noch auf einer halben Seite Platz, war der folgende bedeutend länger und ausführlicher: »*Auf ihr Schreiben V-2-5109 vom 15. Dezember 1941. Wie ich bereits in meinem Schreiben vom 29. November 1941 und vom 20. Dezember 1941 betonte, ist der Lokbedarf der Deutschen Reichsbahn zur Zeit außerordentlich groß. Im Interesse des gemeinsam geführten Abwehrkampfes ist der Deutschen Reichsbahn die schwierige Aufgabe zugefallen, die Front in dem weiten eroberten russischen Raum mit Lokomotiven zu versorgen. Zu den bereits mehrere Tausend zählenden im Osten eingesetzten Lokomotiven muß die Deutsche Reichsbahn fast täglich weitere betriebsfähige Lokomotiven als Ersatz für schadhafte und als Vermehrung entsprechend der fortschreitenden betriebsmäßigen Erschließung der weiten Gebiete abgeben. Unter diesen Umständen mußte der Personen- und auch der Güterverkehr im Reichsgebiet aufs äußerste eingeschränkt werden. Ähnlich schwierige Verhältnisse liegen zur Zeit bei den bulgarischen Staatsbahnen zweifellos nicht vor, zumal nach der siegreichen Beendigung des Feldzuges im Südostraum Europas die Transportleistungen dort erheblich zurückgegangen sind.*

Im Hinblick auf unsere gemeinsam zu bewältigenden Aufgaben im Kampf gegen den Feind im Osten bitte ich Sie daher nochmals eindringlichst, die noch bei Ihnen befindlichen gemieteten Reichsbahnlokomotiven umgehend zurück-

Achsdruck zulässt. Aus diesen Gründen nämlich ist die Ausnützung der von uns angemieteten Loks sehr beschränkt. In Anbetracht dessen, dass die Lokomotiven G 12 und G 10 sich sehr oft beschädigen, sehr schwer in unseren Betriebswerken ausgebessert werden können und die sehr beschränkten Möglichkeiten zur Einsetzung derselben auf allen Streckenabschnitten unserer Eisenbahnlinien, erlauben wir uns, sehr geehrter Herr Minister, im Interesse einer erfolgreichen Durchführung der Transporte in Zusammenhang mit dem Kriege, das Nötige gefl. anordnen zu wollen, dass alle von uns angemieteten Lokomotiven G 12 und G 10 durch solche der Reihen 50 oder 52 ersetzt werden.

Indem ich Ihnen Obiges mitteile, erlaube ich mir, sehr geehrter Herr Minister, Ihre Liebenswürdig-

Im Bahnhof Sofia pausierte am 21. September 1962 eine G 12, die nach dem Zweiten Weltkrieg in Bulgarien verblieben war.
Foto: Haftel, Slg. Grundmann

Hinter der 13.04 der BDZ verbarg sich die 58 292. Sie stand 1967 im Bahnhof Budnene. Erst 1973 wurde die Maschine ausgemustert.
Foto: Stoitschkov, Slg. Kubitzki

Nr. der Lok	zurück an RBD Wien
58 245	08.11.1941
58 1070	08.11.1941
58 1657	08.11.1941
58 1714	08.11.1941
58 1976	08.11.1941
58 2142	09.11.1941
58 1674	10.11.1941
58 1056	11.11.1941
58 2133	11.11.1941
58 1450	11.11.1941
58 1916	19.01.1943
58 1389	02.06.1943
58 1226	09.06.1943
58 1248	20.07.1943
58 1404	08.08.1943
58 270	08.08.1943
58 1977	09.08.1943
58 1177	12.08.1943
58 1748	18.10.1943
58 1808	25.10.1943
58 2098	25.10.1943
58 1466	25.10.1943
58 1968	26.10.1943
58 1216	26.10.1943
58 1272	30.10.1943
58 1325	30.10.1943

zugeben und schnellstens nach dem Reichsbahnbetriebswerk Wien-Süd absenden zu lassen.
Unter Bezug auf Ihr Schreiben vom 15. Dezember 1941 bemerke ich noch, daß der von Ihnen am 12. Mai 1941 unterzeichnete Mietvertrag im § 1 nur eine sechsmonatige Frist vorsah. Um eine Verlängerung dieser Frist ist seinerzeit nicht nachgesucht worden.«
Die RBD Wien fertigte am 7. März 1941 eine Übersicht jener Lokomotiven an, die an die BDZ vermietet waren:

Lediglich 27 Stück erfasste man bei der RBD Wien. Tatsächlich waren es 30 – wie auch das Protokoll beim Empfang zwischen dem 10. und 17. März 1941 aufführt. Es fehlen die 58 1479, 1490 und 1466. Diese trafen in Bulgarien als vorerst letzte am 17. März ein.
Ein Schreiben der Maschinen-Abteilung der BDZ gibt Auskunft anhand der beigefügten Betriebsbögen über den Gesamtbestand der BR 58 bei den BDZ. Nach verschiedenen Kriterien wurde aufgeteilt:

An die BDZ vermietete G 12 (Stand 7. März 1941)

Lok-Nr.	RBD	Bw	übergeben am	im
58 1040	Dresden	?	05.03.	Wien Süd
58 1714	Dresden	Bautzen	05.03.	Wien Süd
58 1968	Dresden	?	05.03.	Wien Süd
58 1086	Erfurt	Erfurt	05.03.	Wien Süd
58 1543	Erfurt	Saalfeld	05.03.	Wien Süd
58 1941	Erfurt	Wießenfels	05.03.	Wien Süd
58 1976	Halle	Engelsdorf	28.02.	Wien Ost
58 1854	Halle	Wahren	28.02.	Wien Ost
58 2110	Halle	Cottbus	28.02.	Wien Ost
58 245	Karlsruhe	Karlsruhe	05.03.	Wien Süd
58 265	Karlsruhe	Karlsruhe	05.03.	Wien Süd
58 1657	Karlsruhe	Karlsruhe Rbf	05.03.	Wien Süd
58 1325	Breslau	Arnsdorf	28.02.	Wien Ost
58 1616	Breslau	Königszelt	28.02.	Wien Ost
58 1376	Frankfurt (M)	Friedberg	05.03.	Wien Süd
58 1674	Frankfurt (M)	Frankfurt (M) 2	05.03.	Wien Süd
58 1093	Nürnberg	Nürnberg Rbf	05.03.	Wien Süd
58 1916	Nürnberg	Würzburg	05.03.	Wien Süd
58 1110	Osten	Küstrin	28.02.	Wien Ost
58 1497	Osten	Grünberg	28.02.	Wien Ost
58 1710	Regensburg	Weiden	05.03.	Wien Ost
58 1752	Regensburg	Regensburg	05.03.	Wien Ost
58 1056	Stuttgart	Crailsheim	05.03.	Wien Ost
58 2133	Stuttgart	Heilbronn	05.03.	Wien Ost
58 1435	Wuppertal	Vohwinkel	05.03.	Wien Ost
58 1450	Wuppertal	Altenhunden	05.03.	Wien Ost
58 1272	Stettin	Jädickendorf	28.02.	Wien Ost

Die Betriebsbögen der 58 2803, 2804, 2806 und 2810 sandte die BDZ wieder zurück. Diese Maschinen waren nicht vorhanden. Gesucht wurden aber noch die Unterlagen für die 58 536, 2010, 1948, 241, 1031, 1139, 1274, 1515, 1694, 1887, 2018, 2060, 2124, 1336, 1586, 1837, 1568 (?), 1379, 237, 1018, 1033, 1263, 1334, 1553, 1763, 1888, 2032, 2079, 2140, 1542, 1662 sowie für elf 57er.
Nach dem Schreiben der RBD Wien an die BDZ am 15. Mai 1942 übersandte die Direktion die Betriebsbögen-Abschriften der Lokomotiven 58 265, 266, 270, 1040, 1069, 1110, 1168, 1253, 1272, 1325, 1404, 1435, 1466, 1479, 1490, 1497, 1543, 1616, 1710, 1724, 1752, 1854, 1883, 1916, 1941, 1968, 2098 und 2110. Ferner erbat sich die RBD Wien die Kilometerleistungen der bereits zurückgegebenen Maschinen 58 245, 1056, 1070, 1086, 1093, 1223, 1376, 1411, 1450, 1545, 1622, 1657, 1674, 1678, 1714, 1801, 1927, 1976, 2133 und 2142.
Es ist trotz zahlreicher Unterlagen schwierig, den Gesamtbestand aller 58er, die in Bulgarien waren, zu ermitteln. Nach einer Aufstellung über die Lokmiete vom Monat Dezember 1943 sind allein 88 G 12 bekannt. Ferner sind dort 40 Stück der BR 52 und eine 50er aufgeführt. Hinzu kamen zwölf weitere G 12, die im Laufe des Monats bereits Bulgarien verließen. So waren allein im Dezember 1943 einhundert 58er in Bulgarien!
Der Generalvertreter der DR für Bulgarien schrieb am 17. November 1943 der RBD Wien zur Rückführung der Schadlokomotiven aus Bulgarien: *»Von den beim Bombenangriff auf Skopje beschädigten deutschen Leihlokomotiven müssen zwei G 12- und zwei G 10-Loko-*

Gesamtbestand der an die BDZ vermieteten G 12

```
58 203, 237, 241, 243, 270, 282, 290, 296, 301, 302,
   318
58 536
58 1011, 1018, 1021, 1031, 1033, 1037, 1040, 1050,
   1054, 1062, 1069, 1077, 1078, 1080, 1086, 1088,
   1101, 1134, 1136, 1139, 1145, 1156, 1177, 1178,
   1216, 1226, 1253, 1263, 1272, 1274, 1298, 1305,
   1325, 1326, 1330, 1334, 1336, 1340, 1348, 1376,
   1388, 1389, 1404, 1418, 1433, 1435, 1447, 1452,
   1466, 1490, 1515, 1533, 1540, 1542, 1543, 1545,
   1553, 1568, 1586, 1597, 1616, 1618, 1662, 1670,
   1676, 1686, 1694, 1710, 1724, 1748, 1752, 1761,
   1763, 1779, 1782, 1792, 1808, 1815, 1822, 1837,
   1840, 1854, 1864, 1882, 1883, 1887, 1888, 1916,
   1927, 1947, 1948, 1968, 1977, 1982, 1996, 2010,
   2018, 2032, 2055, 2060, 2067, 2079, 2098, 2124,
   2140, 2143
```

a) *Sofort werden zurückgeführt:*

Lok 57 1134	bombenbeschädigt, in zerlegtem Zustand auf Güterwagen
Lok 57 1336	bombenbeschädigt, in zerlegtem Zustand auf Güterwagen
Lok 58 241	bombenbeschädigt, in zerlegtem Zustand auf Güterwagen
Lok 58 1694	Feuerbüchse ausgeglüht, nachträglich bombenbeschädigt, auf eigenen Rädern laufend
Lok 58 1543	untersuchungsreif, schlechter Allgemeinzustand
Lok 58 1710	fällige Untersuchung, schlechter Allgemeinzustand
Lok 58 1054	schlechte Rohrwand
Lok 58 1379	Feuerbüchse ausgeglüht

b) *Anfang Dezember werden zurückgeführt:*

Lok 58 2010	schwerer Zusammenstoß, wird zur Zeit im AW lauffähig gemacht
Lok 58 1435	fällige Untersuchung, schlechter Allgemeinzustand
Lok 58 1854	fällige Untersuchung, schlechter Allgemeinzustand
Lok 58 1616	fällige Untersuchung, schlechter Allgemeinzustand
Lok 58 1040	fällige Untersuchung, schlechter Allgemeinzustand

c) *Mitte Dezember werden zurückgeführt:*

Lok 58 1253	fällige Untersuchung, schlechter Allgemeinzustand
Lok 58 1069	fällige Untersuchung, schlechter Allgemeinzustand
Lok 58 1490	fällige Untersuchung, schlechter Allgemeinzustand
Lok 58 1540	Risse in Feuerbüchse, Untersuchung September 1944
Lok 58 1822	Risse in Feuerbüchse und Stehkessel, fällige Untersuchung September 1944
Lok 58 2067	schlechte Rohrwand.

Sollstand (alt)

Seit September 1942		62 Lok G 12	und	0 Lok G 10
Für ersten Ausbau Mazedonien		19 Lok G 12	und	0 Lok G 10
Im Tauschweg mit Serbien gegen serb Lok		7 Lok G 12	und	-
Für zweiten Ausbau Mazedonien +)		10 Lok G 12	und +)	46 Lok G 10
Summe:	98 Lok G 12		und	46 Lok G 10

+) BSTB war mit diesem Soll statt den ursprünglichen 13 G 12 und 43 G 10 gegenüber Fekdo 1 Belgrad einverstanden.

Daher Sollstand (neu)			
Mitte November 11943	88 Lok G 12 +)	und	46 Lok G 10
Iststand am 17.11.43	86 Lok G 12	und	38 Lok G 10
Im Anrollen von Belgrad	-		8 Lok G 10
Es fehlen somit zum Sollstand 2 Lok G 12			

+) Außerdem sind zur Überbrückung der Bombenschäden 5 G 12 von Serbien leihweise vorhanden, die dieser Tage zurückgegeben werden.«

motiven zwecks Ausbesserung nach Deutschland zurückgeführt werden. Drei dieser Lokomotiven mußten zerlegt und auf Wagen verladen werden. Bei einer Anzahl weiterer Leihlokomotiven läuft in nächster Zeit die Untersuchungsfrist ab. Da sie sich in schlechtem Allgemeinzustand befinden, kommt eine Fristverlängerung nicht mehr in Betracht. Auch sie müssen ausgetauscht werden. (... a), b), c), ...) Diese Lokomotiven sind bereits außer Betrieb.
d) Die Bulgarischen Staatseisenbahnen beabsichtigen noch neun weitere G 12-Lokomotiven zwecks Austausch zurückzugeben, sie werden jedoch auf meine Veranlassung nachprüfen, inwieweit diese Lokomotiven durch eine Zwischenausbesserung in einer bulgarischen Werkstätte bis zu der erst später fällig werdenden Untersuchung in Betrieb gehalten werden können.
Soll- und Iststand der deutschen Leihlokomotiven in Bulgarien (s. Tab. «Sollstand (alt)»)
Als Gegenleistung für die an die Bulgarischen Staatseisenbahnen verkauften 30 Lok Reihe 50 verzichten die BSTB auf 10 Leihlok und zwar auf 10 Lok G 12.« (s. links unten)
Abschließend führte Sachbearbeiter Rabus aus, daß für die Schadlokomotiven sofort acht G 12 und zwei G 10 als Ersatz zuzuführen sind. Allerdings wünschte sich die Bulgarische Eisenbahn künftig eher die Baureihen 50 und 52. Doch er schrieb im Hinblick auf weitere auszubessernde Lokomotiven und fehlenden »Ersatzstücken« weiter, dass »sofort 8 G 12 und 2 G 10-Lokomotiven den Bulgarischen Staatseisenbahnen zuzuführen« sind. »Davon gehen 6 G 12 nach Sofia und 2 G 12 und 2 G 10 nach Skopje (Mazedonien). Da mit der Möglichkeit zu rechnen ist, daß die Leihlokomotiven noch sehr lange Zeit in Bulgarien eingesetzt bleiben müssen, bitte ich als Ersatz nur Lokomotiven zu schicken, die frisch aus der Untersuchung kommen oder deren Untersuchung längstens 3 Monate zurückliegt. Mit Rücksicht auf die vielen Ausfalltage bei Zu- und Rückführung der Lokomotiven ist diese Maßnahme heute berechtigt und notwendig.«
»Es ist notwendig, daß bei eingehender Ersatzanforderung die Tauschlok raschenstens in Marsch gesetzt werden«, schrieb am 1. Dezember 1943 die Generalbetriebsleitung Süd in München. Die sieben bzw. sechs heimkehrenden G 12 waren bereits avisiert. Sie liefen dann weiter zu ihren Heimat-Direktionen Köln (58 2010, 1018), Wuppertal (58 1435, 2067), Halle (58 1854), Breslau (58 1616), Dresden (58 1040), Oppeln (58 290), Frankfurt (M) (58 1253), Regensburg (58 1069), Kassel (58 1490), Saarbrücken (58 1540) und Nürnberg (58 1822).
Für die der BDZ zugeführten Lokomotiven der BR 58 belief sich die Miete auf 80 Reichsmark pro Lokomotive und Kalendertag. Diese wurde durch die BDZ vom März 1941 bis Dezember 1946 (!) verrechnet.
Unter dem Betreff »Austausch deutscher Mietlok in Bulgarien« formulierte am 24. April 1944 der Generalvertreter für Bulgarien der DR in Sofia seinen Brief an die Generaldirektion der BDZ in

Im Depot Doduane stand um 1960 die 13.04. Die Bauartänderungen der BDZ an den alten Preußen hielten sich in Grenzen.
Foto: Stoitschkov, Slg. Kubitzki

Als Schiebelok machte sich 1965 die 13.28 (ex 58 1618) im Bahnhof Sofia nützlich. Bemerkenswert ist die Windleiteinrichtung hinter dem Schornstein.
Foto: Slg. Kubitzki

Solu-Dervent. Er listete die 52 7690 - 7706 auf, die zwischen dem 12. und dem 16. April 1944 vom Bw Wien Süd nach Skopje rollten. »Damit ist die von Herrn Reichsverkehrsminister zugesagte Abgabe von 37 Mietlokomotiven der Reihe 52 gegen Rückgabe der Reihe von 37 Mietlok der Reihen 57 und 58 abgeschlossen«, hieß es weiter. Weitere 52er sollten noch folgen. Aber auch eine Vielzahl von Vertretern der Reihe 58 blieb in Bulgarien stehen. Im Juni 1944 waren bei den BDZ 107 Lokomotiven der BR 52, 54 der BR 57 und 61 der BR 58. Sieben 58er rollten nach Wien zurück.

Bei den BDZ bewährten sich die Lokomotiven der Reihe 13, wie die G 12 nun hieß, auf den Hauptstrecken des Mittelgebirges. Vor allem auf der Linie Sofia–Plovdiv waren sie gefordert. Daher blieben sie dort auch bis Anfang der 60er-Jahre beheimatet.
Als so genannte Ministerreserve von Pernik stellte man 1952 die 13.07, 10, 11 und 36 ab. Hinzu kam die Unfalllok 13.17. Diese stieß am 22. Dezember 1951 mit einem Zug auf der Strecke Russe–Stara Zagora zusammen. Trotzdem sie in ein Dampflokwerk überführt wurde, folgte im Jahre 1960 ihre Zerlegung. Es war die erste Ausreihung. Weitere Abstellungen als Reserve sind für 1953 überliefert. Reserve- und Betriebsmaschinen standen in Bulgarien bis in die 70er-, teilweise sogar 90er-Jahre abgestellt. Dass die BDZ sie trotz Fahrzeugmangel nicht benötigte, zeigte der äußerlich schlechte Gesamteindruck der Lokomotiven.
Detaillierte Angaben, vor allem im Anschluss zu denen aus der Zeit nach dem Zweiten Weltkrieges, fehlen leider. Bulgarien hat erst spät den Mantel des Schweigens gelüftet.

Verteilung der G 12 in Bulgarien

Depot	1944	1945	1946	1947	1958
Sofia	7	5	5	6	12
Podujane	-	2	2	3	9
Tscherni Barjag	-	2	2	-	-
Pleven	14	14	14	14	-
Gorna Orjahovitza	21	19	19	19	-
Summe	42	42	42	42	21

Umzeichnung der in Bulgarien verbliebenen G 12

BDZ	ex DR	Ausreihung
13.01	58 237	+ 1973
13.02	58 243	1954[1]
13.03	58 282	1954[1]
13.04	58 292	+ 1973
13.05	58 302	1953[1]
13.06	58 318	1960[1]
13.07	58 1033	1952[1]
13.08	58 1037	1954[1]
13.09	58 1050	1957 WL
13.10	58 1076	1952[1]
13.11	58 1080	1952[1]
13.12	58 1101	1953[1]
13.13	58 1136	+ 1973
13.14	58 1256	1953[1]
13.15	58 1298	1954[1]
13.16	58 1305	1960[1]
13.17	58 1326	+ 1952
13.18	58 1348	+ 1968
13.19	58 1365	+ 1973
13.20	58 1376	+ 1973
13.21	58 1433	1960 WL
13.22	58 1447	1960 WL
13.23	58 1452	+ 1973
13.24	58 1498	1960 WL
13.25	58 1515	1953[1]
13.26	58 1527	1953[1]
13.27	58 1597	1953[1]
13.28	58 1618	+ 1968
13.29	58 1670	+ 1973
13.30	58 1752	1960 WL
13.31	58 1754	+ 1968
13.32	58 1761	1960 WL
13.33	58 1782	1953[1]
13.34	58 1840	1953[1]
13.35	58 1851	+ 1968
13.36	58 1883	1952[1]
13.37	58 1927	1953[1]
13.38	58 1948	1960[1]
13.39	58 2067	1960[1]
13.40	58 2079[2]	1954[1]
13.41	58 2124	+ 1968
13.42	58 2136	1953[1]

WL als Werklok an DMP »Trojanow«,
1 Abgabe in den Reserve-Park des Ministerium für Verkehrswesen in Pernik (Ministerreserve)
2 58 2079 auch bei JZ genannt

Als Reparationsleistung gelangte die sächsische Lok Nummer 1173 nach dem Ersten Weltkrieg nach Frankreich, wo sie 1919 als Est 5204 bezeichnet wurde. Später erhielt sie die Bezeichnung 150-D-204. Als Leihlok kam sie im Februar 1941 schließlich nach Dresden. *Foto: Hubert, Slg. Grundmann*

In Elsass-Lothringen entstand 1948 dieses Bild einer unbekannten G 12. Bemerkenswert sind der enge Schlot und die gemeinsame Verkleidung für den Dampfdom und die beiden Sandkästen. *Foto: Slg. Garn*

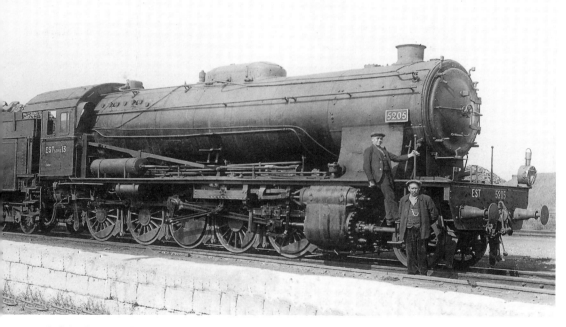

Auf eine bewegte Geschichte kann auch die Est 5205 zurückblicken: Ursprünglich als Nummer 1179 in Sachsen in Dienst gestellt, kam sie als Reparationslok nach Frankreich (EST 5205, ab 1938 SNCF 1-150-D-205). Am 14. März 1941 übernahm die Reichsbahn die Maschine als Leihlokomotive. Nach dem Zweiten Weltkrieg verblieb sie in der sowjetischen Besatzungszone. Bei der Rbd Halle wurde die Lok schließlich 1952 ausgemustert. *Foto: Slg. Garn*

8.3 Elsass-Lothringen und Frankreich

Nach der Lieferung der G 12 gelangten 118 Lokomotiven an die Reichseisenbahnen in Elsass-Lothringen. Im Jahr 1938 folgte die Einreihung in das SNCF-Nummernschema. Zehn Exemplare gehörten ebenfalls seit Ende des Ersten Weltkrieges zur Französischen Ostbahn (EST 5015, 5151–5159). Weiter erhöhten die Lokomotiven der Gattung G 12¹ die Anzahl. Im Jahr 1945 kamen die so genannten Beutelokomotiven 58 266, 297, 524, 536, 1510, 1795, 1908, 1938, 2022 und 2093 hinzu.

In Frankreich war die G 12 zumeist im Elsass unterwegs, so dass die Überschrift wieder seine Richtigkeit hat. Heimat-Stationen waren u.a. Hausbergen, Muhlhouse Nord, Lunebourg, Reding, Thionville, Metz, Forbach, Lumes, Sarreguemines, Longuyon und Langwy. Dort waren sie auf den Hauptstrecken im schweren Güterzugdienst eingesetzt. Die steigungsreichen Strecken im Elsass forderten die 1-150-C der SNCF. Vor allem auf der Route Strasbourg–Kalhausen in Richtung Metz mussten die alten Lokomotiven am Berg bei Puberg zeigen, was sie konnten. Lange Zeit war das eine Domäne dieser Reihe. Die Ausmusterung zog sich bis 1952, 1953 und 1954 hin. Die letzten dienten, mit verkeilten Innenzylinder, als Verschublokomotiven in Forbach und Benning.

8.4 Jugoslawien

Die Jugoslawischen Staatseisenbahnen verfügten nach 1945 über 50 Lokomotiven der Gattung G 12. Zumeist waren es Lokomotiven, die zuvor in Bulgarien waren und die Heimfahrt aufgrund der Kriegswirren verpassten. Die JDZ reihte sie kurz darauf als Reihe 30, im Jahr 1947 als Reihe 36 ein. Aufgrund der Ausmusterung der 58 1310 (30-120) waren es im neuen Plan nur noch 49 Lokomotiven. Die G 12 war bei den JDZ wegen ihres wartungsaufwändigen Triebwerkes sehr unbeliebt. Neben den Schlossern klagten ebenso die Heizer über diese Maschinen.

In Slowenien beförderte die Reihe 30 die schweren Güterzüge auf allen Hauptstrecken. Zahlreiche bergige Strecken waren zu bezwingen. Einsatzorte waren Ljubljana (Laibach) und Nova Gorica. Aufgrund fehlender Alternativen hielt sich die Reihe 30 bis Ende der 60er-, Anfang der 70er-Jahre. Nähere Informationen sind wegen des »Eisernen Vorhanges« nicht überliefert (weiter Seite 207).

AL/SNCF-Lokomotiven, die nicht als BR 58 geliefert wurden. Henschel, Baujahr 1915

Fabrik-Nr.	Betriebs-Nr.	an SNCF, Nr.	weiter	Ausmusterung
13285	5551	1-150-B-551	an DRB/L, an DRw (1950 Plattling), an SNCF	Metz Frescaty, + 23.03.1954

Henschel, Baujahr 1916

Fabrik-Nr.	Betriebs-Nr.	an SNCF, Nr.	weiter	Ausmusterung
13669	5552	1-150-B-552	an DRB/L, an DRw (1946 Regensburg, 1950 Plattling), an SNCF	Milon, + 20.07.1952
13670	5553	1-150-B-553		Metz Frescaty, + 14.11.1953
13671	5554	1-150-B-554		Metz Frescaty, + 07.03.1952
13672	5555	1-150-B-555	an DRB/L, an DRw (1945 Rbd Kassel), an SNCF	Metz Frescaty, + 28.10.1954
13673	5556	1-150-B-556	an DRB/L, an DRw (München), 02.05.1946 an SNCF	Sarreguemines, +28.10.1954
13674	5557	1-150-B-557		Thionville, + 27.02.1952
13675	5558	1-150-B-558		Thionville, + 27.02.1952
13676	5559	1-150-B-559		Sarreguemines, + 28.10.1954
13677	5560	1-150-B-560	an DRB/L, an DRo (Dresden) 58 5560?, vermisst	+ 1950?
13678	5561	1-150-B-561	an DRB/L	Sarreguemines, + 23.03.1955
13679	5562	1-150-B-562		Reding, + 28.04.1947

Henschel, Baujahr 1917

Fabrik-Nr.	Betriebs-Nr.	an SNCF, Nr.	weiter an	letztes Depot	Abstellung	Ausmusterung
15502	5563	1-150-C-563	an DRB/L (Frankfurt), 30.04.1946 an SNCF	Thionville	07.1946	02.02.1952
15503	5564	1-150-C-564	an DRB/L (Essen), 01.1946 an SNCF		10.1954	23.03.1955
15504	5565	1-150-C-565	an DRB/L (Metz), 1945 an ÖBB, 18.08.1947 an SNCF	Sunebourg	1952	07.03.1952
15505	5566	1-150-B-566	an CFL/L 5421, 1949 an SNCF	Thionville	1949	02.02.1952
15506	5567	1-150-C-567	an DRB/L (Dillenburg), 27.04.1946 an SNCF	Thionville	1957	22.03.1957
15507	5568	1-150-C-568		Thionville	03.1954	28.10.1954
15508	5569	1-150-C-569	an DRB/L, DRo 58 5569 (Rbd Berlin)	Zwickau	1946z	19.11.1963
15509	5570	1-150-C-570		Muhlhouse Nord	1957	22.03.1957
15510	5571	1-150-C-571	an CFL/L 5422, 1950 an SNCF	Sarrebourg	1950	02.05.1952
15511	5572	1-150-C-572		Thionville	1953	14.11.1953
15512	5573	1-150-C-573	an DRB/L, an DRo (Rbd Erfurt) (Rbd Erfurt)			15.10.1953
15513	5574	1-150-C-574		Muhlhouse Nord	02.1952	07.03.1952
15514	5575	1-150-C-575	an DRB/L, an DRo, 1946 an SMA D		als KV 1953	
15515	5576	1-150-C-576		Forbach	03.1954	28.10.1954
15516	5577	1-150-C-577		Reding	02.1946	+
15517	5578	1-150-C-578		Longwy	10.1954	28.10.1954
15518	5579	1-150-C-579		Thionville	03.1954	28.10.1954
15519	5580	1-150-C-580	an DRB/L, an DRw/DB (Heilbronn), 1950 (?) an SNCF	Couflans	03.1954	28.10.1954
15606	5581	1-150-C-581		Thionville	03.1954	28.10.1954
15607	5582	1-150-C-582		Muhlhouse Nord	02.1952	07.03.1952
15608	5583	1-150-C-583		vermisst		+
15609	5584	1-150-C-584	an DRB/L, an DRo (Rbd Erfurt)	Hausbergen?	1947	a. O. Bw Gera + 24.07.1956
15610	5585	1-150-C-585	an DRB/L, an DRw/DB (Dillenburg), 27.04.1946 an SNCF	Thionville	04.1952	02.05.1952

Fabrik-Nr.	Betriebs-Nr.	an SNCF, Nr.	weiter an	letztes Depot	Abstellung	Ausmusterung
15611	5586	1-150-C-586	an DRB/L, an DRo, 1946 an SMA D		als KV + 1953	
15612	5587	1-150-C-587		Thionville	03.1954	28.10.1954
15613	5588	1-150-C-588	an DRB/L, an DRw (Rbd Kassel), 02.1946 an SNCF		03.1954	28.10.1954
15614	5589	1-150-C-589		Thionville	03.1954	28.10.1954
15615	5590	1-150-C-590	an DRB/L, an DRw (Dillenburg), 27.04.1946 an SNCF	Thionville	02.1952	07.03.1952
15616	5591	1-150-C-591		Sarrebourg-Thionville	03.1954	28.10.1954
15617	5592	1-150-C-592	an DRB/L, an DRw (Rbd Kassel), 1946 an SNCF	Muhlhouse Nord	04.1952	02.05.1952
15618	5593	1-150-C-593	an DRB/L, an DRo 58 5593, Reko in 58 3017	Rostock	30.03.1981z	16.09.1981
15619	5594	1-150-C-594	an DRB/L, an DRw (Karlsruhe, Stuttgart), 1947 an SNCF	Reding	07.1951	20.07.1951
15620	5595	1-150-C-595	1945 CFL/L 5423, 1949 an SNCF	Thionville	1952	02.05.1952
15621	5596	1-150-C-596	an DRB/L, an PKP Ty 1-24			als KV 1953
15622	5597	1-150-C-597	an DRB/L, vermisst			als KV 1953
15623	5598	1-150-C-598	an DRB/L, an DRw (Dillenburg), 27.04.1946 an SNCF	Longwy	10.1954	28.10.1954
15624	5599	1-150-C-599	an DRB/L, an ÖBB (Linz), 18.08.1947 an SNCF	Sarrebourg	02.1952	07.03.1952
15625	5600	1-150-C-600	1945 CFL/L 5424, 1950 an SNCF	Thionville-Forbach	1954	28.10.1954
15626	5601	1-150-C-601	an DRB/L, an PKP Ty 1-25			
15627	5602	1-150-C-602	an DRB/L, an DRo	Erfurt		21.05.1954, Rahmen an 58 2042
15628	5603	1-150-C-603	an DRB/L (Metz), an DRw (Mainz), 24.07.1950 an SNCF	Reding	07.1951	20.07.1951
15629	5604	1-150-C-604		Thionville	03.1954	28.10.1954
15630	5605	1-150-C-605	an DRB/L, an SNCF	Thionville	11.1953	14.11.1953
15631	5606	1-150-C-606	an DRB/L (Luxemb.), an DRw (Wetzlar), 09.05.1946 an SNCF	Longuyon-Thionville	1952	02.05.1952
15632	5607	1-150-C-607		Thionville	03.1957	22.03.1957
15633	5608	1-150-C-608		Sarrebourg	02.1952	07.03.1952
15634	5609	1-150-C-609	1945 CFL/L 5425, 1950 an SNCF	Sarrebourg	1952	02.05.1952
15635	5610	1-150-C-610		Reding	Kriegsschaden	12.1947

Henschel, Baujahr 1918

Fabrik-Nr.	Betriebs-Nr.	an SNCF, Nr.	weiter an	letztes Depot	Abstellung	Ausmusterung
15646	5611	1-150-C-611	an DRB/L, an PKP Ty 1-26			
15647	5612	1-150-C-612	an DRB/L, an PKP Ty 1-133			
15648	5613	1-150-C-613	an DRB/L, an DRw (Kassel), an SNC F	Sarrebourg	07.1952	20.07.1952
15649	5614	1-150-C-614	an DRB/L, an DRo (Erfurt)	Erfurt	1945	15.10.1953
15650	5615	1-150-C-615	an DRB/L, an DRo (Erfurt)	Erfurt	1945	12.1959
15651	5616	1-150-C-616	an DRB/L, an DRo (Magdeburg)		1945	20.01.1954
15652	5617	1-150-C-617	an DRB/L, an PKP Ty 1-134			
15653	5618	1-150-C-618		Thionville	02.1952	07.03.1952
15654	5619	1-150-C-619	an DRB/L, an PKP	Schadlok RBD Danzig		
15655	5620	1-150-C-620	an DRB/L, an DRo, an SMA			
15656	5621	1-150-C-621	1940 DRB/L (Luxemb.), 1945 CFL/L 5426, 1950 an SNCF	Sarrebourg	1952	02.05.1952
15657	5622	1-150-C-622		Muhlhouse Nord	02.1952	07.03.1952

Fabrik-Nr.	Betriebs-Nr.	an SNCF, Nr.	weiter an	letztes Depot	Abstellung	Ausmusterung
15658	5623	1-150-C-623	an DRB/L (Metz), an DRw (Dillenburg), 27.04.1946 an SNCF	Longuyon-Thionville	10.1952	25.10.1952
15659	5624	1-150-C-624		Thionville	11.1953	14.11.1953
15660	5625	1-150-C-625				
15661	5626	1-150-C-626				20.07.1951
15662	5627	1-150-C-627	1940 DRB/L, an DRw, 1946 an CFL 5411			19.12.1955
15663	5628	1-150-C-628	an DRB/L, an DRo (Magdeburg)			1953 (?)
15664	5629	1-150-C-629		Muhlhouse Nord	03.1954	28.10.1954
15665	5630	1-150-C-630	an DRB/L, an DRw (Mainz), an SNCF	Longuyon-Thionville	1957	22.03.1957

Grafenstaden, Baujahr 1918

Fabrik-Nr.	Betriebs-Nr.	an SNCF, Nr.	weiter an	letztes Depot	Abstellung	Ausmusterung
7058	5631	1-150-C-631	an DRB/L, an DRo (Erfurt) 58 5631, Reko in 58 3009	Glauchau	z 27.05.1981	21.07.1981
7059	5632	1-150-C-632			Kriegsschaden	12.1947
7060	5633	1-150-C-633	1940 DRB/L (Luxemb.), an SNCF	Forbach-Thionville	03.1954	28.10.1954
7061	5634	1-150-C-634			Kriegsschaden	08.1946
7062	5635	1-150-C-635	1940 DRB/L (Luxemb.), an SNCF	Thionville	11.1953	14.11.1953
7063	5636	1-150-C-636		Longuyon-Thionville	02.1952	07.03.1952
7064	5637	1-150-C-637	an DRB/L, an DRw (Münster), 1946 an SNCF	Forbach-Thionville	03.1954	28.10.1954
7065	5638	1-150-C-638	1940 DRB/L (Luxemb.), an SNCF	Thionville	11.1953	14.11.1953
7066	5639	1-150-C-639	1940 DRB/L (Luxemb.), an SNCF	Thionville	10.1952	25.10.1952
7067	5640	1-150-C-640		Sarrebourg	10.1952	25.10.1952
7068	5641	1-150-C-641		Thionville	11.1953	14.11.1953
7069	5642	1-150-C-642		Thionville	10.1952	25.10.1952
7070	5643	1-150-C-643	an DRB/L, an DRw (Stuttgart), 1950 an SNCF	Sarrebourg	07.1951	20.07.1951
7071	5644	1-150-C-644		Muhlhouse Nord	10.1954	28.10.1954
7072	5645	1-150-C-645	an DRB/L, an DRo (Erfurt) 58 5645	Rbd Erfurt		1953
7073	5646	1-150-C-646		Thionville	02.1952	07.03.1952
7074	5647	1-150-C-647	an DRB/L, an DRw (Offenbach), 1946 an SNCF	Thionville	10.1952	20.10.1952
7075	5648	1-150-C-648	an DRB/L, an DRw (Göttingen), an SNCF	Thionville	10.1954	28.10.1954
7076	5649	1-150-C-649	an DRB/L, an DRw (München), 1946 an SNCF	Thionville	03.1954	28.10.1954
7077	5650	1-150-C-650	an DRB/L, an DRw (Regensburg), an SNCF	Thionville	10.1952	25.10.1952

Grafenstaden, Baujahr 1919

Fabrik-Nr.	Betriebs-Nr.	an SNCF, Nr.	weiter an	letztes Depot	Abstellung	Ausmusterung
7107	5651	1-150-C-651	an DRB/L, an DRw (Rbd Kassel), an SNCF	Thionville	11.1953	14.11.1953
7108	5652	1-150-C-652	1940 DRB/L, an DRw (Rbd Kassel), an SNCF	Thionville	03.1954	08.04.1953
7109	5653	1-150-C-653	1940 DRB/L (Luxemb.), an SNCF	Forbach	03.1954	08.04.1954
7110	5654	1-150-C-654		Thionville	11.1953	14.11.1953
7111	5655	1-150-C-655	an DRB/L, an DRo (Erfurt) 58 5655, Reko in 58 3010	Riesa	z 19.02.1977	20.04.1977
7112	5656	1-150-C-656		Thionville	03.1954	08.04.1954
7113	5657	1-150-C-657	1940 DRB/L (Luxemb.), an CFL/L 5427, 1950 an SNCF	Sarrebourg		02.05.1952

Fabrik-Nr.	Betriebs-Nr.	an SNCF, Nr.	weiter an	letztes Depot	Abstellung	Ausmusterung
7114	5658	1-150-C-658	an DRB/L, an DRw (Regensburg), an SNCF	Sarrebourg	03.1954	08.04.1954
7115	5659	1-150-C-659	1940 DRB/L (Luxemb.), CFL/L 5412, an PKP Ty 1-28			
7116	5660	1-150-C-660	1940 DRB/L (Luxemb.), CFL/L 5428, 1949 an SNCF			02.02.1952
7117	5661	1-150-C-661		Thionville	03.1957	22.03.1957
7118	5662	1-150-C-662	1940 DRB/L (Luxemb.), an SNCF	Muhlhouse Nord	02.1952	07.03.1952
7119	5663	1-150-C-663	an DRB/L (Metz), an DRw (Rbd Mainz), an SNCF	Muhlhouse Nord	04.1952	02.05.1952
7120	5664	1-150-C-664	CFL/L 5429, 1949 an SNCF	Thionville		02.05.1952
7121	5665	1-150-C-665		Sarrebourg	04.1952	02.05.1952
7122	5666	1-150-C-666		Thionville	05.1956	14.05.1956
7123	5667	1-150-C-667	an DRB/L, an DRw (Augsburg), an SNCF	Thionville	04.1952	02.05.1952
7124	5668	1-150-C-668	1940 DRB/L (Luxemb.), CFL/L 5430, 1949 an SNCF	Thionville		02.05.1952
7125	5669	1-150-C-669	an DRB/L, an DRw (München), 1946 an SNCF	Muhlhouse Nord	03.1957	22.03.1957
7126	5670	1-150-C-670	an SNCF	Muhlhouse Nord	03.1954	08.04.1954
7127	5671	1-150-C-671	1940 DRB/L (Luxemb.),	Thionville	03.1954	08.04.1954
7128	5672	1-150-C-672	an DRB/L, an DRo, an SMA			
7129	5673	1-150-C-673	an DRB/L, an DRo (Halle) 58 5673, Reko in 58 3020	Elsterwerda	z 31.05.1981	17.08.1981
7130	5674	1-150-C-674		Thionville	03.1957	22.03.1957
7131	5675	1-150-C-675	(1942 Luxemburg)		Kriegsschadlok	bis 1946
7090	5676	1-150-C-676	an DRB/L, an SNCF	Sarrebourg	12.1950	20.07.1951
7091	5677	1-150-C-677	1940 DRB/L (Luxemb.), CFL/L 5431, 1949 an SNCF	Thionville		02.05.1952
7092	5678	1-150-C-678	(1943 Luxemburg)	Longwy		28.10.1954
7093	5679	1-150-C-679		Longuyon	11.1953	14.11.1953
7094	5680	1-150-C-680	1940 DRB/L, 1945 ÖBB, 1947 an SNCF, 1948 an CFL 5413			27.07.1957

Henschel, Baujahr 1918[1]

Fabrik-Nr.	Betriebs-Nr.	an SNCF, Nr.	weiter an	letztes Depot	Ausmusterung
15742	5681[2]	1-150-C-681		Thionville	07.03.1952
15746	5682[2]	1-150-C-682		Thionville	08.04.1954
15748	5683[2]	1-150-C-683		Thionville	08.04.1954
15753	5684[2]	1-150-C-684	DRB/L, an DRo, 1945 an SMA		
15757	5685[2]	1-150-C-685		Muhlhouse Nord	25.10.1952
15758	5686[2]	1-150-C-686	DRB/L, an PKP Ty 1-132		
15760	5687[2]	1-150-C-687		Thionville	14.11.1953

Borsig, Baujahr 1918[3]

Fabrik-Nr.	Betriebs-Nr.	an SNCF, Nr.	weiter an	letztes Depot	Abstellung	Ausmusterung
10184	5688[4]	1-150-C-688	DRB/L (Luxemburg), 1945 DRw, 1946 an SNCF	11.1946 a. Q. 1946 an SNCB		
10185	5689[4]	1-150-C-689	DRB/L (Luxemburg), 1945 DRw, 1946 an SNCF	Thionville-Longwy		14.05.1956

1 siehe auch »Lieferung pr. G 12« Henschel 1918
2 5681–5687 ehemalige Saarbrücken 5582, 5586, 5588, 5593, 5597, 5598, 5600; Umzeichnung in EST 5151–5157
3 siehe auch »Lieferung pr. G 12« Borsig 1918
4 5681–5687 ehemalige Saarbrücken 5573, 5580; Umzeichnung in EST 5158, 5159

Umzeichnung der in Jugoslawien verbliebenen G 12

JDZ	Umz. JDZ 1947	ex DR
30-101	36-001	58 296
30-102	36-002	58 316
30-103	36-003	58 1003
30-104	36-004	58 1012
30-105	36-005	58 1026
30-106	36-006	58 1090
30-107	36-007	58 1124
30-108	36-008	58 1129
30-109	36-009	58 1139
30-110	36-010	58 2079[2]
30-111	36-011	58 1204
30-112	36-012	58 1212
30-113	36-013	58 1226
30-114	36-014	58 1239
30-115	36-015	58 1253
30-116	36-016	58 1255
30-117	36-017	58 1272
30-118	36-018	58 1281
30-119	36-019	58 1294
30-120	-	58 1310[1]
30-121	36-020	58 1312
30-122	36-021	58 1314
30-123	36-022	58 1328
30-124	36-023	58 1381
30-125	36-024	58 1398
30-126	36-025	58 1403
30-127	36-026	58 1415
30-128	36-027	58 1418
30-129	36-028	58 1521
30-130	36-029	58 1544
30-131	36-030	58 1580
30-132	36-031	58 1584
30-133	36-032	58 1585
30-134	36-033	58 1605
30-135	36-034	58 1608
30-136	36-035	58 1650
30-137	36-036	58 1701
30-138	36-037	58 1717
30-139	36-038	58 1501
30-140	36-039	58 150x (?)
30-141	36-040	58 1823
30-142	36-041	58 1632
30-143	36-042	58 1887
30-144	36-043	58 1950
30-145	36-044	58 1982
30-146	36-045	58 1997
30-147	36-046	58 2018
30-148	36-047	58 2060
30-149	36-048	58 2081
30-150	36-049	58 535

1 58 1310, JDZ 30-120, + 1948, keine Umzeichnung 1947 in 36-, daher dann Nummernsprung bei weiteren Umzeichnungen ab 30-121
2 58 2079 auch bei BDZ genannt

Im August 1967 stand im Bahnhof Laibach die 36-029. Bei der ehemaligen 58 1544 hatte man den Oberflächenvorwärmer zugunsten eines Friedmann-Injektors ersetzt.
Foto: Herkner, Slg. Grundmann

Durch den Bahnhof von Ljubljana rollte am 3. Juli 1958 die 36-027. Bei dieser Lok handelt es sich um die ehemalige 58 1418.
Foto: Fröhlich, Slg. Dath

In einem sehr guten Pflegezustand präsentierte sich die 36-025 am 3. Juli 1958 im Depot von Ljubljana. Besondere Beachtung bei der ehemaligen 58 1403 verdient der Funkenfänger auf dem Schornstein.
Foto: Fröhlich, Slg. Grundmann

8.5 Luxemburg

Im Jahr 1931 wurden die auf der luxemburgischen Prinz-Heinrich-Bahn (PH) eingesetzten G 12 und G 12¹ umgezeichnet. Aus der Militärlieferung für Brüssel (Brüssel 5551, 5552, 5555), 1918 umgezeichnet in B 9251, 9253 und 9255, liefen die Lokomotiven der Gattung G 12¹ künftig unter der Bezeichnung PH 0 505–507. Im zweiten Weltkrieg, im Jahr 1943, gelangten sie als Leihlokomotiven zur Deutschen Reichsbahn und erhielten dort die Ordnungsnummern 58 601ᴵᴵ–603. Die 58 603 rollte 1944 an die Luxemburgische Staatseisenbahn CFL zurück und erhielt dort die Bezeichnung 5303. Im August 1946 folgte die 58 601ᴵᴵ, die von nun an 5301 hieß. Noch vor der Umzeichnung in CFL 5302 wurde die 58 602ᴵᴵ ausgemustert.

Auf der Prinz-Heinrich-Bahn waren ebenso Lokomotiven der Gattung G 12 im Einsatz. Die ebenfalls 1931 eingereihten PH 0 501–504 hießen einst B 9264 und 9270–9273 (Köln 5564, 5570–5573). Diese Exemplare erhielten 1943 die Bezeichnung 58 2145–2148. Künftig waren auch sie Leihlokomotiven der DRB. Ebenfalls seit 1944 gehörte die 58 2146 und die 58 1171 zu den CFL.

1945 zählten neben der 58 1795 und 2017 auch elsässische bzw. französische G 12 zum luxemburgischen Bestand. Das waren die AL 5564, 5571, 5595, 5600, 5609, 5621, 5657, 5660, 5664, 5668 und 5677 (SNCF 1-150-C-564, -571, -595, -600, -609, -621, -657, -660, -664,-668, -671). Diese elf AL-Exemplare weilten zumeist als Leihlokomotiven unter der Obhut der DRB in Luxemburg. Nach dem Krieg erhielten sie die CFL-Bezeichnung 5421–5431. Zumeist in den Jahren 1949 und 1950 gingen sie an die SNCF zurück.

Weitere Lokomotiven für die DRB waren die AL 5606, 5633, 5635, 5638, 5639, 5653, 5661, 5666, 5671, 5675 und 5678 (SNCF 1-150-C-606, -633, -635, -638, -639, -653, -661, -666, -671, -675, -678). Kurzzeitig sollen im Jahre 1943 als Leihlokomotiven ebenso die AL 5688 und 5689 (SNCF 1-150-C-688, 689) in Luxemburg gewesen sein. Diese Maschinen verblieben nicht bei den CFL und wurden daher auch nicht eingereiht. Die AL 5656 stand 1942 mit einem schweren, kriegsbedingten Schaden in Luxemburg abgestellt. Der weitere Laufweg der einstigen AL-Lokomotiven ist dem Tabellenteil im Abschnitt Elsass-Lothringen und Frankreich zu entnehmen.

Nach den Abgaben erhielt die CFL 1946 von der DRw die 58 2145, 2147 und 2148 und reihten sie als 5401, 5403 und 5404 ein. Letztlich ergänzte im Jahr 1948 die spätere CFL 5413 den Bestand. Am 10. Mai 1940 gelangte die einstige AL 5680 (SNCF 1-150-C-680) als Leihlokomotive zur Reichsbahn. 1945 stand sie bei den ÖBB, rollte von dort am 18. August 1947 zu den SNCF und 1948 weiter nach Luxemburg.

Fragen wirft die einstige AL 5659 (SNCF 1-150-C-659) auf. Seit dem 10. Mai 1940 als DRB-Leihlokomotive in Luxemburg geführt, war sie nach Kriegsende als CFL 5412 vorgesehen. Eine Umzeichnung erlebte sie offenbar nicht mehr.

Eine andere Quelle nennt den fragwürdigen Weg zu den PKP und die dortige Einreihung als Ty 1-28.

Schließlich verblieben bei den CFL acht G 12 im Einsatzbestand. Hinzu kam noch eine G 12¹, die 5301, die bis 1954 zum CFL-Park zählte. Wie der nachstehenden Tabelle über die CFL G 12 zu entnehmen ist, blieben die letzten Vertreter der Reihe 54 bis 1959 erhalten. Beheimatet waren sie in Luxembourg und Bettembourg.

Umzeichnung der in Luxemburg verbliebenen G 12

CFL	ex DRB	Ausmusterung
5401	58 2145¹	24.02.1958
5402	58 2146¹	22.09.1958
5403	58 2147¹	19.12.1955
5404	58 2148¹	27.07.1957
5413	AL 5680²	27.07.1957
5441	58 1171	26.01.1959
5442	58 1795	29.06.1959
5443	58 2017	29.06.1959

1 58 2145, 2147 und 2148 von DRw 1946 an CFL; 58 2146 von DRB 1944 an CFL
2 AL 5680, 1938 in SNCF 1-150-C-680, keine DRB-Nummer
Anmerkung: die DRw buchte 1950 eine 5440 nach Luxemburg aus. Weitere Hinweise finden sich nicht.

8.6 Österreich

In der Alpenrepublik war die Baureihe 58 weitgehend unbekannt. Nach der deutschen Annexion des Landes und der im November 1938 folgenden »Einordnung der Dampflokomotiven der ehemaligen österreichischen Bundesbahnen in den Nummernplan der Deutschen Reichsbahn« gab es nun auch dort erstmals eine Baureihe 58. Doch die hatte mit der Gattung G 12 wenig gemein. Vielmehr handelte es sich hierbei um Maschinen der Betriebsgattung G 56.14. Aus den ehemaligen österreichischen Baureihen 81, 181, 580 und 380 wurden die neuen (deutschen) Baureihen 58 701–774, 58 801–827, 58 901–927 und 58 951–961.

Erst in den letzten Kriegsjahren sind einige richtige G 12 in einigen wenigen österreichischen Zugförderungsstellen bzw. -leitungen, wie dort die Bahnbetriebswerke heißen, erfasst worden. Dazu zählten 1943 u.a. die 58 1545 und 58 1676 in Wien Süd sowie die 58 1680 in Wien West. Im April 1945 meldete auch das Bw Linz an der Donau, dass neben deutschen Vertretern der Baureihen 44, 50, 590, 86 auch die BR 58 im Bestand ist.

Nach Kriegsende sind durch die ÖBB sieben 58er erfasst worden. Es waren die 58 1669, 1746, 1767, 1904, 1917, 2122, 2132. Über Einsätze ist nichts bekannt. Offenbar standen sie schadhaft abgestellt. Darauf hin lässt zum Beispiel das Schicksal der 58 1746 schließen: zum 15. Juli 1948 ausgemustert und zum 2. Mai 1949 (oder 2. August ?) wieder in Dienst gestellt.

Im Austausch gegen andere Lokomotiven gelangte die 58 1669 am 26. September 1949 zur DB. Einen anderen Weg fuhr die 58 1917. Sie gehörte als einzige G 12 zum Bestand in der sowjetisch besetzten Zone Österreichs. Hinzu kamen im August 1945 an SBZ-Lokomotiven u.a.

Erst in den letzten Jahren des Zweiten Weltkrieges kam die G 12 in Österreich zum Einsatz. Nach dem Krieg arbeiteten die ÖBB vier 58er wieder betriebsfähig auf. Als Betriebsreserve diente am 23. Mai 1964 die 658.1767 (ex 58 1767) in Bludenz.
Foto: Hajek, Slg. Winkler

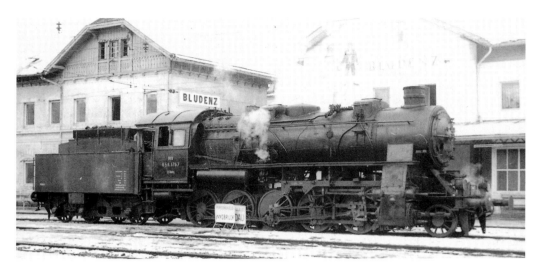

Ausmusterung folgte zum 15. Juli 1951. Doch im Einsatz bis 1950, gar 1951, war sie keinesfalls. Den letzten Einsatz einer G 12 bei den ÖBB hatte die 58 1767 bereits an 12. Juli 1950. Dann fristeten sie ihr Dasein als Reserve bzw. Dampfspender. 658.1746 und 2122 wurden künftig als Vorheizanlage Vz 0 1033 bzw. Vz 0 1042 geführt. Hingegen die 658.1767 und 2132 dienten als Reserve in Bludenz für mögliche Ausfälle der elektrischen Fahrleitung an der Arlbergstrecke. Schließlich folgte zum 5. Dezember 1966 die Ausmusterung der letzten ÖBB G 12, der 658.1767, in der Zugförderung Amstetten.

Umzeichnung der in Österreich verbliebenen G 12

Betriebs-Nr.	Ausmusterung	Bemerkung
658.1746	18.10.1961[1]	Vz 0 1033
658.1767	05.12.1966	
658.2122	22.07.1964[1]	Vz 0 1042
658.2132	20.01.1956	

[1] als Ausreihung, Vorheizanlage

Einsatzbilder von der G 12 in Österreich sind selten. Am 25. November 1965 stand die 658.1767 (ex 58 1767) in Bludenz unter Dampf.
Foto: Hajek, Slg. Grundmann

Zwei der vier G 12 nutzten die ÖBB ab etwa 1950 als Vorheizanlagen. Hinter der Vz 0 1033 verbarg sich die ehemalige 58 1746. In Linz rostete die Vz 0 1033 am 13. August 1972 vor sich hin.
Foto: Glöckner, Slg. Reimer

8.7 Tschechoslowakei

Im Bereich der späteren ČSD befanden sich nach dem zweiten Weltkrieg 19 Lokomotiven der BR 58. Diese sind durch die Kriegswirren dorthin gelangt, denn zuvor spielte hier die G 12 kaum eine Rolle im Zugdienst. Das sollte sich auch später nur bedingt ändern. Fast alle Lokomotiven standen bereits Ende der 40er-, Anfang der 50er-Jahre abgestellt. Allerdings sind auch nur wenige Details vom Einsatz bei den ČSD bekannt. Lediglich drei Umzeichnungen in die ČSD-Baureihe 536.05 sind überliefert:

Umzeichnung der in Tschechoslowakei verbliebenen G 12

ČSD	ex DR	Ausmusterung
536.0500	58 1302	10.07.1956
536.0501	58 1306	10.07.1956
536.0502	58 414	?

Als Vz 0 1042 verdingte sich viele Jahre die ehemalige 58 2122. Am 13. August 1972 wartete die Maschine auf die letzte Fahrt zum Schrottplatz. Der Dampfspender war mit einem Wannentender gekuppelt!
Foto: Glöckner, Slg. Reimer

44 der BR 57[10] und 245 der BR 52. Die 58 1917 ging als Trophäe am 29. Januar 1949 in die UdSSR. Bereits vor ihr, im Dezember 1948, auch eine polnische 58er – die 58 2720 bzw. Ty 23-680. Zu der erwähnten Wiederindienststellung der G 12 gehörten im Mai 1949 neben der 58 1746 auch die 58 1767, 2122 und 2132. Sie erhielten alle im Jahre 1953 die neue Bezeichnung der Reihe 658. Die Ordnungsnummern blieben erhalten. Nicht mehr aufgeführt war nun die 58 1904. Ihre

Insgesamt sollen jedoch 1946 zwölf G 12 in die Reihe 536.0500–0511 umgezeichnet worden sein. Die einstige 58 1058 kam als Werklokomotive zu einem Hüttenkombinat in Ostrava (Ostrau). Erwähnenswert ist, dass eine G 12 erst im Spätherbst 1945 von der DR in der SBZ zu den ČSD gelangte. Es war die 58 1859. Eine andere, die 58 1888 gab die ČSD 1945 an die PKP ab. Weiterhin befanden sich folgende G 12 bei den ČSD: 58 317, 441, 1034, 1052, 1058, 1123, 1302, 1308, 1327, 1342, 1394, 1493, 1500, 1615, 1853 und 2023. Sechs von ihnen führte man als so genannte Rückführlokomotiven. Aufgeführt sind ferner die 58 1088, 1303 und 2021. Diese Lokomotiven werden jedoch in den Beständen der

DRw (DB) bzw. DR geführt. Bereits im Jahre 1951 begann bei den CSD die Ausmusterung. Sie setzte sich 1956 fort und endete kurz darauf.

8.8 Sowjetunion

Schwierig gestaltet sich der Nachweis der G 12, die in der UdSSR verblieben. Aufgrund verschiedener Quellen differiert die Gesamtzahl. Die SMA in Deutschland und in Österreich (58 1917) ließ einige 58er in Richtung Osten abfahren. Von vier Lokomotiven ist bekannt, dass sie bei den PKP blieben (58 234, 431, 1290 und 1358). Eventuell gelangte auch die 58 1382 via SMA zu den PKP. Die 58 268 soll als T58 268 umgezeichnet worden sein. Als Werklokomotive sollen die 58 1234, 1238 und 1514 seit 1947 Verwendung gefunden haben. Mit Ausmusterungen aus dem Jahr 1951 sind die einstigen 58 410, 1434 und 1845 erklärt. Bekannt sind ferner die 58 290, 1371, 1931 sowie die AL 5575, 5586, 5620 und 5672.

8.9 Andere Länder

In Rumänien waren während des Krieges auch deutsche Lokomotiven eingesetzt. Bis zum Jahre 1944 jedoch nur die Baureihen 50, 52, 56 und 57. Die BR 58 fuhr dort nicht. Doch im Fernschreiben vom 21. April 1944 der Deutschen Truppen Bv Rumänien wurde unter dem Zeichen I Eis M 549/44 an das Mineis 34 in Berlin die »*Lokomotivlage 6. Meldung, Stichtag 19.4.44*« gesendet: »*Nach Transportlagemeldung liefen ins Reich: aus Rumänien (...) ferner die Lok 58 203 - 301 - 1031 - 1088 - 1263 - 1274 - 1398 - 1425 - 1571 - 1792 - 1886 - 2032 - 2078 - 2081 - (...) deren Einsatzgebiet nicht bekannt ist.*« Diese und weitere Lokomotiven der BR 50, 52 und 57 mussten diesen Umweg aus der einstigen, nun verlorenen RVD Dnjepro einschlagen, um nach Deutschland zurückzugelangen. Neben den Lokomotiven der Prinz-Heinrich-Bahn, die kurzzeitig im belgischen Bestand geführt wurden, besaß Belgien im Jahre 1945 lediglich zwei 58er:

Umzeichnung der in Belgien verbliebenen G 12

DR-Nr.	B-Nr.	Umz. 1946
58 1393	3400	83.002
58 1996	3401	83.001

Beide Maschinen gelangten 1950 zur DB. Über ihr weiteres Schicksal ist nichts bekannt. Vermutlich wurden sie kurz darauf verschrottet. Insgesamt verfügte Belgien (Eupen Malmedy) nach dem Ersten Weltkrieg über neun G 12 (B 9251–9273). Neben frühen Ausmusterungen kamen einige zur bereits erwähnten Prinz-Heinrich-Bahn. Sieben wiederum von dieser Bahn gelangten als Leihlokomotiven zur DRB (siehe Kapitel 8.5).

Fotos zeigen den Einsatz einiger G 12 in den Jahren des Zweiten Weltkrieges in Griechenland. Dort waren sie jedoch nicht beheimatet. Der Einsatz geschah durch den General des Transportwesens Südost.

9. Museumslokomotiven

Trotz der Vielzahl der gebauten Lokomotiven sind nur wenige bis heute erhalten – in Deutschland gerade einmal drei Original- und zwei Rekomaschinen. Selbst im Ausland gibt es nur wenige Museumslokomotiven. Während im Nachbarland Polen die Ty 1-76 vielen bekannt ist, gibt es auch aus Bulgarien bzw. dem einstigen Jugoslawien (und den Nachfolgestaaten) nur wenige Informationen.

9.1 Die 58 261

Die Deutsche Reichsbahn sah sich bereits 1970 veranlasst, eine 58er der Nachwelt zu erhalten. Die Wahl fiel auf die 58 261. Aber warum ein badisches Exemplar? Häufig stritt man noch darüber, lag doch Baden nun in der Bundesrepublik. Somit konnte diese G 12 doch kein Geschichtsträger von Deutschland und der DDR sein... Doch die 58 261 wird wohl in Dresden einen Gönner gehabt haben; vielleicht auch deswegen, da neben der Vielzahl der preußischen G 12 in Dresden diese badische Maschine eher die Ausnahme war.

Von Anfang an stand fest, dass die 58 261 nicht mehr unter Dampf stehen wird. Auch nach ihrer rollfähigen Aufarbeitung im Raw Meiningen bis zum 30. November 1979 kehrte sie leblos zurück. Neu war nur die falsche Beschriftung: 58 1261. So präsentierte sie sich auf einer Ausstellung im Februar 1980 in Falkenstein (Vogtl). In den folgenden Jahren war die 58 261 im einstigen Bw Zwickau hinterstellt. In den vergangenen Jahren präsentierte sie sich stets auf den Ausstellungen im Bw Dresden-Altstadt oder in Chemnitz-Hilbersdorf.

Auszug aus dem Betriebsbuch der 58 261

ehemals 1047 der Badische Staatsbahn, Fabriknummer 5001, gebaut von Brown Boverie und Co AG Mannheim-Käfertal, Tag der Anlieferung 10. Juni 1921, Tag der Abnahme 15. Juni 1921	
Beschaffungskosten	193.492 RM
Beheimatungen[1]:	
RAW Schwetzingen	15.02.1928–22.03.1928
Bw Offenburg	23.03.1928–22.08.1939
Bw Kornwestheim	23.08.1939–22.04.1940
Bw Offenburg	23.04.1940–20.05.1940
Bw Radolfzell	21.05.1940–09.06.1940
Bw Singen	10.06.1940–24.06.1940
Bw Offenburg	25.06.1940–29.08.1940
?	30.08.1940–04.12.1941[2]
Bw Kattowitz	18.12.1941–04.01.1943 (?)
Bw Heydebreck Oberschl.	11.01.1942–07.01.1944
Bw Zwickau	09.01.1944–10.01.1945
Bw Zittau	16.04.1948–08.03.1951
Bw Karl-Marx-Stadt-Hilbersdorf	09.03.1951–30.09.1957
Bw Dresden-Friedrichstadt	01.10.1957–23.11.1960
Bw Freiberg (Sachsen)	24.11.1960–15.10.1962[3]
Bw Karl-Marx-Stadt-Hilbersdorf	16.10.1962–25.10.1967
Bw Dresden	26.10.1967[4]–

Mit Kessel 2558/1920 von F. Schichau, ausgebaut aus 58 1023, seit 16.12.1966 im Einsatz

1 ohne Raw-Aufenthalte
2 kein Bw-Eintrag, aber vier mal im Raw, u.a. Schwerte, Durlach, Offenburg
3 ermittelte Gesamtlaufleistung bis 17.03.1962 (Raw Zwickau L 0): 1.717.877 km; bei Ersteintrag 1928 war sie 220.323 seit Anlieferung gelaufen
4 im Bw Dresden nach L 0 in Zwickau ab 27.06.1970, kein Austrag (nach Lokverwender bis 27.10.1971, dann +); Raw Meiningen L 7 16.09.1979 - 30.11.1979; z 02.04.1971, Umsetzung an Verkehrsmuseum Dresden 28.10.1971

Einige Zeit versuchten engagierte Eisenbahner auch eine Preußin aufzubewahren. Die 58 1800, am 16. November 1976 im Bw Aue (Sachs) abgestellt und erst zum 29. September 1977 z-gestellt, stand noch rund sieben Jahre in der Einsatzstelle Zwickau (Sachs). Dort sollte sie als Dampfspender dienen, war aber im Gegensatz zu anderen Dampfspendern nahezu vollständig. Doch neben der Museumslokomotive ebenso eine Traditionslokomotive[1] aufzubewahren schied aus. Stattdessen orientierten sich die Museumsverantwortlichen auf eine Reko 58.

Vor dem Lokschuppen in Falkenstein stand am 24. Februar 1980 die nicht betriebsfähige Museumslokomotive 58 261. Die Nummernschilder waren allerdings falsch.
Foto: Bischur, Slg. Reimer

1 Traditionslokomotive– Sprachgebrauch (intern) für aufbewahrte Zweitexemplare, oft neben einem nicht betriebsfähigen Stück noch eine Lokomotive für Sonderzugfahrten zu haben.

9.2 Die 58 311 (58 1111-2)

Nach langen Verhandlungen verkaufte die DR die 58 1111-2 (58 311) an das Dampflokmuseum in Neuenmarkt-Wirsberg. Mit eigener Kraft fuhr die Lok am 19. März 1977 vor einem Güterzug bis zur Grenze, dann ging es als Leerfahrt weiter. Bis 1984 war sie in dem fränkischen Museum als nicht betriebsfähiges Ausstellungsstück zu sehen. Dann erwarben die Ulmer Eisenbahnfreunde die G 12 und konnten sie bis 1985 wieder betriebsfähig herrichten. Sogar bei der DB-Parade zum 150-jährigen Jubiläum war sie dabei. Es folgten zahlreiche Fahrten. Für Filmaufnahmen (»Verfolgte Wege«) war sie sogar im Elsass. Nach der Wende in der DDR kehrte sie wiederholt auf ihre einstigen Stammstrecken zurück. Am 13. Juni 1999 war die 58 311 noch einmal auf elsässischen Gleisen unterwegs. Doch diesmal vergaß man den Schornsteinaufsatz aufgrund der Höhenbeschränkungen abzunehmen. Glücklicherweise ist nichts passiert.

Trotz zahlreicher Arbeiten am Kessel ist er inzwischen altersbedingt verschlissen. Die Kesselfrist lief im Januar 2001 ab. Doch die Ulmer Eisenbahnfreunde wollen ihn wieder aufarbeiten lassen und sind daher auf (finanzielle) Unterstützung angewiesen.

Auf der Drehscheibe des Bw Leipzig-Engelsdorf stand am 3. August 1981 die 58 261. Im Hintergrund räucherte die 58 3049 des Bw Glauchau vor sich hin. Auch die Reko-G 12 blieb erhalten.
Foto: Heinrich

Auszug aus dem Betriebsbuch der 58 311

58 311, 58 1111-2, ehemals Baden 1125,
Fabriknummer 2153, gebaut von der Maschinenbaugesellschaft Karlsruhe,
Tag der Anlieferung 7. Juni 1921, Tag der Endabnahme 27. Juni 1921
Beschaffungskosten 136.537 RM

Beheimatungen[1]:	
RAW Schwetzingen	18.11.1927–22.12.1927
Bw Karlsruhe Rbf	22.12.1927–28.09.1933
Bw Bruchsal	29.09.1933–26.11.1933
Bw Karlsruhe Rbf	27.11.1933–19.10.1939
Bw Kornwestheim	20.10.1939–21.01.1942
Bw Lauda	22.01.1942–18.03.1942
Bw Lazy	24.03.1942–18.03.1943
Bw Auschwitz	14.08.1942–15.05.1943
Bw Groschowitz	16.05.1943–12.01.1944
Bw Riesa	13.01.1944–26.02.1945
Bw Reichenbach (V)	11.05.1947[2]–29.05.1954
Bw Werdau (Sachs)	30.05.1954–21.10.1955
Bw Gera	22.10.1955–31.12.1955
Bw Werdau (Sachs)	01.01.1956–20.04.1956
Bw Zwickau (Sachs)	21.04.1956–05.05.1956
Bw Greiz	06.05.1956–05.04.1960
Bw Karl-Marx-Stadt-Hilbersdorf	06.04.1960–08.09.1965
Bw Glauchau (Sachs)	09.09.1965–16.09.1965
Bw Karl-Marx-Stadt-Hilbersdorf	17.09.1965–24.09.1973
Bw Aue (Sachs)	25.09.1973–18.03.1977
Bw Neuenmarkt-Wirsberg	19.03.1977–08.1984
Bw Ettlingen	08.1984–

1 ohne RAW-Aufenthalte
2 kein Eintrag Datum 1945–1947, zugehörig nach Bw-Verzeichnis bis 03.46 Riesa, dann Senftenberg, ab 1947 Bw Reichenbach (Vogtl)

Leistung bis ersten Eintrag 1928: 380.638 km, bis L 3 im Jahr 1955: 1.587.066 km, weitere Angaben fehlen

9.3 Die 58 1226 (36-013)

In Jugoslawien verblieb nach dem Zweiten Weltkrieg die 58 1226. Bis etwa in die 70er-Jahre war die in 36-013 umgezeichnete Lokomotive im Einsatz. In Slowenien, im kleinen Eisenbahnmuseum von Ljubljana-Siska (Laibach), steht sie neben weiteren Maschinen. Der Zustand der dort ausgestellten Lokomotiven ist leider schlecht – sicher eine der Folgen der wirtschaftlichen Bedingungen im Land und des Bürgerkrieges.

9.4 Die 58 1297 (Ty 1-76)

Eine Irrfahrt besonderer Art hat die polnische Museumslokomotive Ty 1-76 hinter sich. Nach ihrer Ausmusterung und zahlreicher Abstelltage, sollte sie etwa Ende der 70er-Jahre in das zentrale PKP-Museum nach Warschau überführt werden. Doch aufgrund eines Triebwerkschadens verblieb sie zunächst im Depot Gniezno (Gnesen). Über Jahre stand sie dort, im äußersten Zipfel des Geländes, abgestellt. Erst 1994 kam sie in das bekannte Dampflokmuseum nach Wolsztyn (Wollstein). Dort wurde sie zunächst äußerlich wieder hergerichtet.

9.5 Die 58 1376 (13.20)

In Dupnitza befindet sich heute die »offizielle« Museumslokomotive der BR 58 bzw. 13. der BDZ, die 13.20. Über viele Jahre war in Bulgarien nicht erkennbar, welche Maschine erhalten bleiben und zum Denkmal erkoren wird. Im Bahnhof von Vakarel standen 1993 noch die schrottreifen 13.13 (58 1136) und 13.29 (58 1670).

9.6 Die 58 1616 (Dsp 107)

Obwohl zahlreiche Dampfspender, die einst aus der BR 58 entstanden, noch bis 1990/91 auf den Schienen der DR zu sehen waren, blieb nur ein Exemplar erhalten. Der Dampfspender 107, die einstige 58 1616, war noch in gutem Zustand und erfuhr die wenigsten Änderungen durch das Raw Meiningen. Loksammler Bernd Falz aus Hermeskeil erwarb das Exemplar und ließ es mit weiteren Lokomotiven der BR 50 und 52 nach Hermeskeil bringen. So, wie sie ankam, steht sie noch heute. Eine Aufarbeitung kommt (zur Zeit) wohl nicht in Frage.

Über das Viadukt bei Steinpleis rollte am 22. Juli 1981 die 58 3049 des Bw Glauchau. Im Schlepp hatte sie die kalte 58 261 und einen Teil des bekannten Zwickauer Traditions-Eilzuges. *Foto: Heinrich*

Auszug aus dem Betriebsbuch der 58 1616

Fabriknummer 10.178, gebaut von A. Borsig	
Das Betriebsbuch ist Zweitschrift.	
Beheimatungen:	
Bw Leipzig-Wahren	28.12.1946–30.10.1951
Bw Oberröblingen[1]	31.10.1951–09.01.1968
Bw Altenburg	10.01.1968–16.12.1968
Bw Halle G	17.12.1968–11.11.1969[2]
Raw Meiningen	14.07.1977–25.08.1977
Raw Meiningen	15.07.1980–17.09.1980
Bw Röblingen	18.09.1980[3]

1 Oberröblingen heißt seit 1952/53 »Röblingen am See«
2 keine Beheimatungsnachweise für den Dampfspender zwischen 1969 und 1980
3 am 01.08.1983 vom Raw Meiningen im Bw Röblingen eingetragen; kein Austrag

9.7 Die 58 2059

Keine echte Museumslokomotive verbirgt sich hinter dieser Nummer. Doch bei derart wenig erhaltenen Lokomotiven muss man selbst ein H0-Modell der Firma Roco hier mit aufführen. Das mustergültige Modell ist mit »Bw Villingen« beschriftet. Inzwischen gibt es Neuauflagen für die DR mit 58 406 und 58 1244.

9.8 Die 58 3047

Nach der überarbeiteten »Ordnung für Eisenbahn-Museumsfahrzeuge« der DR von 1983 sollte auch eine Reko-58er betriebsfähig erhalten werden. Die Wahl war bereits auf die Glauchauer 58 3047 (ex 58 1955) gefallen. Doch sie war lange Zeit nicht betriebsfähig. Bei zahlreichen Sonderzugfahrten sprang daher die auch im Bw Glauchau (Sachs) beheimatete 58 3049 ein. Die Hoffnung, dass die »3049« auch erhalten wird, zerschlug sich rasch. Die 58 3047 wurde im Raw Meiningen wieder aufgearbeitet und die 58 3049 zum Dampfspender umgebaut.

Nach dem Zusammenschluss der beiden deutschen Bahnen sah die Zukunft der 58 3047 nicht gut aus. Das Feuer erlosch erneut. Doch die Glauchauer Enthusiasten erreichten wiederum eine betriebsfähige Aufarbeitung. Die seit 1992 als 088 585 bezeichnete Maschine ist noch immer in Glauchau zuhause, auch wenn sie derzeit nicht angeheizt werden darf.

9.9 Die 58 3049

Auch die 58 3049 (ex 58 1725) ist erhalten geblieben. Der Verein Sächsischer Eisenbahnfreunde (VSE) erwarb die Reste der in 058 049 umgezeichneten Lokomotive, vielmehr des seit 1986 der Gruppe Ta zugeordneten Dampfspenders des Bw Glauchau, und machte nahezu wieder eine »richtige« Lokomotive daraus. Im ehemaligen Bw Schwarzenberg (Erzgeb), Sitz des VSE, ist die Maschine zu besichtigen.

10. Die 58er anderer Länder

10.1 In Polen beschlagnahmt

Im Umzeichnungsplan für die Dampflokomotiven der ehemaligen polnischen Staatsbahnen vom 29. August 1941 sind neben der 58 2144, der ehemaligen polnischen Ty 1-1, auch weitere 58er aufgeführt. Die Ordnungsnummern 58 2303–2741 waren der Reihe Ty 23 (1–701, mit Lücken) vorbehalten.

Die Ty 23 wurde zwischen 1923 und 1934 produziert. Hersteller waren u.a. BMAG vorm. L. Schwarzkopff in Wildau (b Berlin), Cockerill (Belgien), Franco (Belgien), Cegielski Poznan (Posen) sowie die Fabriken von Chrzanow und Warschau. Nach polnischen Quellen sind insgesamt 597, 601 oder 701 Lokomotiven gefertigt worden.

Unter der Bezeichnung BR 58^{29} fand sich die polnische Ty 37 wieder. Das war die Weiterentwicklung der erfolgreichen Ty 23. Die Fabrik Cegielski in Poznan baute 1937 und 1938 die Ty 37 1-27. Einige erhielten die deutsche Nummerierung 58 2901–2918. Künftig firmierte das Werk als Deutsche Waffen- und Munitionsfabriken (DWM) Posen. 1940 entstanden dort die 58 2718–2722, die ab 1941 die Nummern 58 2919–2923 bekamen. Insgesamt baute das Werk in Posen 37 Lokomotiven dieser Reihe.

Beide Typen, unter der Betriebsgattung G 56.17 eingestellt, besaßen ein Zweizylindertriebwerk. Die Ty 23 war in der Lage, einen Güterzug von 1.460 Tonnen Last mit 60 km/h zu ziehen. Beide Reihen zählten zu den leistungsfähigsten Maschinen der PKP. Das wussten auch die Deutschen und setzten daher diese gelungenen und einfachen Lokomotiven vor vielen Zügen im Frontgebiet oder im Hinterland ein. Es waren ebenso nicht umgezeichnete Ty 23 und 37 im Einsatz. Die Deutsche Wehrmacht verzichtete auf eine Umzeichnung.

Die Hautabmessungen der Ty 23 und Ty 37

		Ty 23	Ty 37
Länge über Puffer	mm	20.065	20.535
Zylinderdurchmesser	mm	650	630
Kolbenhub	mm	720	700
Treibraddurchmesser	mm	1.450	1.450
Laufraddurchmesser	mm	1.000	850
Rostfläche m²	mm	4,5	4,5
Kesselüberdruck	kp/cm²	14	16
Verdampfungsheizfläche	m²	191,1	196,7

Durch die Wirren des Krieges, der Rückzug nach Westen, gelangten auch hunderte Lokomotiven beider Reihen sowie nicht umgezeichnete Ty 23 und Ty 37 auf das Gebiet der späteren beiden deutschen Staaten. In den Westzonen standen sie zumeist sofort abgestellt und fanden Jahre später den Weg zum Schrottplatz. Anders bei der Reichsbahn in der SBZ. Dort waren einige in den Nachkriegsjahren unter Dampf. Auch hier schätzte man ihre Robustheit. Aber bald waren die Feuer erloschen und die Maschinen warteten auf ihre Rückgabe bis zum Jahr 1955.

10.2 Ins Reich aus Österreich

Den Umzeichnungsplan für die BBÖ, den Österreichischen Bundesbahnen, gab die Reichsbahn am 25. November 1938 bekannt. In ihm waren ebenso Lokomotiven mit der neuen Baureihenbezeichnung 58 enthalten. Jedoch spielten diese 58er eine andere Rolle als die polnischen. Diese österreichischen Exemplare verblieben zumeist auf ihrem angestammten Streckennetz. Nur wenige gelangten in das unmittelbare Deutschland und verblieben dort nach dem Zweiten Weltkrieg. Daher wird auf diese Maschinen hier nicht näher eingegangen. Lediglich eine Gesamtübersicht soll den Umfang der BBÖ-58er darstellen.

Als Baureihe 58$^{23-27}$ reihte die Deutsche Reichsbahn die polnische Ty 23 in ihren Bestand ein. Die Zweizylindermaschine war leistungsfähiger als die G 12. In der Rbd Halle verblieb nach 1945 die 58 2739. Sie wurde 1955 an die PKP zurückgegeben.
Foto: Slg. Kubitzki

Übersicht der BBÖ-Lokomotiven

Baureihe	Nummernfolge	einstige BBÖ	Baujahre	Hersteller	Gattung/Typ
58[7]	58 701–774	81.01–55, 81.401–415	1920–1923	Wiener Neustadt, Florisdorf, Staats-Eisenbahn-Gesellschaft Wien	G 56.14; 1'Eh2
58[8]	58 801–827	181.01–27	1922–1923	Wiener Neustadt	G 56.14; 1'Eh2v
58[9]	58 901–927	580.01–37	1912–1922	Staats-Eisenbahn-Gesellschaft Wien;	G 56.14; 1'Eh2
58[9]	58 951–961	380.100–124	1911–1914	Wiener Neustadt, Florisdorf, Staats-Eisenbahn-Gesellschaft Wien	G 56.14; 1'Eh4v

Als Baureihe 58[7] reihte die Deutsche Reichsbahn die ab 1920 in Dienst gestellte Reihe 81 ein. Die letzten Maschinen schieden erst 1961 aus dem Plandienst aus. *Foto: Maey, Slg. Grundmann*

Hinter der Baureihe 58[9] verbarg sich die ehemalige österreichische Reihe 580. Die hier abgebildete 58 901 wurde 1912 abgenommen. *Foto: Bellingrodt, Slg. Grundmann*

10.3 Tschechoslowakische Minderzahl

Auch in die Tschechoslowakei marschierten die deutschen Truppen ein. Die Fahrzeuge der ČSD wurden übernommen, den entsprechenden Umzeichnungsplan legte das RZA am 5. April 1939 vor. In ihm enthalten war eine Baureihe 58[22]. Die Fabriken Skoda und Breitfeld-Danek bauten ab 1923 die Reihe 534.0 für die ČSD. Insgesamt 128 Stück lieferte man aus. Lediglich 16 kamen zur Deutschen Reichsbahn und erhielten die neue Bezeichnung 58 2201–2216. Das Gros von ihnen war im Bw Böhmisch Leipa zu finden. Noch während des Weltkrieges verkaufte die DRB sie an die Protektoratsbahnen BMB (Böhmisch-Mährische Bahnen). Bei diesen Bahnen sowie bei der Slowakischen Staatsbahn, bei denen bereits die BR 534.0 im Einsatz war, gab es keine Bezeichnung in BR 58.

10.4 Bestellt für die Türkei

Die Türkischen Staatseisenbahnen (TCCD) bestellten 1937 bei den deutschen Fabriken eine 1'E-Güterzuglokomotive, die der friedensgefertigten Baureihe 50 ähnlich sah. Krupp, Henschel, Esslingen und BMAG lieferten zwischen 1937 und 1941 Lokomotiven unter der türkischen Bezeichnung 56 001 ff. aus. Im Jahr 1940/41 war jedoch die Übergabe unterbrochen, so dass einige Exemplare als 58 2801–2825 kurzzeitig auf den Schienen der Reichsbahn im Einsatz waren.
Die Serie 58 2801–2810 gelangte im Jahre 1941 an die BDZ. Dort reihte man sie als 12.08–12.17 ein. Die Nummern 12.01–12.07 wurden mit Direktlieferungen aus Deutschland belegt. In Bulgarien waren diese Maschinen bis 1973/1975 im Einsatz.
Bis etwa 1943 waren die anderen Lokomotiven der Reihe 58[28] bei der DRB noch im Bestand gewesen sein. Nach Weisbrod/Obermayer[1] sollen diese auch nach Bulgarien gelangt sein, was jedoch aufgrund vorliegender BDZ-Listen ausgeschlossen werden kann. Kamen sie vielleicht auch in die Türkei? Bei den TCCD war die (Nachfolge) Reihe 56.0-1 mit 1948/49 gelieferten Kesseln (u.a. von ČKD, Skoda) noch bis in die 70er-Jahre im Einsatz.

---

1 Obermayer, Hors; Weisbrod, Manfred: Baureihe 58 (Eisenbahn-Journal Sonderausgabe), Fürstenfeldbruck 1982.

Die tschechische Reihe 534.0 wurde 1939 von der Deutschen Reichsbahn als Baureihe 58[22] übernommen. *Foto: Hubert, Slg. Grundmann*

Die als Baureihe 58[28] bezeichneten 1´E h2-Güterzuglokomotiven waren ursprünglich für die Türkischen Staatseisenbahnen bestimmt. Da die Maschinen 1940/41 nicht mehr an die Türkei geliefert werden konnten, übernahm die Reichsbahn die Lokomotiven. Zehn Exemplare, darunter auch die 58 2802, verkaufte die Deutsche Reichsbahn 1941 an Bulgarien. *Foto: Maey, Slg. Grundmann*

11. Nachbetrachtung und Nachfolger

Mit 1.484 gefertigten Exemplaren war die G 12 eine der meist gebauten Maschinen. Doch zwischen 1910 und 1925 ging auch die Produktion der preußischen G 10 (BR 57[10]) mit der Achsfolge Eh2 weiter. Allein die Preußische Staatsbahn beschaffte insgesamt 2.589 Stück. Hinzu kamen 35 für das Elsass und 27 für das Saargebiet. Im Jahr 1943 wurden noch 2.230 Exemplare erfasst. Doch inzwischen war die G 10 in halb Europa zu finden, so dass nach 1945 nur 649 Lokomotiven bei den DRw, bei den SAAR-Eisenbahnen 81 und bei der DR in der SBZ lediglich 112 zu finden waren. Ende der 60er-Jahre musterte die DB ihre letzen G 10 aus, die DR zwischen 1970 und 1972. Schließlich ist die preußische Gattung G 8 mit

Sozusagen eine verkürzte G 12 stellte die G 8[3], die spätere Baureihe 56[1], dar. Von der Dreizylinder-56er wurden aber nur 85 Maschinen gebaut. *Foto: Slg. Reimer*

Mangels schwerer Güterzuglokomotiven konnte die Deutsche Reichsbahn in der DDR im Gegensatz zur Deutschen Bundesbahn lange Zeit nicht auf die G 12 verzichten. Erst Mitte der 70er-Jahre schlug das letzte Stündlein der 58er. Am 25. August 1976 mühte sich die 58 1800 bei Lauter mit einem Güterzug nach Schwarzenberg.
Foto: Stertz, Slg. Reimer

lag dem preußischen Ministerium der Vorschlag aus Württemberg vor, gemeinsam mit anderen deutschen Staatsbahnen eine einheitliche 1'Dh2 zu beschaffen. Ziel war auch, dass die wichtigsten Teile mit denen der G 12 (Bauart 1917) übereinstimmen sollten. Noch im gleichen Jahr legte die Firma Henschel einen Entwurf für diese Gattung vor. Sie wurde jedoch nicht gebaut.

Doch die Probleme mit dem unruhigen Lauf und der geringen Kesselleistung bei der G 8^1 und der G 10 verlangten rasch nach Ersatz. Nach Ende des Ersten Weltkrieges griffen die Preußisch-Hessischen Staatsbahnen den Vorschlag der 1'D-Variante wieder auf. Die G 8^2 sollte die G 12 dort unterstützen, wo die G 12 zu schwer oder der Einsatz unwirtschaftlich gewesen wäre. Preußen erhielt 846 Lokomotiven dieser Reihe. Weitere gelangten u.a. ins Ausland. Die G 8^2, wie auch die G 8^3, waren dank der Übernahme vieler Bauteile von der G 12 (Bauart 1917) als verkürzte G 12 anzusehen. Lediglich die G 8^2 verfügte nur über zwei Dampfzylinder. Aber die ebenfalls ab 1919 gefertigte G 8^3 (BR 56^1) hatte drei Zylinder. Ihr Bau wurde bereits nach 85 Exemplaren 1920 eingestellt.

Vier Maschinen der BR 56^{20} erhielten bei der DRG eine AEG-Kohlenstaubfeuerung. Nach dem Zweiten Weltkrieg verblieben bei der DRw 532 Lokomotiven, bei der DRo etwa 60. Die DB musterte den Großteil zwischen 1954 und 1959 aus, die letzten zwei Exemplare folgten 1962 bzw. 1963. Bei der DR in der DDR dauerte die Ausmusterung bis 1969/1970 an. Die dreizylindrige Ausführung, die Baureihe 56^1, hatte beide deutschen Bahnverwaltungen bereits vorher ausgemustert.

Um den erwähnten Engpass von 1'D-Lokomotiven etwas zu mindern, entschied sich die DRB, einige Lokomotiven der Gattung G 8^1 in den 30er-Jahren mit einer Laufachse auszurüsten. Dadurch konnte der unruhige Lauf der D h2-Lokomotiven etwas beseitigt werden. Aus der BR 55 entstand die neue Reihe 56^{2-8}.

Die neue Deutsche Reichsbahn Gesellschaft suchte im 1. Typisierungsplan des Vereinheitlichungsbüros nach schweren 1'E-Güterzuglokomotiven. Im Jahr 1927 stand die 43 001 (1'E h2) und bereits 1926 die 44 001 (1'E h3) auf den Schienen. Beide Varianten waren der BR 58 überlegen. Insgesamt wurden 35 Stück der BR 43 und 1.753 der BR 44 (bis 1945; einschl. Nachbauten 1.989) produziert.

Weitere Einheitslokomotiven der Reichsbahn, wie die Baureihen 41 oder 50, konnten vermehrt die Vertreter der Länderbahnepoche auf das Abstellgleis verbannen[1]. Die BR 58 blieb davon zunächst verschont. Mit etwa 20 Dienstjahren war sie noch gebrauchsfähig und sie war neben den Reihen 43, 44 und auch 59 ein wahres Kraftpaket.

---

[1] vergleiche dazu Dampflok-Archiv 2, Baureihen 41–59

ihren Unterbauarten G 8^2 bis G 8^3 zu betrachten. Die Reihe G 8 (D h2) wurde von 1902 bis 1913, die G 8^1 von 1913 bis 1920 gebaut. Nach dem Ende des Ersten Weltkrieges sahen die Länderbahnen einen Mangel von 1'D-Güterzuglokomotiven. Als kleine Schwester der G 12 entstand ab 1919 die 1'Dh2-Variante, die preußische G 8^2 (BR 56^{20}). Bereits im Jahr 1917, noch vor dem Bau der G 12,

Der Zweite Weltkrieg mit seinen Folgen brachte auch die Bestände der Lokomotiven regelrecht durcheinander. Aufgrund der näherrückenden Ostfront versuchten die Deutschen so viel wie nur möglich in Richtung Westen, in die späteren Westzonen zu bringen. Die dadurch entstandene Teilung des Lokparks zeigt, dass die Reichsbahn in der SBZ bzw. DDR keineswegs auf die Baureihe 58 verzichten konnte, da der Großteil der jungen und leistungsstarken Güterzuglokomotiven (und nicht nur dieser) bei der DRw, also in den Westzonen verblieben war. Hinzu kamen die Mitnahmen der Amerikaner aus den im Juni 1945 geräumten Ländern Thüringen und Sachsen-Anhalt sowie die zahlreichen Beschlagnahmungen der Sowjets in der SBZ zwischen 1945 und 1947.

Wesentlich erfolgreicher als die G 8³ war die G 8², die spätere Baureihe 56[20]. Über 800 Exemplare dieser auf der Grundlage der G 12 entwickelten 1´Dh2-Maschine wurden gebaut. Die Deutsche Reichsbahn in der DDR musterte die letzten Maschinen erst Ende der 60er-Jahre aus. *Foto: Slg. Reimer*

Verteilung ausgewählter Baureihen nach 1945

BR	DRw	DRo[1]
41	220	124
42	701	49
43	0	35
44	1.242	335
50	2.563	350
52	921	1.364[2]
58	548 (485)	506 (428)
Summe	6.195	2.463
berichtigt	6.132	1.883

1 Bestand jeweils Sommer 1945
2 Bestand bei der DRo bis Mai 1945 etwa 1.500, nach Abgaben 1.364 (Sommer 1945), weitere Abgaben (502) an die SMAD (1945 - 1947)

Die Deutsche Bundesbahn konnte es sich aufgrund der Vielzahl der leistungsfähigen Vertreter der Baureihen 44 und 50 erlauben, die kriegsbedingte vereinfachten Baureihen 42 und 52 bald abzustellen. Auch die BR 58 war aufgrund der stärkeren 44er entbehrlich. Zusammen mit der BR 41 bestimmten die Baureihen 44 und 50 bis zum Traktionswechsel das Bild im Güterzugdienst der DB.

Anders bei der Reichsbahn in der DDR: Nur wenige Lokomotiven konnten kriegs- oder altersbedingt ausgemustert werden. Viele Reihen hielten sich bis in die 60er-Jahre, ehe Neubau- und Reko-Lokomotiven oder erste Diesellokomotiven bzw. die Wiederelektrifizierung sie ersetzten. Somit war auch der Baureihe 58 ein langes Leben bei der DR beschieden. Besonders im schweren Güterzugdienst war lange keine Ablösung in Sicht. Zwar konnte dann schrittweise Ende der 60er-Jahre die alte G 12 verdrängt werden, doch gerade an Ausgangspunkten von Bergstrecken hielt sie sich noch fast ein Jahrzehnt. Dazu zählten die Einsatzgebiete rund um Dresden (Schiebedienste nach Klotzsche und Tharandt oder Rangierdienst in Friedrichstadt) oder Aue. Doch durch die weitere Elektrifizierung, die Lieferung sowjetischer Diesellokomotiven und die damit verbundene Umsetzung an-

Letztes Refugium der Baureihe 58 war das Bw Aue. Dort pausierte am 13. Mai 1973 die 58 1195. Sie gehörte vom 23. Mai 1969 bis zum 31. Mai 1974 zum Bestand des Bw Aue. *Foto: Slg. Reimer*

Ein voller Erfolg war die Rekonstruktion der Baureihe 58. Die Reko-Maschinen schlossen die Leistungslücke zwischen der G 12 und der Baureihe 44. Am 6. August 1979 war die 58 3032 bei Dennheritz unterwegs. *Foto: Heym*

derer Diesellokomotiven (sechsachsige BR 118) gelang letztlich die Ablösung der G 12. Über 50 Jahre waren einige von ihnen im Einsatz. Daran dachte man nicht bei dem Typisierungsplan der DRG, nach dem die alten Länderbahnlokomotiven abgelöst werden sollten. Doch trotz des aufwendigen Dreizylindertriebwerkes und mancher Kinderkrankheiten war die G 12, die BR 58 eine weitgehend gelungene und unverwüstliche Konstruktion. Mit der Reko-58 gelang es der DR sogar, in die Aufgabenfelder der BR 44 zu stoßen.

12. Anhang

Verzeichnis der Abkürzungen

a. Q.	andere Quelle (nicht sichere Darstellung bzw. anders lautende, ob richtige (?), Veröffentlichung)
AEG	Allgemeine Elektrizitäts-Gesellschaft, Berlin NW 40 (u.a. Lokomotivfabrik in Hennigsdorf)
AL	Eisenbahn Elsass-Lothringens (Chemins de Fer d´Alsace et de Lorraine)
AW	Ausbesserungswerk (der DB)
B	ab 1946 SNCB (Belgische Eisenbahnen)
BBC	Lokomotivfirma Brown, Boverie & Chie AG, Mannheim
BD	Bundesbahndirektion
BDZ	Bulgarische Staatseisenbahnen (Bulgarski Durzavni Zeleznice)
BMAG	Berliner Maschinenbau AG vormals L. Schwartzkopff, Berlin N 4, dann Wildau
Borsig	A. Borsig Lokomotivbau, Berlin-Tegel
BR	Baureihe
BRD	Bundesrepublik Deutschland
BT	Betriebsteil
Bw	Bahnbetriebswerk
Bwm	Betriebswerksmeisterei
Bwhm	Betriebswerkshauptmeisterei
Bwst	Betriebswerkstätte (bis etwa 1921/25)
Bww	Bahnbetriebswagenwerk
cbm	Cubikmeter (alte Bezeichnung; heute: Kubikmeter, m^3)
CFL	Nationalgesellschaft der Luxemburgischen Eisenbahnen (Chemins de fer Luxembourgeois)
C.F.O.A.	Ottomanische Militäreisenbahn
CFR	Nationalgesellschaft der Rumänischen Staatseisenbahnen (Caile Ferate Romane)
ČSD	Tschechoslowakische Staatseisenbahnen (Česko-Slovenske Statni Drahy)
DB	Deutsche Bundesbahn (ab 1949)
DDR	Deutsche Demokratische Republik (1949–1990)
DR	Deutsche Reichsbahn (auch DRo – Ostzone/SBZ/DDR ab 1945)
DRB	Deutsche Reichsbahn (1925–1945)
DRw	Deutsche Reichsbahn West(zone) (1945–1949)
Dsp	Dampfspender
E.A.W.	Eisenbahnausbesserungswerk (ab 1925); als EAW bei der DRw ab 1946
ED	Eisenbahndirektion
Esslingen	Maschinenfabrik Esslingen (Neckar)
Est	Einsatzstelle (eines übergeordneten Bw, TE)
EZA	Eisenbahnzentralamt
Fa.	Firma
FBD	Feldeisenbahndirektion (Feldeisenbahnkommando, Fekdo)
FVA	Fahrzeugversuchsanstalt in Halle (später VES-M)
G	Güterzuglokomotive (Gattung)
GA	Glasers Annalen
GD	Generaldirektion
Gedob	Generaldirektion der Ostbahn in Krakau (im besetzten Polen)
Grafenstaden	Elsässische Maschinenbaugesellschaft Grafenstaden, Strassburg
GR	Generalreparatur
GtrSO	General des Transportwesens Südost (auch WVD Südost)
Hanomag	Hannoversche Maschinenbau-Aktiengesellschaft vormals Georg Egestorff, Hannover-Linden
Hartmann	Sächsische Maschinenfabrik A.G., vormals Richard Hartmann, Chemnitz
Henschel	Henschel & Sohn GmbH, Kassel
Hv M	Hauptverwaltung der Maschinenwirtschaft
Hv Raw	Hauptverwaltung der Ausbesserungswerke
Hw	Hauptwerkstatt (bis 1925; auch als Werkstättenamt)
JDZ	Jugoslawische Staatseisenbahn (Jugoslovensko Drzavne Zeleznice)(ab 1954 JZ)
Krupp	Friedrich Krupp Aktiengesellschaft, Essen
Kst	Kohlenstaub
Linke-Hofmann	Linke-Hofmann-Lauchhammer Aktiengesellschaft, Breslau 3
LPG	Landwirtschaftliche Produktionsgenossenschaft (in der DDR)
LOWA	Vereinigung Volkseigener Betriebe Lokomotiv und Waggonbau (VVB in Wildau)
LVA	Lokomotiv-Versuchsamt für Lokomotiven in Berlin-Grunewald (auch VL)
MA	Maschinenamt
MBV	Militärbevollmächtigter (der SMAD)
MBG	Maschinenbaugesellschaft Karlsruhe
MGD	Militär-General-Direktionsbezirk
NA	Nacharbeiten
OBD	Ostbahndirektion (Ostbahn-Bezirksdirektion im besetzten Polen)
ÖBB	Österreichische Bundesbahnen (bis 1947 auch ÖstB, dann auch BBÖ/BÖB)
PH	Prinz-Heinrich-Bahn (in Luxemburg 1931–1943/45)
PKP	Polnische Staatseisenbahn (Polskie Koleje Panstwowe)
/R	Rückführlokomotive
r	Reserve im Bw
RAW	Reichsbahnausbesserungswerk (ab etwa 1928), Raw bei DR (nach 1945)
RBD	Reichsbahndirektion (bis 1945)
Rbd	Reichsbahndirektion (nach 1945)
Reko	Rekonstruktion der DR
Rheinmetall	Rheinische Metallwaren- und Maschinenfabrik, Düsseldorf-Derendorf
RM	Reichsmark
RVD	Reichsverkehrsdirektion (im besetzten Osten)
RVM	Reichsverkehrsministerium
SAAR	Eisenbahnen des Saarlandes (1957 an DB)
SBZ	Sowjetisch besetzte Zone (spätere DDR)
Schichau	F. Schichau GmbH Elbing
SDAG	Sowjet-Deutsche Aktiengesellschaft (Betrieb in der DDR)

SMAD	Sowjetische Militäradministration in Deutschland (analog SMA auch in Österreich)
SNCB	Nationalgesellschaft der Belgischen Eisenbahnen (Societe Nationale des Chemins de fer Belges)
SNCF	Nationalgesellschaft der Französischen Eisenbahnen (Societe Nationale des Chemins de fer Francis)
STUG	Studiengesellschaft für Kohlenstaubfeuerung auf Lokomotiven
SWDE	Südwestdeutsche Eisenbahnen
SZD	Staatseisenbahnen der Sowjetunion (Sowjetskije Schelsnije Dorogi; teilweise auch als MPS bezeichnet)
T	Trophäe (Beute in der Besatzungszeit durch die SMA)
t	Tonne
TA	Technische Anlage (im Bw; dazu gehörten die Dsp, die bei Tu ausgereiht wurden)
TCCD	Türkischen Staatseisenbahnen
TE	Triebfahrzeugeinsatzstelle (Est eines übergeordneten Bw)
Tu	Triebfahrzeugunterhaltung
Ty	polnische Bezeichnung für einstige deutsche Güterzuglokomotive mit Achsfolge 1'E
TZA	Technisches Zentralamt in Berlin
Umz.	Umzeichnung (in)
v	verkauft (an Dritte, zum Beispiel Industrie, Heizlokomotive)
VL	siehe LVA
VEB	Volkseigener Betrieb (in der DDR) (einschließlich Kombinat)
w	warten auf Ausbesserung (auf Aufnahme ins Raw)
Wendler	Nationalpreisträger Hans Wendler, Leiter des Kohlenstaubkollektives
WVD	Wehrmachtsverkehrsdirektion (s.a. GTr)
z	von der Ausbesserung zurückgestellt (Schadpark)
+	ausgemustert
++	zerlegt
1'D	Achsfolge, 1 Vorläuferachse im Gestell, 4 angetriebene Kuppel-Achsen
1'E	Achsfolge, 1 Vorläuferachse im Gestell, 5 angetriebene Kuppel-Achsen
h2/h3/h4v	Heißdampf, zwei, drei bzw. vier Dampfzylinder am Triebwerk, v - Verbund

Literaturverzeichnis

Bücher

Dejanow, Dimitri: Lokomotiven der Bulgarischen Staatseisenbahnen 1947–1990, Sofia 1993.

Garn, Robin (Hrsg.): Reichsbahn ohne Reich, Band 2: Der Zukunft zugewandt?, Berlin 1999.

Herb, Manfred; Knipping, Andreas; Wenzel, Hansjürgen: Die Triebfahrzeuge der DB im Jahre 1950, Freiburg 1978.

Hütter, Ingo; Kubitzki, Volkmar: Triebfahrzeuge der DR (Ost) 1945/46, Nordhorn 1996.

Knipping, Andreas; Schröpfer, Heribert: Lokomotiven der Groß-Deutschen Reichsbahn, München 1999.

Lohr, Hermann, Thielmann, Georg: Lokomotiv-Archiv Baden, Berlin 1988.

Lohr, Hermann, Thielmann, Georg: Lokomotiv-Archiv Württemberg, Berlin 1988.

Näbrich, Fritz; Meyer, Günther; Preuß, Reiner: Lokomotiv-Archiv Sachsen 2, Berlin 1984.

Pierson, Kurt: Kohlenstaub-Lokomotiven, Schicksal einer bedeutungsvollen Entwicklung im Lokomotivbau, Stuttgart 1967.

Piwowonski, Jan: Parowozy kolei polskich, Wydawnictwa Komunikacji i Lacznosci, Warszawa 1978.

Reimer, Michael; Meyer, Lothar; Kubitzki, Volkmar: Kolonne, Die DR im Dienste der Sowjetunion, Stuttgart 1998.

Reimer, Michael: Fremdlokomotiven bei der DR, Stuttgart 2001.

Talbot, E.: Steam in Turkey, The Continental Railway Circle, 1981.

Wagner, Andreas; Bäzold, Dieter; Zschech, Rainer; Lüderitz, Ralph: Lokomotiv-Archiv Preußen 2, Güterzuglokomotiven, Berlin 1990.

Weisbrod, Manfred; Müller, Hans; Petznick, Wolfgang: Dampflok-Archiv 2, Baureihen 41 bis 59, Berlin 1976.

Weisbrod, Manfred: Deutsches Lok-Archiv , Tender, Berlin 1991.

Stumpf, Rolf: Havarie und Planwirtschaft, Dampflokomotiven als Heizprovisorien in Betrieben der DDR, Gülzow 1996.

Schriften

Beschreibung der dreizylindrigen 1 E=Einheits= Güterzuglokomotive, Gattung G 12, mit dreiachsigem Tender von 20 cbm Wasserraum, Königliches Eisenbahn=Zentralamt, Berlin August 1917.

Ergänzung zur Beschreibung der G=12=Einheitsgüterzug=Lokomotive, Königliches Eisenbahn-Zentralamt, Berlin Februar 1918.

DRG: Beschreibung der 1E-h3-Güterzuglokomotive der Reihe 58$^{10\text{-}22}$ mit Kohlenstaubfeuerung Bauart Studiengesellschaft (Stug), Berlin o.J..

DR, TZ, Kohlenstaubkollektiv (Leitung H. Wendler): Kohlenstaublokomotiven, Berlin 1959.

Ewald, Kurt: Kohlenstaubfeuerung auf Lokomotiven und in ortsfesten Anlagen, Kassel 1930.

Hammer, Gustav: Die 1E-Heißdampflokomotive der preußisch-hessischen Staatseisenbahnen und der Reichsbahnen in Elsaß-Lothringen, in Glasers Analen vom 15.06.1916.

Hammer, Gustav: Die deutsche 1E-Heißdampflokomotive, in Glasers Analen vom 15.08.1920.

Hinz, Fritz: Über wärmetechnische Vorgänge der Kohlenstaubfeuerung unter besonderer Berücksichtigung ihrer Verwendung für Lokomotivkessel, Berlin 1928.

Kleinow, Walter; Die AEG-Kohlenstaub-Lokomotive, Hennigsdorf 1928.

Lehr, E.: Dynamische Dehnungsmessungen an einer Lokomotiv-Pleuelstange, ZVDI. 82, 1938.

Nordmann, Hans: Die Kohlenstaublokomotive, ZVDI 1929.

Nordmann, Hans: Versuchsergebnisse der Kohlenstaublokomotive der Studiengesellschaft, Die Reichsbahn, 1930.

Nordmann, Hans: Die Tätigkeit des Eisenbahnzentralamts und des Lokomotiv-Versuchsamts auf dem Gebiet der Versuche mit Dampflokomotiven seit 1914, Glasers Analen 47, 1923.

Nordmann, Hans: Neuere Ergebnisse aus den Versuchen des Eisenbahn-Zentralamts mit Dampflokomotiven, Glasers Analen 50, 1926.

Nordmann, Hans: Ergebnisse aus Indizierversuchen mit Lokomotiven im Leerlauf, Organ. 82, 1927.

Nordmann, Hans: Neue theoretische und wirtschaftliche Ergebnisse aus Versuchen mit Dampflokomotiven, Glasers Analen 51, 1927, Sonderheft.

Nordmann, Hans: Der Wärmeschutz bei Dampflokomotiven, ZVDI. 70, 1926.

Schindel, Karl: Entwicklung und Wirkungsweise der Kohlenstaublokomotive, in: Jahrbuch des deutschen Eisenbahners 1953, Leipzig 1952.

Merkbuch für die Fahrzeuge der Reichsbahn. I. Dampflokomotiven und Tender (Regelspur). Ausgabe 1924, Eisenbahn-Zentralamt Berlin 1924.

Merkbuch für Triebfahrzeuge, DV 939 Tr., Ausgabe 1962, Deutsche Reichsbahn, Berlin 1962.

2 Zylinder-Heißdampfgüterzuglokomotive der Serie Ty 23 der Polnischen Staatsbahnen, Die Lokomotive. 21, 1924.

Deutsche Bahnbetriebswerke, Lose-Blatt-Sammlung GeraNova Zeitschriftenverlag München 1991–2001.

Die Triebfahrzeuge der DR; Eisenbahn-Fahrzeugkataloge Dampfloks, München 1993–2000.

Verzeichnisse der Triebfahrzeuge der ÖBB, zusammengestellt von Hellmuth Fröhlich, Erich Hoch.

Verzeichnisse der Lokomotiven der Preußischen Staatseisenbahnen, der Königlich Württembergischen Staatsbahn, der Badischen Staatsbahn, der Sächsischen Staatsbahn und der Reichseisenbahnen in Elsass-Lothringen, zusammengestellt von Ingo Hütter.

Weisbrod, Manfred; Obermayer, Horst: Baureihe 58 (Sonderausgabe Eisenbahn-Journal), Fürstenfeldbruck 1982.

Verschiedene Veröffentlichungen im Lok-Report, Eisenbahnkurier und im Internet

Weitere Unterlagen

Betriebsbücher, Lokomotivverwendungsnachweise, Zähllisten, Lokomotivverzeichnisse der Direktionen, der Gedob (1940) sowie Umzeichnungspläne der DRB (1941) für Dampflokomotiven der ehemaligen Polnischen Staatsbahnen, der BBÖ, der ČSD.

Verzeichnisse der Bahnbetriebswerke der DRB, DR, DB (verschiedene Jahre).
Interner Schriftverkehr, Versuchsberichte usw. der DRG, DRB, DR (DRo), DB (DRw) sowie BDZ.
Beschreibung der DR zur Kohlenstaubfeuerung (Fa. Henschel & Sohn sowie System Wendler) für jede einzelne Lok.
Sammlungen von Michael Reimer, Volkmar Kubitzki, Andreas Stange, Dirk Endisch, Bernard Mayer, Ingo Hütter.

Legenden auf der Schiene

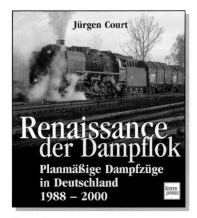

Jürgen Court
Renaissance der Dampflok
In der Uckermark, im Erzgebirge, in Thüringen oder den märkischen Kieferwäldern, überall erlebte die Dampflok vor planmäßigen Zügen in den Neunzigerjahren einen zweiten Frühling. Selbst im Westen erfuhr die Eifelbahn eine Renaissance der Dampflok. Heute ist auch diese Episode fast schon wieder Geschichte, knappe Fahrzeiten und das fehlende Umfeld machen der Dampflok das Leben schwer. In diesem Bildband jedoch stehen die schwarzen Schönheiten unter Volldampf. Mit einzigartigen Aufnahmen erinnert er an das letzte Jahrzehnt des 20. Jahrhunderts.

144 Seiten, 136 Farbbilder
Bestell-Nr. 71143   € 26,–

Erich Bohne
Kohle, Ruß und heißes Öl
»Parfüm« nennt's der Eisenbahnfreund: In den 70er- und 80er-Jahren roch es auf den Berliner Bahnhöfen nach Kohle, Ruß und heißem Öl. Damals beherrschten noch Dampflokomotiven die Eisenbahngleise der geteilten Stadt.. Diese interessante Epoche hielt Erich Bohne gemeinsam mit mehreren Eisenbahnfreunden aus Ost und West in einmaligen Schwarz-Weiß-Bildern fest. Steigen Sie ein und schnuppern Sie noch einmal echte Berliner Eisenbahn-Luft.

192 Seiten, 200 Bilder
Bestell-Nr. 71175   € 32,–

Michael Reimer
Fremdlokomotiven bei der Deutschen Reichsbahn
Die Reichsbahn hatte zwischen 1939 und 1945 in den besetzten Gebieten Maschinen anderer Bahnverwaltungen für den eigenen Bedarf angemietet oder einfach requiriert. Nun besaß die DR mächtige französische Schnellzugmaschinen, kleine lettische Tenderloks oder polnische Lastenschlepper. Ausführlich beschreibt der Autor das Schicksal dieser Exoten auf Deutschlands Schienen. Er bringt damit Licht in ein fast völlig vergessenes Kapitel der Fahrzeug-Geschichte.

144 Seiten, 130 Bilder, davon 14 in Farbe
Bestell-Nr. 71153   € 22,–

Thomas Estler
Das große Loktypenbuch
Die Lokomotiven und Triebzüge von den Zwanzigerjahren bis heute in ihrer im wahrsten Sinne des Wortes bunten Vielfalt, ihre Technik und ihr Einsatz.

336 Seiten, 570 Bilder, dav. 256 in Farbe
Bestell-Nr. 71159   € 42,–

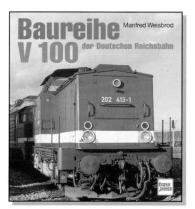

Manfred Weisbrod
Baureihe V 100 der Deutschen Reichsbahn
Heute strahlt der Stern der V 100 nicht mehr so hell, doch als Güterzugbaureihe 298 hat sie noch eine Zukunft.

208 Seiten, 255 Bilder, davon 64 in Farbe
Bestell-Nr. 71076   € 36,–

Manfred Weisbrod/Wolfgang Petznick
Baureihe 01
Mit ihren zwei Meter großen Treibrädern faszinieren die Lokomotiven der Baureihe 01 auch heute noch jeden Betrachter.

268 Seiten, 304 Bilder, davon 22 in Farbe, 30 Zeichnungen
Bestell-Nr. 70769   € 22,–

J. Michael Mehltretter
Dampflokomotiven – Die letzten in Deutschland
Hier leben die letzten Jahre des DB-Dampfbetriebes noch einmal auf.

236 Seiten, 173 Bilder, davon 4 in Farbe, 20 Zeichnungen
Bestell-Nr. 71131   € 16,–

IHR VERLAG FÜR EISENBAHN-BÜCHER

Postfach 10 37 43 · 70032 Stuttgart
Tel. (07 11) 2 10 80 65 · Telefax (07 11) 2 10 80 70

Stand Januar 2002 – Änderungen in Preis und Lieferfähigkeit vorbehalten